2017

同饮一江水——长江经济带合作与发展

中国中部经济发展报告·专辑

教育部人文社会科学重点研究基地
南昌大学中国中部经济社会发展研究中心　编

中国财经出版传媒集团

经济科学出版社
Economic Science Press

图书在版编目（CIP）数据

同饮一江水：长江经济带合作与发展/南昌大学
中国中部经济社会发展研究中心编．—北京：
经济科学出版社，2017.2
ISBN 978 - 7 - 5141 - 7774 - 9

Ⅰ.①同…　Ⅱ.①南…　Ⅲ.①长江经济带 - 区域
经济发展 - 研究　Ⅳ.①F127.5

中国版本图书馆 CIP 数据核字（2017）第 029981 号

责任编辑：于海汛　段小青
责任校对：徐领柱
责任印制：潘泽新

同饮一江水——长江经济带合作与发展
教育部人文社会科学重点研究基地
南昌大学中国中部经济社会发展研究中心　　编
经济科学出版社出版、发行　新华书店经销
社址：北京市海淀区阜成路甲 28 号　邮编：100142
总编部电话：010 - 88191217　发行部电话：010 - 88191522
网址：www. esp. com. cn
电子邮件：esp@ esp. com. cn
天猫网店：经济科学出版社旗舰店
网址：http：//jjkxcbs. tmall. com
北京汉德鼎印刷有限公司印刷
三河市华玉装订厂装订
710 × 1000　16 开　28.25 印张　460000 字
2017 年 3 月第 1 版　2017 年 3 月第 1 次印刷
ISBN 978 - 7 - 5141 - 7774 - 9　定价：69.00 元
（图书出现印装问题，本社负责调换。电话：010 - 88191510）
（版权所有　侵权必究　举报电话：010 - 88191586
电子邮箱：dbts@ esp. com. cn）

编　委　会

"同饮一江水"——长江经济带
合作与发展交流会

主办单位：

民革江西省委会、民革上海市委会、民革江苏省委会、民革浙江省委会、民革安徽省委会、民革湖北省委会、民革湖南省委会、民革重庆市委会、民革贵州省委会、民革四川省委会、民革云南省委会、中共九江市委、九江市人民政府

承办单位：

南昌大学中国中部经济社会发展研究中心（教育部人文社会科学重点研究基地）

民革九江市委会

江西省科技创新与中部地区经济社会发展软科学研究基地

江西省区域经济研究院

参会人员：

民革中央及长江经济带十一省市民革委会领导、江西省政府领导、九江市委领导、九江市政府领导、南昌大学校领导及专家学者、国内高校专家学者、各研究机构代表、企业相关人员及南昌大学中部中心专兼职研究员及工作人员等

目　　录

中部经济发展年度总报告

长江经济带区域合作

长江经济带创新发展

长江经济带生态文明与协调发展研究

中部区域赶超模式与路径研究

中部地区发展问题研究

调查研究与决策咨询

中部经济发展年度总报告

"'同饮一江水'——长江经济带合作与发展"交流会专家观点

罗海平[①]　　王玺云　　钟无涯　　罗珍珍

一

2014 年 9 月 25 日国务院发布《国务院关于依托黄金水道推动长江经济带发展的指导意见》（以下简称《意见》）。《意见》指出："长江是货运量位居全球内河第一的黄金水道，长江通道是我国国土空间开发最重要的东西轴线，在区域发展总体格局中具有重要战略地位。依托黄金水道推动长江经济带发展，打造中国经济新支撑带，是党中央、国务院审时度势，谋划中国经济新棋局作出的既利当前又惠长远的重大战略决策。"长江经济带覆盖了上海、江苏、浙江、安徽、江西、湖北、湖南、重庆、四川、云南、贵州 11 省市，面积约 205 万平方公里，横跨我国东中西三大区域，人口和生产总值均超过全国的 40%，是我国综合实力最强、战略支撑作用最大的区域之一。依托黄金水道推动长江经济带发展，有利于挖掘中上游广阔腹地蕴含的巨大内需潜力，促进经济增长空间从沿海向沿江内陆拓展；有利于优化沿江产业结构和城镇化布局，推动我国经济提质增效升级；有利于形成上中下游优势互补、协作互动格局，缩小东中西部地区发展差距；有利于建设陆海双向对外开放新走廊，培育国际经济合作竞争新优势；有利于保护长江生态环境，引领全国生态文明建设，对于全面建成小康社会，实现中华民族伟大复兴的中国梦具有重要现实意义和深远战略意义。为此，《意见》要求长江经济带 11 省市要"建立健全地方政府之间协商合作机制，共同研究区域合作中的重大事项"。为更好地服务长江经济带建设，推动长江经济带各省市协同合作共赢，研究探讨新常态下如何全面实践"四个全面"战略，在民革中

---

①　罗海平，南昌大学中国中部经济社会发展研究中心副研究员。

央的指导下，民革江西省委会、民革上海市委会、民革江苏省委会、民革浙江省委会、民革安徽省委会、民革湖北省委会、民革湖南省委会、民革重庆市委会、民革贵州省委会、民革四川省委会、民革云南省委会、中共九江市委和九江市人民政府共同主办，教育部人文社会科学重点研究基地南昌大学中国中部经济社会发展研究中心、民革九江市委会、江西省科技创新与中部地区经济社会发展软科学研究基地和江西省区域经济研究院于 2016 年 11 月 11 日在江西九江共同承办了"'同饮一江水'——长江经济带合作与发展"交流会。该次交流会的议题包括新时期我国开发开放格局与长江经济带建设、长江经济带的产业协同与合作、长江经济带"长江黄金水道"开发、长江经济带生态资源保护与开发、长江经济带政府合作的机制与路径、长江经济带区域合作与区域发展、长江经济带精准扶贫模式与经验探讨等。

出席"'同饮一江水'——长江经济带合作与发展"交流会的主要领导有全国政协常委兼秘书长、民革中央专职副主席、监督委员会主任何丕洁，江西省委常委、省委统战部部长蔡晓明，江西省人大常委会副主任、民革江西省委会主委马志武，九江市委书记杨伟东，江西省农业厅厅长、民革江西省委会副主委胡汉平等。江西省住建厅副厅长吴昌平，江西省住建厅调研员江先进，江西省工信委副巡视员贺国庆，江西省政协副秘书长、民革江西省委会专职副主委陈春平，九江市委常委、市长林彬杨，九江市委常委、副市长廖奇志，九江市政协副主席、九江市统战部部长黄大明、南昌大学原党委书记、中国中部经济社会发展研究中心主任郑克强、南昌大学江西发展研究院院长黄细嘉以及来自上海交通大学、北京师范大学、武汉大学、厦门大学等著名高校 140 余位专家学者参加会议。

何丕洁在会上指出，建设长江经济带，适逢全面深化改革之际，是中共中央、国务院主动适应把握引领经济发展新常态，科学谋划中国经济新棋局，作出的既利当前又惠长远的重大决策部署，对于实现"两个一百年"奋斗目标和中华民族伟大复兴的中国梦，具有重大现实意义和深远历史意义。长江经济带上升为国家战略，凸显了中国深化改革的决心和力度。这一战略的实施，需要国家部委、地方政府、知识界、企业界等众志成城，用智慧和力量来共同破题。长江经济带的发展，将成为中国新一轮综合国力增长的重要动力，让中国在多元的世界经济拥有更多的话语权，共促全球经济共享发展成果。我们要认真学习并吸纳相关建议和意见，纳入民革的参政议政工作内容中，以此提升民革履行参政议政的能力和水平。希望长江经济带11个省（市）的民革组织围绕长江经济带合作与发展这个重大战略课题，深入调研，持续发力，发挥民革参政党应有的作用。

蔡晓明指出，江西省委、省政府一直高度重视长江经济带建设，着眼于把江西建设成为长江经济带的重要战略支撑、内陆沿江开放合作的新高地、全国生态文明建设的先行示范区"三大目标"，努力构建综合交通、产业转型升级、新型城镇化、开发合作、生态安全"五大格局"。因此，也真诚希望民革中央、各省民革组织和各界人士，一如既往对江西发展大力支持和帮助。希望与会领导和专家学者，充分发挥专长和优势，为江西经济社会发展多提宝贵意见和建议。江西统一战线包括民革组织，要紧紧围绕长江经济带发展这个重大课题，广泛开展调查研究，积极建言献策，为实现江西"五年决战同步全面小康"作出新的更大贡献。

马志武指出，长江经济带合作与发展上，长江上、中、下游地区立足自身特色，已形成了自身优势和特色。但按照五大发展理念和长江经济带规划纲要要求，尽管上、中、下游地区发展不平衡，发展阶段差异明显，都面临可持续发展问题，都承担着共同打造中国经济新支撑带的历史使命，同饮一江水形成了共同命运，必然要走合作共赢的发展之路，这次会议不仅仅是推动长江沿线政府之间的合作，也是民革组织与智库之间的合作，探索进一步促进政党协商、参政议政的能力与水平提升，让合作成为全社会共识。通过合作，促进长江干流经济带协调发展，促进沿江轴线与腹地联动发展，促进体制机制创新，促进生态环保、交通设施、要素市场、公共服务供给一体化形成。中共江西省委、省政府高度重视长江经济带建设，着眼于把江西建设成为长江经济带的重要战略支撑、内陆沿江开放合作的新高地、全国生态文明建设的先行示范区，努力构建综合交通、产业转型升级、新型城镇化、开发合作、生态安全"五大格局"。

林彬杨在致辞中说，策应国家长江经济带建设战略，参与并融入沿江合作与发展，九江责无旁贷，正逢其时。当前，九江正在以沿长江沿昌九为主平台，推进新一轮沿江大保护、大开放、大发展，积极推动沿江经济协作区、沿江产业转型升级示范区建设，走出一条经济发展提速和生态文明水平提高相辅相成、相得益彰的路子，努力把九江建设成为全省绿色崛起的双核之一、长江经济带重要中心城市、世界知名的山水文化名城和旅游度假胜地。我们将以此次会议为契机，更加主动融入长江经济带，与沿江地区携手并肩，在开放合作、共赢发展上，进行更多探索，作出更大贡献。

南昌大学党委副书记徐求真代表南昌大学作大会致辞，指出南昌大学作为一所地方综合性大学，始终将自身发展与地方经济社会发展紧密联系，将服务国家战略和地方建设作为学校改革发展的重要使命。为更好地服务长江经济带建设，南昌大学将与长江经济带11省市政府、企事业单位开展全方位、多层次的合作，促进科技成果转化，推进政产学研用紧密结合。

二

交流会分别由中国社会科学院工业经济研究所研究员陈耀和南昌大学胡振鹏教授作主旨报告。陈耀在报告中梳理和厘析了改革开放以来我国长江经济带开发历程以及中央关于长江经济带战略的提出及重大思路的调整，提出了长江经济带沿江省区合作发展的重点领域，探讨了沿江区域合作发展的方式和机制。陈耀在报告中指出长江经济带在建设中存在五大难题，即生态资产价值大，但发展与保护矛盾突出、黄金水道具有优势，但功能未充分发挥、经济总规模大，但梯度差异显著、产业集中度高，但同质化严重、上中下游合作意愿强，但协调机制欠缺。沿江地区存在环境冲突、流动障碍、产业竞争、招商争夺和政策矛盾等影响长江经济带合作的因素。长江经济带应在生态保护、交通对接、产业分工、标准互认、文化旅游、人才科技、政策衔接等领域进行重点合作，采取政府—政府、政府—企业、企业—企业等多种形式的合作，施行生态共建、园区共建、建立跨省合作示范。

胡振鹏教授在题为"协调江湖关系建设长江中游绿色生态廊道"的主题报告中论述了长江与鄱阳湖水文关系及其现在水文关系扭曲情况、危害及原因。从为了恢复和科学调整鄱阳湖与长江的江湖关系，保护江湖生态安全的角度论证阐述了修建鄱阳湖水利工程的必要性、规划思想及工程运行原则。对鄱阳湖水利工程生态环境影响及机制，阐释了鄱阳湖水利工程对保护长江与鄱阳湖生态系统健康的作用和地位。

在主旨报告后，与会专家围绕"长江经济带合作与发展"进行了深入的学术成果汇报和交流。

厦门大学叶文振教授在《长江经济带建设：一个文化的视角》成果汇报中指出，与以往的经济区域发展规划相比，长江经济带建设有个重大的规划理念上的突破和进步，就是提出生态优先、绿色发展、环境保护这一核心思想，以指导和引领未来长江经济带的整体发展。文章以为，要做到生态优先，确保长江经济带的绿色发展，我们还需要增加一个文化的视角来理解和谋划长江经济带的建设，那就是用长江流域的文化积淀与提升来支撑生态优先的长江经济带的绿色发展，所以文化优先也是非常重要的题中之意。文化先行的意义在于：（1）现在的发展与三十多年前的改革开放之初的发展的背景发生了质上的重大变化，如果以前经济复苏和增长是重中之重的话，那么到今天，经济发展就不是唯一的，我们不仅要更讲究经济发展的质量，还要优化生态、和谐社会，尤其是提升文化在国家整个发展中的地位和在国际交往中的地位和影响力，所以我们有必要启动从不提文化发展、到兼顾文化发展、再到文化优先发展的历史转变。（2）从实际发展的经历来看，我们的文化发展是滞后的，不能以先进文化建设来引领和拉动经济发展，这种经济发展会留下很多副作用、也是不可持续的。文化先行是补上这个短板，恢复文化与经济关系的健康状态。（3）长江流域积淀和创造了底蕴丰厚的中华传统文化和富有活力的改革开放文化，文化先行还可以把这些文化资源和优势转化为经济发展的资源和优势，通过发展理念与具体模式的创新，为实现"五位一体"总体布局和"四个全面"战略布局，贯彻落实创新、协调、绿色、开放、共享的发展理念，做出更大的理论与实践上的贡献。文化先行的内容主要体现在文化保护、文化引领、文化合作与文化转化四个方面。文化保护不仅是延续中华文化血脉、保持由长江下游的吴越文化、长江中游的楚湘文化、长江上游的巴蜀文化组成的长江文化的多样性，更为重要的是保护、梳理和进一步发展长江三角洲的改革开放文化。文化引领重在吸取长江流域传统文化的精华、提升长江三角洲改革开放文化的精神，在发展理念、价值取向、规律把握、创新创造上全面发挥先进文化的引领作用。文化合作是在精准的文化定位基础上，一方面识别和做大长江流域各地的文化优势；另一方面建构有效的合作机制，加大优势互补与强强联动的超前性文化发展。最后，文化转化是主动地密切改革开放、生态保护与经济发展的关系，通过文化精神、文化创意、文化产业和文化服务来全方位地导引和驱动长江经济带的建设，使文化先行的理论价值与实践意义充分地展示出来。

上海交通大学谢富纪教授在《长江经济带区域协同创新发展》汇报中指出，长江经济带是我国新一轮改革开放转型、实施新区域开放开发的国家战略，是我国东中西互动合作的协调发展带。在对发展现状和战略价值进行讨论的基础上，分析了国际同类区域协同创新发展的经验、我国区域协同创新发展的既有政策与实践，以及长江经济带协同创新发展的宏观环境与产业环境；构建了长江经济带区域协同创新发展评价指标体系，提出了长江经济带协同创新发展的关键问题区域间协同创新与创新主体间协同创新，以及长江经济带协同创新发展的战略思路。

安徽大学张治栋在《从破题发展到全面深化：对长江经济带建设现状、思路和困境的再思考》中指出，破题长江经济带建设的思路在于推动错位分工的区域联动发展。然而随着全球经济周期调整及国内区域格局重构，现行分工范式因央地政府治理扭曲与对外依赖转变滞后而渐触瓶颈，长江经济带建设停滞于破题阶段。文章基于对现行区域分工短板的系统梳理，重新对长江经济带建设的思路和困境进行探讨。围绕实现政府—市场—法规协作运行、型构利益共享的区域分工体系、优化全球价值链与国内价值链共生发展，提出强化市场导向倒逼政府职能转型、协调区域产业周期错位推动跨域价值链整合、构建国内价值链主导的全球新型分工体系，旨在推进长江经济带建设从破题到深化的阶段转变，加快全球分工体系中从追赶者向主导者的角色转变，为新时期我国区域治理提供政策借鉴。

江西省人大环资委甘筱青教授等《在赣江新区建设田园城市的特色与发展策略》的汇报中指出，国家级新区的密集批复，标志着我国以"国家级新区"建设推动区域开发开放的战略日益成熟。由于经济发展的外部环境、国家政策方面出现的一些新变化，新批复的赣江新区需要探索发展的新模式。这篇论文以国家发改委、江西省发改委相关文件为指导，借鉴"田园城市"与"区域城市"理论，结合实际情况，分析了赣江新区建设田园城市的由来及其特色，并给出了其可持续发展的策略是促进大健康产业。

江西省人民政府发展研究中心王志国研究员在《关于建设长江超级城市群的初步构想》指出，城市群是城市发展的高级形态，是世界工业化、城市化进程中的一个重要趋势。文章分析了目前世界发达国家和地区已发育形成极少数超级城市群及我国长江沿江地区正在发育世界级超级城市群，从空间范围、层级结构、功能定位和发展目标等四个方面提出了建设长江超级城市群的初步构想，并针对性的探索了推进长江超级城市群建设的五点对策建议。

南昌大学周绍森、胡德龙在《长江经济带十一省市科技创新驱动比较分析》中指出，推动长江经济带发展是党中央、国务院做出的重大战略部署，长江经济带是我国"T"型发展战略的主干，是以"一带一路"战略衔接互动的纽带，是中国融入经济全球化，体现"创新、协调、绿色、开放、共享"五大发展理念，贯彻落实供给侧结构性改革决策部署的首要地区。科技进步（全要素生产率TFP）反映了综合产出率和经济增长质量。供给侧改革应当从增加投资转向提高全要素生产率上来促进经济增长，依靠科技创新驱动是供给侧改革的一项重要途径。以"五大发展理念"为指导，把科技创新驱动分解为技术创新、经济结构、生态效率、开放度和人力资源等五大主要因素的"五轮驱动"模式。分别构建了这五大主要因素的评价指标体系，打开了科技进步的黑箱，并运用内生增长理论建模思想估算了五大主要因素的弹性和对经济增长的贡献份额，有助于长江经济带各省市区发挥比较优势、扬长补短、协同发展。

重庆工商大学文传浩教授在《长江上游地区生态文明重点领域研究》中指出，生态文明建设是关系人民福祉、关乎民族未来的大计。长江上游地区作为长江经济带建设的重要区域，其生态文明建设不仅对西部地区形成重要影响，还将对整个长江经济带的绿色发展产生深远影响。文章结合水利部长江上游委员会对长江上游流域的范围界定，从地理、生态、经济、文化四个维度，将长江上游地区划分为自然地理区、生态功能区、经济区、文化区四类区域。在此基础上，从流域划分的视角，提出长江上游地区生态文明建设的五个子系统是相互联系、互为支撑的一个有机整体。因此，文章立足于生态经济文明、生态政治文明、生态文化文明、生态社会文明、生态环境文明的新"五位一体"建设模式，研究长江上游地区生态文明建设的重点领域，主要从生态经济文明、生态环境文明和生态政治文明三个子文明形态提出长江上游地区生态文明建设的重点领域，以期将长江上游地区打造成经济繁荣、低碳高效、生态良好、幸福安康、社会和谐的生态文明先行示范区。

北京师范大学章文光在《长江经济带政府合作机制与路径》中指出，基于长江经济带政府合作辖区内地方政府合作意愿不足、政府合作中存在地方保护主义、传统官员考核体系桎梏深度合作、行政边界造成信息共享机制缺失、梯度经济特征造成利益协调复杂的现状，在五大发展理念指导下，构建长江经济带政府合作机制，以区域间要素与市场的互补、纵向权威下的政府引导、互利共生的利益认知、明确的收益和成本预期为基础，以主体多元化、政策联动化、制度规范化、合作常态化为目标，重点形成长江经济带政府合作的动力机制、协调机制、分配机制和约束机制，并从强化政府合作动力、促进梯度协同发展，创新行政协调体制、构建多层次合作体系，平衡区域利益分配、实现区域融合共生，规范制度约束建设、促进区域有序发展进行优化。

民革江苏省委会、东南大学经济管理学院长周勤教授在《长江经济带从"精准扶智"到"精准扶贫"路径选择和政策安排》分析了长江经济带扶贫攻坚的背景这些意义和重要性，如长江经济带，虽然属于中国经济的最发达地区，但是区域内部的不平衡依然存在，通过精准扶智实现精准扶贫是一个必然的趋势，提出通过网络平台来实现已经从技术条件上基本成熟，所以政策上的支持是必需的，也是可以实现的。同时周勤在《长江经济带产业升级的金融模式选择和政策支持》中指出，推动长江经济带发展的金融支持措施，重点在于创新投融资模式。尤其是主动促进政府和社会资本互利合作，为PPP项目建设提供"投资、贷款、债券、租赁、证券"等综合金融服务，从整个流域层面推动长江经济带沿江省市的跨区域、跨领域、多层次的金融一体化服务与合作，发挥开发性金融"规划先行"优势，实现融资支持与融智服务相结合，促进区域内部统筹协调发展。

民革浙江省委会曹荣庆在《农村困难群众帮扶机制研究——以浙江省金东区为例》中指出，贫困问题是人类的共同难题，反贫困是人类矢志不渝的共同事业。文章通过以浙江省金东区为例，分析了区委区政府在推进扶贫帮困工作过程中存在的一些主要问题，通过从历史、基本、主要、根本四个角度剖析其产生的原因，明确了扶贫帮困应当遵循的五大基本原则，并参照扶贫帮困的目标要求，提出了五条建设性意见与对策以便突破浙江省金东区农村困难群众帮扶机制发展存在的困境问题。

民革湖北省委会、长江大学郑军在《长江经济带信息共享机制与对策》中指出，长江经济带11省份中上海以及湖北、重庆、四川、浙江自由贸易试验区的设立，为长江经济带发展提供了新的平台。如何在"一带一路"与自由贸易试验区背景下，进一步促进长江经济带协调发展，已成为亟待解决的核心问题。"互联网＋"时代大数据与信息的运用与共享是经济社会发展的关键。因此，要促进长江经济带区域协调发展，完善其信息共享机制是重中之重。成果对长江经济带信息共享机制进行科学界定并构建其框架，分析现有信息共享中存在的问题与产生的原因，吸取我国其他经济带与国外类似经济带信息共享机制可供借鉴的地方，探讨长江经济信息共享机制的完善对策；明确长江经济带信息共享机制对科技、政策和法律等方面的需求，对相关的科技研发推广与运用、激励与约束相结合的政策与法制措施等方面提出基本思路。

湖南民革岳阳市委陈立新在《加快建设岳阳长江经济带的对策建议》中指出，岳阳长江经济带具有湖南其他地市无可比拟的优势：长江、洞庭湖优势与中部崛起战略叠加，与水、陆、空立体纵横的交通优势叠加，与两型社会先行先试的优势叠加，让岳阳成为长江经济带发展潜力巨大，湖南发展空间最大的区域。建议以"一网四带"战略，全力推进岳阳长江经济带建设，全力推进岳阳融入整个长江经济带。

民革重庆市委会专家在《建立长江经济带区域协调机制加强区域互动合作》中指出，长江经济带是我国综合实力最强、战略支撑作用最大的区域之一。但其发展还面临不少困难：因跨区域、跨行业部门导致协调协作难度大；区域发展不平衡问题突出；区域呈"碎片式"发展、产业同质化现象突出、行政壁垒现象突出等。因此提出应加快建立有效的多层次区域协调机制，设立长期性的区域互动合作平台的建议，通过统筹整体规划、加快制度的建立并给予引导、根据区域优势对产业进行合理分工、构建全流域一体化的金融服务体系、构建"大通关、大通道"合作机制、创新考核体系等措施，实现长江经济带区域一体化发展。

民革四川省委会吴振明、车茂娟在《长江经济带建设背景下成渝经济区综合交通运输体系发展思路》中指出，推进长江经济带建设已经成为我国区域发展战略体系的重要组成部分，加快构建综合立体交通走廊建设是推动长江经济带发展、充分发挥长江经济带支撑作用的关键。成渝经济区综合交通运输体系是长江综合立体交通走廊的重要环节，也是成渝经济区发展和培育成渝城市群的重要支撑，转变发展思路，加快完善成渝经济区综合交通运输体系对于建设长江经济带具有重要的战略意义。长期以来，在供给约束的战略背景下，成渝经济区综合交通运输体系以规模扩张为主题、以要素投入为驱动力，存在发展绩效与发展目标相偏离、制约区域经济发展等问题，发展思路应由"优先发展"向"平衡发展"转变，在时序、结构、资源环境和制度环境等多个方面实现更高水平的综合协调。

民革贵州省委会专家在《易地扶贫搬迁贵州经验与改革逻辑》中指出，易地扶贫搬迁是贵州省"十三五"期间脱贫攻坚的重要举措。2016年，贵州省紧紧围绕"搬迁人员怎么定，搬迁费用怎么筹，维持生计怎么办，复垦土地为啥"四个关键点攻坚扶贫壁垒，构建起易地搬迁的扶贫路径，初步形成具有一定推广价值的贵州经验。扶贫工作是我国城乡统筹发展的重要环节，结合我国新常态阶段进一步剖析发现，贵州省易地扶贫搬迁战略是深耕贵州省情的合理安排，是相关理论在贵州的实践与提升，是进一步实现社会公平正义，形成新常态下改革势能，推进新型城镇化和新农村建设的重要改革举措。下一步应从微观和宏观两个层面进一步完善相关制度，在长江经济带及贵州省内形成上下协同的发展动力，打破贫困对发展的桎梏，确保城乡统筹发展，共享改革红利。

武汉大学经济发展研究中心郭熙保、冷成英在《沿长江城市经济增长对工业固体废弃物影响比较研究》中以沿长江八城市作为分析对象，在概括了工业固体废弃物产生特征的基础上，根据 EKC 假说利用变系数模型实证分析了各城市经济增长对工业固体废弃物产生的影响。分析表明，工业固体废弃物主要来源于钢铁、电力以及由地区资源禀赋决定的矿物冶炼等行业，同时，单位产值工业固体废弃物产生量在产业结构调整作用下不断下降，并且经济增长对工业固体废弃物产生量具有水平效应、规模效应和技术效应，其中前两者影响工业固体废弃物产生量到达转折点的时间，后者则影响工业固体废弃物产生量对经济增长的响应程度。

湖北省社会科学院秦尊文在《推进长江经济带对接"一带一路"》中指出，2014 年 9 月国务院印发《关于依托黄金水道推动长江经济带发展意见》，提出要加强长江经济带与丝绸之路经济带、海上丝绸之路的衔接互动，使之成为横贯东中西、连接南北方的开放合作走廊。长江经济带上游、下游和中游应根据自身区位特点和产业优势，选择重点突破方向。长江上游地区东西并举西向为重应以四个"积极"为方向，长江下游地区东西并举东向为主提出了四个建议，长江中游地区东西并举北向突破探索了三个对策。

南昌大学中国中部经济社会发展研究中心傅春在《建立生态合作机制，共护一江生命之水》中指出，自古以来，长江中下游地区就是中国的鱼米之乡。"苏湖熟，天下足"的歌谣流传千年，这里丰富的农业养活了近一半的中国人。但是，由于开发较早，长江中下游的自然生态被人类不断改造，十分脆弱。长江中下游流域是我国人口密度最高、经济活动强度最大、环境压力最严重的流域之一，随着工业化和城市化的不断加快，流域水环境问题日渐突出，饮用水水源和水生态安全面临考验。长江经济带沿线地区在地理上存在一种割不断、分不开的整体关系，在水资源、生态环境、疾病传播方面，更形成一种"一损俱损"的连带效应。长江流域生态合作还具有天然的生态联系。近年来沿江各市对长江环境保护和水生态安全的意识越来越强烈，长江沿岸中心城市协调会市长联席会召开过十几次。建议建立流域内政府负责人联席会议制度，定期举行会议。制定统一的流域内区域间环境保护标准和要求。建立联合专项基金和地方配套资助计划，对有重大区域影响的环境问题研究或具有开创意义的环保技术给予资助。同时建立区域内部各城市之间的环境保护补偿制度，共同为治理环境保护出资出力。加强基础设施建设和科学研究的合作，建立区域产业合作机制。

江西师范大学财政金融学院罗序斌在《长江经济带文化产业连片发展的科技传导机制与跨域协同模式研究》中指出，长江经济带既是一条内河经济带，也是一条内河文化带。促进长江文化产业连片发展是新常态下建设好长江经济带的重要突破口。而从文化和科技融合视角，研究文化产业的科技传导机制问题，是更好促进长江经济带文化产业连片发展的理论基础。通过构建文化产业的科技传导黑箱模型，发现科技创新主要是通过作用生产力要素、市场需求、产业结构、市场竞争等中介变量对文化产业施加影响。为了促进文化产业连片发展，长江经济带各省市应协同创新、抱团创新，着力构建文化产业技术的跨域创新联盟模式，文化科技复合型人才的跨域培养模式，以及现代文化产业市场体系的跨域共建模式。

湖南科技大学向云波等在《长江经济带制造业结构与竞争力研究》中指出，广义长江经济带涵盖上海、江苏、浙江、安徽、江西、湖北、湖南、重庆、四川、云南、贵州9省2市。长江经济带是我国重要的制造业基地，在全国制造业中占有重要地位。2014年国务院发布了关于依托黄金水道推动长江经济带发展的指导意见中，提出"推动沿江产业结构优化升级，打造世界级产业集群，培育具有国际竞争力的城市群，使长江经济带成为充分体现国家综合经济实力、积极参与国际竞争与合作的内河经济带"。而这一战略定位的实现过程中，长江经济带产业发展，特别是制造业转型升级与协同发展起关键作用。

南昌大学中国中部经济社会发展研究中心罗海平在《长江经济带经济联系与跨区域合作机制研究》中指出，长江是联系我国经济发展龙头和市场腹地的重要纽带，长江经济带是我国由沿海向内陆纵深发展的重要板块，是实现区域经济一体化和跨越式发展的重要支撑带。但长江经济带各省市经济联系较弱，发展梯度较大。为此，必须加强长江经济带经济联系，强化合作机制。只有各省市融合发展才能实现长江经济带的跨越式发展。

长沙环境保护职业技术学院食品安全工程技术中心黄小波、陈位民、张艳等在《洞庭湖生态经济区内垸水环境农业面源污染整治研究》中对洞庭湖生态经济区内垸水环境的农业面源污染现状和整治情况进行了调研，分析了农业面源污染整治产生的原因在于农民生存和发展的压力的影响、农业经营行为短视化、群众环境意识淡泊、缺乏公共服务支持导致施肥施药操作违规、水利建设历史欠账多影响了内垸水体自净能力等几个方面，并提出了建立农业面源污染管理体系、调整政府对农业生产的公共服务和管理政策、加大内垸水网体系治理、强力推进农业规模经营等几条对策建议。

南昌大学中国中部经济社会发展研究中心李晶、王敏成在《南昌融入长江中游城市群的主导产业选择理论》中指出，主导产业作为一地区的具有发展比较优势的产业，是地区发展的优势所在，通过主导产业能够判断一个地区未来时期能够持续而稳定的发展的产业方向，主导产业作为先进生产力的代表，还可以带动起上中下游产业发展和产业布局，实现区域自然资源、经济资源、人力资源的有效配置，促进区域经济的发展。科学合理选择南昌市主导产业，明确南昌未来的发展方向，对于加快南昌发展步伐，促进经济转型升级，完善产业结构，实现跨越式发展，带动鄱阳湖生态经济区和江西省的发展具有重大意义。当前，国家先后出台长江中游城市群发展规划和众多工作方案，对包括南昌在内的长江中游城市群给予政策上的指导和扶持。而且长江中游城市群经济发展水平接近，产业合作与人口流动密切，有着良好的合作基础。本文是在这样的背景下来研究南昌主导产业选择，通过对比武汉、长沙、南昌的经济数据对南昌的产业发展现状有了较为直观的了解，得出长江中游城市群各城市之间应充分利用自身发展优势，培养不同地区的特色产业和主导产业，同时加强区域间的合作共赢。在此基础本文通过对南昌22个工业以及第三产业的定量以及定性分析，得出南昌应该大力发展食品产业、汽车产业、电子信息产业、生物医药产业、文化旅游业等主导产业。

南昌大学中国中部经济社会发展研究中心罗珍珍、傅春、程浩在《长江经济带绿色生态农业综合生产力能力评价》中基于统计数据揭示长江经济带绿色生态农业发展的现状特征，找出推行过程中存在的问题，借助 SWOT 分析长江经济带建设绿色生态农业的必要性与竞争力，通过构建指标体系，利用熵权 TOPSIS 评价法评价 2005～2014 年长江经济带 11 省市绿色生态农业综合生产能力水平高低，并针对各自省市发展存在的问题提出相应的控制对策。

江西省社会科学院郑雅婷在《浅析赣江新区给南昌带来的红利》中指出，国家级江西赣江新区的设立是江西省对接"一带一路"的战略通道，是长江经济带的战略支点，是南昌加强区域经济合作的战略支撑。文章主要从区域经济合作、构建开放型经济新体制、拓展南昌发展新空间、创新驱动等多角度分析赣江新区的建立给南昌经济发展带来的红利。

南昌大学中国中部经济社会发展研究中心钟无涯在《长江经济带合作发展背景下的智库建设：方向与方法》中指出，社会治理的系统性、复杂性、整体性和协同性，决定跨区域政府合作较高的试错成本。多点交叉与自组织多核心环境下，社会治理的多维合作具有协作优越性和必然性。智库建设在长江经济带的合作发展背景下需要新的视角、理念、方向和方法。文章拟从当前亟待突破的若干方面进行智库发展方向和建设思路等方面的阐述。

江西师范科技大学冷碧滨在《长江经济带建设中江西生猪规模养殖生态能源系统样板研究》中指出，生猪规模养殖生态能源系统开发模式是国家战略支持的，保障猪肉有效供给，对猪粪尿进行资源化开发利用，防治环境污染的重要养殖模式。现阶段出现了一些新的问题：一是随着农村生猪养殖规模化、集约化的持续推进，农村生猪养殖场的养殖规模不断扩大，所产生的大量的猪粪尿超越了大中型沼气工程子系统和环境子系统的承载上限，严重影响了环境；二是随着农村农民生活水平的大幅提高，农户更倾向于使用更为便捷高效的电力和液化气能源，农户用沼气工程处于淘汰的边缘；三是地方政府片面地重视沼气工程的"建"而忽视沼气工程的"管"，导致沼气工程运行中出现的新问题得不到及时解决，进而影响了规模养殖生态循环系统的稳步推进。针对江西生猪规模养殖生态能源系统的实践问题，提炼出生猪规模养殖生态能源系统理论问题，开展系统分析。针对问题的复杂性和行为动态性特征，将复杂系统反馈分析的系统动力学方法和系统行为复杂性的博弈理论方法进行有机结合进行集成创新研究，开展规模养殖生态能源系统对策生成和调控仿真研究，将研究得出的对策作用于规模养殖生态能源系统的实践基地，设计出江西生猪规模养殖生态能源系统的样板，并提出相关政策建议。

江西财经大学江西经济发展与改革研究院王昊、朱丽萌在《长江经济带"五化"协调发展阶段判断与水平测度》中指出，"五化"为工业化、信息化、城镇化、农业现代化和绿色化。文章在明确"五化"协调发展内涵的基础上，构建了一套拥有5个一级指标、20个二级指标、36个三级指标的"五化"协调发展综合评价指标体系。在测度"五化"综合发展指数的基础上，通过建立耦合度和协调度测算模型，提出了"五化"协调发展四个阶段（分离、互动、磨合、成熟阶段）划分的定量界定标准，并对长江经济带"五化"协调发展水平进行了度量。结果表明，新世纪以来，长江经济带协调发展取得了明显进展，各"化"之间耦合、协调情况在不断优化，"五化"耦合与协调水平基本上呈现稳步提升的良好发展态势，达到高水平耦合和初级协调状态。综合判断，长江经济带刚刚跨入"五化"协调发展的磨合阶段，但各"化"水平仍然偏低，特别是信息化、绿色化和农业现代化这"三化"存在明显短腿，且这"三化"与其他各"化"的协调程度、相互之间的协调程度普遍较差。

江西财经大学江西经济发展与改革研究院李盼在《城乡协调发展指标体系的建立与评价方法——以长江经济带为例》在现有研究的基础之上，建立了包括5个一级指标和19个二级指标的城乡协调发展评价指标体系。该指标体系不仅考虑了经济协调、社会协调、生态协调等视角，更重要的是设计了基本公共服务协调和要素协调等方面的内容。同时，以长江经济带为例，对长江经济带及沿线11省市的城乡协调发展水平进行了测度。结果表明，21世纪以来，长江经济带城乡协调发展水平总体呈现上升的良好态势，但城乡协调程度仍然偏低。长江经济带城乡协调发展的东中西依次递减的空间格局依然明显，正在朝着"高高低低"的空间特征转换，省市之间的城乡协调发展水平差异明显且呈逐渐拉大的趋势。

南昌大学管理学院邹妍、胡小飞在《我国长江经济带研究的知识图谱分析》中指出，长江经济带是我国新一轮改革转型的国家发展战略，是生态文明建设的先行示范带。为了解长江经济带的研究进展与规律，文章运用文献计量方法对 CSSCI 数据库中 1998～2015 年长江经济带研究文献发文量、来源期刊、作者和机构等进行统计分析，用知识图谱分析工具 Cite Space 绘制作者与机构、关键词共现图，探讨长江经济带研究的热点和趋势。结果发现长江经济带的研究分为 3 个阶段，前 2 个阶段发展缓慢，现阶段特别是近两年发展迅速，今后长江经济带面临着新时期、新发展，"一带一路"、"新常态"和"区域经济"将成为新的研究热点。

安徽大学经济学院何王亚在《金融发展对汽车产业集群培养的影响探究——基于长江经济带省际汽车产业数据》指出，汽车产业作为长江经济带培养世界级产业集群五大重点领域之一，正在全面崛起，汽车产业集群的培养离不开金融业的支持。基于此利用长江经济带 11 省（市）2000～2013 年省际面板数据，考察了金融发展对汽车产业集群培养的影响作用。结果表明：（1）全样本分析中金融发展与汽车产业集群培养呈显著倒"U"型关系；（2）长江经济带下游区域呈倒"U"型关系；（3）上游和中游区域呈正"U"型，即其影响作用具有区域差异性。

三

在交流会闭幕式上，教育部人文社科重点研究基地南昌大学中国中部经济社会发展研究中心常务副主任傅春教授代表主办方之一对交流会进行了总结和概括，傅春教授指出，专家们在区域经济发展、科技创新、政府管理、文化研究等领域的深入研究以及见解为长江经济带合作与发展指明了方向，给出了妙方。九江市副市长廖奇志为研讨会致闭幕词，肯定了此次会议取得的成绩，并提出九江将积极融入和推动长江经济带建设，为进一步加强长江经济带合作提供条件。

长江经济带区域合作

关于建设长江超级城市群的初步构想

王志国[①]

城市群是城市发展的高级形态，是世界工业化、城市化进程中的一个重要趋势。城市群的核心特点是：以若干个大城市或特大城市为中心，周边连接一批中小城市，形成一个城市及人口密度高、经济实力强、相互联系密切、与周边有明显分界的城市体系。城市群体系内存在明显的很强的内在共生、互动、共赢的发展因素和成长机制。在世界发达国家和地区，在我国沿海、沿江以及内地一些中心城市周边，已经形成了一批规模等级不同的城市群，并在进一步向更高级的城市体系发育。其中，我国长江沿江地区已经形成了若干个跨省区、规模层级不同、有重要影响的城市群，而且城市群之间正在呈现相互融合并升级的新趋势。为此，我们提出超前谋划和构建长江超级城市群的设想。我们认为，推进长江超级城市群发展战略的实施，无论对加快长江流域各省市经济社会发展和城市化进程，还是对加快我国长江经济新支撑带建设，加快全国城市化体系重大格局的形成，乃至对世界城市化进程和新格局形成，都有着重大战略意义和现实意义。

一、目前世界发达国家和地区已发育形成极少数超级城市群

超级城市群是由若干个相邻规模较大的城市群，按照某些地理、经济纽带紧密联系起来的更大规模的城市群。一般具有以下主要特征：一是地域范围跨一国或多国多个一级行政区，人口在千万到亿数量级；二是存在多个跨区域特大中心城市作为经济核心；三是有若干个一、二级及以下层次的城市群形成城市群层级结构体系；四是相互经济联系密切，有特定的共生、互动、共赢的发展因素和成长机制。超级城市群是城市群发展的最高级形态，在一个国家经济中占据主导地位，对全球经济具有重要影响。

目前，世界上发育比较成熟的超级城市群主要有美国大西洋海岸超级城市群、北美五大湖超级城市群、日本太平洋沿岸超级城市群、欧洲

---

① 王志国，江西省政府发展研究中心研究员。

西北部沿莱茵河超级城市群等。其中，美国东北部大西洋沿岸超级城市群由波士顿、纽约、费城、巴尔的摩、华盛顿等若干个一级城市群构成，连绵近千公里，面积约13.8万平方公里，不到美国国土面积的1.5%，人口6 000余万，占全国近20%，生产总值近5万亿美元，制造业产值占全美的30%。北美五大湖超级城市群由芝加哥—密尔沃基、底特律—克利夫兰—匹兹堡、多伦多—蒙特利尔等多个一级城市群构成，集中了二十多个人口达百万级的大都市，总面积24.5万平方公里，人口5 000余万，与美国东北沿海城市群共同构成了北美的制造业带。日本太平洋沿岸超级城市群由大东京区、阪神区、名古屋区三个一级城市群构成，面积约10万平方公里，占日本全国的1/4，人口7 000多万，占总人口的61%，生产总值超4万亿美元，占70%以上。欧洲西北部超级城市群由大巴黎地区、莱茵—鲁尔地区、兰斯塔德等多个一级城市群构成，面积14.5万平方公里，人口4 600余万，是欧洲工业生产的主轴，全球现有1/5的化工产品是在莱茵河沿岸生产的。

二、我国长江沿江地区正在发育世界级超级城市群

（一）长江沿江已经初步形成了一批一、二级城市群，具备发展超级城市群的基础

以长江为纽带，沿江分布着长三角城市群、长江中游城市群、成渝城市群三个大型的一级城市群，以及一大批二级城市群。长三角城市群GDP占全国的18%，是我国经济实力和辐射效应最强的城市群，上海国际经济、金融、贸易和航运中心的作用日益突出，南京和杭州以生产性服务业为代表的现代中心城市职能不断加强，苏州、无锡、常州、宁波等城市制造业非常发达，长三角城市密集，一体化发展趋势明显。长江中游城市群，是以武汉都市圈、长株潭城市群、环鄱阳湖生态城市群、江淮城市群等为主体构成的新城市群。长江中游地区地域广阔，沿江城市密集，重化工业、装备制造业和高新技术产业特色和优势明显，在我国中部崛起战略中处于核心和主导地位。成渝城市群是中国自然资源富集区之一，已形成以汽车摩托车、化工医药、冶金、机电、能源、旅游等为支柱的产业体系，是西部地区城市密集程度最高、产业实力最强、经济联系最密切的地区。三大城市群之间基础设施条件较好，科教实力强大，发展腹地衔接，城市化水平相对高，产业协作、经济联系日益增

强，有着向更大范围和更深层次的集群发展的趋势和内在要求。

（二）国家长江经济带战略实施，有利于加快沿江超级城市群的成长和发育

依托长江黄金水道建设中国经济新支撑带，是党中央、国务院在新的历史条件下，完善我国区域经济布局、推进区域经济统筹发展、形成沿海沿江沿边全方位开发格局、打造中国经济"升级版"所做出的重大战略举措。长江经济带建设，必将对长江流域的基础设施、市场体系、产业布局等进行系统整合、优化升级；必将推动沿江城市化进程进一步加快，增强中心城市的吸引力和辐射带动作用；必将推动各省市、各区域城市之间的经济技术协作交流，推进体制机制创新，推动各城市群协调联动发展。这些重大举措，将为长江超级城市群的发育成长提供千载难逢的产业发展、市场成长、政策支持良好条件与成长环境。目前，安徽既是"长三角"的成员，又是"中四角"的重要组成，长三角城市群与长江中游城市群正在连绵发展。随着长江经济带建设的深入推进，上游的重庆与中游的武汉之间也将会崛起一批新兴的城市，成渝城市群与长江中游城市群也将连绵起来。

（三）培育长江超级城市群对推进我国新一轮大开放、大发展有着重大战略现实意义

打造中国经济增长的新引擎，推动东中西部统筹协调发展，推动中国新一轮开放由沿海向沿江向中西部内地深入发展，实现"一带一路"（新丝绸之路经济带、21 世纪海上丝绸之路）开放联动，是长江经济带建设的主要战略意图。中心城市和城市群是区域经济增长的主要载体，是辐射带动区域整体发展的核心增长极，是实现区域联动发展的关键支点，是对外开放的重要窗口。培育长江超级城市群，既是长江经济带建设的内在要求，也将对长江经济带建设产生重大的推动作用。未来时期，长江超级城市群将成为我国新型城镇化的领头羊、"四化"同步发展的先行区、经济增长新常态的核心增长极，对中国未来经济增长格局和世界经济发展都产生重大影响。

三、建设长江超级城市群的初步构想

（一）长江超级城市群的空间范围

长江超级城市群是长江经济带的核心区域，东起上海，西至四川宜

宾，主要依托长三角城市群、长江中游城市群和成渝城市群及其内的二级城市群构造，同时把沿江双边单幅宽1.5小时车程约200公里的其他设区市涵括在内。长江超级城市群全域范围共74万余平方公里，人口3.34亿，2013年地区生产总值19.5万亿元，财政收入2.86万亿元，第二产业增加值12.3万亿元，社会消费品零售总额6.9万亿元，进出口总值1.49万亿美元。国土面积占全国7.7%，约占长江经济带36%；经济总量占全国34.3%，占长江经济带75%；市场总量占全国29.6%，进出口总值占全国35.8%。超级城市群的经济密度是全国平均密度4.33倍，人均生产总值为1.39倍，城市化率为56.5%，为全国平均水平的1.11倍，将成为全球面积最大、承载人口最多的巨型城市群连绵区。

（二）长江超级城市群的层级结构

长江超级城市群是以大江为主要纽带的多核、多圈层结构的巨型城市群体系。主要由3个一级城市群，10个二级城市群以及一批更小层次的城镇群构成，为"一带三群十圈"结构。"一带"：即超级城市群长江沿江城市带。"三群"：即以上海为核心的长三角城市群、以武汉为核心的长江中游城市群、以重庆和成都为双核的成渝城市群三个国家一级城市群。"十圈"：即长三角的大上海、南京、杭州都市圈、苏锡常城市群；长江中游地区的武汉都市圈、长株潭城市群、环鄱阳湖生态城市群、江淮城市群；长江上游地区的重庆都市圈、成都平原城市群。另外，还有规模稍小的岳（阳）常（德）益（阳）环洞庭湖地区，荆（州、门）襄（阳）宜（昌）城市群、川南城市群、三峡城市群等，各省市域内甚至还有更次一级的城镇群。长江超级城市群以长江黄金水道及其沿江铁公水空立体交通、临港产业、外向型经济、产业梯度转移，以及沿江科教文化交流协作为纽带，形成各层次城市群之间的共生、互动、共赢关系。

（三）长江超级城市群的功能定位

根据长江沿江区域的发展基础，以及在我国未来经济社会发展和改革开放中的重要地位，长江超级城市群的主要功能定位是：一是中国经济新支撑带的核心增长区。当前，我国经济进入新一轮发展时期，经济增长进入次高速区间，并成为新常态。从整体上看，沿江城市带基础设施、产业基础、科技实力都比较好，域内工业化、城市化水平还有很大的提升空间，发展腹地广阔，完全具备成为我国经济新常态新支撑带的

核心增长区的条件。二是中国第二轮大开放的战略通道。我国第一轮大开放集中在沿海沿边开放，上海自贸区建设开启了新一轮大开放巨幕，新一轮大开放的战略重心将转向内陆中西部地区，而长江沿江城市带由于其通江达海便利，横向连接东中西部三大地带，并且以连接新丝绸之路经济带和21世纪海上丝绸之路的优势，将是我国新一轮大开放的主要战略通道。三是中国战略性新兴产业和装备工业的主要基地。武汉、上海近代史上就是我国的工业重镇，沿江其他城市在工业化运动以来，产业成长很快。沿江城市除钢铁、石化、建材、电力、纺织、食品等传统支柱产业在全国具有重要地位外；汽车、船舶、航空、动力、电力装备制造，电子、电气、光学、机电仪设备等是全国的主要制造基地，新能源、新材料、电子信息、生物医药等战略性新兴产业已具备相当规模；沿江地区还是我国最重要的科技教育文化的密集地带之一，具有强大的科技研发力量。因此，沿江地区完全可以成为我国战略性新兴产业和装备制造业的主要基地。四是"四化"同步发展的先行区。新型工业化、信息化、城镇化、农业农村现代化同步发展是我国经济社会发展和现代化道路的必然要求和基本方向，我国必须经历这一历史过程。长江沿江城市经济发展水平高、产业实力强、科教水平高，城市对农村的带动能力大，完全可以作为先行区，率先实现"四化"同步的发展目标。

（四）长江超级城市群的发展目标

力争到2020年，通过沿江城市对人口的巨大集聚作用，使长江超级城市群承载人口占全国30%以上，经济总量、市场总量和进出口总值均占全国40%以上，基础设施进一步完善，产业协作分工取得重要成效，经济集聚能力和辐射带动能力进一步增强。再经过10年左右的努力，到2030年，初步形成全球面积最大、人口最多、经济规模占据前列的超级城市群。

四、推进长江超级城市群建设的几点对策建议

（一）在编制长江经济带规划的同时，启动长江超级城市群的规划编制。做到超前谋划，规划引导

在规划编制过程中，首先要考虑发挥好长江"黄金水道"联系纽带功能。由于水运成本低、运量大、能耗小，特别适合城市群的成长，美国西海岸城市带、北美五大湖城市带、日本太平洋沿岸城市带、欧洲沿

莱茵河城市带等无不是利用水运这一天然优势。我国长江沿江城市群连绵 2 000 多公里，长江货运量已经位居全球内河第一，未来临港产业有很大的发展机遇和成长前景，长江水运还有很大的提升空间，要把长江黄金水道强大的联系纽带作用发挥得更好。要在发挥特大经济中心城市的辐射带动作用的同时，加快发展壮大一批重要节点城市。目前沿江几个特大中心城市距离较远，南京和武汉、武汉和重庆之间都缺乏具有较强"传接"作用的城市。应加快做大芜湖、安庆、九江、岳阳、荆州、宜昌、万州、涪陵等一批区域性中心城市，推进城市群之间连绵带建设，使中心城市更好的联动起来。同时，要大力发展沿江中小城镇，特别是在沿江城市较为稀疏的地区，优先将其中条件较好的城镇升格为市。

（二）围绕长江超级城市群的发展目标，完善提升基础设施

一是要着力改善长江水道的通航条件。加快提升航道标准建设，强化长江深水航道建设，努力形成南京以下 5 万吨级、武汉至南京万吨级、重庆至武汉 5 000 吨级船舶的通行条件。二是加强港口建设。在强化、发挥上海、武汉、重庆三大航运中心地位和作用的同时，进一步加强沿线港口基础设施建设，整合港口资源，加快形成港口群，形成一体化的巨型港口系统。三是着力提升航运效率。船舶平均吨位小、船型杂乱，制约了长江航运效率的提升。要在建设长江及支流航道网的同时，加快建设标准化和系列化的船队。四是大力发展航空、铁路、高速公路和管道运输，建成现代化的立体交通和快速综合集疏运体系，为沿江城市的快速发展创造高效、便捷、低成本的综合运输条件。

（三）按照长江超级城市群功能定位，搞好产业分工协作

探索下游与中、上游的产业合作与分工机制，优化沿江生产力布局，构建东中西部梯度发展、相互支撑的产业体系。以上海为核心的长三角城市群发挥在长江超级城市群及长江经济带中的"龙头"作用，进一步优化产业结构，推进产业转型升级，大力发展具有前瞻性的战略性新兴产业和金融、信息、咨询、研发等高端服务业，成为长江超级城市群经济发展的首位核心引擎。以武汉为中心的长江中游城市群发挥承东启西、连接南北的区位优势，坚持新型工业化发展战略，在保持传统支柱产业发展优势的同时，重点发展汽车、航空、信息设备、工程机械、机电仪设备等装备制造业；发展新能源、新材料、生物医药等战略性新兴产业；

发展现代物流、科教、金融、信息等新兴服务业，并发挥与长三角、成渝，与京津冀、珠三角等国内主要经济区、城市群更好的对接联动作用。以重庆、成都为核心的成渝城市群作为西部地区经济增长极，凭借后发优势，大力发展装备制造、电子信息、生物医药，以及金融、信息、服务外包等就业吸纳能力强、辐射带动力强的产业，打造长江上游地区制造业高地，带动上游地区整体经济发展。长江超级城市群如同一列具有高速行驶能力的动车组，其"三群十圈"体系中的核心城市都要作为相应层级的核心引擎，共同构造超级城市群的动力体系。

（四）创新体制机制，推进长江沿江新一轮大开放、大开发

经过三十多年开放发展，沿海地区土地、环境、人力资源等要素趋紧，而中西部地区基础设施条件改善，市场和开放观念提升，资源环境承载能力大，发展空间大，在新一轮开放发展中将处于更加重要的地位。一是加快市场一体化建设。破除市场壁垒尤其是行政区划壁垒，建立统一开放和竞争有序的现代市场体系，促进商品、人才、资金等各种要素在长江城市群内自由流动，提高资源配置效率。二是优先复制上海自贸区的成功经验。促进长江中上游地区出口加工区、综合保税区等对外开放平台升级，形成全域开放新格局。三是探索建立产业转出地与承接地利益连接机制。加强承接产业转移示范区建设，加快推进沿海地区产业向中西部转移。四是加快通关一体化建设。整合口岸资源，统一通关流程，构建报关、检验检疫、通关、出口退税等相互协同机制，高标准建设电子口岸，形成"属地报关、如同一关"的通关体系，变沿江地区通江达海的交通优势为直接对外开放的口岸优势。

（五）建立国家统筹、省际共商、省内协同三级协调机制

长江超级城市群涉及地域广，发展水平不一，建立科学合理的协调机制尤为重要。一是超级城市群由国家层面统筹协调。重点做好沿江城市群规划、重大基础设施建设、重大产业协作分工等方面的协调。二是一级城市群由涉及区域省市区之间协调。重点做好一级城市群规划，城市功能、产业分工协作，区域内基础设施建设等方面的协调。三是二级城市群及以下由各省市区内部协调。各省市要重点做好二级及以下城市群建设，做好二级城市群规划，并与超级、一级城市群规划对接，做好基础设施、产业分工合作、市场机制、公共服务等方面对接工作。

附表

2013年长江超级城市群主要经济社会发展指标

区域\指标	面积（万平方公里）	人口（万人）	GDP（亿元）	经济密度（亿元/平方公里）	人均GDP（元）	财政收入（亿元）	第二产业增加值（亿元）	社会消费品零售总额（亿元）	进出口总值（亿美元）	实际利用外资（亿美元）	城市化率（%）
长江超级城市群	74.1	33 379.0	195 243.0	0.3	58 493.0	28 612.0	123 400.0	69 405.0	14 860.0	1 043.6	59.5
长三角城市群	20.2	10 576.0	97 761.0	0.5	92 437.0	15 513.0	71 581.0	35 449.0	12 404.1	582.8	73.0
上海都市圈	6.3	2 415.0	21 602.0	0.3	90 765.0	4 109.5	8 027.8	8 019.0	4 413.4	167.8	89.0
南京都市圈	6.3	3 296.0	22 000.0	0.4	66 700.0	3 945.4	10 573.0	7 724.0	916.0	150.8	68.0
杭州都市圈	3.5	2 110.2	17 263.0	0.5	82 000.0	3 026.4	8 445.0	6 812.0	1 397.3	93.6	62.0
苏锡常城市群	1.8	2 175.0	25 447.0	1.4	116 997.0	2 450.8	13 127.8	7 968.0	4 088.8	155.7	71.1
其他城市：宁波	1.0	580.1	7 129.0	0.7	122 890.0	1 651.2	3 741.7	2 636.0	1 003.3	32.7	69.0
长江中游城市群	33.3	12 962.0	60 660.0	0.2	46 797.0	8 810.0	32 795.0	21 794.0	1 132.1	254.5	54.1
武汉都市圈	5.8	3 024.3	15 632.0	0.3	51 688.5	2 224.1	7 633.9	5 859.0	282.1	66.3	58.3
长株潭城市群	2.8	1 400.1	10 539.0	0.4	75 240.4	1 164.2	5 969.1	3 860.0	151.0	41.8	63.4
环鄱阳湖湖城市群	5.8	1 930.5	7 573.0	0.1	39 227.7	1 175.0	4 191.4	2 640.0	231.9	44.4	50.0
江淮城市群	7.6	3 165.0	13 064.0	0.2	41 276.5	2 171.9	7 562.4	4 652.0	395.1	81.5	54.0
荆襄宜城市带	6.7	1 831.3	8 052.3	0.1	43 970.4	846.2	4 489.0	2 871.0	55.2	11.4	51.2
湖南环洞庭湖城市	4.6	1 661.1	5 818.3	0.1	35 026.8	510.9	2 949.1	1 912.0	16.8	9.1	45.4
川渝城市群	20.6	9 841.0	36 822.0	0.2	37 418.0	4 289.0	19 024.0	12 162.0	1 323.8	206.3	52.0
重庆城市圈	8.2	2 945.0	12 657.0	0.2	42 976.9	1 692.9	6 397.9	4 512.0	687.0	106.0	58.3
成都平原城市群	8.1	3 408.0	15 465.1	0.2	45 378.5	1 728.2	7 672.6	6 045.0	588.3	95.2	55.2
川南城市群	4.2	1 731.5	4 554.3	0.1	26 244.9	505.5	2 758.8	1 605.0	24.2	3.1	46.5
长江超级城市群占全国比重（%）	7.7	24.7	34.3	4.3	1.39	22.2	49.4	29.6	35.8		1.1

资料来源：根据相关省市统计年鉴、统计公报及有关研究资料整理。

建立生态合作机制　共护一江生命之水

傅　春[①]

自古以来，长江中下游地区就是中国的鱼米之乡。"苏湖熟，天下足"的歌谣流传千年，这里丰富的农业养活了近一半的中国人。但是，由于开发较早，长江中下游的自然生态被人类不断改造，十分脆弱。长江中下游流域是我国人口密度最高、经济活动强度最大、环境压力最严重的流域之一，流域水环境问题日渐突出，饮用水水源和水生态安全面临考验。近年来，随着工业化和城市化的不断加快，大量的水稻田变成了城市，昔日的水塘河沟变成了工厂，罕见的干旱又使这里脆弱的生态雪上加霜。

一、长江流域生态合作的必要性

长江中下游地区在地理上存在一种割不断、分不开的整体关系，在水资源、生态环境、疾病传播方面，更形成一种"一损俱损"的连带效应。

2011 年，长江中下游地区创下几十年降雨最少的纪录，导致长江、鄱阳湖、洞庭湖等水位大降，洪湖、石臼湖干涸，鱼虾死亡。罕见的特大干旱已严重威胁长江中下游地区的生态安全。今年鄱阳湖的干旱又在继续。鄱阳湖是我国最大的淡水湖，承纳赣江、抚河、饶河、信江、修水五大河流的来水，经调蓄由湖口注入长江，平均年径流量 1 450 亿立方米，每年入江径流量达到全流域的 15.5%，是长江的重要水源。其优质水量对长江中下游的水量补给和水质提供保障。鄱阳湖与长江的联系对长江水文情势变化反映极为敏感。尤其是 21 世纪以来，伴随长江流域进入一个相对的偏枯时期，鄱阳湖在枯水期持续出现历史最低水位，不仅对生态系统产生较大影响，而且对鱼类生长和渔业造成严重损失，影响到居民供水安全、航运和农业生产等。水量减少进一步影响到水质，有

---

① 傅春，南昌大学中国中部经济社会发展研究中心常务副主任。

资料显示，鄱阳湖近年来的水质也在恶化，水质下降不仅严重影响了环湖区的水生态安全，而且将严重影响长江中下游地区的水安全。

近年来，长江流域废污水排放总量迅速增加，水环境污染呈加重趋势。2009 年长江流域废污水排放总量 333.2 亿吨，较 2003 年增加了21.9%，排污主要集中在太湖水系、洞庭湖水系、长江湖口以下干流、宜昌至湖口、鄱阳湖水系、宜宾至宜昌和汉江地区。2009 年这些地区排污总量占长江废污水排放量的 80.1%。尽管干流水质尚好，但城市江段污染较为严重，沿江分布着五大钢铁基地、七大炼油厂，以及不少石油化工基地。尤其是上海、南京、武汉、重庆、攀枝花 5 个城市江段近岸水域污染尤为突出。

长江中下游地区的水污染控制，水生态保护等已经成为制约经济社会又好又快发展的瓶颈，是整个流域协调经济发展与环境保护的共有的重要难题，已不仅仅是某个地区的事，而应该整个流域相互合作和共同努力的大事。

二、长江流域生态合作的可能性

党和政府把促进长江流域区域经济协调发展作为"十二五"时期的重要战略任务来抓，2009 年以来国家先后批准发布了 17 个区域规划，其中属于长江流域的有：长江三角洲地区区域规划、鄱阳湖生态经济区规划、皖江城市带承接产业转移示范区规划、重庆"两江新区"总体规划 4个区域规划，同时，还有武汉城市圈两型社会建设综合配套改革试验区、长株潭城市圈两型社会建设综合配套改革试验区、成渝城乡统筹综合配套改革试验区等，这些规划和试验区根据流域内东、中、西部地区在经济、资源、区位等方面的不同情况，确立了不同的发展定位，制定了有区别的发展目标。比如鄱阳湖生态经济区的建设，目标就是力争将鄱阳湖生态经济区打造成为全国大湖流域综合开发示范区、建设长江中下游水生态安全保障区、加快中部地区崛起的重要带动区、国际生态经济合作重要平台。

除了以上的国家区域发展政策，《长江流域综合规划》修编工作也已完成，新规划贯穿"维护健康长江、促进人水和谐"的理念，统筹考虑了经济社会发展要求与水资源、水环境的承载能力，统筹处理好需要与可能、发展与保护以及不同区域、相关行业、上下游、左右岸、远近期的关系，明确了实现流域综合管理现代化、保障防洪安全、饮水安全、粮食安全和生态安全的具体目标和实施步骤。

近年来沿江各市对长江环境保护和水生态安全的意识越来越强烈，长江沿岸中心城市协调会市长联席会到 2015 年是 15 届，最近几年的主题对长江生态的关注越来越多。

长江流域生态合作还具有天然的生态联系。从理论上讲，鄱阳湖生态经济区对于生态环境的保护和恢复不仅将为长江下游东部发达省份提供经济发展和人民生活所必需的水资源的涵养，还将使东部地区免遭自然灾害、疾病传播带来的巨大损失。

三、建立流域合作的对策

（一）建立流域内政府间协作联动机制，提高生态安全的保障

建立流域内政府负责人联席会议制度，定期举行会议。建立流域环境保护部门参与的专题工作小组。各方根据合作需要确立若干专责小组，开展具体的专项合作工作。同时成立区域规划、环境与资源利用的专家委员会，针对涉及区域环境和资源的城市规划、产业项目布局和其他需要环境评估、协商、决策等重大事项提供决策咨询。

制定统一的流域内区域间环境保护标准和要求。通过统一的标准和要求，明确区域内经济发展的环保要求，确定环境保护对产业的准入门槛，引导区域整体产业结构的合理布局，促进区域环境保护规划的协调与合作，推动区域发展循环经济。

建立联合专项基金和地方配套资助计划，对有重大区域影响的环境问题研究或具有开创意义的环保技术给予资助。同时建立区域内部各城市之间的环境保护补偿制度，共同为治理环境保护出资出力。

建立重大灾害预警应急联动系统，对于区域性重大灾害进行及时有效的协调、联动。

（二）加强基础设施建设和科学研究的合作

建立流域内区域间环境监测网络，成立公共环境信息平台，加强区域内各省环境监测工作的合作，及时、准确、完整地掌握区域水环境、空气环境质量及其动态变化趋势，实现区域的环境信息共享与交换，为流域水污染及空气污染防治提供科学的决策依据。

建立联合研究机制，充分利用区域内各学术机构、政府的力量，搭

建有理论、有经验、有技术的联合研究团队，针对环保问题进行深层次的合作研究。

（三）建立区域产业合作机制

推进循环经济发展合作，建立发展循环经济得科学体系。探讨和研究开展区域循环经济合作的领域、途径、方式和方法，相互学习，取长补短。在推进循环经济发展立法、规划、信息、技术和咨询服务方面加强合作与交流。借鉴已有成功经验，积极扩大企业清洁生产试点，开展重污染行业的清洁生产试点示范，依法做好产生和使用有毒有害物质企业和污染严重企业的强制清洁生产审核。加大对节能技术、清洁能源、可再生能源等的研发工作和产业化布局。

建立环保产业网，开展区域环保产业合作、交流、展示和项目洽谈活动，推动环保产业领域内的投融资、市场拓展、技术配合、资格互认、环保技术应用等多层面的广泛合作。

探索构建长江流域统一的生态保护绩效评价体系；大力发展低碳经济、循环经济，努力增加现代服务业的比重，走科技含量高、资源消耗低、环境污染少的产业发展道路；共同探索制定节能减排有关政策法规和制度。

长江经济带文化产业连片发展
科技传导与跨域协同

罗序斌[①]

一、长江经济带连片发展文化产业的必要性分析

长江流域自古以来就是我国的黄金水道，长江通道更是目前我国国土空间开发最重要的一条东西轴线。面新常态，为了重振和再造国内需求市场，国家提出了长江经济带战略。长江经济带的范围包括上海、江苏、浙江、安徽、江西、湖北、湖南、重庆、四川、云南、贵州 11 省市，是勾连海上丝绸之路和丝绸之路经济带的重要纽带，是横贯东中西、连接南北方的开放合作走廊，是新时期下我国新的区域发展战略。长江经济带既是一条目前经济总量已占全国四成的内河经济带，还是一条聚集山水文化、民族文化、宗教文化、书院文化、民俗文化、商业文化、红色文化等文化的内河连片文化产业带，具有丰富的文化资源和良好的产业基础。因此，本文认为可以把连片发展文化产业作为长江经济带建设的着力点。

（一）连片发展文化产业有利于长江经济带形成新的经济增长点

经济发展的不同阶段中，各个产业的增长速度是不相同的，有些产业增速减缓，呈现衰退之势；有些产业成为新的经济增长点，日益壮大，有望成长为支柱产业。产业间的这种此消彼长，是产业结构变迁的主要内容。近 10 年来，我国文化产业大仰角爬升，如今已成为国民经济稳定增长的新引擎。从总体发展趋势来看，2004 年，全国文化产业增加值仅为 3 102 亿元，2008 年上升至 7 630 亿元，2010 年达到了 11 052 亿元。2004～2008 年，全国文化产业平均增速 23.28%，比同期 GDP 增速高出 5

---

① 罗序斌，江西师范大学财政金融学院副教授。

个百分点；2008～2010 年，平均增速 24.19%，比同期 GDP 增速高出 1 倍。之后，全国文化产业继续保持着高位运行的势头。2011 年，全国文化产业增加值 15 516 亿元，当年 GDP 占比为 3.28%；2012 年 18 071 亿元，当年 GDP 占比是 3.48%；2013 年 21 351 亿元，当年 GDP 占比上升到 3.63%。即便在经济增长相对疲软的 2014 年，文化产业仍然逆势而上。从区域分布格局来看，长江经济带文化产业连片分布，综合竞争力名列前茅。2014 年，全国各省市文化产业发展综合指数排名前十的省市分别是北京、江苏、浙江、广东、上海、山东、辽宁、河北、湖南、江西，其中长江经济带占据一半，这说明长江经济带具有发展文化产业的明显优势。

（二）连片发展文化产业有利于化解长江经济带累积的就业压力

就业是一个重要的民生问题。习近平总书记强调"就业是民生之本，也是世界性难题，要从全局高度重视就业问题。没有一定增长，不足以支撑就业，解决就业问题，根本要靠发展，把经济发展蛋糕做大，把就业蛋糕做大。"受国际复杂多变的环境，国内趋于下行的宏观经济以及日趋涌现的大学毕业生潮等多重因素的叠加影响，与全国大多数地方一样，长江经济带各个省市近年来的就业形势也是相当严峻。面对这种不容乐观的局面，强力推进文化产业的连片发展有利于促进劳动力就业逆势增长，有利于化解不断累积的就业压力。因为文化产业具有显著的直接就业和间接就业效应。直接的就业效应主要体现在两个方面：一是文化产业的劳动就业范围很广。根据国家统计局颁布的《文化及相关产业分类（2012）》的统计标准，文化产业的行业和门类众多，有 10 个大类、50 个中类、120 个小类；产业链条也相当长，可以容纳大量的富余劳动力。二是文化产业适合大众创新创业。文化产业的核心竞争力是创意，是文化产品和服务本身的原创性和独特性。相对于其他产业而言，这个产业对物质资本、劳动力数量、企业规模等的要求并不是很高，行业进入的门槛相对较低，特别适合大学生、研究生等拥有高学历的知识群体挥聪明才智，创新创业。间接效应主要表现为文化产业具有很强的产业关联性，因此，大力发展文化产业，必然会带动相关产业的发展，提高整个社会的就业水平。

（三）连片发展文化产业有利于长江经济带加快转变经济发展方式

当前，长江经济带各省市都处于经济转型期，长期支撑宏观经济增长的自然资源、人口红利、市场体制、国际贸易等环境条件发生了诸多的新变化，经济增长的空间在不断缩小；长期奉行的高投入、高污染、高消耗，偏重数量扩张的发展模式带来了诸多的新问题，粗放型的增长方式已经难以为继。因此，必须加快转变经济发展方式。而文化产业因其产业的特殊性可以成为带各省市转变经济发展方式，促进国民经济永续发展的有力抓手。第一，文化产业具有显著的低消耗特征。文化产品的内容是知识或意义。产业发展主要依赖智力资源投入，而非劳动、土地、资金等传统要素资源，即使是文化产品中的制造部分，也可通过不断提升文化内涵，提高创意设计水平来增加产品的附加价值，减少自然资源的消耗。第二，文化产业具有明显的低污染特征。文化产品的消费是一种精神层面的消费，是一种体验式消费，这种消费模式对空气、水源等生态环境不会带来任何负面影响。第三，文化产业满足的不是人的物质需求，而是人的精神需求，具有突出的无限生产的特点。需求是一种内心状态。按需求对象来划分，需求包括物质需求和精神需求。物质需求主要是指衣、食、住、行的需要，是一种反映人的活动对于物质文明产品的依赖性的心理状态。精神需求是指人对社会精神生活及其产品的需要，包括对知识的需要、对文化艺术的需要、对审美与道德的需要等。物质需求是有限的，可以基本满足；精神需求是无限的，永远不可能充分满足。文化产业满足的不是人的有限物质需求，而是人的无限精神愿望。正是由于人的精神愿望是无限的，所以文化产业不会遭遇产能过剩的问题，可以成为一个可以无限生产的领域。

二、长江经济带文化产业连片发展的科技传导机理分析

连片发展文化产业既然是建设长江经济带的重要着力点，那么我们如何推进长江经济内文化产业的连片发展呢？党的十七届六中全会通过的《中共中央关于深化文化体制改革推动文化大发展大繁荣若干重大问题的决定》明确指出："科技创新是文化发展的重要引擎。要充分发挥文化和科技相互促进的作用，深入实施科技带动战略，增强自主创新能力。"这为长江经济带各省市连片发展文化产业指明了方向。但科技带动

战略的实施必须以文化产业发展的科技传导机理的深入研究为前提和基础。只有解决了这个理论问题，才可以更好提出能够促进长江经济带文化产业连片发展的落地的政策建议。因此，为了揭开科技创新与文化产业的传导黑箱，寻觅科技创新作用文化产业的中介变量或者路径，本文构建了文化产业的科技传导黑箱模型，认为科技创新主要是通过生产力要素、市场需求、产业结构、市场竞争等中介变量对文化产业施加影响。具体的传导路径如图1所示。

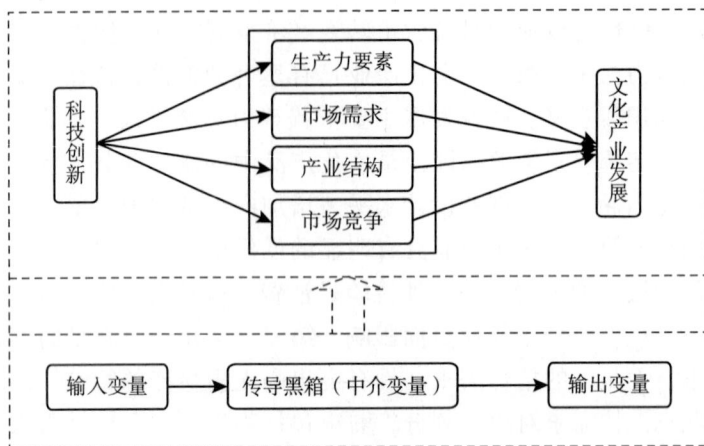

图1　文化产业发展的科技传导黑箱模型

（一）科技创新能够改善生产力要素，内生驱动文化产业发展

生产力是人类改造自然，生产物质财富的实际能力。生产力的基本要素主要包括以生产工具为主的劳动资料，引入生产过程的劳动对象，具有生产经验和劳动技能的劳动者，以及符合生产规律的组织管理方式。科技创新是经济增长的动力源泉。它可以通过改善生产力要素，提高劳动生产率来实现文化产业的内生发展。第一，科技创新能够提供先进的文化产品的生产和传播工具。从文化产业的演变历史来看，根据文化产品的生产和传播技术差别，可以将生产和传播媒介的发展分为口头媒介、书面和印刷媒介，以及现代电子媒介三个阶段。最原始的媒介是口头媒介，一些文学艺术作品最初大多是以口头流传的方式进行记录和传播。在这种生产和传播条件下，文化产品的生产与提供只能局限于一个狭小的范围之内。书面媒介和印刷媒介的出现克服了时空限制，加快了文化

产品的传播速度，极大地提高了文化产品的生产效率，但由于只有掌握了文字才能参与到这种媒介的传播之中，大部分识读障碍的劳动者则被排除在外。而现代电子媒介的诞生则清除了书面印刷媒介的文字符号对大众的限制，同时也使得文化产品的生产和销售具备了规模化的特点，大批量生产的低成本、低价格的大众文化产品展现给最广大的人群，从而对文化产业的发展发生了革命性的作用。第二，科技创新可以丰富文化产品的劳动对象，改善劳动对象的性能。无论是人们发现还是利用劳动对象，科技创新都起到了至关重要的作用。例如，江西景德镇高岭村闻名遐迩的高岭土因为具有洁白细腻、质软，以及具有良好的可塑性、很高的黏结性、较好的耐火性等特质，与云母、石英、碳酸钙并称为我国四大非金属矿产。随着现代生产加工技术的发展，高岭土除了可以用于制作各种精美的陶瓷艺术品，还可以广泛运用于造纸，不仅能够增强纸张的白度、光滑度，而且还能改善纸张的覆盖性能和涂布光泽性能。第三，科技创新有利于提高劳动者素质。主要有两种途径：一是新技术为劳动者提升自身素质提供了更多的渠道。例如，门户网站，搜索引擎、虚拟社区、电子邮件、聊天室、博客、微博、微信等互联网技术的广为普及，为人们提供了更多的学习途径，使得知识能够突破时空，可以在更大范围内共享。我们的一次网络调查结果显示，所接受调查的网民中，94%的人通过新闻网站进行学习，78%的人利用新媒体分享知识，49%的人借助社交论坛与专家互动。二是新知识、新技术会产生知识溢出效应。因为拥有丰富知识和熟练技能的劳动力流动到其他文化企业时，他们会带走在流出企业所获取的一些知识，有助于流入企业的创新和劳动者素质的提高。第四，科技创新有利于提高文化企业的组织管理效率。管理也是一种生产力。在文化企业的经营管理活动中，应用先进的管理知识与技术，比如科学的分工合作、管理活动的信息化、组织结构柔性化变革、学习型组织等，可以促进劳动资料、劳动对象和劳动者的有机结合，提升文化企业的管理效率。

（二）科技创新能够诱发新的市场需求，逆向拉动文化产业发展

有效供给会自动创造需求是著名的"萨伊定律"。供给学派承认萨伊定律的合理性，认为新产品和服务的供给才是实际需求得以支持的唯一源泉。而当今文化创新产品所获得的巨大成功和蓬勃兴起的文化产业赋

予了"萨伊定律"全新的解释。有效供给自动创造市场需求是文化产业特有的规律。这条规律表现在两个方面：第一，一个成功的文化创新产品的开发和问世，能够诱发消费者需求，形成一个全新市场。例如，发展初期，手机功能相对单一，只能进行简单的语音传输，但智能机的诞生和普及，手机领域发生了革命性变化。打电话、发短信等传统的通讯功能逐步弱化，网络文学、门户资讯、网络游戏、网络音乐、在线视频等方面的现代应用快速增长。手机已经从传统的移动通讯设备转变为互联网文化创新产品的移动接入终端。第二，文化市场供给制度的创新，决定着文化产业的发展规模和方向。科技创新体系是一个巨大的复杂系统，是由知识创新体系、技术创新体系和现代科技引领的制度创新体系三大体系构成，其中，制度创新是基础，没有制度创新，知识创新和技术创新就无从依附。文化市场供给制度的创新主要包括产权制度创新、企业经营管理制度创新和政府管理制度创新。

我国文化产业的发展就是随着文化市场供给制度的改革创新而逐步成长起来的。具体可以分为三个阶段：（1）1979～2002年，制度创新的探索阶段。这一时期我国主要围绕着改革创新文化市场的产权制度和政府管理制度进行了探索。虽然这个阶段我国文化产品日益丰富，文化市场主体日趋多元化，但是公有制成分和国有文化单位仍然占据绝对优势地位，公益性文化事业与经营性文化产业政策混淆的现状还没有出现根本性的变化。（2）2003～2012年，改革试点及全面推进阶段。在全国开展公益性文化事业单位和经营性文化企业单位改革创新试点，旨在逐步理顺政府和文化单位的关系，深化公益性文化事业单位内部管理体制改革，促进经营性文化单位的转企改制工作，运用现代科技对传统产业进行改造，积极发展数字电视、数字电影、网络出版、网络游戏和动漫等高新文化产业，推进文化产业结构调整。在此基础上，全面推进文化体制改革，创新文化政策，明确提出要把文化产业建设成为国民经济支柱性产业，进而不断提升我国文化软实力，建设社会主义文化强国。（3）2013年至今，改革创新全面深化阶段。这一时期围绕激活我国文化市场民间投资活力，进一步完善文化管理体制，建立健全现代文化市场体系，构建现代公共文化服务体系，提高文化开放水平等文化产业发展中的若干深层次问题展开，出台了相应的政策措施，突破了我国发展文化产业的体制机制障碍。总体而言，自1979年以来，我国长达30多年的文化体制改革以及文化市场经营管理制度创新，极大地解放和发展了文化生产力，有力地促进了文化产业发展从无序到有序的质变，使得文化产品和服务能力大为增长，大大促进了文化消费市场的繁荣。

（三）科技创新能够优化产业内部结构，整体催动文化产业发展

产业内部结构是指产业之间、产业内部的构成及其相互之间的联系或制约的关系。科技创新是产业结构演进的动力源泉。从历史上看，产业内部结构的每一次重大变化和调整，都与科技的创新密切相关。Schumpeter 早在 1912 年就提出了科技创新能够产业变迁和经济结构调整，并认为"产业突变"就是由以科技创新为主导的不断地从产业内部革新经济结构，也即不断破坏旧的、不断地创造新的结构的一种创造性破坏过程。从我国实践来看，我国文化产业的发展也正是通过科技创新不断优化文化产业内部结构来实现的。第一，科技创新催生出新的文化业态。每一个新兴文化产业的形成和发展都与科技创新紧密相关。日前以互联网应用技术为代表的科技创新与文化产业之间的融合，可以催生许多新文化业态，并通过该产业的前向、后向和旁侧的渗透和关联，带动相关产业的发展，从而形成一个主导文化产业群。例如，兴起于 PC 互联网，发展于移动互联网的网络游戏产业就是随着互联网经济的蓬勃发展实现了快速增长。据艾瑞咨询在线数据显示，2014 年，我国网络经济市场规模达到 8 706.2 亿元，其中，网络游戏市场规模达到 1 108.1 亿元，同比增长 24.3%。网络游戏市场的空前发展直接推动了网络文学产业的快速增长。据易观智库的数据显示，2013 年，我国网络文学市场收入规模46.3 亿元，较 2012 年环比大幅增长 66.7%；截至 2014 年 6 月，我国网络文学用户规模为 2.89 亿，较 2013 年底增长 1 498 万人，半年增长率为5.5%；网民网络文学使用率为 45.8%，远远高于网络音乐、网络视频等互联网应用。正是由于上游的网络文学给下游的网络游戏产业不断提供内容和素材，游戏语言深植于网络文学之中，以及这个娱乐产业链上下游产业之间的合作和双向联动，才使得这个文化产业链群迎来了爆发性的增长。第二，科技创新改造传统文化企业的生产和销售模式，从而使得传统文化企业实现了转型升级。传统性文化企业利用"互联网+"的思维改造它们的生产和销售模式，通过运用大数据、云计算技术充分挖掘用户的需求，发展基于互联网的个性化定制、众包设计、云制造等新型文化产品创意和生产模式；通过实现联网销售，将公司的文化产品以

电子商务的模式进行推广、销售，如新华书店、出版社、杂志社、电影院等传统性的文化企业利用电子商务网站在线销售图书、杂志、电影票等各类文化产品和服务，大大提高了文化产品的市场销售额。

（四）科技创新能够加剧市场竞争，倒逼推动文化产业发展

充分的市场竞争是文化产业发展的一个先决条件。随着我国市场经济体制改革的进一步深入，以及文化市场的逐步开放，我国文化产业的市场竞争程度日趋激烈。众多文化企业已经深切感受到成本、价格等传统的竞争策略无法获得长期的竞争优势，唯有不断进行创新，才是赢得市场的唯一法宝。创新不仅能够使文化企业形成市场领先优势，也能够打破现有的垄断局面，其中的关键要看市场领先者和潜在竞争者在创新活动中谁将首先开发新产品、谁将首先拥有新的专利技术。如果具有市场领先优势的文化企业首先完成发明、产生创意，它就可以维持垄断力量，而如果潜在竞争对手首先完成发明、拥有创意，它就能够与在位者进行竞争，有可能产生双头垄断，也有可能使得垄断易位。因此，那些率先完成创新，发明新技术、开发新产品，具有市场领先优势的文化企业，为了保持市场领先所带来的高额垄断利润，必须连续创新，不断提高企业的技术水平和管理能力；而那些潜在竞争对手为了打破垄断局面，也必须加大产品研发的力度，通过更为先进的技术发明、产品创新进入文化市场。市场领先者与潜在竞争者之间的这种创新竞赛加剧了市场竞争，而激烈的市场竞争必将进一步倒逼文化企业的创新，如此螺旋式反复，将促进整个文化产业的大发展、大繁荣。我们以视频行业竞争为例，在争夺用户资源的过程中，国内众多视频网站的竞争焦点目前主要围绕两个方面进行创新：一是奉行"内容为王"，旨以高质量、差异化的文化内容吸引客户资源，实现内容创新，提升竞争力。比如，乐视网通过购买海量的影视版权，建立版权库和制作大量的"独播剧"吸引用户；而搜狐视频、爱奇艺视频等视频网站也通过自制一些综艺节目内容来争夺用户资源。二是采用新技术，实现用户体验创新，提升竞争力。流畅、高清、稳定的网络视频是满足用户更好体验的要点。而更为先进的网络技术能够减少受众观看视频的缓冲时间，能够提高节目的清晰度，增强用户体验。为此，国内众多的视频网站纷纷通过与国内知名的网络解决方案提供商建立紧密的战略合作关系，借助它们的网络视频数据技术优势，使用户能够享受到更为快速、更加高清的视频服务。正是由于视频

行业的这种创新竞争态势，才使得我国近年来的互联网视频产业取得了长足的发展。可见，科技创新会影响市场生态，会打破市场竞争格局，会给文化企业带来巨大的外部压力，倒逼文化企业以再次创新谋求进一步发展，如此将促进了整个文化产业的发展。

三、长江经济带文化产业连片发展的跨域科技协同模式分析

20 世纪 90 年代，哈佛大学教授亚当·布兰顿伯格和耶鲁大学教授巴瑞·内勒巴夫提出了"竞合"战略理论，研究的是一种既合作又竞争的复杂关系。这种理论抛弃以往零和博弈的竞争思路，认为通过竞争排斥合作，或由合作取代竞争的做法都不足取，倡导区域间要素的自由流通、资源的全面共享、风险的共同承担，旨在实现竞争双方的双赢和协同发展。"竞合"理论可以作为文化产业区域合作发展的指导思想。然而，长期以来，长江经济带中的各个省市区的文化产业由于市场的行政分割，基本上呈"各自为政"、"各自为战"的发展格局，跨区域科技协同合作模式尚未建立，很大程度上制约了长江经济带的文化产业的连片发展。因此，为更好地实施科技带动战略，推动文化产业成为长江经济带的国民经济支柱性产业，长江经济带的各个区域应该主动打破原有的行政格局的分割，积极融入长江经济带，努力构建文化产业的跨域科技合作模式，从而促进整个区域文化产业的协同发展。

（一）着力构建长江经济带文化产业技术的跨域创新联盟模式

产业技术创新周期的不断缩短，以及投资风险的不断增加使得创新主体联合开发、共同攻关等现象十分普遍，产业技术创新联盟应运而生。产业技术创新联盟是由政府、企业、高校、科研机构、中介组织等技术创新主体组成，以企业的技术发展需要和各方的共同利益为基础，以拥有核心自主知识产权和提升产业技术创新能力为目标，形成的联合开发、优势互补、利益共享、风险共担的一种技术创新合作组织。迄今为止，长江经济带有些省市政策支持产业技术创新联盟，也选择了一些产业进行了试点，但还存在两个亟须解决的问题：一是尚未在文化产业领域开展产业技术创新联盟；二是创新联盟大多局限在省内，多省层面间的联动，特别是如长江经济带这种更大地理空间范围内的创新联盟还没有。因此，要大力推进长江经济带的文化产业连片发展，必须深化区域合作，着力形成文化产业技术的跨域创新联盟模式，由过往的单兵作战转为今

后的抱团创新，共抢文化和科技交叉融合的制高点。一是广泛聚集长江经济带产学研用等领域的创新资源，开展跨域技术合作，联合攻克制约文化产业发展的共性、关键、核心等技术难题，形成文化产业技术标准，提升带文化产业核心技术竞争力和产业创新效率。二是着力在带组建一批服务于文化产业技术创新联盟的技术创新平台，实现创新资源的有效分工与合理衔接，实行知识产权共享。三是完善技术开发体系，建立项目发现和筛选机制，实施能较快形成较大文化产业规模或显著提升文化产业技术水平和核心竞争力的项目，着力推进科技成果的商业化运用和产业化发展。四是实施技术带转移，形成文化产业技术创新集群。

（二）着力构建长江经济带文化科技复合型人才的跨域协同培养模式

人才是发展文化产业的第一要素资源。要促进文化与科技融合，实施科技带动战略，推动长江经济带的文化产业连片发展，必须着力解决好文化科技复合型人才的培养问题。其中，生源选拔、大学教育和社会培养等环节是培养既掌握高新科技又熟悉文化规律的复合型人才的关键，因此，能否培养出高水平、高质量的文化科技复合型人才，从根本上说，主要取决于每个环节的状况以及环节之间的对接与互动。以动漫游戏文化产业人才培养为例，日前，个人的兴趣爱好和创造能力是欧美一些著名大学选拔动漫游戏文化产业人才的主要标准，而我国大学人才选拔的标准则比较单一，仅仅注重绘画基础，这种人才选拔标准明显不利于动漫游戏复合创新型人才的培养。此外，欧美一些著名大学还普遍构建大学和企业合作培养人才的机制，通过大学教师去企业实践，企业工程师来学校兼职任教等双向互动交流模式共同培养动漫游戏人才，这种合作机制一方面有利于学校更好地进行理论创新和创新成果的转化；另一方面也大大提高了人才培养的质量。而我国的现状是，一些大学动漫游戏专业的教师理论素养丰厚，但缺乏行业的实践经验，企业的工程师实践经验丰富，但很少去大学授业解惑，动漫游戏人才的大学教育与社会培养之间的联动严重不足。因此，要着力培养大批文化科技复合型创新人才，促进长江经济带文化产业的连片联动发展，必须从以下几个方面着手：一是要立足长远，探索改革经济带文化艺术人才单一的招生考试体制，不拘一格选拔生源；二是加强经济带文化科技复合型创新人才培养的学科体系建设，建立跨区域、跨学科、跨行业、跨系统的综合学科架构平台；三是探索教育和文化产业双向合作模式，要求专业教师具有企业实践经验，鼓励企业内的创作者到高校兼职任教，鼓励和资助学生去企业实践。

（三）着力构建长江经济带现代文化产业市场体系跨域共建模式

市场化程度是衡量产业发展活力和潜力的核心指标，是制约文化产业增长空间的关键因素。因此，要促进长江经济带文化产业的连片大发展、大繁荣，当前最主要的任务就是要求打破经济带长期存在的文化市场分割、地区封锁等问题，发挥市场在文化资源配置中的决定性作用，建立统一、竞争、有序的现代文化市场体系。一是实现文化产业市场政策的统一。要在经济带建立更加紧密的高层联系工作推进和区域协调互动制度，组建常设性的组织协调机构，共同制定促进合作发展的约束性政策，定期开展重大项目督察协调工作，定组织举办跨区域文化产业研讨活动。二是促进文化产业市场经济主体的多样化。要积极鼓励国有文化企业进行混合所有制改造，释放经营活力，提升市场竞争力；大力支持小微文化企业的成长；积极引导民间资本投资文化创意和设计服务领域。三是努力实现文化资源的市场化配置，鼓励各类市场经济主体公平竞争、优胜劣汰，促进各种文化资源有序流动。四是积极引导和规范中介组织的有序发展。要充分发挥文化行业协会在行业标准、行业专业资质认证、行业交流等方面的作用。建立文化行业信用评价机制，不断增强文化企业的自律意识，维护企业合法权益，规范文化市场秩序。培育和发展文化经纪机构、代理机构、仲裁机构，以及文化科技技术咨询、评估、转移、成果转化的科技服务机构等社会组织，鼓励这些组织机构向规模化、专业化、网络化、规范化的方向发展。五是整合文化信息资源，搭建网络信息支持服务平台，解决好文化产业发达地区与落后地区资源分布不均的问题；搭建资源共享与合作的平台，避免资源分散、重复投入等现象实现带资源共享问题。

长江经济带产业转移情况
分析及政策建议

梅 怡 赵 方[①]

　　长江经济带横跨我国东中西三大区域,覆盖长江流域上海、江苏、浙江、安徽、江西、湖北、湖南、重庆、四川、云南、贵州11省市,面积超过全国的20%,人口和生产总值均超过全国的40%。其首尾两大金融中心(江北嘴、陆家嘴)是中国最具影响力的金融中心。改革开放以来,长江经济带已发展成为我国综合实力最强、战略支撑作用最大的区域之一。目前,安徽、江西、湖北、湖南、重庆、四川、云南、贵州等中西部省市正在积极承接长三角地区产业转移,为上海、江苏、浙江三省市发展高端产业、推动经济转型升级腾出空间。近期,国家正式印发《长江经济带发展规划纲要》,进一步为凝聚各方力量、推动长江经济带发展、形成强大合力提供了行动指南。

　　本文借鉴国内外专家已有研究方法,我们挑选了34个工业大类,划分为14大产业类别,用各地区相应产业主营业务收入占全国该产业总收入比重的变化,测算了2007~2014年长江经济带十一省市规上工业主营业务收入数据,来分析2008年国际金融危机以来长江经济带地区间产业相对转移的情况。

一、长江经济带战略概述

　　长江经济带战略源于20世纪80年代初的"一线一轴"构想。此后,国家针对长江上中下游分别提出了长三角城市群、长江中游城市群和成渝城市群三大次级区域发展战略,三大城市群成为长江经济带三大引擎。上中下三大城市群目前均各自形成中心集聚,周边辐射的点圈状发展格局,但受限于建设滞后的水陆交通网,长江全流域一体化的经济带尚未形成,制约经济活力释放。十八大以后,"长江经济带"作为重大战略在

---

　　① 梅怡,中经网数据有限公司区域研究中心研究员;赵方,中经网数据有限公司区域研究中心研究员。

国家层面得以正式确立，长江全流域经济一体化成为长江经济带未来建设的主要方向。

十八大以来，长江经济带战略从概念进入正式实施阶段。重点推进水环境生态规划、综合立体交通网、区域通关一体化和重点区域建设。2016 年以来，长江经济带建设思路现重大调整。习近平在重庆召开推动长江经济带发展座谈会，指出当前和今后相当长一个时期，要把修复长江生态环境摆在压倒性位置，共抓大保护，不搞大开发，改善长江流域生态环境成为最紧迫而重大的任务。2016 年 9 月，国家正式印发《长江经济带发展规划纲要》。作为推动长江经济带发展的纲领性文件，《规划纲要》是当前和今后一个时期指导长江经济带发展工作的基本遵循，是凝聚各方面力量、推动形成长江经济带发展强大合力的行动指南（见表 1）。

表 1　　　　　　　　十八大以来长江经济带战略推进情况

	会议政策
2013.1	国务院批复水利部《长江流域综合规划（2012～2030 年)》，提出到 2020 年水生态环境恶化趋势得到有效遏制。
2013.7	习近平总书记在湖北考察时指出，"长江流域要加强合作，发挥内河航运作用，把全流域打造成黄金水道"。
2014.3	李克强总理在政府工作报告中提出："依托黄金水道，建设长江经济带"。
2014.4	李克强总理在渝召开十一省市座谈会，研究依托黄金水道建设长江经济带问题。提出让长三角、长江中游城市群和成渝经济区三个板块产业和基础设施连接起来、要素流动起来、市场统一起来，形成直接带动超过五分之一国土、约 6 亿人的强大发展新动力。
2014.9	国务院出台《关于依托黄金水道推动长江经济带发展的指导意见》。
2014.12	长江经济带启动区域通关一体化改革。
2015.3	政府工作报告指出，推进长江经济带建设，有序开工黄金水道治理、沿江码头口岸等重大项目，构筑综合立体大通道，建设产业转移示范区，引导产业由东向西梯度转移。
2015.3	国务院批复《长江中游城市群发展规划》，要将长江中游城市群建设成为长江经济带重要支撑、全国经济新增长极和具有一定国际影响的城市群。
2015.4	国务院批复设立湘江新区，这是国家在中部地区设立的第一个国家级新区。
2015.5	国家发改委印发《长江经济带综合立体交通走廊建设中央预算内投资安排工作方案》。
2015.6	国务院批复设立南京江北新区，以推动苏南现代化建设和长江经济带更好更快发展。
2015.6	国家发改委印发《关于建设长江经济带国家级转型升级示范开发区的实施意见》。

续表

	会议政策
2015.8	国家发改委、财政部、交通运输部印发《关于建立长江沿线涉及航运企业收费目录清单制度的通知》。
2015.10	在"长江流域园区与产业合作对接会开幕式暨长江发展论坛"上，国家发改委表示：发改委将加强长江经济带的产业对接合作，支持建立区域产业链条上下游的联动机制。
2015.10	中共十八届五中全会召开，推进长江经济带新发展。
2016.1	习近平在重庆召开推动长江经济带发展座谈会，指出当前和今后相当长一个时期，要把修复长江生态环境摆在压倒性位置，共抓大保护，不搞大开发。
2016.9	国家正式印发《长江经济带发展规划纲要》，进一步为凝聚各方力量、推动长江经济带发展、形成强大合力提供了行动指南。

二、长江经济带经济社会发展现状

主要经济指标增速均高于全国。从经济体量看，长江经济带经济总量由 2014 年的 23.6 万亿元上升到 2015 年的 30.5 万亿元，年均增长 9.1%，比全国年均增长速度高出 0.8 个百分点，占全国经济比重由 44.2% 上升到 45.1%，提高近 1 个百分点（见图 1）。2015 年各省市经济增速均不低于全国平均水平，其中重庆、贵州增速仍保持在两位数以上，位居全国前列。

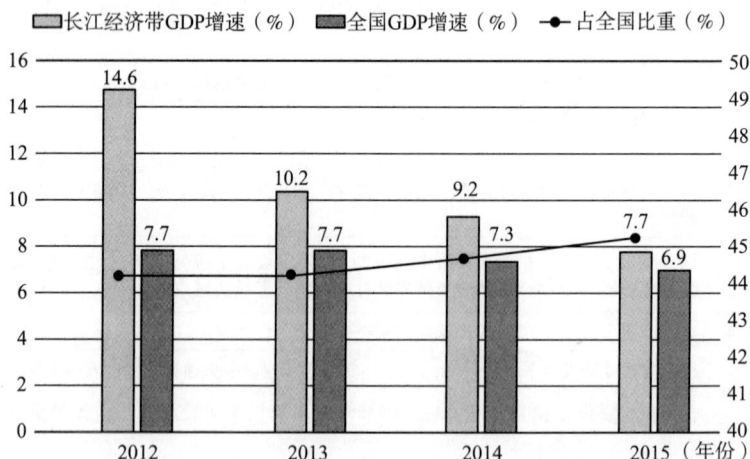

图 1　2012~2015 年长江经济带地区生产总值变动情况

社会消费品零售总额由 8.4 万亿元上升到 2015 年的 12.5 万亿元，年均增长 14.2%，高于全国 1.5 个百分点；全年固定资产投资由 15.4 万亿元上升到 2015 年的 24 万亿元，年均增长 16%，高于全国 1.3 个百分点；全年进出口总额由 1.6 万亿美元上升到 2015 年的 1.7 万亿美元，在全国整体外贸经济不景气的前提下仍表现出不错的成绩（见图 2）。从经济增长主要动力看，依靠固定资产投资仍是大多省市经济发展方式。

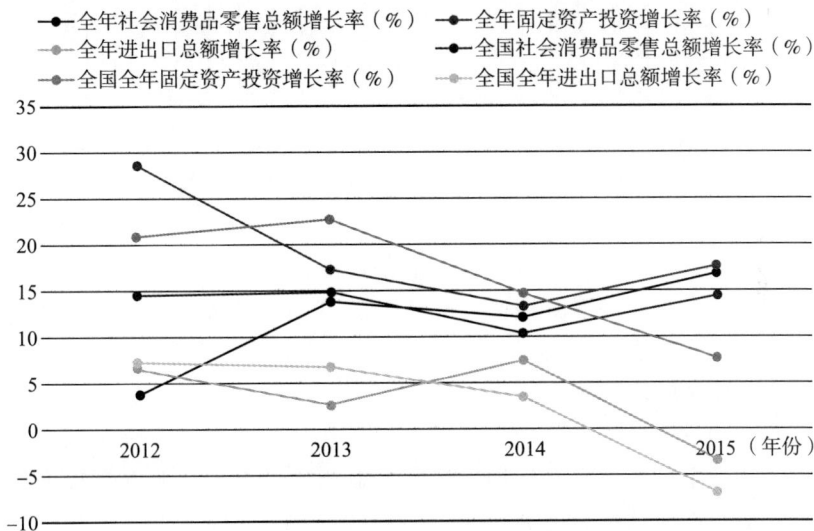

图 2　2012～2015 年长江经济带需求结构变动情况

产业结构进一步优化但工业比重仍较高。从产业结构现状看，长江经济带三次产业结构由 2014 年的 9.13∶49.06∶41.81 调整为 2014 年的 8.35∶46.9∶44.75，第二产业比重下降 2.16 个百分点，其中制造业中高新技术产业主营业务收入占第二产业增加值比重上升 3.1 个百分点，第三产业比重提高 2.94 个百分点，以金融业为代表的高端服务业增加值占第三产业增加值比重上升 1.2 个百分点。从具体产业看，第二产业比重较高仍是当前长江经济带产业结构的主要特点。2014 年，长江经济带第二产业比重比全国平均水平高 4.3 个百分点。其中，高能耗、高污染的钢铁、化工、冶金、电力等为主要工业部门，沿线化工产量约占全国的 46%，发展质量效益较低，对资源依赖性大，产业急需转型（见图 3）。

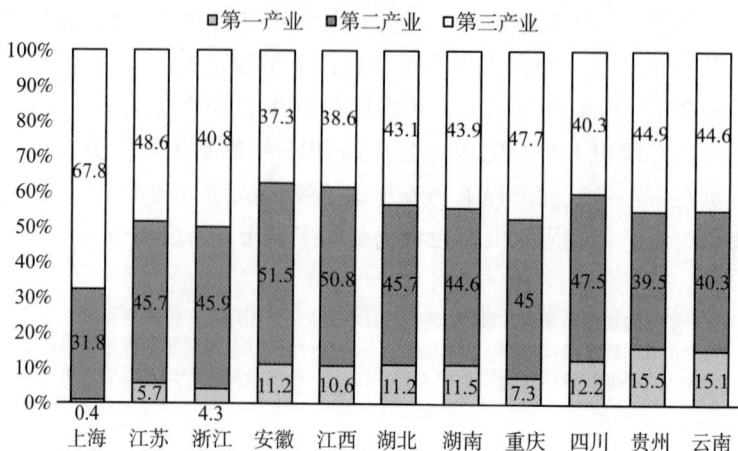

图3 2015年长江经济带十一省市的产业结构

长江上中下游不同地区存在明显的产业落差，产业具有突显的互补性。长三角作为长江下游地区，改革开放较早，经济发达，产业结构以第三产业为主，在高科技研发、金融贸易和高端产业等方面具有优势，第一产业比重较小，产业结构已进入"三二一"的高级阶段；长江中游地区是我国重要的工业基地，具有良好的装备制造基础，汽车制造业在全国占据一定位置，产业结构以第二产业为主，第三产业发育程度较长三角偏弱，产业结构表现为"二三一"的形式，并向"三二一"结构演进；上游地区虽经济欠发达，但旅游资源丰富，带动第三产业取得较快发展，部分省市产业结构第三产业占比已超第二产业跃居首位，第一产业较中下游相比仍占较大比重（见表2）。

表2　　　　　　　　长江经济带各省市支柱产业状况

省（市）	支柱产业
上海	现代服务业、金融、航运、国际贸易、文化创意
江苏	新能源、新材料、生物技术和新医药、软件和服务外包、节能环保、物联网
浙江	纺织、电力、电气机械和通用设备
安徽	汽车、装备制造、优质金属材料、电子信息、农副产品加工、能源和煤化、旅游、金融
江西	铜、石化、钢铁、纺织、建材
湖北	汽车、食品、电子信息、生物医药、建筑业
湖南	机械装备制造、新材料、电子信息、食品、文化创意

省（市）	支柱产业
重庆	电子信息、汽车、装备机械、化工、材料、能源、消费品
四川	水电、电子通信、机械冶金、医药化工、饮料食品、金融
贵州	白酒酿造、电力、医药业、建筑、旅游
云南	烟草、生物、水电、矿产、旅游和文化产业

三、长江经济带产业转移必然性

产业转移是产业结构调整和升级的重要途径，是解决当前我国区域经济发展不平衡问题的重要战略支点。20世纪90年代以来，我国长三角、珠三角等东部沿海发达地区凭借沿海地理优势，率先承接国际产业转移，并迅速实现经济腾飞，缩小了与世界发达地区的水平差距，取得了举世瞩目的成就。当前，我国正在启动新一轮的创新机制，通过加快国内产业转移，完成经济结构调整和产业结构升级。随着东部地区要素成本的不断攀升和产业发展环境的日益紧缩，一场由东部向中西部地区开展的区域产业转移大潮也逐步展开。

（一）产业转移基本动因

长江经济带是我国最重要的高密度经济走廊和经济、科技、文化最发达的地区之一。2014年，长江经济带十一省市共完成地区生产总值284 689.1亿元，占全国GDP总量的44.8%；完成一般预算收入32 918.5亿元，占全国总量的43.4%；完成全社会固定资产投资209 459.2亿元，占全国总量的40.9%。2014年，长江经济带规模以上工业企业R&D经费投入4 135.2亿元，占全国总量的44.7%；规模以上工业企业拥有有效发明专利数209 112件，占全国总量的46.6%。

但是由于资源禀赋、社会历史文化、区域发展政策等原因，目前长江经济带各省市之间存在着较大的经济发展差距，形成明显的经济和产业梯度。如图4所示，2014年，上海、江苏、浙江三省市人均GDP均超过7万元，而安徽、江西、湖北、湖南、重庆、四川、云南、贵州8个中西部省份不到5万元。制造业大省江苏实现规模以上工业企业主营业务收入141 956.0亿元，而8个中西部省份规模以上工业总产值均不到江苏省的1/3（见图5）。长江经济带各省市之间客观上存在着产业由经济发达的高梯度地区向欠发达的低梯度地区扩散和转移的基本动因。

（元）

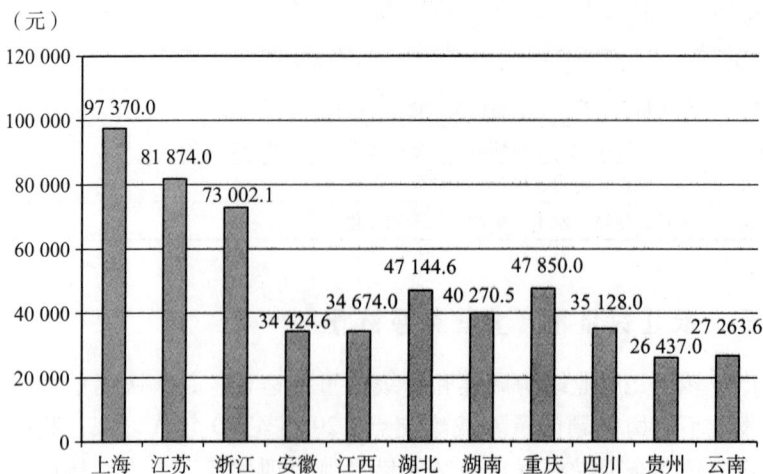

图4　2014年长江经济带各省（区、市）人均GDP

（亿元）

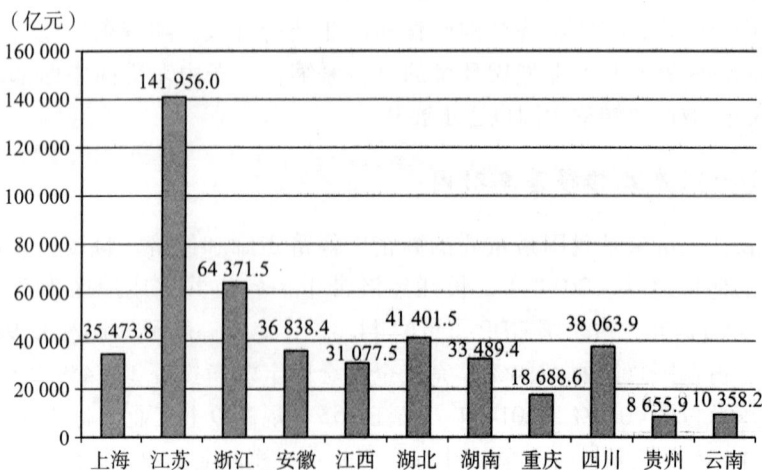

图5　2014年长江经济带各省（区、市）规模以上工业企业主营业务收入

　　推动区域产业转移对于长江经济带各省市来说都有深远的现实意义和重要作用，对于中西部地区来说，通过产业转移的技术转移和溢出效应，可以带动地方的相关产业的发展，拉动地方经济实现跨越式发展。而对于东部地区来说，也可以促进东部地区产业结构调整与转型升级，将资源集中到新兴产业的发展上来。对长江经济带实现长远可持续发展意义重大。

（二）产业承接地基础和优势

安徽、江西、湖北、湖南、重庆、四川、云南、贵州等 8 个中西部省市工业基础比较雄厚、消费市场广阔、生态环境容量较大，加上廉价的能源、原材料、土地和劳动力资源，以及地方招商引资优惠政策，对长三角地区传统产业转移具有很强的吸引力。

长江经济带 8 个中西部省市拥有丰富的劳动力资源和人才资源，2014 年高等学校普通本科、专科毕业生合计达到 197.2 万人，是长三角两省一市的 2.28 倍。劳动力成本也相对低廉，2014 年平均工资水平的均值为 32 771.1 元，比上海、江苏、浙江分别低 4 605.9 元、7 203.9 元和 5 917.9 元。同时，近年来 8 个中西部省市科技创新能力不断提高，尤其是安徽、四川、湖南、湖北四省，2014 年规模以上工业企业有效发明专利数分别达到 21 667 件、15 893 件、14 415 件和 12 444 件，虽然与长三角地区相比仍有很大差距，但与全国其他省份相比科技实力已经较强，在全国 31 个省区市中分别排名第 6、8、9、10 位（见表 3）。

表 3　　　　　　　　**2014 年长江经济带各省（区、市）指标表**

省（市）	高等学校普通本、专科学校毕业生（万人）	平均工资水平（元）	规模以上工业企业有效发明专利数（件）
上海	13.2	37 377	27 540
江苏	47.9	39 975	73 252
浙江	25.4	38 689	28 235
安徽	30.0	35 268	21 667
江西	24.0	30 149	3 383
湖北	39.1	28 534	12 444
湖南	29.6	30 568	14 415
重庆	16.6	40 139	6 272
四川	33.9	32 671	15 893
贵州	9.9	32 785	3 146
云南	14.2	32 055	2 865

（三）产业转出地经济转型升级需要

虽然目前长三角地区，尤其是江苏、浙江两省的制造业仍然占有规模优势。但是，随着该地区全面进入后工业化发展阶段，传统产业由成熟阶段发展至衰落阶段，企业的厂房、机器等设备有待更新，劳动力工资开始大幅上升，税收增加，土地价格飞涨，原有的成本优势已经明显弱化。未来长三角区域战略重点在于转变经济发展方式和产业结构优化升级，发展现代服务业、先进制造业和战略性新兴产业，促进传统产业向中西部地区转移。

此外，目前京津冀、长三角和珠三角三大经济圈已经成为我国大气污染最严重的区域。2008年，长三角地区两省一市开始建立环境保护合作联席会议制度。2010年上海世博会期间，上海市与江苏、浙江两省联合建立了区域大气污染联防联控机制，共同落实世博园区300公里半径范围内电厂等高架源以及钢铁、化工、建材等重点行业污染控制措施。在2013年4月第十三次长三角市长联席会议上，长三角成员城市进一步签署《长三角城市环境保护合作（合肥）宣言》。2016年1月习近平在重庆召开推动长江经济带发展座谈会，指出当前和今后相当长一个时期，要把修复长江生态环境摆在压倒性位置，共抓大保护，不搞大开发，改善长江流域生态环境成为最紧迫而重大的任务。随着长三角各地政府污染防控措施的不断加强，企业的环境污染治理成本正在不断增加。

四、长江经济带产业转移现状

（一）中西部省份承接产业转移情况

本报告借鉴国内外专家已有研究方法，我们挑选了34个工业大类，划分为14大产业类别，用各地区相应产业主营业务收入占全国该产业总收入比重的变化，测算了2007~2014年长江经济带十一省市规上工业主营业务收入数据，来分析2008年国际金融危机以来长江经济带地区间产业相对转移的情况。

目前长三角两省一市，尤其是制造业大省江苏省仍然占据产业绝对优势。2014年数据显示，江苏省有10个产业主营业务收入全国占比超过10%，其中，机械设备、电子通信、交通设备3个产业占比超过20%，化学工业和纺织服装产业超过15%。上海市的汽车制造和电子通信产业全国占比也分别达到9.8%和6.7%。浙江省的纺织服装产业占比达到13.3%，化学工业、造纸印刷、机械设备、木材家具、交通设备5个产业占比超过5%。而长江经济带的其他8个中西部省市中，只有江西省的有色工业占比超过10%，达到11.48%。

但是，2008 年国际金融危机以来，长江经济带内中西部省市承接长三角产业转移的趋势已经非常明显，尤其是安徽、江西、湖北、湖南、重庆、四川 6 个中西部省市。这些中西部省市优势较为突出，已具备加快形成若干个区域产业集群的基础，近年来积极承接东部产业转移，打造优势产业集群。与 2007 年相比，2014 年这 6 个中西部省市多个行业规模扩张明显，地区产业主营业务收入占全国比重提升幅度较大，六省市共计有 34 个行业涨幅超过 1 个百分点，涵盖能源电力、装备制造、电子信息、油气化工、交通物流、建材、环保、通讯、农业及食品加工等众多领域（详细数据见表4、表5、表6）。

表4　　　2007 年长江经济带14 个产业主营业务收入占全国比重

	上海	江苏	浙江	安徽	江西	湖北	湖南	重庆	四川	贵州	云南
能源工业	2.85	5.33	5.18	1.81	1.22	2.41	2.00	0.67	2.83	1.26	0.96
钢铁工业	4.90	14.28	3.15	2.50	1.82	3.38	2.50	0.65	3.05	0.69	1.44
有色工业	2.20	8.75	6.62	3.81	7.47	1.88	4.91	1.49	2.73	1.12	5.82
建材工业	4.37	12.08	8.80	1.90	1.92	2.20	2.34	0.94	2.80	0.39	0.61
化学工业	5.67	18.81	12.85	1.89	1.11	2.06	1.86	0.71	2.49	0.77	0.99
食品饮料	3.11	6.11	4.30	2.60	1.48	3.12	3.63	0.91	5.38	0.99	2.96
纺织服装	2.97	21.15	20.78	1.13	1.36	1.86	1.06	0.35	1.52	0.02	0.03
木材家具	4.76	11.57	12.13	1.67	1.85	1.09	3.71	0.42	2.25	0.12	0.33
造纸印刷	5.15	10.78	12.38	1.41	1.40	1.66	2.50	0.55	1.99	0.14	0.71
医药制造	4.87	10.76	9.14	1.50	3.66	3.29	2.55	1.56	4.64	1.40	1.05
机械设备	7.95	16.81	11.98	2.22	0.87	1.35	1.84	0.94	2.52	0.16	0.26
汽车制造	10.77	6.77	6.55	3.31	1.36	7.03	1.35	4.41	1.87	0.10	0.34
交通设备	7.39	15.31	10.10	0.70	1.31	2.32	1.99	9.71	2.93	0.99	0.19
电子通信	13.43	20.93	4.84	0.29	0.28	0.69	0.27	0.12	1.36	0.07	0.03

表5　　　2014 年长江经济带14 个产业主营业务收入占全国比重

	上海	江苏	浙江	安徽	江西	湖北	湖南	重庆	四川	贵州	云南
能源工业	1.81	5.06	4.15	2.49	1.27	1.89	1.95	0.84	3.20	1.94	1.38
钢铁工业	2.16	12.69	3.07	3.28	1.96	3.63	2.12	0.91	3.81	0.77	1.41
有色工业	0.79	6.53	4.35	4.71	11.48	2.70	5.59	1.13	1.73	0.69	3.60
建材工业	1.61	10.74	4.69	3.61	3.46	4.71	3.91	1.57	3.84	1.11	0.65
化学工业	3.16	17.77	9.30	2.77	2.41	4.11	2.76	1.05	2.82	0.81	0.77
食品饮料	2.02	6.03	2.28	3.87	2.51	6.58	4.41	1.18	5.73	1.23	2.21

	上海	江苏	浙江	安徽	江西	湖北	湖南	重庆	四川	贵州	云南
纺织服装	1.14	16.01	13.30	2.96	3.88	4.27	1.70	0.63	1.79	0.11	0.06
木材家具	1.74	11.68	6.14	4.38	2.86	2.62	4.27	0.72	3.89	0.73	0.35
造纸印刷	2.76	11.15	7.91	2.99	3.10	2.64	3.45	1.31	2.41	0.27	0.53
医药制造	2.64	13.03	4.68	2.71	4.40	4.05	3.30	1.61	4.73	1.27	1.06
机械设备	4.16	20.68	7.91	4.74	2.33	2.50	3.59	1.32	2.63	0.20	0.19
汽车制造	9.80	9.00	4.18	2.95	1.62	7.59	1.62	5.78	3.26	0.25	0.22
交通设备	4.25	20.10	5.39	1.37	0.84	3.09	4.47	7.85	3.11	0.82	0.20
电子通信	6.71	20.34	3.18	1.86	1.38	1.88	1.89	3.35	4.58	0.15	0.04

资料来源：中国工业经济统计年鉴。

表6　　长江经济带14个产业2014年与2007年相比比重变动百分点

	上海	江苏	浙江	安徽	江西	湖北	湖南	重庆	四川	贵州	云南
能源工业	-1.03	-0.27	-1.04	0.68	0.04	-0.52	-0.05	0.17	0.37	0.68	0.42
钢铁工业	-2.73	-1.58	-0.08	0.78	0.15	0.25	-0.38	0.26	0.76	0.08	-0.03
有色工业	-1.41	-2.22	-2.27	0.90	4.00	0.82	0.69	-0.35	-1.00	-0.43	-2.22
建材工业	-2.75	-1.34	-4.12	1.71	1.54	2.51	1.57	0.63	1.04	0.72	0.04
化学工业	-2.51	-1.04	-3.55	0.88	1.29	2.05	0.89	0.35	0.33	0.03	-0.22
食品饮料	-1.10	-0.08	-2.02	1.27	1.03	3.45	0.78	0.28	0.34	0.24	-0.75
纺织服装	-1.83	-5.14	-7.48	1.82	2.52	2.41	0.64	0.28	0.28	0.09	0.02
木材家具	-3.01	0.11	-5.99	2.71	1.00	1.53	0.56	0.29	1.64	0.61	0.02
造纸印刷	-2.39	0.37	-4.46	1.57	1.70	0.98	0.95	0.76	0.42	0.13	-0.18
医药制造	-2.23	2.27	-4.46	1.21	0.74	0.77	0.75	0.05	0.09	-0.13	0.01
机械设备	-3.79	3.87	-4.07	2.52	1.46	1.15	1.75	0.38	0.11	0.05	-0.07
汽车制造	-0.98	2.23	-2.37	-0.37	0.26	0.56	0.27	1.37	1.38	0.15	-0.12
交通设备	-3.14	4.79	-4.71	0.66	-0.47	0.77	2.48	-1.85	0.18	-0.18	0.02
电子通信	-6.73	-0.59	-1.66	1.58	1.10	1.19	1.61	3.23	3.22	0.08	0.01

资料来源：中国工业经济统计年鉴。

　　首先，长江经济带内的中西部省份属于自然资源丰富、生产成本低廉、消费市场相对广阔的内陆区域，凭借这些后发优势，承接资源依赖型产业（能源、钢铁、有色和建材工业等）和直接取之于农业和自然资源的产业（食品饮料、木材家具和医药制造工业等）。比如，2014年安徽省的木材家具产业主营业务收入占全国比重较2007年上升2.71个百分点，纺织服装、建材工业、食品饮料和医药制造等产业均超过 1 个百分点；江西省的有色工业和纺织服装产业比重较 2007 年分别上升 4.00 个和 2.52 个百分点；湖北省的食品饮料产业比重较 2007 年上升 3.45 个百分点，建材工业、纺织服装和化学工业产业均超过 2 个百分点。

其次，长三角地区在转移传统劳动密集型产业的同时，也加快向长江经济带内的中西部省份转移电子信息、机械、医药和汽车等高端产业。比如电子通信产业，由于物价带动人工费用上涨，富士康等电子产品代工企业为寻求廉价劳动力，已开始加速向中西部进行工厂转移。2014 年重庆市的电子通信产业比重较 2007 年上升 3.23 个百分点，四川省的电子通信产业比重较 2007 年上升 3.22 个百分点，安徽、江西、湖北和湖南四省电子通信产业比重上升也普遍超过 1 个百分点。

最后，长江经济带内的中西部省份多是我国重要的人口、城镇、产业集聚区，交通条件优越、经济腹地广阔、工业门类齐全、产业配套能力强，长江中游城市群、成渝城市群、滇中城市群和黔中城市群等都是目前我国推动城镇化战略的核心节点。新型城镇化建设带动消费类、房地产相关产业发展。比如房地产相关的建材工业，2014 年湖北省的建材工业产业比重较 2007 年上升 2.51 个百分点，安徽、江西、湖南和四川四省建材工业产业比重上升也均超过 1 个百分点。比如在中部地区居民消费升级的带动下，2014 年湖北省的食品饮料产业比重较 2007 年上升 3.45 个百分点，安徽和江西食品饮料产业比重上升也均超过 1 个百分点。

（二）产业转移主要特征

长江经济带贯穿长江上中下游，地域广阔、区域间产业发展差异较大。随着战略逐步推进，各省市经济结构调整和产业转型升级的步伐加快，产业转移呈现出新特征。

一是下游地区向中上游转移的产业结构不断提升。下游地区在转移传统劳动密集型产业的同时，也加快转移电子信息、机械和汽车等高端产业。成都、重庆、武汉等市利用当地的科技、人才资源优势，大力发展电子信息产业，吸收下游地区电子信息产业加工制造环境的转移，同时也大力发展电子商务，促进大数据、物联网和云计算的建设。

二是产业链条式、整体式、集群式转移的特征日趋明显。例如，上海电气集团、上汽集团、宝钢集团等资本密集型重化工大型企业在推动上海产业转移中就带动和引导了一大批相关行业的大量投资形成"龙头"与"配套"互相吸引、互相推动的良性发展格局。

三是合作共建园区成为地区之间开展产业转移和合作的重要方式。近年来，下游地区加强与周边地区开展合作，以"企业组团"和"政府间协议"形式推动产业园区及大型企业在异地共同打造"园中园"、"共建园"等，如贵州省福泉市探索性地采用"园中园"工业地产模式，引入社会资本合作共建园区，改变了园区建设由政府"单干"的模式，通过采取"管委会＋公司"的园区建设运作模式，把权利和义务下放给投资商自主经营和管理，使管委会从具体事务中解脱出来，集中力量提供更优质的服务。江西省拟采取飞地产业园发展模式，未来三年内在全省范围内建设南昌上海产业园、上饶赣浙产业园区、抚州海西产业园区等，与境内外及沿海地区政府、开发园区、龙头企业合作。

（三）推进过程中存在的问题

各省市对接行动为长江经济带建设落地打下了基础，但也暴露出一些不容忽视的问题。

一是产业结构趋同，分工协作不强。长江经济带产业发展自成体系，缺乏合理有效的分工协作，各地区产业结构趋同情况日渐严重。长江经济带内主导产业呈现出趋同化发展态势，缺乏经济互补性，往往几个城市都将同一个产业或同几个产业列为重点发展产业，在承接相关产业梯度转移、产业同质化、产业资源争夺等方面存在着较强的竞争关系。例如长江经济带内的十堰、上海、武汉、重庆、南京、芜湖、南昌、成都等地，几乎都把汽车工业作为重点发展的产业。

二是人才资源匮乏，中上游发展受限。长江中上游区域人力资源的数量虽不少，但质量相对偏低。今后要适应现代化发展、实现产业向高端转型升级，所需要的高素质人才、高级管理人才、外向型人才和技术工人、产业工人等仍面临较大不足。《长江经济带海关区域通关一体化改革方案》作为推进区域一体化发展的重要政策，对西部地区的利好不言而喻，但是人才培养滞后将严重制约其发展。四川省多个城市的市长曾在许多场合呼吁，要加强合作区域之间的学习交流，培养适当的人才队伍。

三是规划各自为政。各省市对接措施大多局限于本省，在与其他省市的比较中定位以及互联互通互动方面思考不多。十一省市间产业同构问题突出，大部分省会城市的主导产业集中在汽车零部件制造业、建材、重型机械、电子信息等领域，而且在未来规划中，十一省市都把新能源、新材料、节能环保产业作为主导产业和重要支柱，十省市提出将高端设备和生物医药发展成主导产业，八省市提出重点发展新一代信息技术和新能源汽车。

五、对策建议

长江经济带在产业分工和承接转移中孕育诸多新的投资机会，从产业定位来看，上中下游各具特色，转型升级的方向不太一样，重点投资支持领域也有所差异。针对下游地区应重点投资支持发展高科技产业、先进制造业、国际竞争型战略产业及现代金融、国际贸易、综合运输、文化创意等科技、新型服务业，积极推进产业提升，不断提高国际核心竞争力和综合实力；中游地区重点投资支持发展装备制造、交通运输、冶金机械、电子信息和文化旅游、金融物流、科技创新等产业，建议尤其是加大对皖江城市带、湘南、荆州三个国家级承接产业转移示范区的投资支持力度；上游地区应重点投资支持发展医药化工、纺织机械、产品加工等劳动密集型及特色产业，以及依托"三线"基础的装备制造和生态文化旅游业及重庆沿江国家级承接产业转移示范区。

随着长江经济带战略的实施，沿江省市经济金融进一步融合，按照增长极的发展要求和不同区域的资源禀赋与发展潜力，金融行业将充分发挥各区域和分支机构的比较优势，全面提升区域机构的核心竞争力，推动区域布局进一步优化。从各省出台的"十三五"规划情况看，上游地区，云南将重点打造滇中城市经济圈、孟中印缅经济走廊和中国—中南半岛国际经济走廊；贵州加快贵安新区开放开发，推进贵安新区与贵阳、安顺同城化发展，加快构建黔中城市群；四川将加快培育五大新兴增长极，加快建设天府新区；重庆重点推进成渝经济区和成渝城市群一体化；中游地区，湖北将重点加快武汉城市圈、宜荆荆城市群、襄十随城市群发展，打造中国经济增长"第四极"；江西重点打造环鄱阳湖城市群、昌九地区一体化、赣西城市群、赣南原中央苏区等，拟构建"赣湘开放合作试验区"，借助长株潭城市群融入长江经济带；湖南将加快长株潭一体化，建设京广高铁经济带、沪昆高铁经济带、环洞庭湖经济带和张吉怀精品生态文化旅游经济带，促进区域协调发展。下游地区，安徽将合肥经济圈打造成全省核心增长极，着力把芜马城市组群打造成全省重要增长极。江苏将重点打造三大经济圈——南京经济圈、苏通经济圈、锡常泰经济圈；浙江重点打造杭州、宁波、温州、金华—义乌四大都市区；上海将重点开发苏州河、黄浦江沿岸。因此，建议"十三五"期间重点关注以上各省市重点开发建设区域，加强政策、费用和人力等资源的倾斜。

我国长江经济带研究的知识图谱分析

胡小飞　邹　妍[①]

　　长江作为我国第一大河流，它的货运量位居全球内河第一，具有"黄金水道"的称号。长江流域是我国经济发展中最重要的东西轴线，长江经济带上包含着上海、江苏、浙江、安徽、江西、湖北、湖南、重庆、四川、云南、贵州十一省市，面积约205万平方公里，其人口和生产总值均超过全国的40%，可见横跨我国东中西三大区域的长江经济带在我国区域发展总体格局中具有重要的战略地位。在20世纪90年代，长江经济带首次正式纳入国家发展战略。2014年6月国务院总理李克强在召开国务院常务会议中提出，"把培育新的区域经济带作为推动发展的战略支撑"，"依托黄金水道，建设长江经济带"，在会议中，肯定了发挥黄金水道的独特优势。同年9月，国务院关于依托黄金水道，推动长江经济带发展的指导意见中指出长江经济带对引领全国生态文明建设，全面建成小康社会都有着重要意义，也是推动中国东中西三大地带协调发展、推动中国新型城镇化发展和完善中国综合交通运输体系的重要支撑。

　　随着长江经济带上升为国家级发展战略，引起越来越多的学者关注。有关长江经济带的研究内容主要有长江经济带建设可持续发展、态势分析、空间结构研究、生态补偿机制的构建、区域经济差异分析、战略、问题和对策研究等。文献计量和知识图谱可视化是评价科学研究水平的有效手段，一定程度上反映该领域的最新进展。目前在如生态补偿、企业孵化和绿色创新研究等领域进行了应用，但较少应用于长江经济带方面。虽然彭乃珠与钟永恒（2015）以 Web of Science 数据库为文献来源，利用文献计量学方法及 TDA 软件，对1900~2012年长江研究文献的发文量、国家、机构、作者、期刊、学科和关键词进行数据统计与分析；邹辉和段学军（2015）以中国知网为统计来源，对长江经济带相关研究的文献内容进行分类与综述。但这些文献未应用知识图谱可视化方法来反

①　胡小飞，南昌大学管理学院副教授；邹妍，南昌大学管理学院研究生。

映文献共引与共现的空间分布。本文以 1998～2015 年 CSSCI 数据库收录的有关长江经济带的文献，绘制其关键词共现、文献共被引、作者共被引、期刊共被引等可视化图谱，展示我国长江经济带的研究现状和发展趋势，以期为长江经济带的后续研究提供参考。

一、数据来源与分析方法

以 CSSCI 数据库 1998～2015 年为检索年限，以"长江经济带"为检索关键词，共检索到 121 篇文献，其中论文 115 篇，综述 3 篇，评论、报告和其他各 1 篇。用 Excel 分析国内长江经济带论文数量、期刊分布、研究队伍等。运用美国 Drexel 陈超美教授开发的知识图谱可视化分析软件 Citespace 对数据进行分析，通过该软件绘制共现网络、时区视图与共引网络，以展示长江经济带研究领域的动态和发展趋势。

二、我国长江经济带研究现状分析

（一）发文量分析

论文发文量年度分布可以反映该领域在某一时间段内的研究水平和进展情况。长江经济带研究发文量呈现波动变化状态（见图 1），其中，1998～1999 年有部分学者关注，但 2000～2013 年关注度相对较低，特别是 2008 年和 2012 年我国长江经济带研究文献几乎呈空白状态，缺乏核心研究团体。2014 年后发文量急速增加，这和国家推动长江经济发展的指导意见、政府推动经济优化升级、建设综合立体交通走廊、打造长江经济带等政策有关。

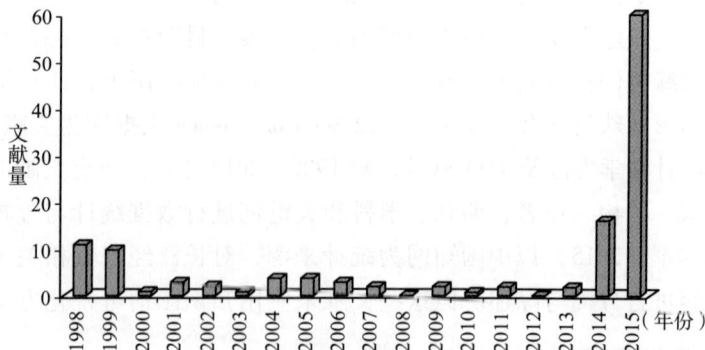

图 1　长江经济带研究文献量时间分布情况

（二）来源期刊情况

长江经济带研究的主要来源期刊分布见表1（指载文量2篇以上的期刊）。期刊《改革》和《长江流域资源与环境》的载文量相同，均为16篇，排名并列第一。《改革》是由重庆社会科学院主办的专业性学术经济理论刊物。《长江流域资源与环境》是由中国科学院资源环境科学与技术局和中国科学院武汉文献情报中心联合主办，专门研究长江流域各种资源的开发、利用、保护与生态环境建设的综合性学术刊物。排名第2的是由中国地理学会和湖南省经济地理研究所主办，中国科协主管的期刊《经济地理》，主要关注我国国土整治、区域规划、城市布局、国外经济地理学研究动态等方面的研究内容。长江经济带研究主要来源期刊所在地大部分在长江经济带上，如重庆、四川、湖北、湖南、江苏、安徽和上海等。期刊所在地也有北京、河北和广东。说明不仅长江经济带上的省份和城市比较重视，其他省份和城市也比较重视我国长江经济带发展。从期刊定位来看长江经济带研究文献涉及经济学、管理科学、环境科学、人文、经济地理、社会学等学科。

表1 　　　　　　　　 长江经济带研究主要来源期刊分布情况

序号	期刊名称	期刊城市	载文量	序号	期刊名称	期刊城市	载文量
1	改革	重庆	16	12	软科学	成都	2
2	长江流域资源与环境	武汉	15	13	理论与改革	成都	2
3	经济地理	长沙	9	14	科技进步与对策	武汉	2
4	南通大学学报（社会科学版）	南通	7	15	科技管理研究	广州	2
5	湖北社会科学	武汉	5	16	经济体制改革	成都	2
6	经济问题	太原	4	17	华东经济管理	合肥	2
7	学习与实践	武汉	3	18	宏观经济研究	北京	2
8	地理学与国土研究	石家庄	3	19	宏观经济管理	北京	2
9	中国软科学	北京	2	20	城市规划学刊	上海	2
10	中国人口科学	北京	2	21	城市发展研究	北京	2
11	武汉大学学报（哲学社会科学版）	武汉	2				

（三）作者和机构情况

论文量的多少可以反映学者的学术研究能力，一般而言，优秀学者的发文量也比较多。从表2可以看出，华东师范大学的徐长乐、武汉大学的吴传清和南京大学的段进军发文量都是6篇，中国科学院的朱英明、姚士谋和武汉大学的董旭发文量都是4篇。中国科学院的邹辉和虞孝感、南京大学的王合生、湖北社会科学院的彭智敏和四川大学的邓玲都发表了3篇文献。1998～2015年一共有227位学者，其余的215位学者发文量没有超过3篇。说明我国长江经济带研究的学者还比较少，需要更多的学者加入进来。

表2　　　　　　　　　　长江经济带研究发文量3篇以上的作者

序号	作者	机构名称	发文量
1	徐长乐	华东师范大学长江流域发展研究院	6
2	吴传清	武汉大学经济与管理学院	6
3	段进军	南京大学长江三角洲经济社会发展研究中心	6
4	朱英明	中国科学院南京地理与湖泊研究所	4
5	姚士谋	中国科学院南京地理与湖泊研究所	4
6	董旭	武汉大学经济与管理学院	4
7	邹辉	中国科学院南京地理与湖泊研究所	3
8	虞孝感	中国科学院南京地理与湖泊研究所	3
9	王合生	南京大学城市与资源学系；中国科学院南京地理与湖泊研究所	3
10	彭智敏	湖北省社会科学院长江流域经济研究所	3
11	邓玲	四川大学经济学院	3

利用CiteSpace对作者进行共现分析，得到图3的论文合作网络图谱。论文合作网络图谱中，学者的位置能直观地反映该学者在该研究领域的地位处于核心还是边缘。选择49位学者，其中每个点代表一位学者，点的大小代表学者发文量的多少，学者间连线的粗细反映了学者间的合作关系的强弱。图3中，学者数在3个及以上的合作网络有3个，其中合作网络最大的是以徐长乐为中心，一共包含了6个学者。2个学者数的比较多，还有一些学者没有参与合作网络。

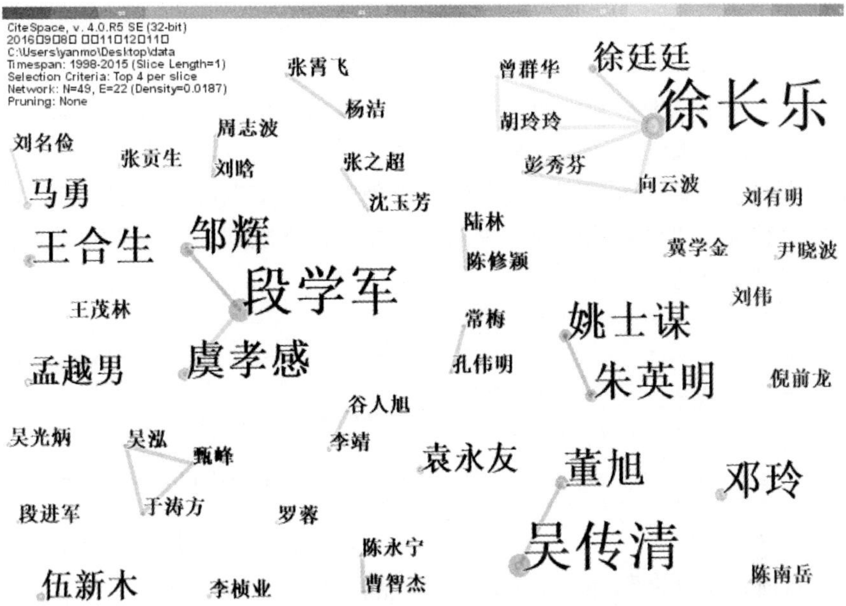

图 2 长江经济带研究作者的合作网络图谱

表 3 是长江经济带研究发文量 2 篇以上的机构。其中，武汉大学和华东师范大学的发文量最多，有 12 篇。排第二的是中国科学院，文献量有 10 篇。发文量在 4 篇及以上的机构还有四川大学、南京大学和国家发展和改革委。在排名前 15 位的机构中，与主要期刊分布大体相同，大多为是长江经济带沿线的高校或研究机构。说明沿线的高校与科研机构都比较关注当前的研究热点——长江经济带。

表 3 长江经济带研究发文量 2 篇以上的机构

序号	机构名称	文献量	序号	机构名称	文献量
1	武汉大学	12	9	湖北省社会科学院	2
2	华东师范大学	12	10	兰州商学院	2
3	中国科学院	10	11	南昌大学	2
4	四川大学	5	12	南通大学	2
5	南京大学	4	13	上海社会科学院	2
6	国家发展和改革委员会	4	14	中国地质大学（武汉）	2
7	湖北大学	3	15	中南财经政法大学	2
8	华中师范大学	3			

利用 CiteSpace 对机构进行共现分析，得到机构合作网络图谱（见图4）。从节点大小和连线可以看出，国内联系最多的研究机构网络是以中国科学院南京地理与湖泊研究所为中心，包括南京大学城市与资源系和中南财经政法大学经济系。从合作网络和科研情况来看，中国科学院南京地理和湖泊研究所、武汉大学经济管理学院、华东师范大学长江流域发展研究院、四川大学经济学院和上海社会科学院部门经济研究所是长江经济带研究的主要科研院所。

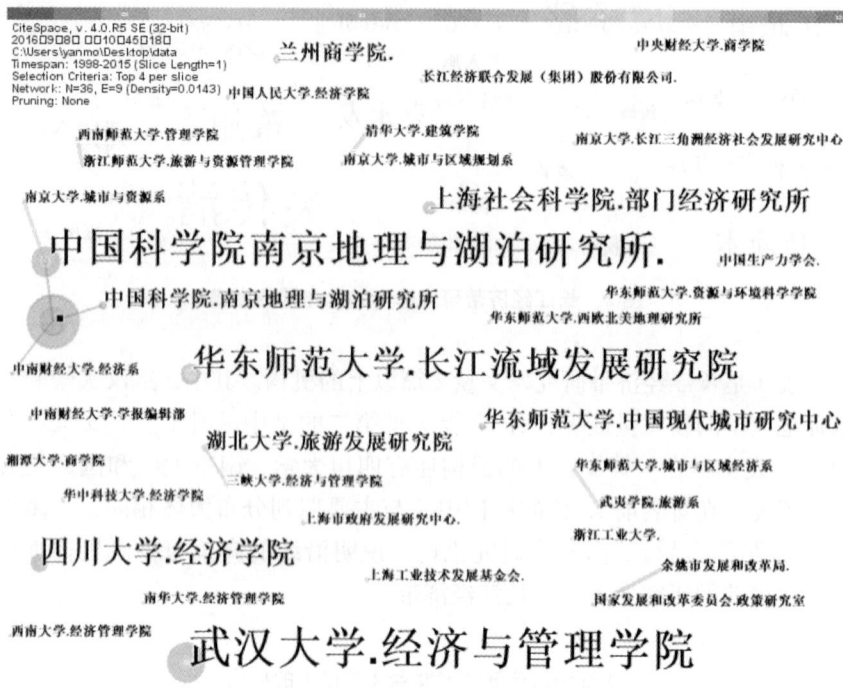

图3　长江经济带研究机构的合作网络图谱

三、我国长江经济带研究知识基础分析

利用 Citespace 进行文献共引分析、作者共引分析以及期刊共引分析，可以形成长江经济带研究的脉络，是长江经济带研究的重要基础。其中，节点的大小代表文献、期刊或者作者的被引次数，连线的颜色代表首次共被引的时间。长江经济带研究文献共被引分析如图4所示。图4中的重要文献构成我国长江经济带知识图谱的重要知识基础。一共显示了20篇

核心论文，其中于涛方、陈修颖、虞孝感和徐国弟的论文在图中节点都比较明显，影响也较大。在图4中可以看到Q=0.9114，在0.3之上，国际间网络聚类指标中，共被引文献网络社团结构显著，Silhouette=0.7095，在0.7之上，聚类结果具有高信度。从图中来看，长江经济带研究领域的共被引网络围绕关键节点形成了多个文献聚类，其中，聚类0主要是研究长江经济带经济演进的时空分析；聚类1中主要是长江经济带外向型经济发展特征分析；聚类2主要是长江流域可持续发展相关研究；聚类3是讲长江经济带对中部崛起的影响与对策；聚类4主要是上海与长江经济带的发展关系。聚类5主要讲长江经济带全要素生产率的区域差异分析。目前，长江经济带研究还处于持续发展状态：研究网络集中性较强，研究分支较少，大部分关键节点文献处于知识群组内，有着比较强的理论支持。

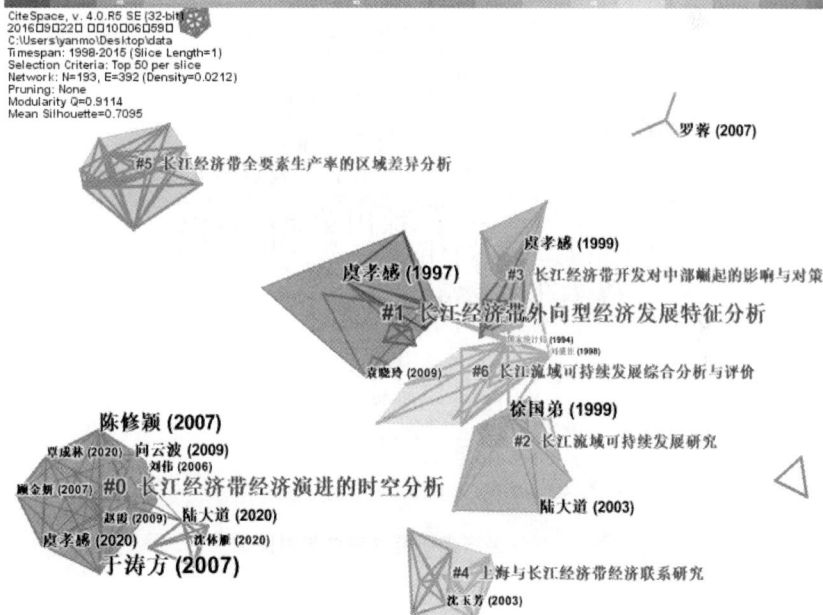

图4 长江经济带研究文献共被引图谱

利用Citespace对作者进行共被引分析，如图5所示。作者共引频次越多，说明作者间学术相关性越强。图5共显示14个作者，从图中可以看出该领域最大的作者是陆大道、虞孝感和陈修颖。中国科学院北京地理科学与资源研究所的陆大道是著名经济地理学家，长期从事经济地理学和国土开发、区域发展问题，对长江经济带研究的影响很大。中国科学院南京地理与湖泊研究所的虞孝感长期从事资源科学领域方面的研究，把长江流域的研究与长江经济带发展态势研究联系到一起，为长江流域生态环境建设与经济可持续发展研究提供指导作用。浙江师范大学旅游与资源管理学院的陈修颖对区域空间结构重组的研究取得了大量成果，在长江经济带空间结构的优化有很深入的研究。还有于涛方、段进军、沈玉芳、王合生、徐国弟等有名的学者，他们对长江经济带研究发展有着推动作用。

图5　长江经济带研究作者共被引图谱

利用 Citespace 对期刊进行共被引分析（见图6）。从图可看出高被引期刊主要来自地理、环境科学以及综合性社科性核心期刊，如《长江流域资源与环境》、《地理学报》、《经济地理》、《地理科学》、《中国社会科学》等。另外，部分经济、城市规划方面的刊物也有较高的被引频次，说明长江经济带的研究涉及地理、经济、管理等学科知识。

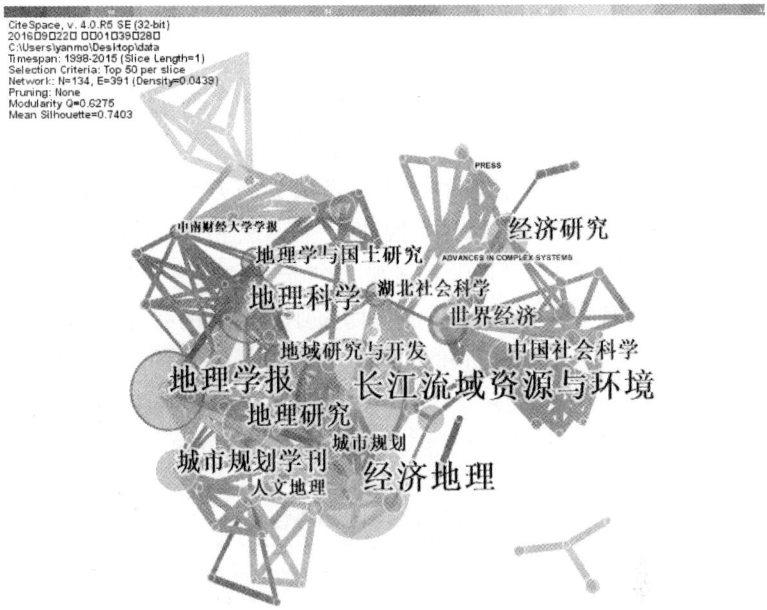

图6　长江经济带研究期刊共被引图谱

四、我国长江经济带研究前沿分析

　　通过关键词出现的频次和中心度大小可以了解我国长江经济带研究的热点话题和研究方向。如表4所示，在1998~2015年的121篇文献中，出现频次3次及以上的关键词有12个，主要的有"长江经济带"、"区域经济"、"可持续发展"、"经济增长"、"长江经济带战略"、"一带一路"、"城市群"、"城镇化"、"湖北经济"、"长江流域"等。除了长江经济带这个关键词，其他11个关键词都代表了长江经济带研究的热点话题，其中"可持续发展"、"长江经济带战略"和"区域经济发展"这3个词成为中心性较高的话题。从年份阶段性来看，基础阶段，学者们关注长江经济带以及长江经济带沿线省份经济，"长江沿线经济带"和"区域经济"这两个词的出现是长江经济带发展的必然趋势，这两个热点问题一直被学者讨论着，至今的研究频次也比较高。在发展探索阶段，随着国家政策的重视，"西部大开发"、"中部崛起"和"产业结构调整"也逐渐走入学者的视线，这符合长江经济带是一种组织型经济区，而不仅仅是一条产业带，需要区域合作，实现可持续发展。随着长江经济带研究深化发展，"GCT模式"、"空间相互作用理论"也得到不断关注，运用空间相互作用理论，构建GCT机构模式，实现空间管理体制创新，优化长江经济带的空间结构和空间通道,更好地实现长江经济带空间结构发展。随着实施沿黄城市带建设的发展战略——打造"黄河金岸"的进一步深化,依托黄金水道推动长江经济带发展,打造中国经济新支撑,所以"沿黄经济带"这个词汇也成为热点问题。"十二五"规划开始,国家又大力发展西江经济带,把西江经济带打造成为南方重要的开发轴带,成为中国向南开放合作的前沿基地。因此,"西江经济带"的关注率也逐渐攀升。在政府的引导下,"科学发展观"、"长三角经济圈"和"城镇化"的热度也一直不减。随着 2015 年海南博鳌亚洲论坛的召开,标志着"一带一路"的战略进入全面推进建设阶段,"一带一路"的发展也成为长江经济带密不可分的词汇。现在"一带一路"和"城镇化"两个词汇的中心性虽然不高,但也有可能是长江经济带新的研究方向。

表 4　　　　　　　　长江经济带研究关键词和中心性统计情况

年份	关键词	频次	中心性	年份	关键词	频次	中心性
1998	长江经济带	11	1.84	2006	长江经济带	3	1.43
	湖北经济	2	0.01		科学发展观	1	0.00
	区域经济	2	0.01		产业城市流	1	0.00
1999	长江经济带	8	0.56	2007	长江经济带	2	0.00
	可持续发展	3	0.34		核心边缘理论	1	0.00
	农业劳动力转移	2	0.11		区域经济协调	1	0.00
2000	长江将经济带	1	0.00	2009	长江经济带	2	0.00
	经济一体化	1	0.00		沿黄经济带	1	0.00
2001	长江经济带	3	1.60		长三角经济圈	1	0.00
	西部大开发	1	0.00	2010	长江经济带	1	0.00
	产业结构调整	1	0.00		国家战略	1	0.00
2002	长江经济带	2	1.20	2011	长江经济带	2	1.20
	区域性	1	0.00		物流产业合作	1	0.00
	可持续发展	1	0.00		西江经济带	1	0.00
2003	区域合作	1	0.00	2013	长江经济带	1	0.00
	长江经济带	1	0.00		统筹城乡区域发展	1	0.00
2004	GCT 模式	1	0.00		区域经济	1	0.00
	空间相互作用理论	1	0.00	2014	长江经济带	15	1.82
	城市体系	1	0.00		区域经济	6	0.04
2005	长江经济带	4	1.67	2015	长江经济带	54	1.92
	中部崛起	1	0.00		一带一路	4	0.00
	长江沿线都市	1	0.00		城镇化	3	0.00

利用 Citespace 对关键词进行共现分析，一共选择了 44 个关键词，如图 7 所示。在关键词共现图谱中，关键词出现的次数越多，这个词显示的越大，和各个关键词直接的关系也越密切。图 7 中，"长江经济带"是图谱中最大的节点。比较明显的关键词还有"区域经济"、"可持续发展"、"长江经济带战略"、"一带一路"、"湖北经济"、"区域合作"、"农业劳动力转移"、"产业结构调整"等。这些关键词很好地反映了长江经济带研究的相关理论基础和研究方向。另外我们可以从图 7 中看到左边有个不规则的四边形，上面有"城市体系"、"空间相互作用理论"、"GCT 模式"和空间结构等关键词，这与长江经济带国土空间开发结构有关，我国进入 21 世纪快速发展时期后，长江经济带在中国国土空间开发格局中占有重要的地位。

图 7　长江经济带研究论文关键词共现图谱

利用 CiteSpace 进行关键词共现分析，然后选择"Timezone"，把"长江经济带"这个关键词去除，再对标签进行适当调节，得到长江经济带关键词研究的时间脉络图谱，如图 8 所示。节点越大说明该关键词出现的频次越多。如"区域经济"、"可持续发展"、"长江流域"、"生态环境"、"新常态"等。从时间上看，可以把 1998～2015 年我国长江经济带研究关键词演化图谱分为 3 个时间段。其中 1998～1999 年为第一阶段，2000～2013 年为第二阶段，2014～2015 年为第三阶段。

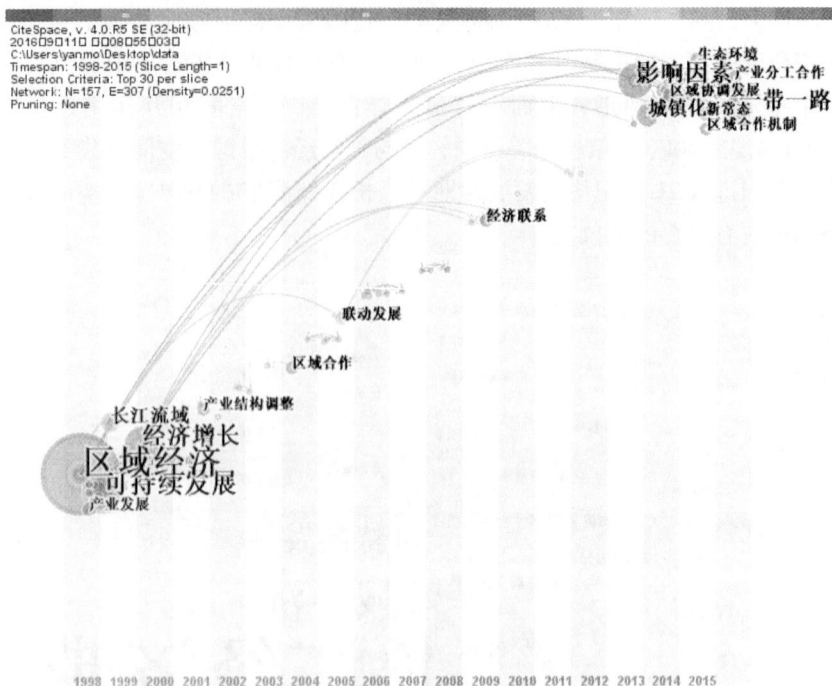

图8　长江经济带关键词研究的时间脉络图谱

(1) 1998～1999 年为研究的起步阶段。从图谱中可以看到，关键词比较明显。"区域经济"、"可持续发展"、"长江流域"和"经济增长"是主要的关键词。研究的内容基本以长江经济带的基本概念和经济发展目标等热点问题为主。其中"产业发展"等新词也在该时间段内被提出。

(2) 2000～2013 年为缓慢增长阶段。研究文献比较少，所取得的关键词也比较有限，但是仍能看到"产业结构调整"、"区域合作"、"联动发展"和"经济联系"等关键词。该阶段主要是以长江经济带有关地区的经济问题和合作发展为研究内容。

(3) 2014～2015 年为快速发展阶段。随着我国经济的不断发展，长江经济带战略上升为国家区域发展战略，该阶段的文献量快速增多，关键词也明显增加。不过关键词词频相对研究起步阶段有明显地减少，说明该阶段关键词比较多而散，呈现出多元化发展趋势。长江经济带的研究理论与实践更加系统与丰富，涉及的学科更广泛。其中"城镇化"、"一带一路"、"区域协调发展"、"生态环境"和"新常态"等问题越来越受到关注。

五、结 语

长江经济带是具有全球影响力的内河经济带，是中国经济新棋局作出的利当前惠长远的重大战略，同时也是当前国家政府和相关学者关注的热点问题，涉及多个学科领域。本文使用文献计量和知识图谱分析工具 CiteSpaces 软件对 1998～2015 年 CSSCI 数据库中的长江经济带文献进行分析，探讨了长江经济带研究现状、研究热点与发展趋势，得出以下研究结论。

（1）我国长江经济带研究总体呈现良好的发展态势。2013 年之前，我国长江经济带研究比较缓慢，随着国家战略的出台，越来越多的研究学者投入研究，为后续研究工作的开展奠定了良好的基础。

（2）长江经济带研究涉及的学科主要有经济学、管理科学、环境科学、人文、经济地理、社会学等；主要载文期刊比较集中，发文量多的为《改革》、《长江流域资源与环境》和《经济地理》等期刊；高产作者有徐长乐、吴传清、段学军和朱英明等，高产机构与核心机构有华东师范大学、武汉大学、中国科学院、四川大学等。

（3）长江经济带的基础知识有两个方面，一方面是长江经济带的基础性文献；另一方面是共被引比较高的文献。陈修颖、虞孝感、徐国弟、于涛方的论文在图中节点较大，研究内容主要包含时空分析、外向型经济发展、长江流域可持续发展、区域差异分析等众多热点主题；作者共引节点较大的是陆大道、虞孝感和陈修颖；《长江流域资源与环境》、《地理学报》、《经济地理》、《地理科学》等期刊刊载的论文引用次数较高。

（4）长江经济带研究的热点包括："区域经济"、"可持续发展"、"经济增长"、"长江经济带战略"、"一带一路"、"城市群"、"城镇化"、"湖北经济"和"新常态"等。长江经济带的研究热点随着时间变化而变化，与时俱进，从 1998～2015 年的各个时间研究热点的整体变化趋势来看，长江经济带研究侧重长江经济带沿线省份的建设和周围省份区域的共同合作，可持续发展。近两年热点主要集中于"一带一路"、"新常态"

和"城镇化建设"等政府引导的政策方面的内容，有可能成为以后主要的研究热点。

发展长江经济带，是党中央、国务院适应和引领经济发展新常态的重大决策。长江经济带对保护长江水源环境，全面进行建设生态文明和实现中华民族伟大复兴的中国梦都具有深远战略意义。随着我国不断发展，长江经济带的建设一定会是我国这段时期重点关注的一个话题，因而未来关于长江经济带领域的研究趋势会伴随着国家政策的发展，在理论不断成熟、深化的同时，注重多学科交叉研究，开展区域化合作研究，从而更好地配合国家政策，走科学发展观道路，打造绿色生态廊道，实现绿色可持续发展。

长江经济带创新发展

长江经济带建设现状、思路和困境

张治栋[①]　杜　宇

在全球经济周期深度调整下，我国发展模式正经历从规模扩张的总量认知向提质增效的结构性改革转变，加快建设长江经济带顺应了这一思路变化，凸显出区域协调发展的重要性。从 2014 年 9 月 15 日，国务院出台的《关于依托黄金水道推动长江经济带发展的指导意见》到 2016 年 1 月 6 日在重庆召开的推动长江经济带发展座谈会，围绕破题长江经济带建设提出优化城镇化布局，推动沿江产业结构调整挖掘中上游内需潜力，通过区域一体化形塑陆海双向对内对外开放格局，建设生态文明先行示范带，发挥区域示范效应，推动建设具有世界竞争力的城市群，培育世界级产业集群，从而打造全球影响力的内河经济带。

一、长江经济带建设思路综述

破题长江经济带建设的关键在于形塑区域分工协作体系，而这也是区域协调发展的核心和难点，对此国内学者深为其然。其相关研究主要涉及产业转移升级、共建协调机构及核心城市反哺周边等观点。产业转移不仅为发达地区的服务经济发展腾出空间，也为促进落后地区的工业集聚提供分工渠道，空间上产业的梯度布局优化了区域分工结构，形成的产业接力推动了区域内和区域间的组织协作。区域内在差异作为形成产业接力的切入点，金祥荣和谭立力（2012）从新经济地理视角论证了其重要性，并认为区域合作需建立在深入理解经济基础、文化体制、市场环境、开放程度、改革动力及资源配置差异基础上。产业转移也需要深化分工格局，依据现有产业条件定位各自产业功能。向书坚和许芳（2016）实证分析后得出东中西部明显的产业结构差异有利于区域间产业转移升级，进而围绕强化区域关联提出相关政策目标。但利用产业转移缩小区域差距仍非一日之

---

① 张治栋，安徽大学经济学院教授。

功。郑瑞坤和向书坚（2016）发现长江经济带在空间布局上的一体化地理优势并没有演变为区域间的相依效应，反而呈现出波幅增长特征。此外，产业转移也面临重重困境。刘友金和吕政（2012）围绕防止产业承接空间适配错位、区域接力变成污染接力、梯度承接变成低端承接、点式承接、被动承接，提出提高产业转移质量和效率的治理路径。

共建协调机构通过重构权力版图优化区域分工合作。已有文献表明应构建"自上而下"与"自下而上"相结合的经济运行机制。郝寿义和程栋（2015）主张成立超越行政区划、具有权威性的协调机构，完善多层次合作体系，优化跨区域资源配置，保障区域权力制衡、利益均享，提升整体行政效率。陈建军（2015）借鉴国外城市群协调发展历史经验，提出完善立法保障和法律体系，不断强化多元主体的市场协调机制，形成顶层设计、市场协调和法律约束互动体系，弥补我国体制机制短板。

实现核心城市反哺周边在于发挥区域间的涓滴效应，将非均衡的空间资源分布转变为均衡的比较优势共享。赵浩兴（2011）认为长江流域经济发展具有跨界性质，围绕沿海反哺内地、城市反哺农村提出打破传统区域经济思维和行业思维、推动区域协作交流的政策导向。廖元和（2014）建议以促进川渝滇合作为契机共建"南丝绸之路"，依托完善交通网络实现区域互联互通。虽然现行分工范式优化了区域格局，激发了长江经济带内部协作动力，但在对外依赖转变滞后和成本红利枯竭驱动产业外逃冲击下，国内经济转型环境正逐步恶化。地方政府倾向于通过要素堆积推动经济增长的锦标赛思维扭曲了市场配置行为，同时政策趋同也加剧区域利益分歧，区域发展差距的持续扩大固化了要素集聚的地域选择，发达地区持续加深的虹吸效应成为区域一体化的绊脚石，引致区域分割发展。下游发达地区追求过快经济转型与中上游地区产业结构升级滞后存在时空上的错位，国内外经济环境变化下央地政府治理难以兼顾推动全局转型和缓和区域分化，通过产业接力和区域接力形成的相依效应会趋于浅化，现行分工范式渐触瓶颈。

分权体制下区域分工竞争引领经济跨越式发展，却长期积累要素错配。政策设计没有体现竞争中立，反而政绩导向固化使得分工演化具有浓厚行政色彩，难以拟合市场价值。其次，区域一体化推动经济格局重构对区域协调发展产生震荡效应，表现为长江经济带内区域发展分化。通过产业转移形成的区域接力会因区位条件、要素禀赋和产业基础等差异对两地产生不对等的拉动效应，这也会随交通环境改善与市场整合规模扩大而加剧。最后，对外依赖转变滞后削弱了国内市场的规模效应。随着对发达国家技术引进依赖加深以及受新兴国家竞争低端市场形成的分工和利益的双重挤出，盲目嵌入全球价值链削弱了通过区域一体化延伸全球价值链国内环节来构建国内价值链的激励，割裂了两者的内在联系。国内区域产业转移受全球价值链高端技术俘获陷入低端市场恶性竞争，难以形成优势共享的分工协作，而在新兴国家成本优势驱动下东部地区低端产业流失也会削弱区域接力形成的产业基础，加深区域产业鸿沟，全球价值链的双向挤出造成了国内区域失衡和低端锁定。

现阶段长江经济带建设面临规模扩张和结构改革的双重压力，推动长江经济带建设从破题到深化的阶段转变，是平衡短期与长期利益的重大决策，需基于现行分工范式短板，围绕优化思路型构和创新纾困路径展开深入探讨。

二、思路优化下推动长江经济带建设阶段转变

现行分工范式短板可归纳为央地政府政策失灵、区域协作难形成—易扭曲以及国内外价值链发展脱钩。随着经济转型深入，上述问题严重制约了区域持续与均衡发展。长江经济带建设不仅需在维持制度、产业等层面协作基础上推动区域一体化从破题到深化的阶段转变，更要利用国内市场规模红利实现全球分工体系中从追赶者向主导者的角色转变。

（一）实现政府—市场—法规协作运行

传统晋升体制下的政绩压力和寻租惯性决定了政府主导分工模式违背市场规则，压缩了制度创新改善要素错配的空间。形成政策引导—市场调节—法规监管的协作运行体系，就必须实现优化政府治理与完善市场调节在主体目标—利益上的协同，消除短期分歧，使得市场在政策引导下能够逆向调节政府治理，推动政府职能转型。首先，净化政治生态环境，提升政府政策执行力和治理能效。政府主导下行政效率明显，但市场效率低下。政府自我优化、自我反馈激励较弱，需基于转型期增速放缓转变短期思维，优化治理绩效。完善治理体系要兼顾职能转变，不断修正政策设计偏差，使得政策兼具包容性和竞争中性。其次，构建内生激励机制，引导政府目标函数与宏观目标函数趋于一致。在传统单一经济指标政绩考核压力下，追求粗放型经济扩张使得政策设计具有明显政绩偏好特征，难以与市场价值无缝耦合。需完善传统政绩考核模式，优化官员晋升激励，激发制度创新的市场红利。

（二） 形塑利益共享的区域分工体系

区域分工协作是中央政策对地方有效调控以及地方政府间利益博弈均衡的结果。然而区域产业差异过大和各自占优决策冲突导致协作路径难形成、易扭曲。中央政策的全局导向难以兼顾区域差异，地方政府短期目标盲目策应中央长期导向，呈现趋同特征。此外，分权体制下，标准制定差异形成的制度环境和产业环境阻碍了跨域资源整合，地方占优决策冲突造成区域分工偏离最优状态，导致潜在利益损失，需围绕上述问题优化思路型构。

1. 构建央地政府有效的政策传导路径

中央政府作为统筹区域发展的顶层力量，其政策的全局导向并没有兼顾区域差异。随着国内区域格局重构，中央政策难以精准有效地引导地方政府制定短期目标，存在宏观政策传导陷阱。盲目策应中央政策不仅导致区域间产业趋同却增速分化的错位特征，割裂区域内部关联，甚至会引发落后地区无视地方资源禀赋和产业发展阶段的跨越式思维，陷入资源错配下的经济滞涨。夯实区域协作更多要实现央地政府政策的有效传递。地方政府要平衡短期目标制定与策应中央长期导向，不应高瞻远瞩，而要因地制宜，与区域发展阶段相协调，呈现差异化。长江经济带区域差异与空间跨度较大，形成基于地理临近性和产业关联性的区域接力，需借鉴长三角顶层设计的三级运作协调机制，通过组织周边政府常态化交流合作，构建"协商和决策"的高层制度框架，不断策应国家重大战略，围绕区域重点合作领域进行省级层面决策（见图1）。这种体制创新可以推广到长江经济带其他地区，推动实现全局协作。

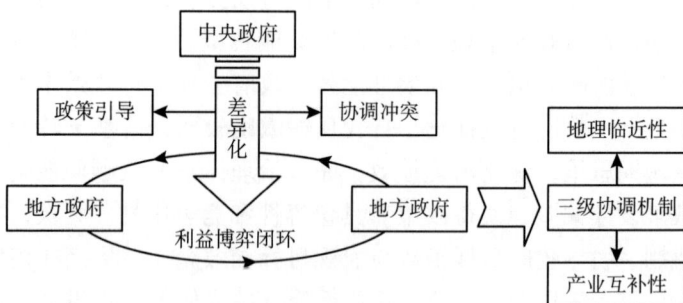

图 1　央地政府政策协作传导机理

注：部分观点借鉴陈建军（2015）。

2. 促成利益共享的区域协作

分权体制下，作为宏观政策传导载体，地方政府的策略博弈才是实现区域协作的关键。然而，地方政府的占优决策却引致区域封闭分割成为常态特征，加深了区域协作的不确定性。随着制度及要素红利枯竭，传统各自为政下的锦标赛式竞争趋于同质化而非错位协作，阻碍了利用产业转移形成利益共享的区域有序分工，陷入占优决策陷阱。

一方面，标准制定差异形成的制度环境和产业环境阻碍了要素跨域整合。分权体制下，地方政策差异构筑了阻碍区域一体化的制度壁垒。户籍制度阻碍了劳动力异地城镇化，福利保障标准差异限制了劳动力和资金的跨域流动。而处于不同分工环节的企业因产品标准差异也难以实现跨域合作，阻碍了通过产业链对接—环节整合—统一标准，形成层次明晰的区域分工体系，推动化解趋同产业。应围绕区域一体化构建制度协同的顶层设计，通过跨域产业链整合形成具有竞争力大企业，规范行业标准。

另一方面，区域占优决策引致囚徒困境。既包括采取"以邻为壑"政策来提高本地经济的相对表现，也涉及为优势共享实现最大化经济效益的群体思维。完善快速交通网络的"空间吞噬"效应将区域时空范围大大缩小，使得占优决策"以邻为壑"的特征演变为"跨域为壑"，不利于现行分工范式推动区域一体化实现全局视野下长江经济带的错位分工。囚徒困境的根源在于利益分歧，政府受跳出占优策略的高成本约束难以践行差异化策略。虽然市场分割对经济增长的倒"U"型影响为地方政府占优策略选择提供证据支持，但跨越市场门槛实现国内规模经济才更为重要。

（三） 优化全球及国内价值链衔接发展

中央集权和财政分权矛盾导致了地方政府占优决策陷阱，而这也是全球及国内价值链脱钩发展的结果。发达地区利用加工贸易的规模经济获益更具优势，这会招致其他区域采取相仿策略提高本地经济的相对表现。我国区域投入产出表反映出，省际关联处于自然资源密集特征的中间品市场，而更倾向嵌入具有技术密集关联特征的全球价值链。将全球价值链产业转移与我国区域产业布局相结合发展国内价值链，是实现产业升级和缩小区域差距的新思路。加快形成以自主创新能力主导的国内价值链分工体系，通过链条竞争推动全球价值链重构，而不是为实现产业升级盲目嵌入全球价值链来实现国内格局变化，嵌入环节趋同下的恶性竞争会加深低端锁定、加剧区域分割。

价值链作为组织和协调经济活动的微观机制，构建长江经济带的国内价值链，不仅促进了产业升级和协调区域发展双利兼收，也是对接"一带一路"战略的国内基点。联动推进"两带一路"战略，优化战略间的衔接与协作，基于国内市场红利融合发达国家技术优势和新兴国家要素禀赋推动形成以国内价值链发展主导的全球新型分工体系，不断优化国内分工层级，激励区域协作。

三、推进深化长江经济带建设的纾困路径

以实现全局转型和区域协作为目标，推进优化地方治理和强化市场调节内在互动，在转变对外依赖基础上兼顾强化国内价值链有序治理与主导全球价值链格局重构。围绕上述思路设计纾困路径，加快长江经济带建设从破题到深化的阶段转变，实现从全球分工体系中的追赶者向主导者的角色转变。

（一）构筑政府与市场互动协作体系

1. 强化制度规范倒逼职能转型

完善规范政府治理的相关法律法规体系，地方规章要策应中央规定，形成国家法律和地方法规协调运行的央地制度约束体系，从体制上消除政府惰性情绪，净化政治生态环境。建设公众监督和信息反馈平台，让民意上网，重大决策要吸纳广泛意见，同时将行政评估纳入官员晋升考核中，规范权力行使。此外，利用媒体和网络等公众渠道曝光内幕交易，严惩寻租行为，设立违规企业黑名单，定期反馈到公众平台，利用"互联网＋"反腐倒逼政府职能转型。

2. 完善政绩评价和强化市场力量

仅以经济指标衡量的传统政绩评价过于粗略，难以体现社会的全面发展。需构建更为系统、权威的指标体系，转变经济粗放式扩张激励，改善政绩压力下的晋升激励，评价体系中不仅需融入环境治理、公共品供给、保障体系和科技服务体系建设等多元化指标，还要将区域经济合

作绩效等指标纳入政绩考核之中，从而在设计环节纠正政策导向偏差。官员选拔也要重点考察知识背景及从政阅历，其历史晋升区域发展的相似性有利于推动区域协作，避免跳跃式晋升下官员选拔与区域治理的错位。

（二）跨越地方占优决策陷阱，实现利益共享

1. 推动制度协同，建立统一市场

首先，区域产业周期错位要建立在制度协同基础上，构建决策—协调—执行的三级运作机制。形成省际间顶层设计"协商和决策"的制度构架，围绕策应国家重大发展战略和区域重点合作项目进行决策。定期举行联席会议，总结交流区域合作与发展进程，协调推进重点合作事项。执行机构负责工作的推进和落实。最终实现长江经济带全局视野下的顶层协调。

其次，基于制度协同统一市场定价和行业标准，消除群体思维，强化利益共享。统一市场定价需规范政府和市场主体的角色职能，建立防范群体思维的风险隔离墙，推动市场跨域决定利益分配，破除利益属地独享的制度短板。统一行业标准推动要素跨域配置需简化行政审批环节，强化产业转移升级的区域接力。此外，推动飞地经济发展，为产业转移提供了高效平台，也是对分权体制的良好补充。制度协同为其提供了跨行政合作的政策支持，统一市场定价和行业标准则为其提供效率保障，通过市场根据初期要素投入决定税收分配，将飞入地的属地管理与飞出地先进的技术管理经验相结合设立共同管理机构，保证了在适应当地经济环境上能够提升市场绩效。设立两地长期合作机制，逐步扩大合作广度和深度，实现跨域资源共享—风险共担—利益共获。

2. 协调地方产业周期错位

协调长江经济带下游"转型升级"与中上游"工业集聚"，通过高效的产业转移逐步缩小区域产业断层，形成多元产业接力推动区域联动发展。下游地区通过技术手段推进结构性改革，不断提升经济发展的质量和效率。顺应上海逆城镇化趋势，利用技术创新改造传统行业，利用市场选择转移落后产业，倒逼就业结构调整，纠正人力资本错配。同时完善立体交通网络建设，重构区域经济格局，推动核心城市反哺周边地区。

长三角地区要围绕优化要素集聚发展具有竞争力的大企业，规范行业准则，强化技术总部经济，推动价值链治理模式从完全竞争向垄断竞争转变。中上游地区通过承接产业转移推动工业化发展，强化制造业基石地位以及驱动长三角地区的技术突破。中上游地区应融合工业化和城镇化趋势，以优化城镇布局为动力，吸纳下游地区人力资本转移，就地配置剩余劳动力，根据现有产业条件等高对接东部产业体系，通过挖掘市场规模红利竞争产业转移，进而弱化区域制度壁垒，提高跨域要素配置效率，拉动双向转型升级。结合下游研发优势与中上游人口红利形成基于优势协作的区域接力，实现基于错位分工的国内市场规模经济，扭转全局转型下低端锁定和区域分化困境。

3. 加快创新驱动价值链跨域整合

产业转移实现了区域联动发展，也有利于推动总部经济转移下跨域实现多价值链集成。处于不同价值链分工环节可以通过横向或垂直整合形成网络化的端对端集成，从而将资源错配通过价值链网络整合转变为全局分工协作动力，建立我国区域新工业价值生态。优化区域互联互动，不仅要结合城镇空间形态，完善区域间以高铁、航运、航空、高速公路为主的立体交通布局和区域内以地铁、高铁、短途客运为主的快速交通网络，根据区域整合门槛逐步打通断头路，还要适应工业4.0浪潮下分工环境的变化，跨域建立信息网络服务平台和技术创新服务平台，以智能化变革加快长江下游地区总部经济向中上游地区拓展业务网络，设立分支企业，借助地方公共服务平台深化与地方科研机构和高校的合作。强化本地人力资本积累，避免下游技术创新的二次虹吸。

（三）构建国内价值链主导的全球新型分工体系

在国内分工体系与全球价值链互动愈发频繁下，构建以长三角为核心的国内分工体系，竞争主导全球价值链发展尤为重要。长三角地区占优决策选择关乎长江经济带全局发展，推动国内价值链发展向中上游地区延伸，通过技术创新加快全局转型升级，强化内生发展动力。围绕我国全球价值链在位优势，将总部经济的交易成本优势和自身产业发展特征相结合，发挥大国效应。推动过剩资本进入发展中国家，借助发达地区技术优势激发自主创新动力。

利用发展中国家要素红利形成协调国内分工动力机制。强化国内外区域基础设施互联互通，建设跨境电商平台加大对外出口，通过市场选择加快转移过剩产能，消除我国依赖投资导致要素错配的粗放式激励，弥补产业发展从劳动密集型向创新密集型跨越动力的不足。顺应城镇化发展趋势，产业转移释放的较高能力劳动力会随当地就业结构调整逐步流向中上游地区，积累生产技术和管理经验，实现跨域联动发展，优化国内价值链区域分工。

利用发达国家技术红利形成跃迁全球价值链激励机制。推动以自主创新主导的工业体系建设，逐步弱化发达国家的分工束缚。强化国内价值链发展的区域接力，构建内生技术进步驱动区域协作与跃迁全球价值链循环机制，通过市场化的产业转移推动长江经济带上中下游市场—人口—研发的优势协作。加快两个中心—外围格局从传统跨国公司主导的发达国家—东部地区—中西部地区向以国内价值链主导的发达国家—长江经济带—发展中国家的新格局转变，跳出因中低端锁定导致的转型滞后和区域失衡双重困境，实现国内价值链和全球价值链互动发展下的区域分工协作才是可行路径。

四、结束语

深化长江经济带建设举足轻重，本文从优化思路型构和创新纾困路径视角展开深入探讨。围绕实现政府—市场—法规协作运行、形塑利益共享的区域分工体系、优化全球及国内价值链衔接发展，提出强化市场导向倒逼政府职能转型、协调地方周期错位推动跨域价值链整合、构建国内价值链主导的全球新型分工体系。通过区域协调发展强化国内价值链分工体系建设，在世界经济格局重构的机遇期内实现全球价值链高端跃迁，推动从依靠传统制造优势的追赶者向利用区域接力嵌套实现国内价值链发展和全球价值链跃迁的主导者转变，这也是挖掘国内市场潜力和产业转型升级二次红利的应有之义。

推进长江经济带对接"一带一路"

秦尊文[①]

2014年9月国务院印发《关于依托黄金水道推动长江经济带发展意见》，提出要加强长江经济带与丝绸之路经济带、海上丝绸之路的衔接互动，使之成为横贯东中西、连接南北方的开放合作走廊。长江经济带上游、下游和中游应根据自身区位特点和产业优势，选择重点突破方向。

一、长江上游地区东西并举西向为重

"一带一路"战略标志着我国从向东开放转向东西并举，在面向发达国家开放的同时，更加注重向发展中国家和转型经济体开放。而向西开放，长江上游地区更具优势，可以由过去远离沿海的开放"末梢"一下子转变为开放"前沿"。根据国家部署，丝绸之路经济带重点是畅通我国经中亚、俄罗斯至欧洲（波罗的海）的通道，经中亚、西亚至波斯湾、地中海的通道，至东南亚、南亚、印度洋的通道。长江经济带上游地区的云南、贵州、四川、重庆融入丝绸之路经济带，有着天然的优势，应大力推进。

（一）积极争取上游地区全域纳入丝绸之路经济带

《推动共建丝绸之路经济带和21世纪海上丝绸之路的愿景与行动》直接点到了18个省份，包括新疆、陕西、甘肃、宁夏、青海、内蒙古西北六省区，黑龙江、吉林、辽宁东北三省，广西、云南、西藏等西南三省区，上海、福建、广东、浙江、海南五省市，内陆地区则是重庆。可以看出，长江上游四省市只有云南和重庆纳入国家规划。实际上，陕西、甘肃、宁夏、青海、新疆等是丝绸之路主通道，即西北丝绸之路；而南方丝绸之中本身就包括重庆、四川、贵州、云南等，它是西南和南方通道。《推动共建丝绸之路经济带和21世纪海上丝绸之路的愿景与行动》

---

① 秦尊文，湖北省社会科学院副院长。

中也分别给云南和重庆作了定位:云南着力推进与周边国家的国际运输通道建设,打造大湄公河次区域经济合作新高地,建设成为面向南亚、东南亚的辐射中心;重庆着力打造西部开发开放重要支撑。但重庆与云南并不接壤,只能通过四川、贵州才能形成"带"。

采取行之有效的措施,积极争取国家从扩大和深化内陆省份开放、促进西部大开发、推进区域协调发展的战略高度,充分考虑四川、贵州独特的区位优势,以及在战略资源、产业支撑、文化融入、市场需求等方面的突出优势,把四川、贵州作为丝绸之路经济带建设的有机组成部分,全域纳入国家战略规划。将重庆、云南、四川、贵州及广西、西藏等西南省市区作为一个整体,深入研究与南亚、东南亚的合作,进一步挖掘南方丝绸之路经济带的价值和发展潜力,力争在重大基础设施建设、重大产业布局、战略资源开发创新、对外开发开放等方面给予政策倾斜,以加速长江上游地区发展和推进西部大开发。

(二)积极探索内陆自贸区建设

建设内陆自由贸易区,是中西部地区全面深化改革开放、推动建设丝绸之路经济带建设的重要载体。以2016年8月重庆市、四川省设立自贸区为契机,加快融入丝绸之路经济带步伐,与上海形成东西响应的格局,将为西部地区实现跨越式发展开辟前所未有的新局面。

长江经济带上游地区地处丝绸之路经济带、长江经济带和中巴经济走廊、中印缅孟经济走廊的交汇处,发挥着承南接北、通东达西的重要作用,是扩大内陆开放、沿江开放、沿边开放和实施向西开放,打造西部大开放升级版的战略纽带,在丝绸之路经济带建设中具有重要的战略地位。特别是重庆和成都条件比较优越,应依托科技实力雄厚、人才资源丰富和金融机构数量多种类全等优势,发挥作为西部中心城市在东盟地区合作、欧洲经贸合作、欧亚大陆航空枢纽建设中的作用,积极争取设立与上海自贸区错位发展的金融型(重庆)、科技型(成都)内陆自由贸易区,推进现代服务业和先进制造业在西部重点开发区域的加速集聚。

(三)加快交通等基础设施建设

开展国际产能合作、能源资源互利合作是建设丝绸之路经济带的重点战略之一,建议以建设国际区域性航空、铁路、公路、水运、管道运输等基础设施为重点,打造连接国内外的多式联运的战略资源综合运输体系。一方面，畅通西向。充分发挥"渝新欧"国际货运班列在全国领先的优势，加强与新疆的联系合作，共建连接俄罗斯及中亚等国家和地区的能源战略通道；加快推进川藏、隆黄、成都至格尔木、成都至西宁铁路，雅安至康定、汶川至马尔康、绵阳至九寨沟高速公路等项目建设，形成通往中亚和巴基斯坦经济走廊运输通道。另一方面，突出南向。继续深化云南、贵州、四川等与东盟各国的经贸物流合作，以产业链的整合为轴心，积极推进南向跨境交通基础设施建设；积极对接中缅油气管道入境原油和天然气利用，加快推进楚雄—攀枝花—西昌天然气管道、楚雄—攀枝花成品油管道项目建设；支持沪昆铁水联运班列开行，提升港口对腹地经济的辐射能力。

（四） 加速构建现代产业体系

产业结构优化升级和转型是长江经济带上游地区建设丝绸之路经济带的支撑。应充分发挥比较优势，把加快发展特色优势产业和战略性新兴产业作为优化产业结构的主攻方向，注重与丝绸之路经济带周边国家的产业互补，着力提升产业竞争力。

一是以水电、天然气、钒钛、稀土等资源科学开发利用为重点，建成全国最大的清洁能源生产基地和国家重要的战略资源开发基地；以软件、信息、生物、民用航空、新能源等高技术产业为先导，建成一批科技创新产业化基地；发挥四川省产品资源优势，建设国家重要的农产品精深加工基础；以德阳、成都、自贡装备制造业为依托，打造一批世界级、国家级的现代加工制造业基础。利用新疆在西北丝绸之路经济带的口岸优势，采取"飞地经济"模式，积极与新疆开展广泛合作，共建特色产业园。

二是改革传统贸易形式，大力发展以旅游业为主的现代服务业，打造南方丝绸之路文化旅游品牌；以旅游休闲度假体验综合产业为核心，振兴和重建以生态农业、茶业、中药产业、桑蚕丝绸业为主的生态产业、现代大农业的发展新格局，并以此为基础，拉动多元产业投资，联动亚欧经济技术合作，形成四川新的产业增长极；着力发展现代物流、金融保险、商贸流通、信息咨询、服务外包等生产性服务业。

三是稳步推进企业"走出去"。在进一步加大引进外商投资的同时，着力实施"走出去"战略。一方面要加强对"走出去"战略的统筹规划，对符合"走出去"条件的企业进行仔细梳理，研究制定战略规划，着力培育企业核心竞争力,树立企业品牌,避免企业停留在价值链低端扎堆内耗,有重点、有步骤地实现抱团出海、错位发展。另一方面,完善"走出去"的保障机制,发挥行业协会、中介机构专业性强、联系面广、信息灵通的优势,构建共享信息平台;建立健全境外经营风险评估体系、风险防范机制和境外风险应急体系;尽快厘清政策性、商业性金融机构在"走出去"战略中的定位和分工,创新金融服务。

二、长江下游地区东西并举东向为主

根据《推动共建丝绸之路经济带和21世纪海上丝绸之路的愿景与行动》的部署,21世纪海上丝绸之路的重点方向是从中国沿海港口过南海到印度洋,延伸至欧洲;从中国沿海港口过南海到南太平洋。长江经济带下游地区的上海和浙江被明确纳入到《愿景与行动》中,江苏、安徽也应积极对接"一带一路",重点是融入21世纪海上丝绸之路。长三角对"一带一路"的作用主要体现为通过"一个门户"和"三个体系"的建设,即通过亚太地区重要国际门户和国际金融服务体系、国际商务服务体系、国际物流网络体系的建设,从而扩大长三角对"一带一路"国家的辐射作用。

(一)发挥上海龙头作用

开放是上海最大的优势。未来30年,我国仍处于通过深度融入全球化获得开放红利的战略机遇期。一是将加快从贸易大国向贸易强国转变;二是在全球贸易规则制定中的影响力日益增大;三是"引进来"和"走出去"双向引领持续增强;四是人民币国际地位进一步上升,有望成为全球三大货币之一。

把握和顺应这些趋势,"十三五"时期,上海应立足全局,跳出6 700平方公里地域范围的局限,争取在国家发展战略全局中发挥更加重要的战略性、功能性作用。首先,进一步发挥自贸试验区制度创新功能。要高举自贸试验区大旗,按照建设开放度最高的自贸试验区的目标,对接国际投资贸易通行规则,不断拓展改革新领域,形成更多制度创新成果,为我国参与国际经贸规则制定、争取全球经济治理制度性权力发挥重要作用。其次,在引领长江经济带和长三角发展上要有新思路新突破。特别是在发挥中心城市作用、带动长三角协同发展上要有新举措,与京津冀一体化规划形成呼应。早在2009年,国务院就要求上海建设国际金融中心和国际航运中心。在对接"一带一路"特别是 21 世纪海上丝绸之路国家战略中，应充分发挥国际金融中心和国际航运中心的功能，以经贸投资为突破口，以金融开放为核心，以基础设施建设为支撑，以人文交流为纽带，积极推进与相关国家和地区的合作。

（二）发挥浙江重点省份作用

浙江是《推动共建丝绸之路经济带和 21 世纪海上丝绸之路的愿景与行动》中点到的 18 个省份之一，并被明确要求"推进浙江海洋经济发展示范区建设、舟山群岛新区建设"。浙江对"一带一路"建设高度重视、推进迅速，成立了由副省长兼任主任的浙江省海洋港口发展委员会，这在全国尚属第一家。

浙江高度重视宁波在海上丝绸之路建设的特殊作用。"海上丝路指数"，这是 2015 年习近平主席访英的重要成果之一。而"海上丝路指数"由宁波航运交易所编制，在波罗的海交易所官方网站正式发布，这是该交易所首次发布其他机构的指数，也标志着中国航运指数首次走出国门，获得国际市场的认可。此前，2012 年 9 月襄阳—宁波港集装箱海铁联运启动，携手打造国际强港和内陆无水港合作的典范。这表明，宁波在推进长江经济带融入"一带一路"方面走在全国前列。

2015 年 6 月 10 日，作为首届中国—中东欧国家贸易投资博览会的重要组成部分，第二届中国宁波—中东欧国家教育合作交流会浙江省宁波市举行，会议主题为"共建丝绸之路、扩大教育合作"，邀请了来自波兰、爱沙尼亚、保加利亚、罗马尼亚、匈牙利、塞尔维亚、斯洛伐克、黑山 8 个国家的政府、驻华使领馆领导参会。会上，举行了宁波海上丝绸之路研究院揭牌仪式，签订教育合作协议 13 项。宁波海上丝绸之路研究院将发挥研究、咨询、培养和论坛四大职能，面向本区域经济社会转型发展重大战略需求、面向丝绸之路沿线国家（地区）重大问题、立足国际国内学术前沿开展研究，为企业"走出去"提供信息定制服务。还将开展非学历企业高端涉外管理人才培养等活动，搭建国际交流合作大平台，推动丝绸之路沿线国家交流合作等。

宁波与舟山，中国东南江海交汇的黄金地段，自古就是对外交通贸易的港口，古代"海上丝绸之路"的起碇港。2015 年 9 月 29 日，宁波舟山港集团成立，作为宁波舟山港公共码头的经营主体，在加快打造全球一流的现代化枢纽港的同时，也将为融入"一带一路"国家战略扬起风帆。宁波舟山港集团由宁波港集团和舟山港集团通过股权等值划转整合组建而成，现有从业人员近 28 000 人。浙江省委书记、省人大常委会主任夏宝龙 2015 年 9 月在考察宁波—舟山港时指出，对浙江而言，整合海洋资源，推进区域港口一体化、协同化发展，是形势所迫、大势所趋，刻不容缓、耽误不起。希望宁波舟山港集团加快建成全球一流的现代化枢纽港、全球一流的航运服务基地、全球一流的大宗商品储备交易加工基地、全球一流的港口运营集团。随着未来海铁、江海联运的实现，宁波舟山港以其独到的区位优势，成为连接"一带一路"的重要枢纽，是长江黄金水道和南北海运大通道构成的"T"字型宏观格局的交汇点，连接东西、辐射南北。

2016 年 6 月 18 日，二十国集团智库会议（T20）在浙江湖州安吉开幕。期间，推进"一带一路"建设工作领导小组办公室海丝组组长、国家发改委西部开发司巡视员欧晓理在接受浙江在线记者专访时，高度评价浙江践行"一带一路"特别是海丝战略、理念的行动和成就，并"能够发挥更大作用，取得更大成就"。8 月底，浙江省被列入第三批自由贸易试验区。9 月初，二十国集团会议在杭州召开，使得浙江及杭州在国际知名度进一步提升，十分有利于加快融入"一带一路"。

（三）建好江苏开放门户

推进长江经济带战略对接"一带一路"，对于江苏经济发展具有十分重要的意义。江苏应当做好以下几个方面的工作。

一是发挥连云港海上门户作用。2013 年 9 月 7 日，国家主席习近平在哈萨克斯坦纳扎尔巴耶夫大学发表重要演讲，提出用创新的合作模式、共同建设"丝绸之路经济带"的战略构想。在中哈两国元首的共同见证下，连云港与哈方签署了共建过境货物运输通道及货物中转分拨基地的合作协议，提出将连云港打造为哈国的战略出海口，凸显了连云港在建设"丝绸之路经济带"中的独特作用。"一带一路"的提出，为连云港的发展带来了新机遇、提出了新要求、赋予了新使命。连云港作为首批沿海开放城市、新亚欧大陆桥东桥头堡和国家东中西区域合作示范区，是新丝绸之路与海上丝绸之路的交汇点，在"丝绸之路经济带"中有着独一无二的地理区位优势，处于连接新亚欧大陆桥产业带、亚太经济圈、环渤海经济圈和长三角经济圈"十"字结点位置，在区域经济布局中起着十分重要的战略作用。连云港向东与日本、韩国隔海相望，距离不足

500 海里；向西通过新亚欧大陆桥，将太平洋沿岸与中亚、西亚乃至欧洲紧密联系起来，具有沟通东西、连接南北的独特区位，是陇海兰新沿线地区乃至中亚国家的重要出海口岸和过境运输通道，肩负着建设"丝绸之路经济带"海陆交通大枢纽的历史使命。

二是探索共建产业合作园区，全面提升开放水平。对接"两带一路"推进战略，需要产业支撑和开放平台。对此，一方面要支持和鼓励开展产业园区战略合作，建立产业跨区域合作机制。可依托跨江大桥，促进江苏苏北与上海、苏南跨江融合发展；并依托中西部、内陆及沿边地区的广阔腹地，加快建设承接产业转移示范区和加工贸易梯度转移承接地，推动产业协同合作和联动发展。另一方面要在"引进来"的同时加快"走出去"。鼓励江苏企业投身国际舞台，推动资源依托型企业到境外进行资源性项目合作；支持企业积极参与境外产业集聚区、城市综合体等各类发展载体的开发与建设，形成产业集聚优势；推动龙头企业建立境外合作园区，以此带动产业链上下游企业集群式与组团式"走出去"。

三是创新传统要素禀赋优势，加快产业转型升级。随着经济发展的深化，经济增长将更多依靠人力资本和技术进步，并以创新驱动作为经济增长的新引擎。因而，为了提高产业发展的国际对接能力以及避免因产业转移而出现产业空心化现象，江苏应充分利用所富集的高等教育资源，将人才优势转化为人才红利，做好应对"两带一路"战略推进过程中国际高端产业的承接工作和本地产业转型升级的服务工作。同时，还应创新发展江苏工业化优势，一方面可向西拓展内陆市场，引导具有成本优势的资源加工型和劳动密集型产业以及具有市场需求的资本和技术密集型产业向西转移；另一方面积极向周边先进国家和发达地区汲取先进的经营管理方法和技术创新方式，协同推进江苏产业转型升级。

四是对接国际经贸合作标准，提升广域发展空间。当今国际主要的投资贸易协定的谈判重点已不在关税，而在于统一标准与规则的制定。江苏作为国家对外开放的前沿阵地，一方面，应使自身经济发展机制更适合于参与制定全球规则的需要；另一方面，还应通过借助上海自贸区所提供的高水平开放窗口，更快对接国际经贸合作标准。在此基础上，还要全方位打开"一带一路"战略的广域发展空间。要沿丝绸之路经济带向西拓展内陆市场，打开中亚市场，融入欧洲经济圈；要沿海上丝绸之路经济带，加强与东盟国家贸易往来；要沿长江经济带，走通中巴（巴基斯坦）、中印缅经济走廊，将市场拓展到西亚和南亚。

（四）建设安徽新增长极

2014 年前，安徽主要通过"3＋1"机制对接长三角，一些城市也多次参与长三角各种会议，但在《全国主体功能区规划》中是独立于长三角的"江淮地区"，并且是全国 18 个"重点开发区域"之一。2013 年，合肥等城市又积极加入"中三角"（即长江中游城市群），但最终也未获得国家层面的首肯。2014 年 9 月，安徽首次被国家正式划入长三角地区。安徽应充分发挥好承东启西、通江达海、腹地广阔的优势，努力建设成为长三角世界级城市群的新兴增长极、全国重要的自主创新示范区和先进制造业基地、内陆对外开放的新高地、长江流域生态文明建设先行区。

构建"两横一纵"航道主骨架，加快长江干流整治，力争芜湖以下航道水深提高到 12.5 米，芜湖至安庆段提高到 8 米。推动淮河干流整治，将临淮岗以下河段航道等级提高到二级、以上河段提高到三级。加快建设引江济淮航运配套工程，实现江淮贯通，强化纵向航运联系。建设布局合理的港口群，将芜湖港、马鞍山港、郑蒲港联合打造成江海联运枢纽和上海国际航运中心的重要喂给港，将合肥港建成内陆地区重要的集装箱中转枢纽港和江淮航运中心，将蚌埠港建成沿淮地区航运枢纽。

充分发挥侨智侨力。安徽省外侨办通过举办"一带一路"沿线国家新生代侨领研习班，引导沿线国家的安徽同乡会及其他侨团，参与构建安徽企业"走出去"信息服务网络，利用华侨华人与驻在国的信息资源，提供预防海外政治、经济和社会等重大风险的信息。

安徽在继续保持东向开放优势的同时，还要积极拓展与中西部内陆及沿边地区的交流合作，通过创新探索国际合作机制以及建立国际合作平台，将安徽打造成为对内对外双向开放的重要窗口。在此基础上，要积极推动以人文交流与经贸合作为主的双轮驱动交流机制，一方面要主动与"一带一路"沿线国家对接，深度了解这些国家的社会制度、文化习俗和风土人情；另一方面，要通过联合办学、商界合作、媒体互动等方式展开双向交流与合作，推动安徽城市与沿线国家城市结成友好城市。

三、长江中游地区东西并举北向突破

《推动共建丝绸之路经济带和 21 世纪海上丝绸之路的愿景与行动》没有将长江中游地区直接列入，但长江中游三省还是应当积极作为，既要向东积极对接 21 世纪海上丝绸之路，又要向西突破融入丝绸之路经济带，同时还要利用"万里茶道"向北进军，加强与蒙古国、俄罗斯的联系。

（一）联手打造对外开放平台和通道

整合"陆上丝绸之路"通道。2012年10月"汉新欧"铁路国际货运班列开通；2014年10月"湘欧快线"开通；2014年12月"赣新欧"开通。其中，"汉新欧"发展较好。包括长江中游三省在内，目前全国已开通中欧、中亚班列线路39条，涉及国内26个城市，形成西、中、东三条通道，分别从阿拉山口（霍尔果斯）、二连浩特、满洲里三个方向出境。其中，中欧班列（武汉）线路就占了9条，包括英国在内欧洲全境均已纳入了中欧（武汉）班列的辐射范围。据统计，2016年1~5月，中欧班列（武汉）发运量84列，共计7 644个标箱，其中去程41列，计3 592个标箱，占比47%，回程43列计4 052个标箱，占比53%。与上年同期相比，进口货量大幅增加，同比增长163%。武汉中欧班列的回程货运量居全国第一。应加强与"湘欧快线""赣新欧"的整合，共同健全国际铁路运输、口岸通关协调机制，强化货源组织和运营管理，提升班列开行密度、运输时效和服务质量，致力打造中欧班列区域核心枢纽。

拓宽"海上丝绸之路"通道。推动开行长江中游地区至上海港、宁波港、厦门港、莆田港、深圳港等铁海联运班列和"五定班列"；发展武汉新港、岳阳港、九江港口岸外籍轮航行，推进九江港与国内重点港口的接驳运输，对接海上丝绸之路。

拓宽"空中丝绸之路"通道。加密武汉、长沙、南昌至乌鲁木齐、西安、厦门、昆明、南宁等国内干线航班，巩固港澳台地区航线，积极拓展东南亚航线，推进开通洲际航线。支持武汉、长沙、南昌临空经济区建设。进一步完善民航运输体系，加强民航与其他运输方式的衔接，构筑干支结合、优势互补、共同发展的民用机场体系，支持省际航空支线发展，采取代码共享等措施，共同培养客流市场，在交通服务衔接方面，推进异地候机楼建设，扩大枢纽机场的服务范围。制定统一的交通税费标准和一体化的管理系统，加强区域联网收费、公路管理方式一体化，联合制定有关政策和法规，实现政策一体化。共同争取国家将长江中游综合交通运输体系建设纳入国家试点示范。

（二）共同做大做强长江中游航运中心

整合武汉新港、岳阳港、九江港资源，联合推进长江黄金水道中游段开发利用，联合整治长江航道，提高通航能力，加强沿江港口合作，积极发展江海联运和铁水联运，扩大主要港口腹地范围，与周边区域合作建设"无水港"。加强与上海国际航运中心的密切合作，同时加强与重庆长江上游航运中心的紧密合作，对接中巴、中印缅经济走廊和"渝新欧"国际大通道，融入丝绸之路经济带。

2016 年 6 月 21 日，中国政府网公布国家发展改革委制定的《营造良好市场环境推动交通物流融合发展实施方案》（以下简称《方案》）。《方案》明确"要加快武汉新港江北铁路建设"。目前武汉新港年吞吐量已达百万标箱，迈入世界一级内河港口行列，但水运货物抵达后，经转运才能经铁路到其他地方，因此，铁路进入港口成为迫切期待。江北铁路一期已经建成，目前正在积极推进江北铁路二期建设。同时，正在积极规划黄陂滠口车站至阳逻港的铁路建设，力争早日实现铁水无缝对接。到 2020 年，武汉将基本建成国家物流中心，推动以武汉新港为主体，将吴家山集装箱铁路中心站、滠口货场连接起来，形成"一线串三珠"格局，实现武汉地区江海直达、中欧班列（武汉）、商贸物流三种集装箱运输方式的有效集并运转、互联互通，联合打造"铁、水、公"多式联运综合交通运输体系。

（三）共同建设万里茶道经济带

中俄万里茶道始于 17 世纪末 18 世纪初。湖南、湖北、江西等产茶区的茶叶以汉口为起点，借道汉水北上，过河南、山西、河北、内蒙古，经乌兰巴托到达蒙俄边境恰克图，继而在俄罗斯境内继续延伸，到达喀山、莫斯科、圣彼得堡等地。中俄万里茶道横跨亚欧大陆，是继丝绸之路之后又一条重要的以茶叶贸易为主导的国际文化商贸通道。2013 年 3 月 23 日，习近平主席在俄罗斯莫斯科国际关系学院演讲时，特别强调"万里茶道"的历史意义，产生了极大的社会影响，促进了沿线城市的国际间合作。同年 9 月，来自中蒙俄三国"万里茶道"沿线 31 个城市的代表，参加了市长圆桌会议。中蒙俄三国共签署十余项协议，就沿线城市发展、城市间相互合作、发展共赢等方面签署了《万里茶道沿线城市旅游合作协议》。2014 年 10 月，由武汉市政府、俄罗斯驻华大使馆共同提议，中俄万里茶道沿线 17 座城市市长、代表，共同签署《中俄万里茶道申请世界文化遗产武汉共识》。打造万里茶道经济带会得到这些城市的响应，可谓"天时、地利、人和"。

　　打造万里茶道经济带，有助于提升长江中游城市群战略层次。2012年4月29日，李克强在访问俄罗斯时与俄商定加强长江中游城市群和伏尔加河流域城市群的区域合作。打造万里茶道经济带，可以落实两国领导人的共识，将长江中游城市群建设真正推向国际合作的战略层面。一是打好"万里茶道"组合牌。一方面，挖掘茶文化，开展茶旅游。挖掘整理散布于万里茶道沿线的茶山、茶亭、茶行、碑刻、古道桥梁关隘、仓库、码头、洋行、会馆、教堂、关帝庙、镖局、皮货铺等文物古迹以及传统村镇等历史文化遗产；以万里茶道跨国联合申遗为契机，推动茶文化与旅游资源深度结合。另一方面，复兴茶产业，开拓茶市场。充分利用羊楼洞砖茶、红茶在俄罗斯的历史沉淀优势，加强优势资源整合，优化产品结构，开拓俄罗斯、蒙古国茶叶市场，进而向东欧、西欧拓展。二是深化中俄、中蒙全面合作。顺应中俄、中蒙全面战略协作伙伴关系不断加深的趋势，以"茶道"为契机，深入开展科技、能源、投资、金融、农业等多个领域的创新与合作。如俄罗斯和蒙古万里茶道沿线地区具有丰富的煤炭、石油、天然气资源，而我国中部地区的湘鄂赣三省都"缺煤、少油、乏气"，与俄、蒙在能源领域的合作前景广阔；还可以加强在航空航天、汽车制造、食品加工、生物医药、军工等领域的合作，开展工程承包和劳务合作业务等。在教育、文化、医疗卫生、体育等方面，也有很大的合作空间。三是发挥武汉的引领功能。武汉是中俄万里茶道中国段最大的城市，也是万里茶道历史遗存最多的城市之一，还是研究万里茶道实力最雄厚的城市。借鉴丝绸之路申遗成功的经验，武汉要当好万里茶道"申遗"发起者、联络者及组织者的"牵头"角色，还要积极促成万里茶道经济带的形成并在其中发挥引领作用。

长江经济带金融发展对汽车产业集群培养的影响探究

何王亚[①]

一、引言及文献评述

汽车制造作为长江经济带培养世界级产业集群五大重点领域之一，在长江经济带中有 8 个省（市）汽车产业是其支柱产业。汽车产业对经济发展起着至关重要的作用，其产业延伸度广，产业辐射范围大，既涉及上游的钢铁、石油、机械电子制造等基础性工业领域，又对维修服务等第三产业具有明显的拉动作用，其发展速度和发展质量对经济结构的进一步调整和产业结构的优化升级有深远影响。长江经济带的新兴战略性产业对汽车产业的转型升级也提出了新的要求。鉴于不同省份拥有不同的资源禀赋和地方性产业政策对培养汽车产业集群影响的不同，以及长江经济带上游（四川省、重庆市、贵州省、云南省）、中游（江西省、湖北省、湖南省）、下游（上海市、浙江省、江苏省、安徽省）不同区域汽车产业集群培养过程中各个要素影响大小的差异，金融发展对汽车产业集群培养的影响引起了我们的关注。

近年来，随着产业集聚优势不断显现，许多学者也开始关注金融发展对产业集群培养的影响，并作出了许多有益的探究。刘世锦（1996）是较早关注金融与产业问题的国内学者，他认为金融发展的着眼点要放到促进产业发展上。张立军（2003）使用 1978~2000 年中国东、中、西地区的金融结构转变和产业结构升级的数据，实证分析了金融结构转变促进了产业结构升级。钱水土等（2009）通过对浙江 11 个市 2000~2007 年的面板数据，分析不同的金融结构对产业集聚的影响，结果表明：金融结构正向促进产业集聚。马润平（2012）以江苏省 2000~2010 年 13 个地级市的面板数据作为研究样本，试图分析不同的金融结

---

① 何王亚，安徽大学经济学院教师。

构对产业集聚的影响，研究显示：银行间接融资显著地促进产业集聚，证券融资也有利于促进产业集聚，而保险业没有发挥出推进产业集聚的作用。周卫华等（2015）运用 2001～2011 年我国 11 个沿海省（市、区）的面板数据，实证检验了金融发展对我国海洋产业集聚的影响，结果表明金融发展能显著地推动我国海洋产业集聚。张晓玫（2015）基于 1997～2012 年的省级面板数据并运用动态面板模型的系统 GMM 回归，实证考察了金融发展对不同要素密集度产业集聚的影响，研究发现：金融发展能够促进劳动密集型产业和资本密集型产业集聚。综上所述，以上的文献主要研究金融发展、金融结构转变对产业结构升级和优化以及对产业集聚的影响，却很少有研究金融发展对某一产业集聚培养的影响，以及分不同区域分析金融发展对某一产业集聚培养的影响进行细分研究。由于长江经济带上、中、下游的汽车产业发展水平差异性明显，金融发展程度良莠不齐。因此本文利用长江经济带十一省（市）2000～2013 年的省际面板数据在对全样本进行实证探究金融发展对汽车产业集群培养影响的基础上，对长江经济带上、中、下游分区域进行分样本实证分析，这可以为长江经济带培养汽车产业集群提供区域层面的理论指导，同时为合理规划长江经济带汽车产业集群给予方法上的借鉴。

基于此，本文以长江经济带为背景利用区域内 2000～2013 年汽车产业集群和金融发展的相关数据探究金融发展对汽车产业集群培养的影响作用。首先采用区位熵对不同省份的汽车产业集群培养程度和金融发展水平进行量化处理，其次在全样本估计分析的基础上，分区域实证探究金融发展对汽车产业集群培养的影响作用，最后在分析其原因和稳健性检验的基础上，提出相应的政策含义。本文的结构安排：第二部分为研究假说提出；第三部分为数据来源、指标选取、统计量描述和计量模型设定；第四部分为单位根检验、计量结果及原因分析；第五部分为稳健性检验；最后为本文的主要结论和政策含义。

二、研究假说提出

通过对相关文献的梳理发现金融发展主要通过以下三个方面影响汽车产业集群培养。

（1）金融发展可以提供产业集群培养所需的基础设施和资金链，为产业集群提供基础设施和动力支持从而促进产业集群的培养和优化。马润平（2012）认为在产业集聚过程中需要大量的投资，单个企业缺乏动员资金的能力，金融中介和金融市场可以很好地满足这种资金需求。刘帅（2015）在金融资源集聚对企业区位选择和产业集聚的影响中实证分析了交通便利有利于产业集聚。张晓玫等（2015）认为金融发展能够为资本密集型产业集聚提供所必需的资金来源。

（2）金融发展可以带动集聚区内产业集聚：金融业控制着资金命脉，因此成为当地区域所有产业总指挥部，可以通过资金的流向将其影响扩张到其他产业，以至带动其他产业的发展。马润平（2012）认为产业集聚的形成需要依托新兴产业发展，这些新兴产业从研发到建立面临着诸多不确定性，金融系统正好能够提供多元化的金融服务，有助于分散与规避各种市场风险，为区域内产业集聚提供良好的金融环境。周卫华等（2015）认为金融部门具有利益竞争性，决定了金融系统会将更多的储蓄资金配置到高科技含量的新兴海洋产业，使得储蓄资金向科技含量高的新兴海洋产业集聚，推动新兴海洋产业集聚的发展。张岑等（2015）认为金融发展可以从资本形成效应、技术创新效应和人力资本转移效应对产业集聚产生影响。

（3）在其他影响因素不变的条件下，随着金融发展和产业集聚的不断发展和优化，金融发展和产业集聚之间存在一个协调程度范围，即当两者之间的协调程度在这个范围内金融发展对汽车产业集群培养产生促进作用；当两者之间的协调程度不在这个范围内金融发展对汽车产业集群培养产生抑制作用。明亮（2012）在浙江金融发展与产业集聚耦合关系的实证研究中认为金融发展与产业集聚的耦合关系是朝着协调同步的发展趋势，即两者之间存在一个适当的协调程度。李秀茹（2013）认为CBD金融集聚与产业集群是共轭驱动发展的关系，即CBD金融集聚与产业集群发展相互影响和相互制约，需要协调互动发展。王海军等（2015）在我国东部地区产业集聚与金融发展的互动关系中认为金融发展与产业集聚存在一个协调程度。

基于以上分析，在其他因素保持不变的条件下，在金融发展和汽车产业集群培养过程中，开始金融发展促进汽车产业集聚的形成；然后当金融发展与汽车产业集聚之间达到协调程度时，金融发展促进汽车产业集聚程度达到最大值；最后随着金融发展水平的不断提高，两者之间的协调程度突破协调程度范围，金融发展反而抑制汽车产业集聚。综上所述，我们提出有待检验的理论假说：在其他因素保持不变的条件下，金融发展与汽车产业集群培养呈倒"U"型关系。

三、研究设计

本文利用长江经济带 11 个省（市）2000～2013 年的面板数据进行计量分析，其相关数据来源于历年《中国汽车工业年鉴》、《中国证券期货统计年鉴》和《中国统计年鉴》。考虑到汽车产业的发展不能以市或者更微观的层面进行分析，因此本文选用长江经济带的省际面板数据实证探究金融发展对汽车产业集群培养的影响。其中十一省（市）分别是上海市、江苏省、浙江省、安徽省、江西省、湖南省、湖北省、四川省、重庆市、贵州省和云南省。

汽车产业集群培养（qclg）：用区位熵指数表示，区位熵指数是用来衡量产业聚集的一种常用方法，其优点是能较好地从区域的角度分析产业聚集水平。汽车产业聚集的过程就是汽车产业集群培养的过程，因此本文用汽车产业聚集水平来衡量汽车产业集群培养程度。刘军等（2010）在研究产业集聚、经济增长和地区差距时，考虑到区位熵指数是能较好地从区域的角度分析产业聚集程度的指标，用区位熵指数刻画各省（市）的制造业聚集程度。余文涛（2016）在研究创意产业集群与其生产效率时采用区位熵指数来测度城市创意产业集聚水平。因此本文选用区位熵指数来测算汽车产业集群培养程度，其计算公式为：

$$qclg = \frac{\dfrac{x_{ki}}{y_{ki}}}{\dfrac{x_i}{y_i}} \qquad (1)$$

式（1）中，x_{ki} 表示省（市）k 第 i 年的汽车收入额（亿元），x_i 表示长江经济带各省（市）第 i 年汽车收入总额（亿元），y_{ki} 表示省（市）k 第 i 年的国内生产总值（亿元），y_i 表示所有长江经济带各省（市）第 i 年的国内生产总值总额（亿元）。汽车产业集聚指数是指汽车产业在省（市）k 的集聚程度，其取值越大则表示集聚程度越高。

金融发展（jrlg）：用区位熵指数表示。孙浦阳等（2013）在研究产业集聚对外商直接投资的影响分析中，用区位熵指数来刻画制造业和服务业集聚水平。许金菁（2016）采用区位熵指数模型测算服务业集聚度。因此本文选用区位熵指数来测算金融发展水平。金融业包括银行业、保险业和证券业，基于数据的易获得性本文主要利用银行业的年末金融机构存贷款余额、保险业的保险收入额和证券业中资产规模的总资产额作为研究对象，选取相应年份银行业区位熵指数、保险业区位熵指数和证券业区位熵指数的平均值作为该年份的金融发展水平指标。

即：
$$jrlg = \frac{1}{3}\left(\frac{\frac{z_{ik}}{y_{ik}}}{\frac{z_i}{y_i}}\right) + \frac{1}{3}\left(\frac{\frac{w_{ik}}{y_{ik}}}{\frac{w_i}{y_i}}\right) + \frac{1}{3}\left(\frac{\frac{t_{ik}}{y_{ik}}}{\frac{t_i}{y_i}}\right) \qquad (2)$$

式（2）中，z_{ki} 表示省（市）k 第 i 年的年末金融机构存贷款余额（亿元），y_{ki} 表示省（市）k 第 i 年的国内生产总值（亿元），z_i 表示长江经济带所有省（市）第 i 年的年末金融机构存贷款总余额（亿元），y_i 表示长江经济带所有省（市）第 i 年的国内生产总值（亿元），w_{ik} 表示省（市）k 第 i 年的保险业保费收入额（亿元），w_i 表示长江经济带所有省（市）第 i 年的保险业保费收入总额（亿元），t_{ik} 表示省（市）k 第 i 年的证券业中资产规模总资产额（亿元），t_i 表示长江经济带所有省（市）第 i 年的证券业中资产规模总资产总额（亿元）。金融发展指数是指金融业在省（市）k 的集聚程度，取值越大则表示金融发展水平越高。

除此之外，模型中引入了其他影响汽车产业集群培养的变量作为本文的控制变量。基础设施（lnydzl）：用各省（市）年末邮电总量表示，城市的基础设施涉及交通、通讯、为避免多个基础设施指标间的多重共线性，选取最基本的年末邮电总量作为基础设施指标，并对其取对数记为 lnydzl；人均国内生产总值（lnrjgdp）：国内生产总值与本地区的常住人口的比值，对其取对数记为 lnrjgdp；对外贸易度（lndwmy）：参考毛其淋（2011）对外贸易包括外贸依存度和外资依存度两部分进行加总，对其结果取对数记为 lndwmy；第三产业总值（lndscz）：对第三产业总值取对数记为 lndscz。

综上所述，本文最终选择了长江经济带十一省（市）2000～2013 年的面板数据作为分析样本。为了与本文的理论假说以及计量模型保持一致，同时消除异方差对估计结果造成的偏误的影响，对数据进行一定的处理，相应的处理方法如变量说明中所述。表 1 是计量模型中各变量的统计量描述。

表1 各变量统计量描述

变量名称	样本量	均值	标准差	最小值	最大值
qclg	154	1.1713	1.3301	0	5.7228
jrlg	154	0.9889	0.6913	0.2959	3.8536
lnydzl	142	6.0338	0.7768	3.8820	7.7531
lnrjgdp	154	8.9893	0.5985	7.8846	10.4802
dwmy	154	3.4079	1.0104	1.9987	5.5662
lndscz	154	8.0242	0.9007	5.8132	10.1819

为验证本文的假说，需进行实证分析。根据理论假说提出，本文选用的计量模型为：

$$(qclg)_{it} = \alpha_1 (jrlg)_{it} + \alpha_2 (jrlg)_{it}^2 + \alpha_3 Z_{it} + \varepsilon_{it} \qquad (3)$$

式（3）中，i、t 分别为省（市）和年份。qclg 表示汽车产业集群培养程度，jrlg 表示金融发展水平，$(jrlg)^2$ 表示金融发展水平的平方项，Z_{it} 表示控制变量包括：$(jrlg)^3$ 表示金融发展水平的立方项，lnydzl 表示基础设施，$\ln(rjgdp)$ 表示人均国内生产总值，lndwmy 表示对外贸易程度，lndscz 表示第三产业的总量。其中 ε_{it} 为随机误差项。

四、计量结果及分析

时间序列数据如果非平稳会使回归分析中存在伪归回，即导致回归结果偏误。所以在样本回归分析前，本文对相关的面板数据进行单位根检验。当单位根检验结果中的 P 小于 0.1 时，说明不存在单位根即时间序列数据平稳，可以进行回归分析；反之，说明存在单位根即时间序列数据非平稳，可能导致伪回归，不能进行回归分析。单位根回归结果如表 2 所示，通过对表 2 的观察发现所有变量的 P 值均小于 0.1，即本文所选的时间序列面板数据不存在单位根，可以进行回归分析。

表2 单位根检验结果

变量名称	Statistic	P	OBS
qclg	−2.8286	0.0023	132
jrlg	−5.3639	0.0000	132
lnydzl	−3.5922	0.0002	120
lnrjgdp	−5.5292	0.0000	132
lndscz	−2.5902	0.0048	132
dwmy	−3.9430	0.0000	132

本文在对全样本估计时同时采用普通最小二乘法（OLS）、固定效应回归（FE）和随机效应回归（RE）分别进行回归分析，其回归结果如表3所示。

表3　　　　　　　全样本估计：被解释变量汽车产业集群培养

变量	被解释变量汽车产业集群培养		
	OLS	FE	RE
jrlg	6.2717 *** (1.4460)	6.4054 *** (1.4861)	7.9878 *** (1.4702)
jrlg^2	−3.3519 *** (0.9974)	−4.8232 *** (0.8117)	−5.2065 *** (0.8413)
Constant	−15.8600 *** (3.5562)	8.0833 (4.9017)	−6.7744 * (3.6095)
控制变量	√	√	√
R^2	0.4451	0.3775	0.3070
F	15.36	10.74	
观察值	142	142	142

注：上标"***"、"**"、"*"分别表示1%、5%、10%置信水平，括号内数字为标准误。

观察普通最小二乘法（OLS）回归可以发现：金融发展的一次项对汽车产业集群培养具有正向的促进作用并且在1%的置信水平下显著；观察金融发展的平方项却发现，其相关系数为负且在1%置信水平下显著，这说明金融发展与汽车产业集群培养呈倒"U"型的关系。这与本文的理论假说相吻合，即在其他因素保持不变的条件下，金融发展与汽车产业集群培养呈倒"U"型关系。OLS回归结果显示：当金融发展水平小于0.9635时，随着金融发展水平的不断提高，可以正向促进汽车产业集群的培养；当金融发展水平大于0.9635时，随着金融发展水平的不断提高，反而会抑制汽车产业集群的培养。

观察固定效应回归（FE）可以发现：金融发展的一次项对汽车产业集群培养具有正向的促进作用并且在1%的置信水平下显著；观察金融发展的平方项却发现，其相关系数为负且在1%置信水平下显著，这说明金融发展与汽车产业集群培养呈倒"U"型的关系。这与本文的理论假说相吻合，即在其他因素保持不变的条件下，金融发展与汽车产业集群培养呈倒"U"型关系。FE 回归结果表明：当金融发展水平小于 0.6640 时，随着金融发展水平的不断上升，可以正向促进汽车产业集群的培养；当金融发展水平大于 0.6640 时，随着金融发展水平的不断上升，反而会抑制汽车产业集群的培养。

观察随机效应回归（RE）可以发现：金融发展的一次项对汽车产业集群培养具有正向的促进作用并且在1%的置信水平下显著；观察金融发展的平方项却发现，其相关系数为负且在1%置信水平下显著，这说明金融发展与汽车产业集群培养呈倒"U"型的关系。这与本文的理论假说相吻合，即在其他因素保持不变的条件下，金融发展与汽车产业集群培养呈倒"U"型关系。RE 回归结果表明：当金融发展水平小于 0.7671 时，随着金融发展水平的不断上升，可以正向促进汽车产业集群的培养；当金融发展水平大于 0.7671 时，随着金融发展水平的不断提高，反而会抑制汽车产业集群的培养。

虽然三种方法的回归结果中倒"U"型的顶点值不同，但是都一致证明了金融发展与汽车产业集群培养之间的关系是呈倒"U"型的并且均在1%置信水平下显著。主要原因：一是金融发展可以提供汽车产业集聚所需的基础设施和资金链，为汽车产业集群的培养提供基础设施和动力支持从而促进产业集群的培养和优化。二是金融发展可以带动集聚区内产业集聚：金融业控制着资金命脉，因此成为当地区域所有产业总指挥部，可以通过资金的流向将其影响扩张到其他产业，以至带动其他产业的发展。三是在其他影响因素不变的条件下，随着金融发展和汽车产业集聚的不断发展和优化，金融发展和汽车产业集聚之间存在一个协调程度范围，即当两者之间的协调程度在这个范围内金融发展对汽车产业集群培养产生促进作用；当两者之间的协调程度不在这个范围内金融发展对汽车产业集群培养产生抑制作用。

长江经济带下、中、上游的金融发展水平和汽车集聚程度不同，因此金融发展对汽车产业集群培养的影响作用也将不尽相同。本部分是在全样本估计结果的基础上，对长江经济带划分为下游（上海，江苏，浙江，安徽）、中游（江西，湖北，湖南）、上游（重庆，四川，贵州，云南）三个区域进行分样本估计，进行计量估计金融发展对汽车产业集群培养的影响，实证结果如表4所示。

表4 分样本估计结果

变量	被解释变量汽车产业集群培养		
	长江经济带下游区域	长江经济带中游区域	长江经济带上游区域
jrlg	8.7689*** (2.0306)	−86.4532*** (29.5670)	−6.9345*** (2.0007)
jrlg²	−5.4316*** (0.9522)	169.0490** (50.2220)	4.5717*** (0.8796)
控制变量	√	√	√
Constant	4.1481 (6.2085)	17.9340 (20.1644)	−6.7157 (4.8157)
样本量	52	39	49
R−2	0.7260	0.2618	0.2328

注:"***"、"**"、和"*"分别表示1%、5%和10%置信水平,括号内数字为标准误。

与全样本估计中金融发展与汽车产业集群培养呈现的相关关系不同。长江经济带下游区域:金融发展的一次项正向促进汽车产业集群培养并且在1%置信水平下显著,而金融发展的平方项抑制汽车产业集群的培养且在1%置信水平下显著。表明金融发展与汽车产业集群培养呈倒"U"型关系,即当金融发展水平小于0.8072时,随着金融发展水平的不断提高,可以正向促进汽车产业集群的培养;当金融发展水平大于0.8072时,随着金融发展水平的不断提高,反而会抑制汽车产业集群的培养。由于下游金融发展水平都大于0.8072,即金融发展对汽车产业集群构建产生抑制作用。究其原因:一是汽车产业集群培养的基础设施基本上接近完善,从而弱化对资金的需求;二是汽车产业集群培养开始由资金驱动转向技术驱动,加之自身的规模效应,从而减少了对资金的需要;三是随着产业在长江经济带中的转移,也相应地转移一些对资金依赖程度高的部门;四是在其他影响因素不变的条件下,随着金融发展和产业集聚的不断发展,金融发展和产业集聚之间存在一个协调程度范围,当两者之间的协调程度不在这个范围内金融发展对汽车产业集群培养产生抑制作用。所以在今后的发展过程中注重金融发展与汽车产业集群培养的协调程度,使其在协调程度范围内,从而发挥金融发展对汽车产业集群培养的正向促进作用。

长江经济带中游区域:金融发展的一次项抑制汽车产业集群的培养并且在1%置信水平下显著,金融发展的平方项正向促进汽车产业集群的培养且在 5% 置信水平下显著。说明金融发展与汽车产业集群培养呈现正"U"型关系，即当金融发展水平小于 0.2557 时，随着金融发展水平的不断提高，金融发展抑制汽车产业集群的培养；当金融发展水平大于 0.2557 时，随着金融发展水平的不断提高，反而会正向促进汽车产业集群的培养。鉴于中游区域的金融发展水平都大于 0.2557，即金融发展对汽车产业集群培养产生促进作用。究其原因：一是在汽车产业集群培养的过程中对金融业具有很强的依赖性；二是从汽车产业集群的指标可以看出相对于下游非常低，说明缺乏汽车产业在基础设施和技术上有待发展；三是在承接汽车产业及其相关产业的产业转移过程中需要大量的资金进行基础设施建设和技术完善。四是在其他影响因素不变的条件下，随着金融发展和产业集聚的不断发展，金融发展和产业集聚之间存在一个协调程度范围，当两者之间的协调程度在这个范围内金融发展对汽车产业集群的培养产生促进作用。所以在今后随着汽车产业集群培养程度的不断提高，要不断地调节其与金融发展的关系，使其在协调程度范围内，从而发挥金融发展对汽车产业集群培养的正向促进作用。

长江经济带上游区域：金融发展的一次项抑制汽车产业集聚培养并且在 1% 置信水平下显著，金融发展的平方项正向促进汽车产业集群培养且在 1% 置信水平下显著。说明金融发展与汽车产业集群培养呈现正"U"型关系，即当金融发展水平小于 0.7584 时，随着金融发展水平的不断提高，金融发展抑制汽车产业集群的培养；当金融发展水平大于 0.7584 时，随着金融发展水平的不断提高，反而会正向促进汽车产业集群的培养。由于下游金融发展程度都大于 0.7584，即金融发展对汽车产业集群培养产生促进作用。究其原因：一是在汽车产业集群培养的过程中对金融业具有很强的依赖性；二是观察汽车产业集群培养的指标发现，区域内指数比较低，说明其汽车行业薄弱，没有培养集群的基础，稍微的金融投入都会大幅度提高其集聚程度。三是在其他影响因素不变的条件下，随着金融发展和产业集聚的不断发展，金融发展和产业集聚之间存在一个协调程度范围，当两者之间的协调程度在这个范围内金融发展对汽车产业集群培养产生促进作用。所以在今后随着汽车产业集群培养程度的不断提高，要不断地调节其与金融发展的关系，使其在协调程度范围内，从而发挥金融发展对汽车产业集群培养的正向促进作用。

五、稳健性检验

为了保证本文实证结论的可靠性，对全样本估计结果和长江经济带下游区域、中游区域、上游区域的分样本估计结果逐一进行稳健性检验。考虑到被解释变量和金融发展之间的相关性对实证估计结果的影响从而产生偏误，本部分选用金融发展和金融发展平方项分别滞后一期作为工具变量来验证金融发展对被解释变量的影响作用，以增强本文实证估计的严谨性。实证结果如表5所示。

表5　　　　　　　　稳健性检验：被解释变量汽车产业集群培养

变量	（1）	（2）		
	全样本估计	下游	中游	上游
L. jrlg	7.0167 *** (1.5397)	7.3551 *** (2.2779)	− 66.1160 *** (24.9952)	− 8.2389 *** (2.1313)
L. jrlg^2	− 5.1665 *** (0.8723)	− 4.6876 *** (1.1161)	120.4784 *** (41.8666)	5.0762 *** (0.9398)
Constant	14.7930 *** (4.8738)	19.3458 *** (6.5311)	16.9562 (17.5658)	− 6.1592 (5.4213)
控制变量	√	√	√	√
R − 2	0.3788	0.6689	0.3426	0.1583
观察值	142	52	39	48

注：上标"***"、"**"、"*"分别表示1%、5%、10%置信水平，括号内数字为标准误。

表中的（1）是对全样本估计的稳健性检验，结果表明：金融发展的滞后一期对汽车产业集群培养产生正向促进作用且在1%置信水平下显著，金融发展平方项的滞后一期对汽车产业集群培养产生抑制作用且在1%置信水平下显著，说明金融发展与汽车产业集群培养呈倒"U"型关系。验证了全样本估计的结论。

表中的（2）是对分样本估计进行稳健性检验的结果。长江经济带下游区域：金融发展的滞后一期对汽车产业集群培养产生正向促进作用且在1%置信水平下显著，金融发展平方项的滞后一期对汽车产业集群培养产生抑制作用且在1%置信水平下显著，说明金融发展与汽车产业集群培养呈倒"U"型关系，验证了分样本中下游区域的估计的结果；中游区域：金融发展的滞后一期对汽车产业集群培养产生抑制作用且在1%置信水平下显著，金融发展平方项的滞后一期对汽车产业集群培养产生正向促进作用且在1%置信水平下显著，说明金融发展与汽车产业集群培养呈正"U"型关系，验证了分样本中中游区域的估计的结果；上游区域：金融发展的滞后一期对汽车产业集群培养产生抑制作用且在1%置信水平下显著，金融发展平方项的滞后一期对汽车产业集群培养产生正向促进作用且在1%置信水平下显著，说明金融发展与汽车产业集群培养呈现正"U"型关系，验证了分样本中上游区域的估计的结果。

六、结论与政策含义

在理论假说基础上，利用长江经济带上海市、江苏省、浙江省、安徽省、江西省、湖南省、湖北省、四川省、重庆市、贵州省和云南省共十一省（市）2000~2013年的相关面板数据，实证分析了长江经济带金融发展对汽车产业集群培养的影响作用。研究发现：在全样本分析中金融发展水平与汽车产业集群培养呈倒"U"型相关关系且在1%置信水平下显著。但是金融发展对汽车产业集群培养的影响作用存在区域差异性，长江经济带下游区域：金融发展与汽车产业集群培养呈倒"U"型相关关系且在1%置信水平下显著；中游和上游区域：金融发展与汽车产业集群培养呈正"U"型相关关系且均在1%和5%置信水平下显著。即不同的区域金融发展对汽车产业集群培养产生的影响作用不同。由于下游区域汽车产业和金融比较发达，使得金融发展与汽车产业集群的协调程度不在相互促进的范围内；中游和上游金融发展水平和汽车产业发展程度相对薄弱，使得金融发展与汽车产业集群的协调程度在相互促进的范围内。因此，在培养长江经济带汽车产业集群时，我们应该统一规划利用不同区域的区位优势、自然禀赋和金融发展与汽车产业协调程度，因地制宜的规划，从而弱化或避免汽车产业的重复建设和不合理规划。

通过上述的研究结论，在制定促进汽车产业集群培养的相关政策时有以下三点启示：一是合理规划和明确省（市）汽车产业定位，发挥自然禀赋和区位优势的积极作用，根据自身汽车产业发展的现状，选择和优化汽车产业集群的培养战略和方针；二是研究利用金融业（其他影响因素）与汽车产业协调发展的协调程度范围，不断的优化和调整金融业（其他影响因素）与汽车产业协调程度，从而有效激发金融发展（其他影响因素）对汽车产业集群培养的积极作用；三是要认识到影响汽车产业集群培养因素的作用发挥存在着区域差异性，不同省（市）应制定适用于自身的汽车产业政策，避免盲目照抄照搬和重复建设的政策。

长江经济带生态文明与协调发展研究

长江经济带生态足迹与区域生态格局分析

王圣云　罗玉婷[1]

一、生态足迹模型

生态足迹模型是最常用的用于评估可持续发展的经典方法，其优势在于既紧扣可持续发展理论思想，又将人类与其赖以生存的生态系统紧密结合在一起。通过将区域内的资源和能源消费转化为提供这种物质所必需的各种生物生产土地的面积（生态足迹需求），并同区域能提供的生物生产型土地面积（生态足迹供给）进行比较，定量判断一个区域的发展是否处于生态承载能力的范围内。生态足迹是指生产这些人口所消费的所有资源和吸纳这些人口所产生的所有废弃物所需要的生物生产性土地面积。生物生产性土地面积是指具有生物生产能力的土地或水域。在生态足迹账户核算中，生物生产面积主要考虑以下六大类：耕地、草地、林地、水域、建筑用地和化石燃料土地。生态足迹的计算基于以下五个基本假设：资源的消费量和废物的排放量可得；资源消费量和废物排放量可以折算为相应的土地面积；可以对不同类型的土地面积赋予权重，将其转化成为标准化的全球公顷单位；各种土地具有排他性，因此总需求等于各种资源利用和废物吸收的面积加总；总需求可以超过总供给。

生态足迹需求的计算公式是：

$$EFi = N \times (ef_i) = N \times \left(\sum r_i \times A_i \right) = N \times \sum r_i((P_i + I_i - E_i)/N)/Y_i$$

其中，EF_i 是区域总人口的生态足迹需求量；N 是区域总人口数；r_i 为某类生物生产性土地的均衡因子；A_i 为消费项目 i 折算的生物生产性土地面积；P_i 是消费项目 i 的年生产量；I_i 是消费项目 i 的年进口量；E_i 是消费项目 i 的年出口量；Y_i 是消费项目 i 的年（世界）平均产量，单位是 kg/hm^2。

---

[1]　王圣云，南昌大学中国中部经济社会发展研究中心副研究员；罗玉婷，南昌大学中国中部经济社会发展研究中心硕士研究生。

生态足迹供给（生态承载力）的计算公式是：

$$EC_i = N \times (ec_i) = N \times a_j \times r_j \times y_j$$

其中，EC_i 为区域生态足迹总供给量；a_j 是人均生物生产性土地面积，hm^2/cap；r_j 是均衡因子；y_j 是产量因子。基于生态足迹模型的一个基本假设，即六类生物生产性土地在空间利用上是互斥的，因此在计算的过程中，为避免重复计算，消费项目选取表征大类的指标，如谷物、豆类、薯类等。此外，将猪肉划分到耕地类型，使用的全球平均产量是养殖的全球平均产量。生态足迹模型在实际测算过程中，根据区域特征的差异，选取不同的消费项目，具体生态足迹指标选取见表1。

表1　　　　　　　　　　　　生态足迹选取指标

账户	指标类型	消费项目
生物资源账户	耕地	谷物、豆类、薯类、棉花、油料、麻类、甘蔗、烟叶、瓜果、猪肉
	林地	茶叶、水果、木材、油桐籽、油茶籽、松脂、竹笋干
	草地	牛肉、羊肉、奶类、禽蛋、禽肉、羊毛
	水域	水产品
能源资源账户	化石燃料用地	煤炭、焦炭、石油、汽油、煤油、柴油、燃料油、液化石油气、天然气
	建设用地	电力

本文数据主要来源于2015年长江经济带十一省（市）的统计年鉴，《中国能源统计年鉴（2015）》《中国农村统计年鉴（2015）》等，土地存量数据来源于各省（市）的国土资源厅。生态足迹包含生物资源消费和能源消费，因年鉴给出的只有贸易金额数据，没有相应的贸易量数据，且贸易部分影响较小，所以未对贸易部分数据进行调整。根据世界环境与发展委员会（WCED）的报告，在区域生态足迹供给中至少要留出12%的生物生产性土地面积（生态承载力），用以保护区域内的生物多样性。

二、生态足迹模型参数确定

1. 均衡因子和产量因子

均衡因子和产量因子是生态足迹模型中两个重要的参数。均衡因子是将不同生态生产力的生物生产面积转化为具有相同生态生产力的系数，该系数等于全球该类生物生产面积的平均生态生产力除以全球所有各类生物生产面积的平均生态生产力。而产量因子表示的是在不同国家和地区，单位同类型的生物生产性面积的生态生产力也存在差异，因此需要用产量因子对其进行调整，产量因子是某个国家平均生产力与世界同类土地平均生产力的比率。本文采用世界自然研究基金会（WWF）研究报告中计算 2012 年的各国生态足迹时给出的均衡因子和产量因子。具体数据见表 2。

表 2   均衡因子和产量因子

土地类型	均衡因子（r_j）	产量因子（y_j）
耕地	2.56	1.32
草地	0.43	1.93
林地	1.28	2.55
水域（内陆）	0.35	1.00
化石能源地	1.00	—
建设用地	2.56	1.32

资料来源：Working Guidebook to the National Footprint Accounts：2016.

2. 世界平均产量

生物资源消费的生物生产性土地面积的折算采用世界平均产量。经过查阅 FAO 网站数据库，计算出 2014 年谷物、豆类、薯类、棉花、油料、甘蔗、茶叶这 7 类农产品的全球平均产量，故使用最新数据。其他数据由于农产品统计口径的不同，或其他产品统计单位不同无法更新，这里大多数研究采用的全球平均产量数据，即来源于 1993 年联合国粮食及农业组织的统计数据。

表 3   农产品世界平均产量

产品种类	世界平均产量 （kg·hm⁻²）	产品种类	世界平均产量 （kg·hm⁻²）
谷物	3 909	木材	1.99* （m³·hm⁻²）
豆类	2 620	油桐籽/油茶籽	1 600*
薯类	13 815	松脂	3 900*

续表

产品种类	世界平均产量 （kg·hm^{-2}）	产品种类	世界平均产量 （kg·hm^{-2}）
棉花	2 292	竹笋干	945*
油料	1 283	牛肉	33*
麻类	1 500*	羊肉	33*
甘蔗	69 900	奶类	502*
烟叶	1 548*	禽蛋	400*
瓜果	18 000*	禽肉	457*
猪肉	457*	羊毛	15*
茶叶	1 027	水产品	29*
水果	3 500*		

注：*数据来源于《基于本地生态足迹的湖南省可持续发展评价》。

3. 能源折算系数

能源的消费根据统计资料选取了煤炭、焦炭和电力等能源种类，其消费量转化为化石燃料生产土地面积时，采用世界上单位化石能源土地面积的平均发热量为标准，将当地能源消费所消耗的热量折算成一定的化石燃料土地面积。具体的能源转换参数如表4所示。

表4　　　　　　　　　　各种能源转换参数

能源种类	全球平均能源足迹/（吉焦/公顷）	折算系数/（吉焦/吨）
煤炭	55	20.93
焦炭	55	28.47
原油	71	41.87
汽油	71	43.12
煤油	71	10.43
柴油	71	42.71
燃料油	71	50.20
液化石油气	93	50.20
天然气	93	38.98
热力	1 000	29.34
电力	1 000	36*

注：*电力折算系数单位为GJ/104千瓦时，数据来源于《基于本地生态足迹的湖南省可持续发展评价》。

三、生态足迹需求与生态足迹供给的计算

根据长江经济带十一省（市）的统计数据，按照前述所介绍的生态足迹的计算方法，结合上述的均衡因子、产量因子、全球平均产量以及能源折算系数，可以计算得出 2014 年长江经济带十一省（市）生态足迹和生态承载力（见表 5、表 6）。

表 5   2014 年长江经济带各功能区人均生态足迹   单位：公顷/人

	土地类型						总计
	耕地	林地	草地	水域	化石燃料用地	建筑用地	
上海	0.077	0.013	0.016	0.078	2.851	0.053	3.090
江苏	0.501	0.051	0.066	0.651	2.207	0.060	3.536
浙江	0.236	0.072	0.022	0.411	1.895	0.061	2.696
安徽	0.713	0.111	0.115	0.379	1.407	0.025	2.750
江西	0.691	0.098	0.068	0.605	1.033	0.021	2.515
湖北	0.749	0.094	0.111	0.856	1.475	0.030	3.315
湖南	0.752	0.110	0.083	0.425	1.024	0.021	2.415
重庆	0.550	0.053	0.080	0.171	1.194	0.027	2.076
四川	0.692	0.062	0.134	0.188	1.100	0.023	2.199
贵州	0.519	0.063	0.079	0.067	1.709	0.031	2.469
云南	0.675	0.116	0.158	0.137	1.080	0.030	2.197
长江经济带	0.593	0.080	0.090	0.401	1.494	0.035	2.693

注：生态足迹是乘以均衡因子后得到的。

表 6   2014 年长江经济带人均生态承载面积   单位：公顷/人

	土地类型					总计
	耕地	林地	草地	水域	建筑用地	
上海	0.044	0.008	0.001	0.000	0.049	0.101
江苏	0.287	0.059	0.003	0.004	0.031	0.383
浙江	0.123	0.314	0.028	0.001	0.028	0.493
安徽	0.438	0.179	0.018	0.004	0.018	0.656
江西	0.364	0.634	0.062	0.005	0.015	1.079
湖北	0.415	0.352	0.064	0.004	0.023	0.858
湖南	0.387	0.431	0.061	0.004	0.013	0.896
重庆	0.351	0.303	0.046	0.001	0.023	0.724

续表

	土地类型					总计
	耕地	林地	草地	水域	建筑用地	
四川	0.353	0.602	0.159	0.006	0.015	1.136
贵州	0.468	0.535	0.078	0.001	0.013	1.096
云南	0.453	1.166	0.185	0.002	0.013	1.819
长江经济带	0.344	0.416	0.067	0.003	0.021	0.852

注：生态承载面积是乘以均衡因子、产量因子后得到的，已扣除12%的生物多样性保护面积。

从人均生态足迹供需情况来看，2014年长江经济带的人均生态足迹需求为2.693公顷，人均生态承载力仅为0.852公顷，出现了1.841公顷的生态赤字，表明人类对长江经济带生态系统的影响已超过了生态系统的承载力。可以认为长江经济带的人类经济活动对于生态环境的影响强度已高于其生态承载力，长江经济带开发必须选择一种可持续的经济发展模式。

四、长江经济带生态足迹与生态承载力分析

长江经济带11个省（市）均为生态足迹需求大于生态承载力，也即均处于生态赤字状态；同时，生态足迹的供需关系存在较为明显的地区差异。长江经济带从上游至下游人均生态足迹越来越高，上游地区的人均生态足迹较低，而下游地区的人均生态足迹较高；长江经济带的人均生态承载力上游地区较高，而下游地区较低，从上游至下游颜色越来越浅，生态承载力（生态足迹供给）越来越低。综上，长江经济带总体呈现生态足迹上游低下游高，生态承载力上游高下游低的空间不协调现象。

从省市来看，人均生态足迹需求最高的省份是江苏，达到3.536公顷，是长江经济带人均生态足迹需求的1.3倍；人均生态足迹需求最低的省市是重庆，为2.076公顷。而人均生态承载力最高的身份是云南，为1.819公顷，是长江经济带人均生态承载力的2.1倍；人均生态承载力最低的是上海，仅为0.101公顷。

分别从长江经济带的上、中、下游来分析各省市生态足迹的需求结构（见表7）。颜色最浅到颜色最深分别表示耕地、林地、草地、水域、化石燃料地和建筑用地的生态足迹需求情况。可以看出，长江经济带上游、中游和下游省份各类土地生态足迹需求存在较大结构差异。在长江经济带的11个省市中，化石燃料地是主要的生态足迹需求类型，而下游

地区对化石燃料用地的需求更大，构成生态足迹需求量的绝大部分。化石燃料用地对应的是煤炭、原油等化石燃料的消费，此类型的生态足迹需求大，说明该地区的能源消费量较大。上游、中游地区除化石燃料用地外，需求量第二的土地类型为耕地。中游地区一直以来都是中国的产粮大区，承担着国家粮食安全的重任，因而对于耕地的需求会比较大。此外，水域的生态足迹需求变化较大，占比从 2.53% 提高到 25.82%，这与长江经济带各省市水域利用强度有关。

表7　　　　　　长江经济带各类型生态足迹需求占比　　　　　单位: %

面积占比 省份	耕地	林地	草地	水域	化石燃料地	建筑用地
上海	2.49	0.42	0.52	2.53	92.33	1.72
江苏	14.17	1.44	1.87	18.41	62.41	1.70
浙江	8.75	2.67	0.82	15.24	70.26	2.26
安徽	25.92	4.04	4.18	13.78	51.17	0.91
江西	27.46	3.89	2.70	24.05	41.06	0.83
湖北	22.59	2.84	3.35	25.82	44.50	0.90
湖南	31.14	4.56	3.44	17.60	42.40	0.87
重庆	26.50	2.55	3.85	8.24	57.55	1.30
四川	31.47	2.82	6.09	8.55	50.02	1.05
贵州	21.03	2.55	3.20	2.71	69.25	1.26
云南	30.74	5.28	7.20	6.24	49.18	1.37

从表8可以看出，生态赤字最为突出的省份位于下游地区，江苏的人均生态赤字超过3公顷，上海的人均生态赤字也接近3公顷；江苏和上海的生态足迹供需比也远超长江经济带其他省市，分别为30.45和9.24，超出平均值较多。而长江经济带中游三省的生态赤字在1.4~2.5公顷之间，生态足迹供需比接近平均水平。下游四省的生态赤字则普遍低于1.4公顷，且生态足迹供需比远低于长江经济带的平均供需比。整体来看，以长江经济带平均水平为界限，生态赤字超过平均水平的省份有5个，而低于平均水平的省份有6个。人均生态赤字的空间分布与人均生态足迹的空间分布相似，也呈现出自长江下游向上游方向呈递减的分布规律。

表 8　　　　　　　　长江经济带省（市）的人均生态赤字比较

地区		生态赤字 （hm²/人）	生态足迹供需比	万元 GDP 生态足迹 （hm²/万元）
下游地区	上海	2.99	30.45	0.32
	江苏	3.15	9.24	0.43
	浙江	2.20	5.47	0.37
	安徽	2.09	4.19	0.80
中游地区	江西	1.44	2.33	0.73
	湖北	2.46	3.87	0.70
	湖南	1.52	2.70	0.60
上游地区	重庆	1.35	2.87	0.43
	四川	1.06	1.94	0.63
	贵州	1.37	2.25	0.93
	云南	0.38	1.21	0.81
长江经济带		1.84	3.16	0.55

　　需要指出的是，万元 GDP 的生态足迹需求却呈现出与生态赤字相反态势。万元 GDP 的生态足迹需求量表示每万元 GDP 的生态足迹占用情况，可以反映区域自然资源的利用效率。经济越发达的地区，万元 GDP 的生态足迹占用量就越小。姜绵峰等（2015）计算得出，2010 年上海的万元 GDP 生态足迹需求为 0.364 公顷，安徽的万元 GDP 的生态足迹需求为 0.910 公顷，这和我们计算结果趋势相符。

　　从图 1 可以看出，2014 年长江经济带万元 GDP 的生态足迹为 0.55公顷/万元，仅有上海、江苏、浙江和重庆四省市的万元 GDP 生态足迹是低于长江经济带平均水平，这是个省市是长江经济带经济较为发达的地区，其自然资源利用效率相对较高。从万元 GDP 生态足迹这一指标来看，上游地区（除重庆外）和中游地区差异较小，单位生物生产性土地面积的生物生产力较低，资源利用效率整体低于长江经济带下游地区（见表 8）。

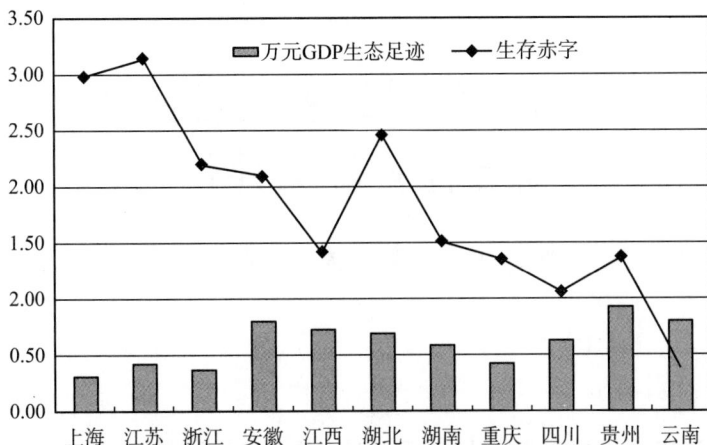

图1　长江经济带 11 省市生态赤字与万元 GDP 生态足迹的比较

五、结论与讨论

　　长江关系着全国的生态安全,但目前已超载。同时,长江流域的生态承载能力存在地区差异。下游地区是长江经济带生态赤字矛盾最突出的地区,江苏和上海的生态足迹供需比远超长江经济带其他省市。中游地区湘鄂赣三省的生态足迹供需比接近长江经济带平均水平。下游地区江浙沪皖四省的生态足迹供需比远低于长江经济带的平均供需比。此外,长江经济带人均生态赤字的空间分布与人均生态足迹的空间分布相似,呈现自下游向中游再向上游的梯度递减规律。与此相反,反映区域自然资源利用效率的万元 GDP 生态足迹需求量却呈与生态赤字相反趋势。经济越发达的省区,万元 GDP 的生态足迹占用量越小。2014 年长江经济带的万元 GDP 的生态足迹为 0.55 公顷/万元,仅有上海、江苏、浙江和重庆四省市的万元 GDP 生态足迹低于长江经济带平均水平。因此,要切实建设长江经济带绿色生态廊道,保育长江流域整体生态,加强流域环境综合治理,强化沿江生态保护和修复,尤其要构建中上游生态屏障,大力改善长江生态环境。

长江经济带绿色生态农业综合生产能力评价①

罗珍珍　傅　春　程　浩②

一、引言

　　长江流域主要位于亚热带季风区，气候温暖湿润，农业生产的光、热、水、土条件优越，长期以来是中国重要的农业生产区域。区内的成都平原、江汉平原、洞庭湖平原、鄱阳湖平原、江淮地区和太湖平原在中国九大商品粮基地中占据六席，大宗农产品生产在全国占有重要地位。2016 年 1 月，习近平总书记在重庆主持召开推动长江经济带发展座谈会时明确提出，当前和今后相当长一个时期，要把修复长江生态环境摆在压倒性位置，共抓大保护，不搞大开发。从长江经济带农业发展来看，资源、能源和环境约束已成为长江经济带农业发展的重要瓶颈。2014 年，长江经济带能源消费总量达 15.67 亿吨标准煤，占全国的 36.77%，能源消费强度达 0.55 吨标准煤/万元。同时，长江经济带农业用水总量为 1 391.9 亿立方米，占全国的 35.98%；农林牧渔业增加值为 24 524.8 亿元，占全国的 40.77%；农业化肥施用折纯量达 2 179.31 万吨，占全国的 36.35%。沿江粗放型的农业产业结构更是加剧了长江经济带环境污染和生态破坏。因此，推动长江经济带发展必须走生态优先、绿色发展之路，而推动农业绿色发展更是破解长江经济带产业资源、环境约束的重要突破口，是实现长江经济带生态安全的重要保障。

　　2014 年 9 月 25 日，国务院发布了《国务院关于依托黄金水道推动长江经济带发展的指导意见》。该意见要求"持续增强区域现代农业、特色

　　① 基金项目：2016 年度南昌大学中国中部经济社会发展研究中心招标项目（中部地区生态文明建设竞争力评价）和（中部地区万众创新与小微企业创新模式研究），2015 年江西省社会科学规划项目（江西民营企业科技创新困境的突破路径研究）。

　　② 罗珍珍，硕士，南昌大学中国中部经济社会发展研究中心，自然资源系统工程。
　　傅春教授，博导，南昌大学中国中部经济社会发展研究中心，常务副主任，生态经济，环境资源管理。
　　程浩，在读硕士，南昌大学经济管理学院，人口、资源与环境专业。

农业优势"，并将"提升现代农业和特色农业发展水平"作为"创新驱动促进产业转型升级"的重要内容，这对长江经济带农业发展提出了新要求。那么，长江经济带农业绿色生态发展应遵循何种内在逻辑？在这一逻辑的指导下长江经济带农业绿色生态发展的动力机制该如何打造？各省际绿色生态农业发展水平如何？差异何在？又该按照何种路径推动农业绿色生态发展？这是当下急需探讨和解决的关键问题。解决这一问题，有助于化解长江经济带农业发展与环境保护之间的矛盾，为其他区域乃至全国农业绿色生态发展提供重要示范。

二、绿色生态农业发展历程

绿色生态农业包括绿色农业和生态农业两个方面。绿色农业是指充分运用先进科学技术、先进工业装备和先进管理经验，以促进农产品安全、生态安全、资源安全和提高农业综合经济效益的协调统一为目标，以倡导农产品标准化为手段，推动人类社会和经济全面、协调、可持续发展的农业发展模式。绿色农业是广义的"大农业"，包括绿色动植物农业、白色农业、蓝色农业、黑色农业、菌类农业、设施农业、园艺农业、观光农业、环保农业、信息农业等。绿色食品是指遵循可持续发展的原则，按照特定方式进行生产，经专门机构认定的，允许使用绿色标志的无污染的安全、优质、营养类食品。目前，积极发展绿色农业，已成为迎接国际挑战的战略举措。

生态农业是以生态原理和经济原理为指导，根据社会的需要，应用现代技术方法（包括系统工程方法、化肥、农药、农业机械的应用）组织生产，调控系统的结构与功能，从当地资源结构出发，建立充分利用当地各种资源实现经济效益、生态效益和社会效益相统一的农业体系。生态农业不仅可以避免石油农业带来的弊病，而且可充分合理利用自然资源及提高农业生产力，维护自然界的生态平衡。生态农业的主要内容包括：根据生态经济学原理规划与布局农业；通过先进的科学技术提高太阳能的利用率，提高农业生态系统的输出；适量使用化肥和农药，以提高产品的输出，但要在环境承受的范围之内，即前提是不破坏环境，切忌滥用化肥农药，保护生态环境；按照食物链及其营养级的量比关系安排与调整产业结构，在永续利用资源的原则下开发农业资源。

三、长江经济带自然和社会经济概况

长江经济带涵盖上海、江苏、浙江、安徽、江西、湖北、湖南、重庆、四川、云南、贵州十一省市，面积约205万平方公里。该区域位于亚热带季风气候区，气候湿润，平均年降水量超过1 000毫米；地形地貌多样且差异较大，涵盖平原、盆地、丘陵、山地、高原等多种类型；大部分区域都适合发展农业生产。2014年末常住人口5.84亿人，占全国的42.88%。其中城镇人口3.17亿，城镇化率为54.24%，比全国水平低1.09%。各省区间的城镇化发展水平差异较大，上海、江苏、浙江分别高达89.57%、65.21%、64.87%，重庆、湖北、江西、湖南、安徽分别为59.61%、55.67%、50.22%、49.28%和49.15%，而四川、云南、贵州则分别为46.30%、41.73%%、40.02%。2014年长江经济带GDP为28.46万亿元，占全国44.72%；人均GDP为48 719元，比全国平均水平高出了4.29%，前三位的省市分别为上海、江苏、浙江，后三位为安徽、云南和贵州，其中上海是贵州的3.69倍。

2014年，长江经济带农民人均纯收入为10 022元，比全国平均低467元，其中上海市最高，为最低的贵州省的3.18倍；城镇居民人均可支配收入为28 496元，比全国平均水平高1 541元，其中上海市最高，为最低的贵州省的2.31倍；城乡居民收入的相对比值为2.84∶1，绝对差值为18 474元，均略高于全国平均水平（2.57∶1和16 466元）；从省区差异来看，发达省区城乡居民收入相对比值较低，绝对差值较高；欠发达省区的相对比值较高，绝对差值更小。总体来看，长江经济带自然地理、地域文化、区域发展的差异均极为显著，其东、中、西差异格局是中国东、中、西差异格局的集中体现。

四、长江经济带农业发展现状

2000年以来长江经济带主要农产品产量稳中有增（见表1），其中：（1）粮食产量稳步增长，但占全国的比重持续下降，部分省区粮食供需平衡难度加大。长江经济带粮食产量由2000年的2.08亿吨增至2014年的2.3亿吨，但占全国的比重从45.03%持续下降到37.92%。其中，稻谷产量占全国比重由68.24%下降到65.24%。2014年长江经济带人均粮食产量为394公斤，仅为全国平均水平（446公斤）的88.34%；只有安徽、江西的人口粮食产量超过全国平均水平，分别为561公斤和471公斤；人均粮食产量最低的前 3 个省市是上海、浙江和贵州，分别仅为 47 公斤、138 公斤和 325 公斤，区域的粮食供需平衡具有较大的对外依存度；薯类产量由 2000 年的 1 796 万吨下降到 2014 年的 1 692 万吨，但全国的比重从 2000 年的 48.73% 上升至 2014 年的 50.72%。（2）农业结构调整持续推进，非粮型主要农产品生产功能尤为突出。棉花产量基本稳定在 130 万吨，但占全国的比重从 2000 年的 23.3% 下降至 2014 年的 17.62%；烟叶产量由 2000 年的 161 万吨上升到 2014 年的 209 万吨，但全国的比重从 2000 年的 63.23% 上升至 2014 年的 69.83%；水果和水产品产量明显增加，2014 年占全国的比重为 28.92% 和 42.00%；肉类、奶类和蛋类产量持续增加，但其占全国的比重分别由 45.58%、14.22% 和 30.97% 变化为 43.92%、8.27% 和 31.34%；2014 年烟叶、油料、油菜籽、猪肉和淡水产品产量占全国的比重都在 45% 以上。总体来看，长江经济带仍是中国最重要的农业生产区域之一。

表 1　　　　　　　2000 ~ 2014 年长江经济带主要农产品
产量增长率及其占全国比重的变化

| 农产品种类 | 产量（万吨） | 相对上一基准年增长率 | | | | 占全国比重（%） | | | |
	2000 年	2005 年	2010 年	2014 年		2000 年	2005 年	2010 年	2014 年
粮食	20 812.11	− 2.41	6.02	6.92		45.03	41.96	39.40	37.92
谷物	18 298.62	− 3.94	9.45	7.54		45.16	41.09	38.76	37.13
稻谷	12 821.96	− 1.66	2.66	4.04		68.24	69.82	66.13	65.24
小麦	2 760.74	− 10.19	27.47	14.97		27.71	25.44	27.44	28.80
玉米	2 418.79	− 1.55	23.17	12.40		22.82	17.09	16.55	15.29
豆类	631.00	6.23	− 10.85	7.58		31.39	31.06	31.51	39.55
薯类	1 796.00	− 0.22	− 15.78	12.12		48.73	51.68	48.46	50.72
棉花	123.47	7.85	9.32	− 25.45		27.95	23.30	24.42	17.62
烟叶	161.36	12.08	17.59	− 1.69		67.41	70.79	69.83	69.83
油料	1 417.65	2.35	− 0.48	12.55		47.98	47.15	44.70	46.21
水果	1 800.43	106.83	56.37	24.42		28.92	23.10	27.21	27.71
油菜籽	959.48	11.25	− 0.54	14.50		84.31	81.78	81.15	82.29
肉类	2 740.91	21.94	4.36	9.65		45.58	48.17	44.01	43.92
猪肉	2 079.71	21.35	2.00	10.49		52.44	55.40	50.76	50.15
牛肉	118.47	29.01	− 1.51	10.55		23.09	26.90	23.05	24.16
羊肉	68.49	43.82	− 10.81	6.53		25.93	28.14	22.02	21.87
奶类	130.69	95.30	21.99	1.96		14.22	8.91	8.31	8.27

农产品种类	产量（万吨）	相对上一基准年增长率			占全国比重（%）			
	2000 年	2005 年	2010 年	2014 年	2000 年	2005 年	2010 年	2014 年
禽蛋	675.80	24.35	0.13	7.09	30.97	34.47	30.46	31.14
水产品	1 556.52	22.60	10.73	20.27	42.00	43.18	39.33	39.40
海水产品	513.56	3.37	-0.19	19.93	23.30	21.53	18.94	19.28
淡水产品	1 042.92	32.07	13.50	21.95	69.42	70.49	60.70	60.23

农业经济产出总量增加、比重下降，结构调整力度变化不大。2000年以来，长江经济带农业经济产出增长趋势较为明显，其农林牧渔业总产值、农业总产值、农林牧渔业增加值和农业增加值以年均 20.16%、18.97%、20.84% 和 19.96% 的速度在增长，略小于全国增长速度 22.16%、21.06%、22.23% 和 21.79%；但其占全国比重呈下降趋势，分别由 2000 年的 45.89%、41.41%、42.79% 和 42.88% 下降为 2014 年的 42.75%、38.35%、40.77% 和 40.17%；同样，其占 GDP 比重也在下降，且下降幅度较多，分别下降了 13.12%、6.43%、2.36% 和 4.32%（见图 1）。

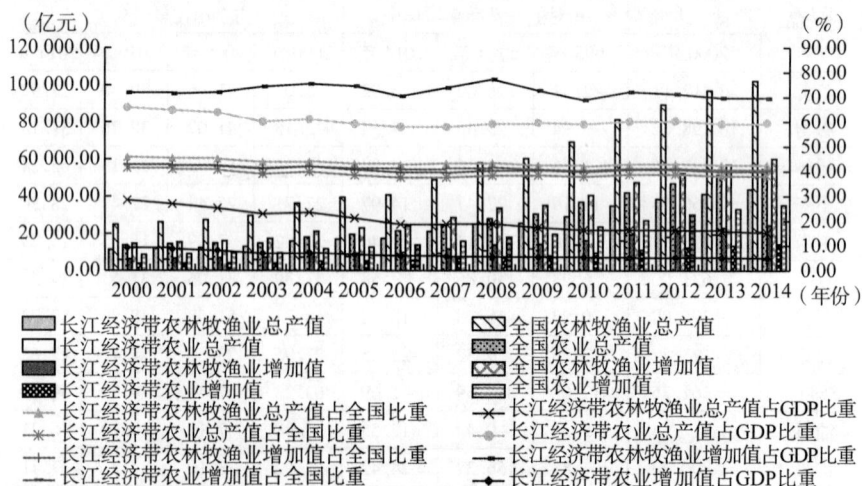

图 1　2000～2014 年长江经济带农业经济产出情况

然而，长江经济带农、林、牧和渔业产值的内部结构差异化较大，首先是以农业为主，占据份额均超过了 50%，仅在 2008 年有所下滑；牧业总产值比重相对较大，一般在 28% 左右波动；其次为渔业；林业最低。农业种植中主要以粮食作物为主，参照各省市粮食播种面积可以发现，安徽、江苏和四川是粮食种植大省，其次为江西、湖北、湖南、贵州和云南等，上海和浙江粮食种植较少（见图2、图3）。

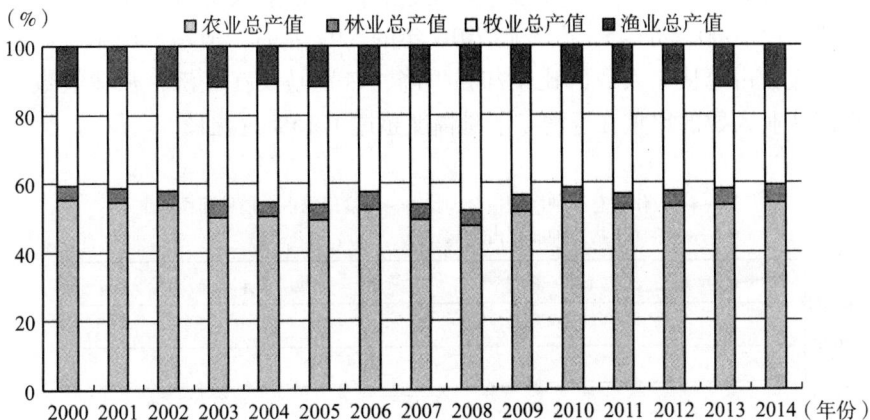

图2　2000～2014年长江经济带农林牧渔业总产值占比

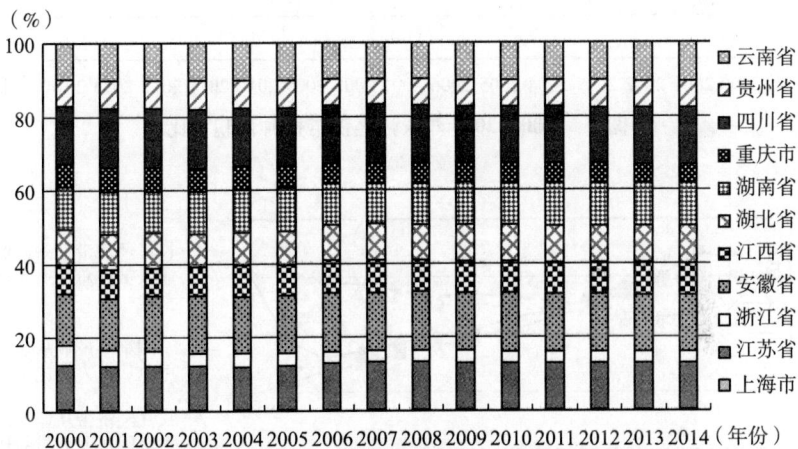

图3　2000～2014年长江经济带各省市粮食作物播种面积

播种面积和第一产业从业人数减少，变化幅度小于全国水平。近些年，长江经济带农作物播种面积呈下降趋势，其占全国比重也在下滑，而农作物又主要以粮食作为主，但粮食作物的播种面积占总播种面积的比重也在下滑，且在2011年之后下滑速度相对较小（见图4），由此也可见，长江经济带对其他农副产品的种植有所增加。同时，长江经济带在2000～2014年间，第一产业从业人员数也在下降，其占总从业人数比重前三年在上升，然从2002年到2012年开始呈下滑趋势，且下降幅度非常大，超过了20%，但在2013年又上升到将近40%，甚至2014年超过了50%，这主要归功于近年国家政府对第一产业的大力支持。同样，长江经济带第一产业从业人员数占全国第一产业从业人员数的比重呈上升趋势，由2000年的45%上升到2014年的52%左右，但是全国第一产业从业人数占总从业人数的比重却在下降，特别是长江经济带从业人数占全国从业人数的比重在近两年下滑幅度超过了15%（见图5）。

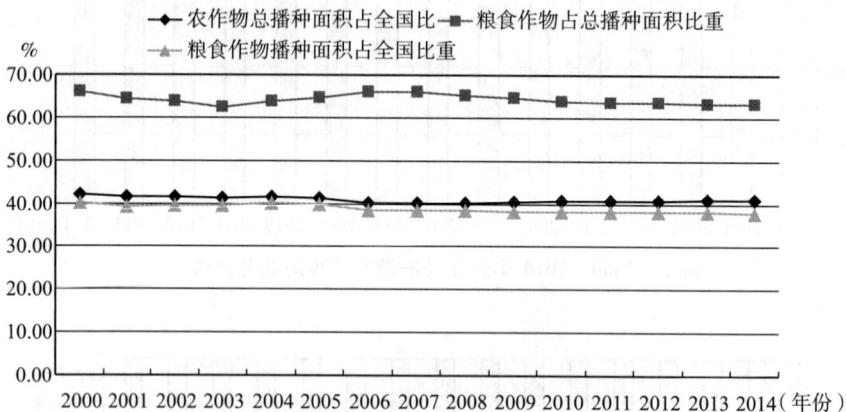

图4　2000～2014年长江经济带播种面积占比

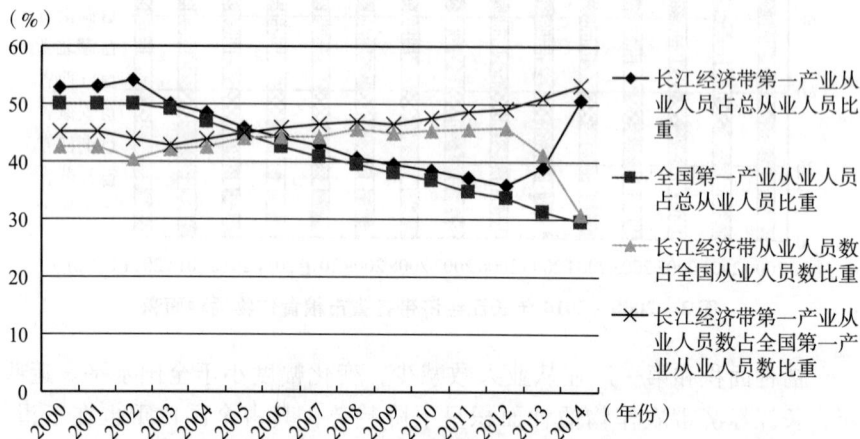

图5　2000～2014年长江经济带第一产业从业人数占比

农业生产要素投入强度不断提高，参照全国水平增速相对缓慢。2005年以来，长江经济带农业用水量呈上升趋势，2014年趋近1 400万吨，年均增速约为 0.95%，然其占供水总量的比重却在下降，特别是在 2007 年达到最低，比重仅为 51.46%，整体变化幅度较大，且在 2010 年后呈稳定上升趋势，并于 2014 年略微有所下滑（见图6）。

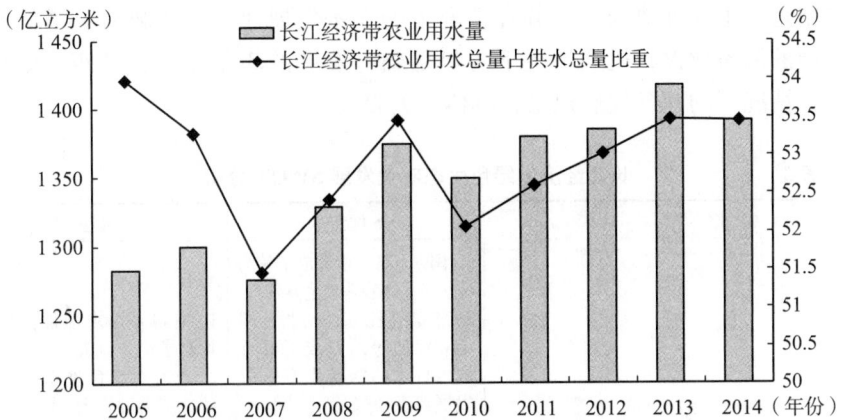

图6　2005～2014 年长江经济带农业用水总量占比

同时，近些年长江经济带农用化肥施用折纯量也呈上升趋势，从 2005 年的 1 880.31 万吨上升到 2014 年的 2 179.31 万吨，增长率为 15.90%。但是其所占全国化肥施用折纯量的比重却一直在下滑，从 2005 年的 39.45% 下降到 2014 年的 36.35%，可见，全国化肥施用折纯量在近些年的使用增幅相对高于长江经济带水平（见图7）。

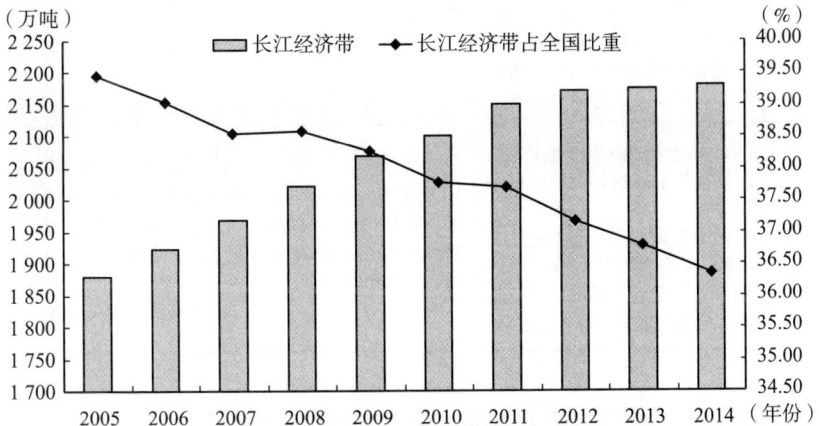

图7　2005～2014 年长江经济带农用化肥施用折纯量

五、长江经济带发展绿色生态农业的必要性分析

通过参考现有文献研究，对长江经济带绿色生态农业发展进行 SWOT 分析，针对各自发展现状存在的优势与劣势，结合当前的机遇与威胁，总结得出了在优势与劣势并存情况下的 3 条发展建议，威胁情况下优势发展的两条建议，机遇情况下劣势基础上发展的 3 条建议，机遇与威胁并存情况下的两条发展建议，具体详见表 2。

表 2　　　　　　长江经济带绿色生态农业发展 SWOT 分析

项目		S 优势	O 机遇
项目		1. 国家及各省市形成了较为完善的生态农业理论体系。 2. 安徽、江苏、湖北、湖南和江西等地形成了具有区域特色的绿色生态农业发展典型模式。 3. 区位优势明显、气候适宜。	1. 消费者需求增加，市场需求潜力巨大。 2. 政府对绿色生态农业的扶持力度较大。
W 劣势	1. 省市生态环境差异较大，有日益恶化倾向。 2. 在一定程度上生态农业的理论指导与实践有脱节。 3. 上海、重庆、贵州等地受土地等条件制约，生态农业较难实现规模效益。 4. 现代农业科技装备对绿色生态农业发展的支持不够完善。 5. 绿色生态农业建设在很大程度上属于政府行为，经营者的环境保护意识不够强，能力不足。 6. 建设经费得不到落实，推广生态农业技术缺乏基本保障。	1. 充分利用农业大省生态优势，加强区域合作发展，扬长避短。 2. 通过理论指导实践，因地制宜发展绿色生态农业。 3. 借鉴成熟省市绿色生态农业模式，推广并吸取成功经验。	1. 借助政府这只无形之手，加大资金投入力度，努力配合地方发展。 2. 顺应市场调节，发展特色绿色生态农业产品。 3. 加大环境综合治理，严格保护绿色生态环境。
T 威胁	1. 政绩考核以 GDP 至上，生态效益并未得到各级领导的足够重视。 2. 过分强调绿色生态农业生产过程，而忽视市场调节。 3. 绿色生态农产品的认证、检测、流通与监督体系不健全。	1. 生态效益带动经济效益，推行绿色政绩考核。 2. 完善绿色生态农业产业链，加大市场调节。	1. 政府主导绿色生态农业发展，积极鼓励该行业产业发展，并给予企业一定奖励。 2. 淘汰粗放农业模式，严格把控产品质量安全。

可见，长江经济带推行绿色生态农业发展至关重要，不管是经济效益还是生态效益价值均不可估量，对促进经济与环境和谐发展起着非常

积极的作用，尽管推行过程存在各种问题，但是也取得了非常好的成绩，效果明显，因此在长江经济带发展绿色生态农业必不可少。

六、长江经济带绿色生态农业综合生产能力评价

（一）构建长江经济带绿色生态农业综合生产能力评价指标体系

评价指标体系的选取是一个科学的过程，过多的评价指标不但造成数据量过大，信息交叉重叠，还会带来非常繁杂的计算过程，不利于评价的简洁方便。但是过少的评价指标又会造成信息遗漏，缺乏代表性，难以真实反映被评价对象。因此，恰当地选取指标非常重要，并直接决定了评价结果。本文在选取评价指标体系时，参照现有相关研究，遵循以下原则：权威性、定量化、科学性、导向性、系统性、典型性，再结合数据的实用性和可获得性，最后从农业生产条件、农业生产效率和农业保障水平三方面入手，选取的长江经济带绿色生态农业综合生产能力评价指标体系如表3所示。

表3　　长江经济带绿色生态农业综合生产能力评价指标体系

绿色生态农业	农业生产条件	有效灌溉率（%）
		单位耕地面积农机总动力（千瓦/公顷）
		单位有效灌溉面积农用化肥施用折纯量（千克/公顷）
		单位耕地面积农业用水量（立方米/公顷）
		劳均经营耕地面积（公顷/人）
	农业生产效率	单位耕地面积农作物总产量（吨/公顷）
		单位耕地面积农业产值（万元/公顷）
		劳均农业增加值（元/人）
		畜牧业增加值占农林牧渔业增加值比重（%）
		渔业增加值占农林牧渔业增加值比重（%）
	农业保障水平	自然保护区占辖区面积比重（%）
		森林覆盖率（%）
		城镇生活垃圾无害化处理率（%）
		农林牧渔业城镇单位就业人员占第一产业从业人员比重（%）
		农民人均纯收入（元）
		人均粮食产量（千克/人）
		人均肉类产量（千克/人）
		人均水产品产量（千克/人）
		农村人均农业产值（元/人）
		农村人均农业增加值（元/人）

（二）基于熵权法的 TOPSIS 方法

熵权法是基于熵的方法，最先由申农引入，它利用信息熵计算各指标信息载荷量的大小并确定指标权重的大小——熵权。是一种基于数据的客观赋权法。TOPSIS 法是 Hwang 和 Yoon 在 1981 年提出来的有效多属性决策方法。此方法是通过构建一个积极的理想的解决方案和负理想，并计算该方案与正理想和负理想的距离，以此评估最佳的解决方案。

其具体计算过程如下：

（1）指标的极值化处理。若有 m 个待评项目，n 个评价指标，则形成原始评价矩阵 $R = (x_{ij}) m \times n$，对于正向性指标，即值越大越好的指标，则采用下列公式：

$$x'_{ij} = \frac{x_{ij} - minx_j}{maxx_j - minx_j}$$

对于负向性指标，即值越小越好的指标，则采用下列公式：

$$x'_{ij} = \frac{maxx_j - x_{ij}}{maxx_j - minx_j}$$

其中 x'_{ij} 为极值化的指标值。$maxx_j$ 为第 j 项指标的最大值，$minx_j$ 为第 j 项指标的最小值。

（2）计算第 j 个指标下第 i 个项目的指标值的比重 p_{ij}：

$$p_{ij} = \frac{x'_{ij}}{\sum_{i=1}^{m} x'_{ij}}$$

（3）计算第 j 个指标的熵值 e_j：

$$e_j = -k \sum_{i=1}^{m} p_{ij} \cdot lnp_{ij}$$

其中，$k = \frac{1}{lnm}$

在实践中，为使 lnp_{ij} 有意义，一般需假设：当 $p_{ij} = 0$ 时，$p_{ij}lnp_{ij} = 0$；但当 $p_{ij} = 1$ 时，亦有 $p_{ij}lnp_{ij} = 0$，因此上述假设将与实践不符，与熵理论相悖，故对 p_{ij} 进行修正：

$$p_{ij} = \frac{1 + x'_{ij}}{\sum_{i=1}^{m} (1 + x'_{ij})}$$

（4）计算第 j 个指标的熵权 w_j：

$$w_j = \frac{(1 - e_j)}{\sum\limits_{j=1}^{n} (1 - e_j)}$$

（5）计算加权评价值矩阵 $V = W_j * x'_{ij}$

$$V = \begin{bmatrix} w_1 x'_{11} & \cdots & w_n x'_{1n} \\ \vdots & \vdots & \vdots \\ w_1 x'_{m1} & \cdots & w_n x'_{mn} \end{bmatrix} = \begin{bmatrix} v_{11} & \cdots & v_{1n} \\ \vdots & \vdots & \vdots \\ v_{m1} & \cdots & v_{mn} \end{bmatrix}$$

（6）确定评价对象的理想解 $V+$ 和负理想解 $V-$

$$V^+ = \left\{ \left(\max_i v_{ij} \middle| j \in s^+ \right), \left(\min_i v_{ij} \middle| j \in s^- \right) \right\}_{(i=1,2,\cdots,m;j=1,2,\cdots,n)}$$

$$V^- = \left\{ \left(\min_i v_{ij} \middle| j \in s^+ \right), \left(\max_i v_{ij} \middle| j \in s^- \right) \right\}_{(i=1,2,\cdots,m;j=1,2,\cdots,n)}$$

其中：$S+$ 为效益型指标；$S-$ 为成本型指标。

（7）计算评价对象到理想解的距离 $D+$ 和到负理想解的距离 $D-$

$$D^+ = \sqrt{\sum_{j=1}^{n} \left(v_{ij} - v_j^+ \right)^2}_{(i=1,2,\cdots,m)}$$

$$D^- = \sqrt{\sum_{j=1}^{n} \left(v_{ij} - v_j^- \right)^2}_{(i=1,2,\cdots,m)}$$

（8）计算相对贴近的 D_i

$$D_i = \frac{D_i^-}{D_i^+ + D_i^-}_{(i=1,2,\cdots,m)}$$

D_i 的值越大，则该方案越优。

（三）长江经济带绿色生态农业综合生产能力评价分析

基于前文所列模型和方法，现通过 EXCEL 计算得到 2008～2014 年长江经济带十一省市绿色生态农业综合生产能力评价指标体系中各指标的权重，在此基础上确定了各地区绿色生态农业综合生产能力评价指数到理想解的距离 $D+$ 和负理想解的距离 $D-$，进而求出了各省市绿色生态农业综合生产能力评价指数相对贴近度的 D_i，并根据各省贴近度指标大小，通过统计整理可以得到 2008～2014 年长江经济带十一省市绿色生态农业综合生产能力水平的排列顺序，见表4。

表4　2008～2014年长江经济带十一省市绿色生态农业综合生产能力水平的贴近度及排序

省市	2008年		2009年		2010年		2011年		2012年		2013年		2014年	
	得分	排名	得分	排名	得分	排名	得分	排名	得分	排名	得分	排名	得分	排名
上海市	0.1664	5	0.1697	4	0.4489	2	0.6551	1	0.3100	3	0.0796	11	0.0736	11
江苏省	0.1681	4	0.1627	5	0.3727	4	0.5680	3	0.2071	5	0.3213	5	0.4779	5
浙江省	0.1883	2	0.3138	2	0.6074	1	0.5936	2	0.3501	2	0.4092	2	0.6052	1
安徽省	0.1546	9	0.1462	7	0.3178	7	0.5531	8	0.1926	10	0.4940	1	0.5866	2
江西省	0.1863	3	0.3719	1	0.1982	11	0.1696	11	0.1295	11	0.2877	10	0.4595	10
湖北省	0.1597	6	0.1614	6	0.2592	10	0.4917	10	0.4381	1	0.3297	3	0.4855	3
湖南省	0.5623	1	0.2881	3	0.3896	3	0.5629	4	0.2077	4	0.3294	4	0.4809	4
重庆市	0.1440	11	0.0487	11	0.3045	8	0.5562	6	0.1950	8	0.2987	9	0.4626	8
四川省	0.1455	10	0.0832	10	0.3006	9	0.5515	9	0.1929	9	0.3049	8	0.4601	9
贵州省	0.1576	7	0.1355	8	0.3280	6	0.5554	7	0.1959	7	0.3076	7	0.4673	7
云南省	0.1555	8	0.1265	9	0.3383	5	0.5567	5	0.1985	6	0.3084	6	0.4674	6

在 2008～2014 年间，长江经济带十一省市绿色生态农业综合生产能力水平的相对贴近度相差较大，这说明各省市绿色生态农业综合生产能力水平有高有低，农业竞争力相差较大（见图 8）。

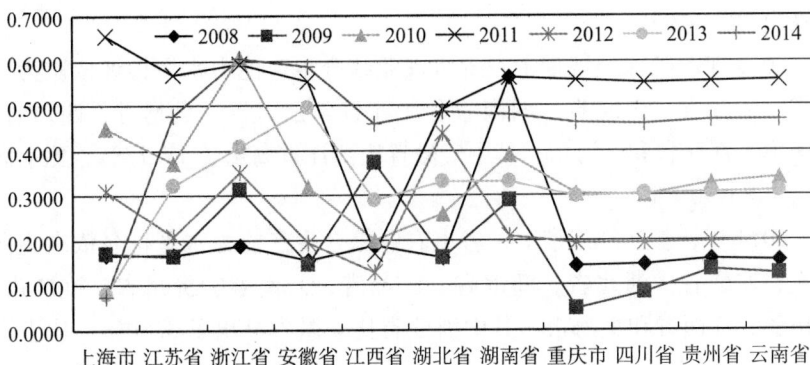

图 8　2008～2014 年长江经济带绿色生态农业综合生产能力水平

（四）评价结果综述

1. 横向比较

2008 年，长江经济带十一省市农业综合生产能力水平排名依次为湖南省、浙江省、江西省、江苏省、上海市、湖北省、贵州省、云南省、安徽省、四川省和重庆市，其中湖南省比浙江省高出了 66.51%，比重庆市高出 74.40%；

2009 年，长江经济带十一省市农业综合生产能力水平排名依次为江西省、浙江省、湖南省、上海市、江苏省、湖北省、安徽省、贵州省、云南省、四川省和重庆市，其中江西省比浙江省高出了 15.63%，比重庆市高出 86.69%；

2010 年，长江经济带十一省市农业综合生产能力水平排名依次为浙江省、上海市、湖南省、江苏省、云南省、贵州省、安徽省、重庆市、四川省、湖北省和江西省，其中浙江省比上海市高出了 26.09%，比江西省高出 67.36%；

2011 年，长江经济带十一省市农业综合生产能力水平排名依次为上海市、浙江省、江苏省、湖南省、云南省、重庆市、贵州省、安徽省、四川省、湖北省和江西省，其中上海市比浙江省高出了 9.38%，比江西省高出 74.12%；

2012 年，长江经济带十一省市农业综合生产能力水平排名依次为湖北省、浙江省、上海市、湖南省、江苏省、云南省、贵州省、重庆市、四川省、安徽省和江西省，其中湖北省比浙江省高出了 20.08%，比江西省高出 70.45%；

2013 年，长江经济带十一省市农业综合生产能力水平排名依次为安徽省、浙江省、湖北省、湖南省、江苏省、云南省、贵州省、四川省、重庆市、江西省和上海市，其中安徽省比浙江省高出了 17.17%，比上海市高出 83.90%；

2014 年，长江经济带十一省市农业综合生产能力水平排名依次为浙江省、安徽省、湖北省、湖南省、江苏省、云南省、贵州省、重庆市、四川省、江西省和上海市，其中浙江省比安徽省高出了 3.10%，比上海市高出 87.80%。

2. 纵向比较

2008～2014 年间，上海市排名波动较大，在长江经济带十一省市的排名依次为第五、第四、第二、第一、第三、第十一和第十一位，呈倒"U"型，于 2011 年达到顶峰，而在后两年的排名比较靠后，仅优于江西省，2014 年综合得分比 2008 年下降了 55.75%，这说明上海市绿色生态农业综合生产能力不断下降；

2008～2014 年间，江苏省排名波动较小，在长江经济带十一省市的排名依次为第四、第五、第四、第三、第五、第五和第五位，2014 年综合得分比 2008 年上升了 184.28%，可见，江苏省绿色生态农业综合生产能力较强，相对比较稳定；

2008～2014 年间，浙江省排名波动较小，在长江经济带十一省市的排名依次为第二、第二、第一、第二、第二、第二和第一位，2014 年综合得分比 2008 年上升了 221.33%，可见，浙江省绿色生态农业综合生产能力很强，相对比较稳定；

2008～2014 年间，安徽省排名波动较大，在长江经济带十一省市的排名依次为第九、第七、第七、第八、第十、第一和第二位，2014 年综合得分比 2008 年上升了 279.50%，可见，安徽省绿色生态农业综合生产能力逐渐变强，前五年波动较小，并在后两年达到较高水平；

2008～2014 年间，江西省排名波动较大，在长江经济带十一省市的排名依次为第三、第一、第十一、第十一、第十一、第十和第十位，虽然 2014 年综合得分比 2008 年上升了 146.70%，但是，江西省绿色生态农业综合生产能力逐渐变弱，并由 2009 年的第一下降到末两位，且排名并未出现利好趋势；

2008～2014 年间，湖北省排名波动较大，在长江经济带十一省市的排名依次为第六、第六、第十、第十、第一、第三和第三位，2014 年综合得分比 2008 年上升了 204.06%，可见，湖北省绿色生态农业综合生产能力逐渐变强，并于 2012 年达到第一，后两年排名相对稳定；

2008～2014 年间，湖南省排名波动较大，在长江经济带十一省市的排名依次为第一、第三、第三、第四、第四、第四和第四位，2014 年综合得分比 2008 年下降了 14.48%，可见，湖南省绿色生态农业综合生产能力逐渐变弱，且呈下降趋势；

2008～2014 年间，重庆市排名波动较大，在长江经济带十一省市的排名依次为第十一、第十一、第八、第六、第八、第九和第八位，2014 年综合得分比 2008 年上升了 221.32%，可见，重庆市绿色生态农业综合生产能力逐渐变强，且排名出现利好趋势，但排名相对落后；

2008～2014 年间，四川省排名波动较小，在长江经济带十一省市的排名依次为第十、第十、第九、第九、第九、第八和第九位，虽然 2014 年综合得分比 2008 年上升了 216.14%，但是，四川省绿色生态农业综合生产能力相对较弱，排名稍微得到了一些提升，但排名相对落后；

2008～2014 年间，贵州省排名波动较小，在长江经济带十一省市的排名依次为第七、第八、第六、第七、第七、第七和第七位，虽然 2014 年综合得分比 2008 年上升了 195.60%，但是，贵州省绿色生态农业综合生产能力排名变化较小，排名相对落后；

2008～2014 年间，云南省排名波动较小，在长江经济带十一省市的排名依次为第八、第九、第五、第五、第六、第六和第六位，虽然 2014 年综合得分比 2008 年上升了 200.55%，可见，云南省绿色生态农业综合生产能力有所提高，排名相对居中。

七、提升长江经济带绿色生态农业综合生产能力水平的策略建议

长江经济带是中国重要的农业生产核心区，加强区域十一省市农业生产融合发展，不仅对中国粮食安全，对现代农业建设具有重要影响，

而且也对工农业平衡发展、对东中西区域发展至关重要。现从农业生产条件、农业生产效率和农业保障水平等方面入手探讨提升长江经济十一省市带绿色生态农业综合生产能力水平的策略建议。

上海市生态资源较为匮乏，但其绿色生态农业综合生产能力却有很大的提升空间，为此建议提升农业生产效率，节约能源资源，以生态产业为支撑，加快保护生态与发展并重，充分发挥上海市生态产业模范带动效果。

江苏省绿色生态农业综合生产能力相对较强，在长江经济带十一省市中排名中上，其生态资源较为丰富，可针对独特的资源禀赋和生态环境条件，以农产品种植为主的特色效益农业和以旅游业为主的第三产业，就是将农产品生产规模化、标准化，将旅游业发展规范化、品牌化发展；同时，有效提升单位耕地面积农作物总产量。

浙江省绿色生态农业综合生产能力非常强，在长江经济带十一省市中排名首位，且非常稳定，但其自然资源保护占辖区面积与有效灌溉率较小，因此可要加大水利基建投资，加快农业水利建设，切实保护好自然资源与生态环境。

安徽省绿色生态农业综合生产能力得到较大提高，在长江经济带十一省市中排名由靠后逐渐向前，其本身自然资源较为丰富，但是经济相对落后，可加快转变农业增长方式，走产地洁净、产出高效、产品安全、资源节约、环境友好的特色现代农业发展道路。

江西省绿色生态农业综合生产能力由强变弱，在长江经济带十一省市中排名由向前逐渐靠后，其自身自然资源非常丰富，生态环境优势较为明显，因此建议提升农业生产效率，节约能源资源，重点推行生态农业转型升级，有效发展有特色的现代农业与绿色生态农业，以生态产业为支撑，加快保护生态与发展并重，加快发展特色效益农业、生态工业和以旅游为统领的服务业，打造绿色产品生产加工基地，努力实现生态涵养与绿色发展有机统一。

湖北省绿色生态农业综合生产能力由弱变强，在长江经济带十一省市中排名由靠后逐渐向前，从区位条件、农业资源禀赋、人口规模和消费需求与特点、科研开发能力、生态环境保护的角度看，推行生态农业与转型升级、规划制定与发展方向、废弃物质与循环农业、高产优质与绿色防控、生态红线与环境保护、休闲观光与新村建设、水土保持与生态恢复、生态经济与园区建设、补偿机制与综合开发、农牧结合与立体种养等。

湖南省绿色生态农业综合生产能力由强变弱，在长江经济带十一省市中排名由靠后逐渐向前，其自身自然资源较为丰富，但单位耕地面积农业产值、农民人均纯收入与水产量相对偏低，可强化科技支撑与金融支持，重点扶持水利工程建设，以确保农业能增产增收，并且围绕生态产业支撑，解决三次产业结构调整问题。

重庆市绿色生态农业综合生产能力由弱变强，在长江经济带十一省市中排名相对靠后，其山林资源较为丰富，可重点发展以林业为依托的农业产业，使工业企业、不同产业形成类似于"自然生态链"的循环经济，从而实现高效率、低消耗、无（低）污染的生产方式。

四川省绿色生态农业综合生产能力较弱，在长江经济带十一省市中排名靠后，需降低对农业化学化投入的依赖，应用现代技术、设备，实现农业产业的高值化，提高农业生产效益的生产圈，积极扶持强化农业科技创新，有效发展生态农业。

贵州省绿色生态农业综合生产能力相对较弱，在长江经济带十一省市中排名相对中下，其自然资源相对匮乏，需突出产业升级，转型提升现代农业产业结构，构建绿色种植、健康养殖、农产品深加工、休闲农业等全产业链，提高产业效益。且重点围绕旅游统领，竭力开发旅游新产品，不断提升景区品质内涵，促进旅游与其他产业高度融合，将其打造为推动经济社会发展的引领性产业。

云南省绿色生态农业综合生产能力相对较弱，在长江经济带十一省市中排名相对中下，比贵州省稍强一些，打造以农产品种植为主的特色效益农业和以旅游业为主的第三产业，并围绕生态产业支撑，加快保护生态与发展并重，推行生态农业转型升级，发展有特色的现代农业与绿色生态农业。

长江经济带城市居民福祉的
决定因素分析

王圣云①

民生福祉是区域发展的出发点和落脚点，促进经济增长只是提高民生福祉的手段，提升民生福祉是区域发展的根本目标，因而以民生福祉为核心的区域发展观体现了从以经济增长为中心和重视"物"的传统发展观向以人为本且注重人的发展的新发展观转变。从城市发展经验来看，为什么一些城市具有较高的人类福祉，而一些城市的福祉水平却较低呢？对城市福祉的决定因素进行深入分析，可以分析造成城市福祉差异的主要因素。就城市福祉决定因素研究而言，经济发展理论认为经济发展的根本目的在于提高人的福祉水平，促进经济发展是提升人民福祉的重要手段。经济增长阶段理论认为，经济增长最后将进入追求生活质量阶段，人均收入会进一步提高，人们会由对满足基本生活的需求转向对高生活质量的需求。依托城市福祉决定因素的相关理论，选取城市福祉决定因素指标，应用因子分析找寻长江经济带城市福祉的决定因素，可以从理论上回答城市福祉空间差异的决定因素和原因，为进一步提高长江经济带城市经济发展质量和人民福祉水平提供一定的决策依据。

一、关于城市福祉决定因素的指标选取

在指标选取时要甄别福祉组分与决定因素的区别。福祉组分反映福祉的存量含义，而决定因素反映福祉的流量含义。举例而言，福祉的健康组分常采用预期寿命指标，而反映福祉的健康决定因素则采用万人医生数等投入指标。对长江经济带城市福祉决定因素的指标选取即是后者。据现代化理论，工业化被视为人类福祉提高的引擎。为此，长江经济带城市福祉水平的决定因素包括经济规模指标，因为经济规模不仅对

---

① 王圣云，男，博士，副研究员，硕士生导师，主要研究方向为区域经济和福祉地理学。

提升经济有重要作用，而且可以促进生活质量的提升。此外，还包括经济结构指标，用产业结构指标来表示。另外，反映信息化和物流发展水平的指标也是基于现代化理论选取的重要指标。因此，根据现代化理论选取了人均地区生产总值（元）、地区生产总值（万元）、规模以上工业总产值（万元）、第二产业占GDP比重（%）、第三产业占GDP比重（%）、货运总量（万吨）、互联网宽带接入用户数（万户）、人均电信业务收入（万元）等指标作为长江经济带城市福祉决定因素的指标；根据全球化理论选取当年实际使用外资金额（万美元）指标；根据消费理论选用人均社会消费品零售总额（万元）指标；根据政府干预理论选取了公共财政收入（万元）、公共财政支出（万元）、全社会固定资产投资总额（万元）、万人医生数（人）、百万人普通高等学校在校生（人）、人均城市道路面积（平方米）、每万人公共汽电车客运总量（万人次）、人均居民生活用电量（千瓦时）、职工人均平均工资（元）等指标，数据来源于《中国城市统计年鉴（2015）》，根据数据情况，选取城市共110个。

二、长江经济带城市福祉决定因素的定量判识

因子分析法可以在保证数据信息丢失最少的条件下对福祉决定因素进行降维处理，进而找寻影响长江经济带城市福祉的众多变量之间的潜在因素结构。通过对因子的合理解释和命名，既可以加深对城市福祉决定因素变量系统主要因素的认识，也是对城市福祉决定因素评价指标选取理论依据的一种思辨。

建立原始数据矩阵，进行标准差标准化处理：

$$X_{ij} = \frac{x_{ij} - \bar{x}}{S} \quad S = \sqrt{\frac{\sum_i^m (x_{ij} - \bar{x})^2}{n-1}}$$

x_{ij}为原始数据，X_{ij}为标准化后数据，S为标准差，$\bar{x}_{ij}$为平均值。$i = 1, 2, \cdots, m$表示各指标；$j = 1, 2, \cdots, n$表示各城市。

应用SPSS for windows13.0统计分析软件进行因子分析，从表1可以看出，若取三个主因子，便可解释80.18%的原始信息，累积贡献率为80.18%，故取三个主成分（见表1）。

表1　　　　　　　　　　　　　　　　　解释的总方差

成分	初始特征值			提取平方和载入			旋转平方和载入		
	合计	方差的%	累积%	合计	方差的%	累积%	合计	方差的%	累积%
1	11.295	59.447	59.447	11.295	59.447	59.447	7.320	38.527	38.527
2	2.512	13.224	72.671	2.512	13.224	72.671	6.091	32.056	70.583
3	1.426	7.508	80.179	1.426	7.508	80.179	1.823	9.596	80.179
4	0.898	4.728	84.907						
5	0.719	3.783	88.690						
6	0.450	2.367	91.057						
7	0.388	2.044	93.101						
8	0.301	1.584	94.686						
9	0.245	1.291	95.977						
10	0.216	1.135	97.112						
11	0.138	0.727	97.838						
12	0.100	0.525	98.363						
13	0.086	0.451	98.815						
14	0.072	0.378	99.192						
15	0.070	0.368	99.560						
16	0.037	0.195	99.754						
17	0.033	0.175	99.929						
18	0.011	0.056	99.985						
19	0.003	0.015	100.000						

从表2可见 KMO 值为 0.871，大于 0.8，适合进行因子分析。

表2　　　　　　　　　　　　KMO 和 Bartlett 的检验

取样足够度的 Kaiser – Meyer – Olkin 度量		0.871
Bartlett 的球形度检验	近似卡方	3 235.611
	df	171
	Sig.	0.000

因子旋转使得各主因子变量具有可解释性。由旋转后的因子载荷表（见表3）可以看出，第一主因子在财政收入（万元）、财政支出（万元）、当年实际使用外资金额（万美元）、地区生产总值（万元）、货运总量（万吨）、规模以上工业总产值（万元）、互联网宽带接入用户数（万户）、全社会固定资产投资总额（万元）等指标上具有较大载荷，即

使载荷值最小的全社会固定资产投资总额指标也为0.781。第一主因子贡献率为38.527%，是最主要的一个决定因子。因此，做大经济总量，促进经济发展可为人们生活质量的提高以及地区福祉水平提升提供经济基础，将第一主因子命名为经济规模和交通通讯因子。

表3　　　　　　　　　　　　旋转后成分矩阵[a]

	成分		
	1	2	3
Zscore（公共财政支出）	0.961	0.101	0.155
Zscore（公共财政收入）	0.918	0.247	0.175
Zscore（当年实际使用外资金额）	0.910	0.301	0.130
Zscore（地区生产总值）	0.889	0.401	0.143
Zscore（互联网宽带接入用户）	0.869	0.301	0.216
Zscore（货运总量）	0.795	0.057	0.022
Zscore（规模以上工业总产值）	0.788	0.465	0.001
Zscore（固定资产投资）	0.781	0.379	0.044
Zscore（万人医生数）	0.244	0.858	0.067
Zscore（人均地区生产总值）	0.345	0.847	−0.088
Zscore（人均社会消费品零售总额）	0.457	0.829	0.119
Zscore（每万人公共汽电车客运总量）	0.163	0.756	0.015
Zscore（百万人普通高等学校在校生）	0.218	0.734	0.092
Zscore（人均居民生活用电量）	0.468	0.726	0.225
Zscore（人均电信业务收入）	0.541	0.702	0.201
Zscore（人均城市道路面积）	−0.034	0.625	−0.096
Zscore（职工人均平均工资）	0.495	0.624	0.191
Zscore（第二产业占GDP的比重）	−0.128	0.179	−0.944
Zscore（第三产业占GDP的比重）	0.286	0.480	0.787

提取方法：主成分；旋转法：具有Kaiser标准化的正交旋转法。旋转在4次迭代后收敛。

第二主因子在万人医生数（人）、人均地区生产总值（元）、人均社会消费品零售总额（万元）、每万人公共汽电车客运总量（万人次）、百万人普通高等学校在校生（人）、人均居民生活用电量（千瓦时）、人均电信业务收入（万元）、人均城市道路面积（平方米）、职工人均平均工资（元）等指标上有较大载荷，这些指标均为人均指标。其中，人均地区生产总值、职工人均平均工资两个指标反映人均收入水平，而万人医生数（人）、每万人公共汽电车客运总量（万人次）、百万人普通高等学校在校生（人）、人均居民生活用电量（千瓦时）、人均电信业务收入（万元）、人均城市道路面积（平方米）、人均社会消费品零售总额（万元）反映的是生活条件。人均生活条件往往决定着生活质量的高低，公共服务为生活质量提供必要的支撑和保障，消费水平和文化休闲大致反映了人们的需求满足状况，将第二主因子概括为人均生活条件因子。

第三主因子在第二产业占 GDP 的比重上的载荷是负值（－0.944），在第三产业占 GDP 的比重上的载荷却为 0.787，三产比重和主因子具有较高的正相关。产业结构影响城市居民福祉。第二产业的资源消耗大，环境污染高，从而恶化人们的生活环境，影响人们的身体健康。而第三产业是以服务为主要特征的产业，与人们的生活紧密关联。长江经济带城市经济是低"服务化"的，意味着长江经济带的产业发展仍处于高能耗、低效益、低技术的粗放型增长阶段，将第三主因子概括为产业结构因子。

三、长江经济带城市福祉决定因素评价与分析

计算衡量城市福祉发展决定因素的主因子权重：

$$W_i = \frac{\lambda_i}{\sum_{i=1}^{m} \lambda_m}$$

式中 W_i 为主因子权重，m 为主因子选取个数，λ 为特征根值。计算得到三个主因子的权重分别为：$W_1 = 0.4805$，$W_2 = 0.3998$，$W_3 = 0.1197$。

计算长江经济带城市福祉决定因子总得分（DW）：

$$DW = \sum W_i D_i$$

W_i 表示第 i 个主因子权重，D_i 表示第 i 个主因子得分，i 为主因子数，DW 为城市福祉决定因子总得分（见表4）。

表4　　　　　　　　长江经济带城市福祉决定因子得分

	经济规模与交通通讯因子	人均生活条件因子	产业结构优化因子	决定因素总得分	总得分排序
上海	6.999	－0.201	1.789	3.497	1
南京	0.507	2.773	1.476	1.529	6
无锡	0.446	2.211	0.060	1.105	9

续表

	经济规模与交通通讯因子	人均生活条件因子	产业结构优化因子	决定因素总得分	总得分排序
徐州	0.616	− 0.244	0.440	0.251	23
常州	− 0.040	1.877	0.471	0.788	11
苏州	2.030	2.261	− 0.310	1.842	2
南通	0.600	0.460	− 0.055	0.466	17
连云港	0.047	− 0.512	0.675	− 0.101	39
淮安	− 0.059	− 0.236	0.835	− 0.023	34
盐城	0.285	− 0.294	0.249	0.049	30
扬州	0.084	0.433	0.115	0.227	24
镇江	− 0.520	1.578	0.185	0.403	20
泰州	0.134	0.052	0.075	0.094	28
宿迁	− 0.133	− 0.551	0.294	− 0.249	59
杭州	0.964	2.379	1.438	1.586	5
宁波	1.206	1.631	− 0.240	1.203	8
温州	− 0.055	0.899	0.966	0.449	18
嘉兴	0.069	1.154	− 0.147	0.477	16
湖州	− 0.464	0.894	0.213	0.160	26
绍兴	0.019	0.899	0.078	0.378	21
金华	− 0.328	0.783	0.942	0.269	22
衢州	− 0.588	0.283	0.510	− 0.108	40
舟山	− 0.794	1.589	1.404	0.422	19
台州	− 0.092	0.351	0.793	0.191	25
丽水	− 0.664	0.348	0.729	− 0.093	38
合肥	0.514	1.282	− 0.789	0.665	13
芜湖	0.081	0.820	− 1.772	0.155	27
蚌埠	− 0.028	− 0.188	− 0.559	− 0.156	46
淮南	− 0.282	0.042	− 0.434	− 0.171	47
马鞍山	− 0.146	0.257	− 1.332	− 0.127	41
淮北	− 0.150	− 0.150	− 1.326	− 0.291	67
铜陵	− 0.692	1.467	− 2.165	− 0.005	33
安庆	− 0.021	− 0.539	− 0.490	− 0.284	66
黄山	− 0.784	0.113	0.780	− 0.238	56
滁州	− 0.218	0.078	− 0.994	− 0.192	50
阜阳	0.569	− 1.609	0.263	− 0.338	75
宿州	0.139	− 1.304	0.598	− 0.383	88

续表

	经济规模与交通通讯因子	人均生活条件因子	产业结构优化因子	决定因素总得分	总得分排序
六安	0.289	− 1.290	− 0.008	− 0.378	84
亳州	− 0.015	− 1.345	0.995	− 0.426	97
池州	− 0.569	− 0.413	0.512	− 0.377	82
宣城	− 0.136	− 0.431	− 0.084	− 0.248	58
南昌	− 0.138	1.482	− 0.293	0.491	15
景德镇	− 0.702	0.311	− 0.695	− 0.296	68
萍乡	− 0.373	− 0.154	− 0.674	− 0.322	71
九江	− 0.132	0.001	− 0.600	− 0.135	44
新余	− 0.464	0.429	− 0.633	− 0.128	42
鹰潭	− 0.415	0.058	− 1.314	− 0.334	74
赣州	0.232	− 1.017	0.499	− 0.236	55
吉安	− 0.074	− 0.739	− 0.319	− 0.369	78
宜春	0.234	− 1.044	− 0.608	− 0.378	83
抚州	− 0.060	− 0.884	− 0.280	− 0.416	95
上饶	− 0.113	− 0.492	− 0.203	− 0.276	63
武汉	1.645	1.915	0.299	1.592	4
黄石	− 0.499	0.358	− 1.058	− 0.223	52
十堰	− 0.502	0.014	0.048	− 0.230	54
宜昌	0.026	0.386	− 1.430	− 0.004	32
襄阳	0.458	− 0.550	− 1.181	− 0.141	45
鄂州	− 0.498	0.102	− 1.033	− 0.322	72
荆门	− 0.398	− 0.077	− 0.667	− 0.302	69
孝感	− 0.215	− 0.688	− 0.108	− 0.391	89
荆州	− 0.164	− 0.594	0.273	− 0.284	65
黄冈	− 0.697	0.096	0.473	− 0.240	57
咸宁	− 0.433	− 0.374	− 0.097	− 0.369	79
随州	− 0.491	− 0.522	0.063	− 0.437	98
长沙	0.606	2.161	− 0.490	1.097	10
株洲	− 0.178	0.512	− 0.991	0.000	31
湘潭	− 0.566	0.783	− 0.648	− 0.036	35
衡阳	− 0.387	0.249	0.122	− 0.072	36
邵阳	− 0.207	− 0.889	1.080	− 0.326	73
岳阳	0.091	− 0.270	− 0.543	− 0.129	43
常德	− 0.131	− 0.413	0.288	− 0.194	51

续表

	经济规模与交通通讯因子	人均生活条件因子	产业结构优化因子	决定因素总得分	总得分排序
张家界	− 1. 125	− 0. 429	3. 816	− 0. 255	61
益阳	− 0. 301	− 0. 718	0. 641	− 0. 355	77
郴州	− 0. 060	0. 110	− 0. 895	− 0. 092	37
永州	− 0. 334	− 0. 937	1. 309	− 0. 378	85
怀化	− 0. 626	− 0. 226	0. 921	− 0. 281	64
娄底	− 0. 132	− 0. 720	− 0. 457	− 0. 406	94
重庆	5. 668	− 2. 373	− 1. 051	1. 649	3
成都	1. 562	1. 414	0. 830	1. 415	7
自贡	− 0. 339	− 0. 258	− 0. 941	− 0. 379	86
攀枝花	− 0. 171	1. 217	− 2. 688	0. 083	29
泸州	− 0. 108	− 0. 406	− 1. 174	− 0. 355	76
德阳	− 0. 165	− 0. 020	− 1. 154	− 0. 226	53
绵阳	− 0. 430	0. 110	− 0. 111	− 0. 176	48
广元	− 0. 423	− 0. 629	0. 407	− 0. 406	93
遂宁	− 0. 302	− 0. 601	− 0. 783	− 0. 479	102
内江	− 0. 064	− 0. 839	− 1. 425	− 0. 537	108
乐山	− 0. 169	− 0. 282	− 0. 969	− 0. 310	70
南充	− 0. 083	− 0. 897	− 0. 390	− 0. 445	99
眉山	− 0. 169	− 0. 703	− 0. 826	− 0. 461	100
宜宾	− 0. 018	− 0. 627	− 1. 104	− 0. 392	90
广安	− 0. 150	− 1. 025	− 0. 290	− 0. 516	105
达州	0. 144	− 1. 298	− 0. 507	− 0. 510	103
雅安	− 0. 373	− 0. 304	− 0. 665	− 0. 380	87
巴中	− 0. 349	− 1. 044	0. 621	− 0. 510	104
资阳	− 0. 046	− 0. 952	− 1. 032	− 0. 527	107
贵阳	− 0. 681	1. 751	2. 317	0. 650	14
六盘水	− 0. 354	− 0. 193	− 0. 166	− 0. 267	62
遵义	0. 070	− 0. 701	0. 578	− 0. 177	49
安顺	− 0. 592	− 0. 942	2. 008	− 0. 421	96
毕节	0. 157	− 1. 472	1. 181	− 0. 372	81
铜仁	− 0. 576	− 1. 028	2. 423	− 0. 398	92
昆明	− 0. 562	2. 155	1. 455	0. 766	12
曲靖	− 0. 265	− 0. 518	− 0. 303	− 0. 371	80
玉溪	− 0. 397	0. 162	− 1. 045	− 0. 251	60

	经济规模与交通 通讯因子	人均生活 条件因子	产业结构 优化因子	决定因素 总得分	总得分 排序
保山	− 0. 506	− 1. 143	1. 487	− 0. 522	106
昭通	− 0. 170	− 1. 249	0. 083	− 0. 571	109
丽江	− 0. 939	− 0. 126	0. 870	− 0. 397	91
普洱	− 0. 596	− 0. 857	1. 309	− 0. 473	101
临沧	− 0. 308	− 1. 161	0. 259	− 0. 581	110

从经济规模与交通通讯因子来看，上海、重庆属于第一梯队，而苏州、武汉等属于第二梯队。仅有 31 个城市的得分为正，超过平均水平，长江经济带大多数城市在经济规模与交通通讯方面的得分均在平均水平以下。2014 年上海市的财政收入和财政支出分别为 4 585.55 亿元和 4 923.44亿元，地区生产总值为 23 567.70 亿元，互联网宽带接入用户为 672 万户，远远领先长江经济带其他城市。此外，上海和重庆分别为 90 128万吨和 97 287 万吨，也是长江经济带中货运的龙头省市。上海几乎在第一主因子所覆盖的所有指标上都保持领先优势，重庆在第一决定因子上也有较强的实力。在经济规模与交通通讯因子方面，长江经济带城市之间表现出很大的差异。

从人均生活条件因子来看，得分在 2.0 以上的城市有南京、杭州、苏州、无锡、长沙、昆明。得分在 1.0 ~ 2.0 之间的城市有武汉、常州、贵阳、宁波、舟山、镇江、南昌、铜陵、成都、合肥、攀枝花、嘉兴。由于采用的均为人均指标，上海和重庆市由于人口众多，其生活条件指标若按人均来计算的话，人均的生活条件水平低于长江经济带平均值。但若从生活条件的总量来看，上海和重庆两市的生活条件指标均具有明显优势。上海的 GDP 是南京的 2.67 倍，但人均 GDP 却是南京的 0.91 倍。此外，长三角城市群、长江中游城市群、成渝城市群、滇中城市群、黔中城市群的生活条件较好，长江经济带各城市群的生活条件因子得分较高，显现出城镇化水平较高的城市，其生活条件也较好。此外，从上中下游格局来看，长江中下游地区，尤其是长三角城市群的生活条件因子得分普遍较高，而上游城市生活条件因子得分普遍较低。

从第三个决定因子即产业结构优化因子来看，得分在 1.0 以上的城市有上海、南京、杭州、舟山、张家界、铜仁、贵阳、安顺、毕节、昆明、普洱。张家界产业结构得分最高，其第二产业占 GDP 的比重为 24.31%，第三产业占GDP的比重为64.09%，而攀枝花的产业结构得分最低，其第二产业占GDP的比重为73.19%，第三产业占GDP的比重为23.47%。根据因子载荷表和产业结构比例数据，可以看出，第二产业占比越高，产业结构因子得分越低；第三产业占比越高，产业结构因子得分越高。产业结构得分反映了产业结构高级化态势。除了下游地区的上海、南京、杭州、宁波等城市外，大多数中心城市的产业结构得分不尽理想，而中西部的一些中小城市的产业结构相对更好一些。长江中游地区由于产业同构，导致绝大多数城市产业结构因子得分较低（见表4）。

从决定因子总得分来看，长江经济带形成了以"上海—南京—无锡—常州—苏州—南通—镇江—杭州—宁波—温州—嘉兴—舟山—合肥—南昌—武汉—长沙—重庆—成都—贵阳—昆明"等城市节点连接而成的城市高福祉发展轴线。总得分最高的是上海市，为3.497，远超出排名第二的苏州（1.842）。前十名城市总得分由高到低依次为上海、苏州、重庆、武汉、杭州、南京、成都、宁波、无锡、长沙，这也是总得分在1.0以上的所有城市。第11名到第20名城市即为总得分为0.4~1的城市，依次为常州、昆明、合肥、贵阳、南昌、嘉兴、南通、温州、舟山和镇江。总体来看，长三角城市群、长江中游城市群、成渝城市群、滇中城市群、黔中城市群的一些中心城市的总得分较高（见表4）。

四、研究结论与讨论

研究得出：经济发展与交通通讯因子、人均生活条件因子及产业结构因子是影响长江经济带城市福祉发展的主要因素。因此，不断促进长江经济带城市经济发展和产业结构优化调整，整体扩大经济联系和交通通讯联系，持续推进民生工程建设，切实提高城市生活基础设施和公共服务水平，是提升长江经济带城市福祉发展的重要途径。

长江经济带城市福祉发展具有明显的空间非均衡性：以"上海—南京—无锡—常州—苏州—南通—镇江—杭州—宁波—温州—嘉兴—舟山—合肥—南昌—武汉—长沙—重庆—成都—贵阳—昆明"连线构成了长江经济带城市福祉"隆起带"。提升福祉决定因素是促进长江经济带城市福祉发展的有效调控方向，即根据长江经济带城市福祉决定因素的空间差异特征和各市福祉决定因子情况，有针对性地做大经济发展总量，提高人均生活条件，促进产业结构升级是发展长江经济带城市福祉的重要着力点。

工业化、城市化和信息化是长江经济带城市福祉发展水平提升的主要驱动力。提升城市居民福祉是城市经济社会发展的最终目标，有效缩小福祉水平地区差距是政府关注的重点。加快长江经济带工业化、城市化和信息化不断融合，缩小长江经济带城市福祉决定因素差距，是促进长江经济带城市福祉提升的主要导向。

长江经济带沿长江城市经济增长对工业固体废弃物影响研究

郭熙保[①] 冷成英

引言

长江经济带横跨我国十一省市，不仅是连通我国东中西三大经济区域的重要经济带，而且生态环境良好，是我国重要的绿色生态廊道。2014 年 9 月，国务院印发了《关于依托黄金水道推动长江经济带发展的指导意见》，这一文件的出台标志着长江经济带成为继沿海地区后又一战略开发轴线，其对长江经济带的战略定位之一就是生态文明建设的先行示范带。同时，长江经济带也存在水土流失严重、中下游洪灾频繁、河口地区咸水入侵、大气和水环境污染加剧、土地开发强度大等诸多环境问题。2016 年初，习近平总书记在重庆召开推动长江经济带发展座谈会强调，当前和今后相当长一个时期，要把修复长江生态环境摆在压倒性位置，共抓大保护，不搞大开发。推动长江经济带生态文明建设，既是长江经济带的优势所在，也是我国五位一体总体布局的重要组成部分，更是经济、社会和自然和谐发展的必然要求。研究长江经济带的环境问题，对于长江经济带的建设具有重要的现实意义。

自长江经济带战略推出以来，有很多学者从经济与环境关系的角度积极关注长江经济带的资源和环境问题。岑晓喻等研究了长江经济带资源环境格局和可持续发展，指出长江经济带存在自西向东的自然资源梯度和自东向西的经济、社会发展梯度的双向梯度资源环境格局，并从空间联系和产业联系两个视角探究了联动发展机制。吴传清等实证分析了经济增长与环境质量之间的关系，发现经济增长与环境质量之间呈显著的 U 型关系，并且产业结构优化有利于环境质量的提高。Zheng Defeng 等、邹辉等、杜宾等则或从长江经济带整体的角度，或从长江经济带各

---

① 郭熙保，武汉大学经济发展研究中心教授。

省区对比的角度，着重分析了长江经济带经济与环境协调发展的关系。汪克亮等测算了 2006～2012 年长江经济带各省市的五类工业生态效率，并构建了 Tobit 模型，结果表明长江经济带的工业生态效率整体水平不高，而且不同地区的工业生态效率差异特征明显且不存在明显收敛趋势。汪侠将资源和环境纳入效率研究框架，运用 SBM 模型和 Malmquist 指数测度了中部和长江经济带 14 个城市 2006～2013 年的经济效率，发现城市绿色 TFP 较低，技术效率是推动绿色 TFP 增长的主要源泉，而技术效率的作用并不明显。

上述研究视角广泛，拥有很多值得借鉴的内容，但是落脚于城市对比分析环境问题的研究较少，有关经济增长与工业固体废弃物产生量之间关系的研究更是没有。鉴于此，本文以沿长江城市为研究对象，期望通过对比分析来确定经济增长对工业固体废弃物的影响作用。考虑到城市的经济规模、经济地位、地理位置以及数据的可获得性等因素，选择上海、苏州、无锡、南京、九江、武汉、宜昌和重庆八个城市作为分析对象。其中，上海是我国经济中心，同时也是全国经济和城区人口规模最大的城市，作为经济发达的超大城市纳入分析；南京、武汉和重庆分别是长江上游、中游和下游的地区经济中心城市，作为地区特大城市纳入分析；苏州和无锡是我国重要的制造业基地，经济发展水平较高，作为长江下游大城市纳入分析；九江和宜昌是中部地区经济相对较为发达的城市，分别为江西和湖北的省域副中心城市，在各自省份中占有重要地位，作为长江中游中等城市纳入分析。

一、沿长江八城市工业固体废弃物基本情况和特征

（一）沿长江八城市工业发展和固体废弃物产生情况

1. 上海

在近年全国推进产业转型升级的浪潮中，上海依托雄厚的工业基础、先进的科技支撑和较完善的制度保障等因素走在全国前列，重点发展电子信息、汽车、石油化工及精细化工、精品钢材、成套设备和生物医药六大重点产业，并积极培育节能环保、新一代信息技术、生物医药、高端装备、新能源、新材料和新能源汽车等一批战略性新兴制造业，拥有众多国内外一流工业企业，是我国工业参与国际竞争的重要核心力量。

2014 年，上海完成全口径工业总产值达 3 4071.19 亿元，仅次于苏州；六大重点发展工业行业共完成全部工业总产值 21 841.95 亿元，占全市的 66.9%；战略性新兴产业共完成全部工业总产值 8 113.34 亿元，占全市的 25.87%。在重点产业中，产生工业固体废弃物较多精品钢材、石油化工及精细化工分别完成全部工业产值 1 441.44 亿元和 3 806.63 亿元，分别只占全市的 11.17% 和 4.23%，比重相对不大。上海 2014 年工业固体废弃物产生量达 1 924.79 万吨，主要为冶炼废渣、粉煤灰、脱硫石膏三类，分别达 813.33 万吨、370.47 万吨和 84.16 万吨，合计占总量的 65.9%。从分布行业看，精品钢材、电力、石油化工及精细化工是上海工业固体废弃物的主要来源。其中，精品钢材行业工业固体废弃物产生量超过总量的一半，仅宝钢集团旗下的宝山钢铁股份有限公司、宝钢不锈钢有限公司两公司的产生量分别达 917 万吨和 222 万吨；电力行业的产生量也达 250 万吨以上，主要为外高桥、漕泾、吴泾和石洞口的火力发电厂产生。

2. 苏州

改革开放以来，苏州凭借优越的区位优势、廉价的土地和劳动力资源大力发展加工制造业，成为我国重要的制造业中心，形成了电子信息、钢铁、电气机械、化工、纺织和通用设备制造六大支柱的格局。2014 年，苏州完成规模以上工业总产值 30 322.17 亿元，全口径工业总产值达 35 772.99 亿元，位居全国首位，同上海一道是全国仅有的超过 3 万亿元的两个城市；规模以上工业高新技术产业总产值 13 711.11 亿元，占全市的 45.22%；六大支柱产业完成全部工业产值 20 358 亿元，其中电子信息产业产值近万元，约为全国十分之一强，在我国电子信息产业占据非常重要的地位；新兴产业中，新材料、高端装备制造业和新型平板显示行业全部工业产值分别达 4 028 亿元、3 126 亿元和 2 722 亿元。苏州 2014 年一般工业固体废弃物产生量达 2 473 万吨，其主要来源为钢铁和电力两个行业。在产生量前十位企业中，钢铁占据 3 席，电力占据 6 席，合计产生量分别达 1 321.5 万吨和 591.3 万吨，分别占全市的 53.44% 和 23.91%；其中江苏沙钢集团的产生量达 896.9 万吨，是产生量最多的企业。

3. 无锡

无锡与苏州同为苏南模式的重要起源地，在改革开放后民营经济逐步崛起，拥有很强的经济实力。工业方面，无锡的重点发展机械装备、电子信息、高端纺织、石化和冶金等产业，其中纺织业的规模和档次在全国都具有很强的竞争力，无锡因而成为全国重要的纺织业基地。2015年，无锡完成规模以上工业总产值14 698.76亿元；完成规模以上高新技术产业产值6 100亿元，占全市41.5%；五大支柱产业分别完成全部工业产值5 590.9亿元、1 874.8亿元、1 878.9亿元、1 703.6亿元、2 533.6亿元。无锡2014年工业固体废弃物产生量为986.79万吨。无锡的工业固体废弃物主要来源是电力和钢铁两个行业，在产生量前五位企业中，两行业各占两家，分别产生了284.73万吨和255.84万吨，占全市总量的28.85%和25.93%，远高于位于第五名建材企业3.56%的占比。

4. 南京

虽然南京的经济规模弱于苏州，但凭借发达的政治、金融、科技和教育，综合实力更强，成为长三角城市群副中心城市。工业方面，南京有电子信息、石化、汽车和钢铁四大支柱产业，同时新型显示、智能电网等新兴产业快速发展，其中新型显示产业规模已达千亿以上，位居全国第二，智能电网综合实力居全国首位。2014年，南京完成规模以上工业总产值13 199.67亿元，其中四大支柱产业分别完成2 889.2亿元、3 308.3亿元、1 752亿元和775.7亿元；规模以上高新技术产业产值5 812.07亿元，占全市的44.03%。南京2014年一般工业固体废弃物产生量为1 749.8万吨，主要种类为冶炼废渣、粉煤灰和尾矿，分别达799.27万、334.29万吨和227.53万吨，合计占总量的77.79%。从行业分布看，南京的工业固体废弃物也主要产生于钢铁和电力两个行业，但钢铁行业占据绝对主导，产生量最大的两个企业均为钢铁企业，合计产生了1 102.55万吨，占全市总量的63.01%。

5. 九江

九江自古以来就是江西重镇，在江西省内经济地位仅次于省会南昌，是江西省域副中心城市。工业方面，九江着力打造石油化工、钢铁、有色金属、纺织服装、汽车船舶、电子信息、新能源、非金属新材料、节能电器、绿色食品等十大产业集群，尤其是石油化工、钢铁有色冶金、现代轻纺和电力能源是九江重点打造的千亿板块。2014年，九江十大主导产业实现主营业务收入3 950亿元，占全市工业总产值的82.5%，其中四大核心产业约占全市工业总产值的60%；此外，先进装备制造、新能源、新材料、电子信息、绿色食品等新兴产业实现主营业务收入1 500亿元。九江2014年一般工业固体废弃物产生量为937.66万吨。从来源行业看，九江工业固体废弃物主要来源于钢铁、有色金属和电力等行业。九江的产业结构偏向于重化工业，尤其是石油化工、钢铁、有色金属等工业污染物排放较大的产业在国民经济中占据重要地位，工业固体废弃物产生量也处于相对较高水平。在产生量前五位的企业中，钢铁有一家，产生量达252.55万吨，占总量的26.93%；有色金属有三家，产生量达201.63万吨，占总量的21.5%；电力有一家，产生量达77.15万吨，占总量的8.23%。

6. 武汉

武汉是中部地区中心城市，属于老工业城市，新中国成立以来就是国家工业布局的重镇，拥有较为完整的工业体系。近年来，武汉在钢铁、汽车、食品烟草、石油化工和建材等传统支柱产业的基础上，大力发展光电子信息、生物医药、高端装备制造、新材料和新能源环保等战略性新兴产业，其中武汉·中国光谷是我国最大的光纤光缆和光电器件生产基地、激光产业基地，成为代表国家参与全球光电子产业竞争的主力军；武汉光谷生物城入选国家生物产业基地，综合实力位列全国园区第二位。2014年，武汉完成规模以上工业总产值11 764.59亿元，电子信息、汽车及零部件、机械装备、食品烟草分别完成产值1 713.03亿元、2 346.15亿元、1 676.49亿元和1 351.32亿元。武汉2014年一般工业固体废弃物产生量为1 400.47万吨，前五位的种类分别为冶炼废渣、粉煤灰、炉渣、污泥、脱硫石膏。从产生行业看，武汉的产业结构也偏向于重化工业，钢铁、电力和石化为武汉工业固体废弃物产生大户。

7. 宜昌

宜昌是世界水电名城，先后凭借葛洲坝和三峡两大工程实现经济社会发展的大跨越，成为湖北省域副中心城市，经济总量在湖北省内仅次于武汉。工业方面，宜昌发展起化工、食品生物医药、先进装备制造、新材料、建材和电力能源等支柱产业，是全国重要的化工、水电基地，其中湖北宜化、东圣化工、兴发集团等入选中国制造业500强企业。2014年，宜昌的化工、食品生物医药、先进装备制造、新材料四大支柱产业发挥主导作用，共完成产值 3 884.14 亿元，占全市工业的比重达 77.99%。支柱产业中，化工、建材两大高污染物排放行业完成产值 1 558.33 亿元、465.17 亿元，合计占全市的 40.63%，占有非常重要的地位。宜昌 2014 年一般工业固体废弃物产生量为 1571.34 万吨，主要产生种类为磷石膏、炉渣、脱硫石膏和尾矿，分别达 509.07 万吨、308.31 万吨、212.99 万吨和 208.39 万吨，合计占总量的 78.83%。相比于其他城市，宜昌的产业结构中化工业占据非常高的比重，是工业固体废弃物的主要来源，产生量前五位的企业均为化工业企业，合计产生 853.73 万吨，占总量的 54.33%。

8. 重庆

重庆是国家中心城市、西南地区的经济中心，自直辖以来，重庆的经济发展进入快车道，尤其是近年来增速长期位居全国前列，经济实力大幅提升。重庆工业中，汽车及零部件、电子信息、材料、装备制造、化学医药产品制造等产业占据着非常重要的地位，部分细分行业在全国甚至全世界都占有一席之地。2014 年，重庆完成规模以上工业总产值达 18 782.33 亿元，全口径工业产值超过 2 万亿元，是中西部工业经济规模最大的城市；其中汽车制造业完成规模以上产值 3 846.94 亿元，占全市的 20.5%，汽车产量达 262.89 万辆，约为全国的九分之一，位居全国第一；电子信息产品制造业也快速增长，实现规模以上产值 3 683.62 亿元，占全市的 19.7%，其中笔记本电脑产量占世界的 1/3，是世界最大的笔记本电脑生产基地；材料、装备和化学医药产品分别实现规模以上产值 2 636.34 亿元、1 797.63 亿元和 1 388.82 亿元。重庆 2014 年工业固体废弃物产生量为 3 067.78 万吨，粉煤灰、炉渣、煤矸石、尾矿和其他废物为主要种类，分别达 815.92 万吨、661.73 万吨、345.77 万吨、308.78 万吨和 228.87 万吨，合计占总量的 76.96%。在产生量前五位企业中，钢铁、化工、有色金属各一家，电力两家，分别产生了 340.85 万吨、171.89 万吨、113.82 万吨和 324.09 万吨，合计占全市的 30.99%。

（二）沿长江八城市工业固体废弃物产生特征

结合上述各城市的工业发展和固体废弃物产生情况，可以看出沿长江八城市工业固体废弃物的产生具有以下特征：

（1）从产生行业看，钢铁和电力两行业是沿长江城市工业固体废弃物的重要来源。长江是天然黄金水道，具有很好的航运优势，沿线的重工业城市以及东部民营经济发达的苏南地区布局了大量的钢铁企业。电力（火电）主要依靠煤炭作为燃料，依靠长江水道运输成本较低，所以沿江城市电力企业分布较密集。钢铁和电力企业在生产过程中产生了大量固体废弃物，这是除缺乏钢铁工业布局和以水电为主的宜昌外其余各城市工业固体废弃物的重要来源。因此，粉煤灰、炉渣是大多城市主要的工业固体废弃物种类。

（2）从地域差别看，中上游地区城市的工业固体废弃物另一个重要来源为具有本地禀赋优势的矿产资源型行业，以有色金属、非金属矿物化工为主。相对来说，长江下游地区资源相对贫乏，而中上游地区具有较为丰富的有色金属、非金属矿物资源，其在开采、冶炼和加工过程中会产生大量的尾矿、粉煤灰、矿渣等，这些是中上游城市工业固体废弃物产生的另一个重要来源，对宜昌来说甚至是主要来源。

（3）大多城市的工业固体废弃物集中度很高，主要是由少数大型工业企业产生。从上文可知，大多城市超过一半的工业固体废弃物是由产生量最大的前五位产生，显示出极高的行业集中度。这些产生最多的企业集中在钢铁、电力和有色金属、非金属矿物冶炼和加工业，是燃煤、矿产开采和冶炼的大户。

二、沿长江八城市工业固体废弃物比较分析

为更进一步分析八城市工业固体废弃物产生量的异同，本文以 2005～2014 年数据进行比较分析。所用数据中，上海、苏州、无锡、南京、武汉、重庆的数据来源于各城市 2006～2015 年统计年鉴；九江数据来源于 2006～2015 年江西省统计年鉴；宜昌工业固体废弃物数据来源于 2005～2014 年宜昌市环境状况公报，其余数据来源于 2015 年宜昌统计年鉴。

从总量上看，八城市 2014 年的工业固体废弃物产生量差异较大。其中，重庆的产生量达到 3 105 万吨，在 2009 年超过了上海后一直位居八城市之首，远高于其他城市；苏州次之，产生量达 2 473 万吨；九江和无锡均不到千万吨，分别只有 977.5 万吨和 986.79 万吨；其余城市的产生量在 1 400 万～2 000 万吨之间。总体上，各城市的工业固体产生量与城市经济规模相对应，但重庆、宜昌和无锡三个城市有较大的偏差。相比于其他城市，重庆相当于一个中小型省的规模，除主城区外还有广大的落后腹地，集约程度差异更大，单个企业占比相对小很多，工业固体废

弃物规模更大。虽然宜昌的城市规模远小于南京、武汉等经济较发达的城市，但宜昌的产生总量与这些区域中心城市相当，相比于经济规模来说明显偏大，与其产业结构有很大关系，非金属矿物采掘、冶炼和化工在国民经济中占据非常重要的地位。无锡的经济规模较大，但工业固体废弃物产生量较少，这主要与其经济发达而同时较少的特大型火电、钢铁企业布局有关。

从变化趋势上看，八城市 2005～2014 年的工业固体废弃物产生量多有明显增长，但转折点都先后凸显。其中，宜昌的增长速度最快，期末产生量接近期初的 4 倍，增长了 292%；九江次之，增长了 164%；上海的变化相对较小，在经历几年缓慢增长后在 2010 年达到顶峰，后逐步下降，到 2014 年甚至略低于 2005 年水平；其余城市也有较大幅度的增长，增长率为 58%～75%。近年来，上海呈明显下降趋势，无锡和重庆等呈水平波动状态，苏州、南京、九江、武汉和宜昌的产生量增速明显放缓，显示出八城市的工业固体废弃物产生量有一个明显的转变。这种转变一个可能原因是随着工业化水平的提高，工业在国民经济中的地位相对下降，对电力、钢铁的需求增速放缓，这对上海、苏州和无锡这些工业化水平较高的城市影响较大。另一个原因是进入新常态以来，很多工业行业尤其是资源型行业产能过剩，在这种结构性矛盾下钢铁、有色金属和非金属化工等行业处于下行期，工业增长放缓导致工业固体废弃物产生量增长也放缓，这对宜昌等资源型行业占比较高的城市影响尤其大。

从产出效率看，2014 年八城市的单位产值固体废弃物产生量大多低于全国平均水平，并且呈集约化趋势。以单位规模以上工业产值产生的工业固体废弃物衡量，八城市可划分为三个档次。其中，上海、无锡、苏州三个城市的单位规模以上工业产值固体废弃物产生量低于 0.1 吨/万元，远低于其他城市和全国平均标准，处于第一档次；第二档次有武汉、南京、重庆和九江四个城市，为 0.14～0.26 吨/万元，其中前三大区域中心城市高于发展程度高的上海，也高于无锡和苏州等发展阶段相似城市，这是因为这些城市是计划经济年代的重工业布局重要节点；宜昌位于第三档次，以 0.3991 吨/万元略高于全国 0.3621 吨/万元的平均水平，明显高于进行比较的其他城市，这与宜昌的非金属矿物化工业比重较高有很大关系。在这一指标的时间趋势上，各个城市的单位产值工业固体废弃物产生量均呈明显下降趋势。这种现象既可能是工业化过程中产业结构高级化导致，也可能是企业生产经营的集约化导致。但进一步数据分析发现，在考察期内产出效率的提升主要是由产业结构导致，企业生产经营仍较为粗放，显示出沿江各城市在提高工业生产的集约化程度上较为滞后。以上海为例，在行业层面，作为六大重点行业的精品钢材制造业2014年的规模以上工业总产值占全市的4.43%，比2013年的4.73%有所降低；而在企业层面，工业固体废弃物产生量最大的宝山钢铁股份有限公司2014年产生量相比于2013年微降0.01%，而主营业收入降低了1.20%，集约化程度不升反降（见图1）。

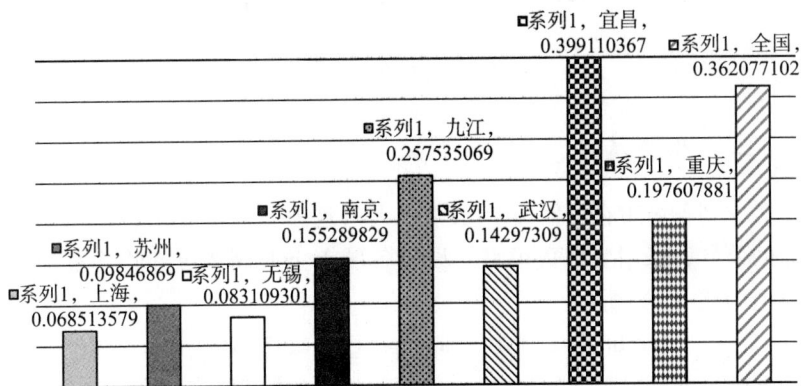

图1　2014年八城市单位规模以上工业产值工业固体废弃物产生量

三、沿长江八城市经济增长对工业污染影响的比较分析

为进一步分析沿长江不同区域、发展水平、规模的城市经济增长与工业固体废弃物产生量之间的关系，本文根据EKC假说构建模型，进行实证分析。

（一）环境库兹涅茨曲线假说

环境库兹涅茨曲线（EKC）是借鉴库兹涅茨收入倒"U"型假说而提出来的环境污染水平与人均收入水平之间关系的假说。该假说指出，在一个地区经济发展的较低阶段，随着人均收入的提高，环境恶化程度上升；当经济发展到一定的水平后，随着人均收入的进一步增加，环境恶化程度逐步得到改善。根据EKC假说，环境污染与人均收入呈倒"U"型关系，如图2所示。

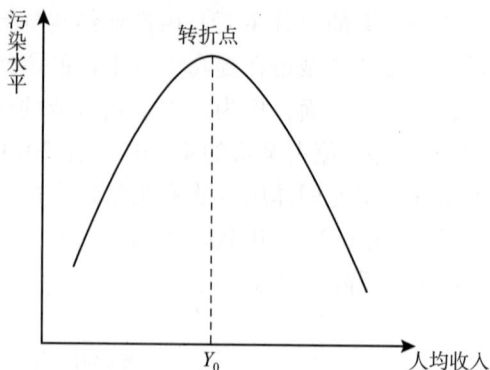

图2　环境库兹涅茨假说

（二）模型构建

考虑到各城市在经济发展水平、人口规模、产业结构、技术水平等方面的差异，采用变系数模型，设定各城市工业固体废弃物库兹涅茨曲线模型如式（1）所示：

$$\ln solid_{it} = c_i + \alpha_i \cdot \ln pgdp_{it} + \beta_i \cdot \ln^2 pgdp_{it} + \varepsilon_{it} \tag{1}$$

其中，$solid_{it}$ 表示城市 i 在 t 年的工业固体废弃物产生量；$pgdp_{it}$ 表示城市 i 在 t 年以 2005 年价格衡量的常住人口人均地区生产总值；c_i、α_{it} 和 β_{it} 为参数；ε_{it} 是残差项。为降低异方差，对 $solid_{it}$、$pgdp_{it}$ 取自然对数值。

根据拟合系数可判断曲线形状。若 $\beta_i < 0$，$\alpha_i > 0$，则环境库兹涅茨曲线呈倒"U"型；反之，若 $\beta_i > 0$，$\alpha_i < 0$，则环境库兹涅茨曲线呈"U"型。"U"型或倒"U"型曲线的转折点均为 $\ln pgdp_i = -\alpha_i/(2\beta_i)$。

（三）单位根检验和协整检验

在进行回归前，为防止出现伪回归，先考察时间序列变量的平稳性，进行单位根检验。本文采用 ADF 方法进行检验，检验结果如表 1 所示。

表1　　　　　　　　　　　各变量单位根检验结果

变量	ADF 值	结论	变量	ADF 值	结论
lnsolid	20.4809	非平稳	Δlnsolid	41.4595***	平稳
lnpgdp	17.0368	非平稳	Δlnpgdp	36.6925***	平稳
$\ln^2$pgdp	33.6909***	平稳	$\Delta\ln^2$pgdp	48.5211***	平稳

注：***、**、*分别表示在1%、5%、10%的水平上显著，Δ 表示差分，下同。

由表 1 看出，各变量原序列的 ADF 值在 10% 的置信水平下不完全显著，但一阶差分序列的 ADF 值在 1% 的置信水平下显著，满足进行协整检验的条件。

本文采用 Johansen 方法检验，该方法适用于多变量协整检验。检验结果如表 2 所示。

表 2　　　　　　　　各变量组 Johansen 协整检验结果

协整方程数	迹统计量	P 值	最大特征值	P 值
0	167.8 ***	0.0000	148.5	0.0000
1	48.01 ***	0.0000	30.74	0.0145
2	49.46 ***	0.0000	49.46	0.0000

从协整检验的结果看出，无论是用统计量还是用最大特征值法，均显示 lnsolid 与 lnpgdp、$\ln^2 pgdp$ 之间至少存在两个协整关系，即其存在长期稳定均衡关系，可使用原序列进行拟合。

根据上述模型，采用变系数模型进行回归，拟合结果如表 3 所示。

表 3　　　　　　八城市工业固体废弃物环境库兹涅茨曲线拟合结果

城市	c	α	β	$ad - R^2$	F	形状	转折点 lgpgdp	转折点 pgdp（万元）	2014 年人均 GDP（万元）
上海	−1.7068	10.1422 ***	−2.7173 ***			倒"U"型	1.8662	6.4639	8.3561
苏州	6.5778 ***	0.2176	0.1311			—	—	10.7484
无锡	−1.7275	8.1316 ***	−1.9039 ***			倒"U"型	2.1355	8.4614	10.3900
南京	5.5734 ***	1.5792 *	−0.3243	0.9846	220.97 ***	—	—	9.4049
九江	5.9542 ***	1.3161 ***	−0.4102 **			倒"U"型	1.6042	4.9740	3.0821
武汉	5.6208 ***	1.4246 **	−0.3053 *			倒"U"型	2.3331	10.3100	8.1099
宜昌	5.5365 ***	1.3499 ***	−0.1728			—	—	6.0478
重庆	7.197 ***	1.1925 ***	−0.3977 **			倒"U"型	1.4992	4.4783	3.9887

结果显示，回归调整的可决系数达 0.9846，F 值达 220.97，在 1% 的水平上显著，表明模型拟合较好。根据上述计量结果，可以得到如下几点结论：

（1）经济发展对工业固体废弃物的产生量有显著的影响。从回归拟合的变量系数看，南京和宜昌的二次项系数以及苏州的二次项和一次项系数在90%的置信度下不显著；其余各城市的变量序列系数在90%以上的置信度上显著，而且二次项系数均为负，一次项系数均为正，呈现出倒"U"型特征，符合经典EKC理论的表现形式。这种倒"U"型形式可用经济发展对工业固体废弃物的结构效应来解释，即在工业化时期，工业快速增长，工业固体废弃物快速增长；随着工业化的进一步推进，经济趋于成熟，服务业在国民经济中占据的比重越来越重要，工业固体废弃物的增长逐渐放缓甚至下降。

（2）东部城市的工业固体废弃物产生量比中西部城市更早抵达转折点。从转折点水平看，上海、无锡2014年的经济发展水平已达到转折点，随着经济发展水平的提高，工业固体废弃物的产生量将趋于下降；重庆、武汉和九江2014年的人均地区生产总值距离转折点仍有较大的差距，表明三城市的工业固体废弃物产生量在未来短时间内可能仍然会呈上升趋势。总体上，东部城市与中西部城市在工业固体废弃物产生量的转折点上存在数年的差距。因上海和九江与其他三城市经济规模差距过大，可比性不强，但通过比较无锡与武汉、重庆，可发现这种差距更多是经济发展水平导致的，可理解经济增长对环境污染的水平效应。在同等经济规模下，城市的经济发展水平越高，启动产业升级的步伐也越早，高新技术产业和服务业等污染相对较低的产业在国民经济中的比重越大，工业固体废弃物产生量抵达转折点越早。

（3）同区域内综合实力更强的城市更先达到转折点。在东部地区，上海于2010年率先抵达转折点，无锡则在2011年达到转折点水平。在中部地区，武汉和九江在2014年均未达到转折点水平，但武汉距离转折点水平比九江更近，预计抵达转折点的时间也更早。这种现象可能用经济发展对环境污染的规模效应来解释。鉴于武汉无论是在发展水平还是经济规模都比九江高，不可横向比较。但无锡2014年的人均地区生产总值达到10.39万元，高于上海的8.36万元，具有更明显的水平效应，但也落后于上海抵达转折点，其原因在于无锡的经济规模比上海小很多。在一个区域内，发展水平相近、技术水平相似的条件下，经济规模越大、综合实力越强的城市产业结构更加综合，对单一产业依赖性相对较小，尤其是发展到较高水平后更多发展高新技术产业、服务业，高污染行业占比相对更小，其工业固体废弃物产生量也率先进入转折点。

（4）东部城市的工业固体废弃物产生量对经济发展的响应程度要远

远高于中西部城市。根据计量结果，上海和无锡拟合曲线的二次项系数分别达 -2.7173 和 -1.9039，明显高于重庆、武汉和九江的 -0.3977、-0.3053 和 -0.4102，这反映到倒"U"型曲线的形状上就是东部城市的曲线更陡，而中西部城市的曲线更平，即人均地区生产总值同样提高 1 万元，东部城市的工业固体废弃物产生量的变化量要更大。经济发展水平和经济规模主要影响抵达转折点时间，这种响应的差别更多的是技术水平差别导致的，可理解为经济增长对环境污染的技术效益。相对来说，东部城市的产业转型升级要更早，技术更加集约，在现阶段增加单位产出产生的工业固体废弃物降低的更明显。而中西部城市在今后跨越转折点后，需要加大产业转型升级力度，提高技术水平，使工业固体废弃物产生量对经济发展的响应更灵敏。

四、结 论

本文选择沿长江 8 个不同规模、不同发展水平和不同区域的沿江城市作为分析对象，总结了产业结构和工业固体废弃物产生的特征，并重点用 2005~2014 年的面板数据对比分析了不同区域、不同规模的城市经济增长对工业固体废弃物产生量的影响。通过实证研究，得出以下结论：（1）工业固体废弃物主要来源于钢铁、电力以由地区资源禀赋决定的有色金属、非金属矿物采掘和冶炼等行业，并且主要是由少量大型企业产生；（2）单位规模以上工业产值工业固体废弃物产生量呈下降趋势，污染物产出效率提升，但主要是由产业结构调整导致，企业经营层面仍然较为粗放；（3）经济发展水平对沿长江城市的工业固体废弃物产生量多有显著的影响，呈现出明显的 EKC 特征，并且转折点先后显现；（4）在同等规模和技术水平下，经济发展水平越高的城市达到工业固体废弃物产生量转折点的时间越早；（5）在同等发展水平和技术水平下，经济规模越大的城市达到转折点的时间越早；（6）技术水平影响工业固体废弃物产生量对经济增长的响应速度，技术水平越高，经济发展对工业固体废弃物产生量的影响越明显。

长江经济带"五化"协调发展
阶段判断与水平测度

朱丽萌[①] 王 昊

引言

建设长江经济带是我国新的历史时期重点实施的"一带一路"、京津冀协同发展、长江经济带三大战略之一的重要任务。长江经济带在我国具有举足轻重的地位,其工业化、信息化、城镇化、农业现代化和绿色化等"五化"的协调发展,对于全面建成小康社会,实现中华民族伟大复兴的中国梦具有重要现实意义和深远战略意义。然而,由于"五化"协调发展提出的时间较短,已有相关研究存在明显不足,特别是针对长江经济带"五化"协调发展问题,相关研究不多。

本文以长江经济带为研究对象,在界定"五化"协调的内涵、明确其协调发展的阶段性划分的基础上,通过建立"五化"协调发展综合评价指标体系,提出"五化"协调发展阶段划分的定量判断标准,对新世纪以来长江经济带工业化、城镇化、信息化、农业现代化和绿色化的发展水平进行综合评价,重点揭示长江经济带协调发展的现状与存在的不足,为长江经济带乃至我国推进"五化"协调发展提供决策参考。

一、"五化"协调发展内涵与阶段划分

关于"五化"协调发展,学界尚未给出确切的内涵。仅刘凯、任建兰、张存鹏(2016)提出过"五化"协同发展的内涵,他们认为"五化"协同发展是指,为使"五化"整体系统的结构达到最优化、功能实现最大化、状态保持均衡化,新型工业化、信息化、城镇化、农业现代化和绿色化在各自发展过程中保持速度、规模、质量、效益的相对协调与同步,在相互作用过程中彼此配合、相互促进、共同发展,以实现

---

① 朱丽萌,江西财经大学江西经济发展与改革研究院教授。

"五化"达到高水平的整体发展、互动发展与和谐发展。本文认为提"协调"可能比"协同"、"同步"更为准确恰当,"协调"更接近实际、更好把握、更为准确。

根据已有的研究成果,"五化"协调发展可以理解为"五化"在发展速度、发展水平不尽相同的前提下,相互推动、相互适应,平衡发展的过程。即"五化"协调发展就是工业化、信息化、城镇化、农业现代化和绿色化之间的发展水平与发展速度相互推动、相互适应、协调发展的过程,是全面和可持续的发展过程,是形成"1+1+1+1+1>5"整体协调效应的过程。在"五化"协调系统中,工业化、信息化、城镇化、农业现代化和绿色化五个子系统分别扮演不同的角色,子系统之间相辅相成、相互促进、相互制约。其中,工业化为城镇化提供产业支撑与资金支持,为城镇人口带来就业,而城镇化为工业化提供空间,实现了市场与要素的集中。工业化、城镇化带动和装备农业现代化,农业现代化则为工业化和城镇化提供了物质保障。信息化对工业化进行技术改造,提高生产效率和技术水平;信息化引导城镇化朝着智慧城市、创新城市发展;信息化融入农业现代化建设当中,丰富了农业现代化的内涵,提高了农业效率;信息化通过提高能源与资源利用效率,能够有效减轻物流与人流负担,改善产业结构,降低环境污染,这为绿色化的发展提供了现实路径。归根结底,无论工业化、城镇化、农业现代化等各"化"的发展都要体现出"绿色化"的特点,绝不能以牺牲生态环境为代价,这是我国经济社会发展必须坚持的底线。绿色化要求我们必须走绿色农业、绿色工业和绿色城镇的发展之路。

由于"五化"协调发展是近年提出的设想,因此关于"五化"协调发展阶段划分的研究才刚刚起步。常见的是针对其中某个子系统的阶段划分。目前,学界比较成熟的是对工业化、城镇化、农业现代化发展阶段的划分,成果有一定积累的是对信息化发展阶段的划分,研究较少的是对绿色化发展阶段的划分。此外,还有涉及"两化"协调及"四化"同步发展阶段的划分。其主要方法采用定性、单一指标或构建多指标综合评价体系作为衡量标准。基于已有的研究成果,本研究将"五化"协调发展划分为分离、互动、磨合、成熟四个阶段。

1. "五化"发展分离阶段

这一阶段属于国家或地区经济发展的起步阶段,各领域的发展相对落后，生产力水平低下，发展方式粗放。农业发展严重滞后，工业优先得到发展，生产要素呈现从农村向城市的单向流动，城镇发展缓慢，城镇化率很低，人们的绿色化观念也普遍不强，但生态问题不严重。各"化"间基本处于分离状态，耦合性与协调性非常低。

2. "五化"发展互动阶段

工业化与城镇化之间开始出现互动，工业化在城市与乡镇双重格局下加速发展，城镇化在工业化的带动下也取得了快速的发展，但城市体系不协调，中小城镇发展落后于城市。农业生产现代化开始起步，机械化、电气化、化学化和水利化水平较低，农村资源要素、基础设施、公共服务投入仍满足不了经济社会发展需要。以经济建设为中心，生态文明建设让步于经济建设，导致资源浪费、环境破坏日益严重，人们的生态建设意识开始觉醒。各"化"间开始出现互动，但耦合度与协调度仍处于较低的水平。

3. "五化"发展磨合阶段

工业已经相当发达，但仍以科技含量低的制造业为主，第三产业也得到了长足的发展，整个经济社会朝着工业化后期乃至后工业化时代发展。农业发展受到重视，开始向专业化、标准化、规模化、集约化方向发展。人口和经济活动迅速在城镇集聚，城镇体系也更加合理。信息化时代来临，发展的绿色化与可持续性越来越受到重视。"五化"不断磨合，耦合协调水平进一步提高，呈现工业开始反哺农业、信息化与工业化不断深度融合、工业化与城镇化更加频繁互动、城镇化与农业现代化逐渐协调、绿色化融入其他"化"的发展趋势。

4. "五化"发展成熟阶段

进入后工业化时代，工业达到较高水平，知识和技术为成为推动工业发展的主要动力。城镇化水平上升到很高的程度，城乡一体化得以实现，城镇人口比重的增长缓慢甚至出现下降，并出现郊区化和逆城镇化现象。在大规模工业反哺的支持下，农业现代化朝着节地、节水、节能的方向发展，产业结构更加合理，科技水平更高，市场化运营更加成熟。信息技术高度普及，成为带动社会发展的重要力量。绿色化深入人心，形成人与自然和谐发展的新格局。"五化"协调发展进入成熟发展阶段，呈现工业全面反哺农业、信息化与工业化高度融合、工业化与城镇化良性互动、城镇化与农业现代化协调、绿色化在其他"化"中全面得到体现的良好态势。

二、"五化"协调发展综合评价指标体系的确立

本文在构建"五化"协调发展评价指标体系时遵循以下原则：（1）体现"五化"协调发展内涵的原则。即"五化"协调发展评价指标体系能够对"五化"协调发展包含的内容及相互间的关系进行系统化、层次性的描述与评价。（2）体现时代性的原则。"五化"是一个动态的发展过程。随着时代的发展与社会的进步，"五化"协调发展的内容也不断更新。"五化"协调发展评价指标体系的确立必须顺应时代的要求，推陈出新。（3）体现综合性原则。"五化"协调发展是一个全面、系统、综合的范畴，涉及经济、社会、文化、生态等多方面，在构建指标体系要充分考虑各方面的因素。（4）体现可获得性原则。即在指标选择上，选择具有客观性、代表性、信息量大、易于搜集与对比的指标。

遵循上述原则，本文在大量参阅已有相关文献资料的基础上，构建了一套拥有 5 个一级指标、20 个二级指标、36 个三级指标的"五化"协调发展综合评价指标体系。这 5 个一级指标分别代表"五化"中的工业化、信息化、城镇化、农业现代化与绿色化水平。其中，工业化水平从工业发展规模、科技水平、工业效益等 3 个方面进行衡量，并选取人均规模以上工业总产值、第二产业从业人员占比度量工业发展规模，选取R&D 经费支出占 GDP 比重、万人专利授权量、专业技术人员比重度量科技水平，选取全员劳动生产率、规上工业销售利润率度量工业效益；信息化水平从信息化基础设施建设、信息产业规模、信息应用消费、知识支撑情况和信息产业发展效果 5 个方面进行衡量，分别选取移动电话普及率、人均电信业产值、互联网普及率度量信息化基础设施水平、信息产业规模和信息应用消费情况，选取万人在校大学生比例、人均公共图书馆藏书量度量知识支撑状况，选取信息产业增加值占 GDP 比重度量信息产业发展效果；城镇化水平从城镇人口与就业、城镇基础设施建设、城镇居民生活质量、城乡差距、开放发展 5 个方面进行衡量，选取户籍人口城镇化率、常住人口城镇化率、第三产业从业人员占比、城镇登记失业率度量城镇人口与就业水平，选取万人医院和卫生机构床位数、万人拥有公共交通车辆数、人均城市维护建设资金支出度量城镇基础设施水平，选取城镇居民人均可支配收入、城镇基本医疗保险覆盖率度量城

镇居民生活质量，选取城乡居民人均收入比、经济外向度分别度量城乡差距和开放发展程度；农业现代化从农业投入、农业产出、农民生活等3个方面进行衡量，选取单位耕地面积机械总动力、耕地有效灌溉率度量农业投入，选取劳动生产率、土地生产率度量农业产出，选取农村居民人均纯收入、农村恩格尔系数度量农民生活水平；绿色化从绿色工业、绿色农业、绿色经济和生态环境建设4个方面进行衡量，选取工业污染治理投入占GDP比重度量绿色工业水平，选取单位农药使用量、节水灌溉率度量绿色农业水平，选取森林覆盖率、城市人均公园绿地面积度量生态环境建设水平，选取万元GDP能耗度量绿色经济水平。具体参见表1。

表1 "五化"协调综合评价指标体系和权重

一级指标	二级指标	三级指标	权重
工业化	发展规模	人均规模以上工业总产值（元/人）	0.216
		第二产业从业人员占比（%）	0.071
	科技水平	R&D经费支出占GDP的比重（%）	0.122
		万人专利授权量（件/人）	0.084
		专业技术人员比重（%）	0.312
	工业效益	全员劳动生产率（%）	0.124
		规模以上工业销售利润率（%）	0.072
信息化	基础设施	移动电话普及率（部/百人）	0.139
	产业规模	人均电信业产值（元/每人）	0.132
	应用消费	互联网普及率（户/百人）	0.140
	知识支撑	万人在校大学生比例（人）	0.087
		人均公共图书馆藏书量（册/人）	0.231
	发展效果	信息产业增加值占比重（%）	0.271
城镇化	人口就业	户籍人口城镇化率（%）	0.104
		常住人口城镇化率（%）	0.064
		第三产业从业人员占比（%）	0.048
		城镇登记失业率（%）	0.060
	基础设施	万人医院和卫生机构床位数（张/万人）	0.076
		万人拥有公共交通车辆数（辆/万人）	0.049
		人均城市维护建设资金支出（元/人）	0.132
	生活质量	城镇居民人均可支配收入（元）	0.116
		城镇基本医疗保险覆盖率（%）	0.120
	城乡协调	城乡居民人均收入比（%）	0.037
	开放发展	经济外向度（%）	0.191

续表

一级指标	二级指标	三级指标	权重
农业 现代化	农业投入	单位耕地面积机械总动力（千瓦/公顷）	0.277
		耕地有效灌溉率（%）	0.095
	农业产出	劳动生产率（元/人）	0.226
		土地生产率（万/公顷）	0.159
	农民生活	农村居民人均纯收入（元）	0.198
		农村恩格尔系数（%）	0.046
绿色化	绿色工业	工业污染治理投入占 GDP 比重（%）	0.190
	绿色农业	单位农药使用量（吨/公顷）	0.148
		节水灌溉率（%）	0.265
	生态环境	森林覆盖率（%）	0.130
		城市人均公园绿地面积（平方米/人）	0.092
	绿色经济	万元 GDP 能耗（吨标准煤）	0.174

该指标体系权重的确立本研究采用变异系数法。因变异系数法能充分利用指标本身所提供的信息准确反映指标的相对重要程度。其计算公式为：

$$V_j = \frac{\sigma_j}{\overline{x_j}} \qquad (1)$$

式中，V_j 表示第 j 个指标的变异系数，σ_j 为指标 j 的标准差，$\overline{x_j}$ 为指标 j 的平均数。由此，可以测算出各项指标的权重 W_j。

$$W_j = \frac{V_j}{\sum_{j=1}^{n} V_j} \quad (j=1, 2, 3, \cdots, n) \qquad (2)$$

由于各项指标的计量单位差异大，本研究首先采用极值法对原始数据进行无量纲化处理。具体公式为：

$$S_{ijt} = \frac{X_{ijt} - \min(X_j)}{\max(X_j) - \min(X_j)} \quad (X_{ijt} 为正向指标) \qquad (3)$$

$$S_{ijt} = \frac{\max(X_j) - X_{ijt}}{\max(X_j) - \min(X_j)} \quad (X_{ijt} 为负向指标)$$

式中，S_{ijt} 表示 t 年份指数 i 的第 j 个指标的标准化数据，$\min(Xj)$ 与 $\max(Xj)$ 分别为 j 指标所有样本的最小值与最大值。

在此基础上，根据变异系数法确定的"五化"协调各指标的具体权重见表1。

三、"五化"协调发展水平测度方法和阶段划分量化标准

本研究将在测度"五化"综合发展指数的基础上，建立耦合度和协调度测算模型，对"五化"协调发展水平进行系统、全面、科学的度量，对"五化"协调发展阶段划分的量化标准进行测算。

(一)"五化"综合发展指数测度

在参考已有相关成果基础上，本研究分别构建了工业化发展指数 $M(m)$、信息化发展指数 $I(i)$、城镇化发展指数 $U(u)$、农业现代化发展指数 $N(n)$ 和绿色化发展指数 $G(g)$。这五个指数的计算方式如下：

$$M = \sum_{c=1}^{k} \chi_c m_c \ ; \ I = \sum_{d=1}^{k} \delta_d i_d \ ; \ U = \sum_{e=1}^{k} \varepsilon_e u_e \ ; \ N = \sum_{b=1}^{k} \beta_b n_b \ ; \ G = \sum_{a=1}^{k} \alpha_a g_a$$

$$(4)$$

式中，m_c、i_d、u_e、n_b、g_a 分别表示构成工业化、信息化、城镇化、农业现代化和绿色化的各项指标的标准化数据；χ_c、δ_d、ε_e、β_b 和 α_a 则分别表示各项指标的权重。

上式各"化"发展指数分别代表了各自的发展水平，而将各"化"发展指数取几何平均数得到的综合发展指数可以体现"多化"综合发展水平。因相对于算术平均数，几何平均数受极端值的影响更小，更能反映出事物发展的一般水平。故"五化"中任意"两化"的综合发展指数 Z_i 为：

$$Z_i = \sqrt{X_i \cdot Y_i} \tag{5}$$

式中，Z_i 为"五化"中任意"两化"的综合发展指数，X_i 和 Y_i 分别为"五化"中这"两化"的发展指数。$Z_i \in [0, 1]$。该指数越大说明"两化"综合发展水平越高，反之越低。

同理，本研究将"五化"发展指数的几何平均数作为其综合发展水平的衡量标准。由此得到"五化"综合发展指数 Z 为：

$$Z = \sqrt[5]{M \cdot I \cdot U \cdot N \cdot G} \tag{6}$$

式中，$Z \in [0, 1]$。Z 越大，说明"五化"综合发展水平越高，反之越弱。

(二)"五化"耦合度测度

耦合是指两个或两个以上系统或要素通过各种相互作用而彼此影响

的现象。系统或要素之间相互影响的程度通常用耦合度来表示。

"五化"之中的"两化"耦合度本研究采用如下通用的公式进行测算。

$$C_1 = \frac{2\sqrt{S_1 S_2}}{S_1 + S_2} \tag{7}$$

式中，S_1 和 S_2 表示由式（4）求得的各"化"发展指数，C_i 表示"两化"的耦合度。$C_i \in [0, 1]$。C_i 越大，说明耦合度越强，反之越弱。

"五化"发展耦合度的测算本研究采用类似李裕瑞和王婧等的方法，其计算公式为：

$$C = \sqrt{2 - \frac{5 \times (M^2 + I^2 + U^2 + N^2 + G^2)}{(M + I + U + N + G)^2}} \tag{8}$$

式中，C 表示"五化"耦合度，M、I、U、N、G 分别表示由式（4）得出的各"化"发展指数。$C \in [0, 1]$，C 越大，说明耦合度越强，反之越弱。

（三）"五化"协调度测度

由于式（7）和式（8）得出的耦合度只是反映各"化"间相互影响程度的高低，并不能反映"五化"发展的协调程度。因此本研究引入协调度模型，以更好地测度"五化"协调发展状况。

"五化"之中的"两化"协调度计算公式为：

$$H_i = \sqrt{C_i \cdot Z_i} \tag{9}$$

式中，H_i 表示"五化"之中的"两化"协调度，C_i 为式（7）测算出的"两化"耦合度，Z_i 为式（5）测算出的"两化"综合发展指数。$H_i \in [0, 1]$。H_i 越大，说明协调度越高，反之越弱。

同理，"五化"协调度的计算公式为：

$$H = \sqrt{C \cdot Z} \tag{10}$$

式中，H 表示"五化"协调度，Z 为式（5）测算出的"五化"综合发展指数，C 为式（7）测算出的"五化"发展耦合度。$H \in [0, 1]$。H 越大，说明协调度越高，反之越弱。

按照廖重斌（1999）的划分方法，本研究将协调度 H 按照数值的高低，以 0.1 为步长，分为 10 个等级，用于评价"五化"协调发展的水平。如表 2 所示。

表2 "五化"协调度水平评价标准

协调度 H	协调水平	协调度 H	协调水平
[0.00 - 0.10]	异常失调	(0.50 - 0.60]	勉强协调
(0.10 - 0.20]	重度失调	(0.60 - 0.70]	初级协调
(0.20 - 0.30]	中度失调	(0.70 - 0.80]	中级协调
(0.30 - 0.40]	轻度失调	(0.80 - 0.90]	良好协调
(0.40 - 0.50]	濒临失调	(0.90 - 1.00]	优质协调

（四）"五化"协调发展阶段划分量化标准的界定

依据本研究确定的"五化"协调发展各阶段的特征，以及多数学者对工业化、信息化、城镇化、农业现代化和绿色化等主要指标的界定，本研究首先确定的各阶段每"化"分界点的指标特征如表3所示。其中，工业化发展阶段的判断标准主要参照国内郭克莎（2000）人均 GDP 标准和陈佳贵、黄群慧和钟宏武制定的工业化综合指数标准；信息化发展阶段的判断标准主要参照冯献和崔凯关于信息产业自身发展水平与对其他领域影响程度及国家信息中心"信息社会发展研究"课题组信息社会指数的阶段划分标准；城镇化发展阶段的判断标准主要参照诺瑟姆（1979）和王建军（2009）依照城镇化率划分的标准；农业现代化发展阶段的判断标准主要参照蒋和平、辛岭和黄德林（2006）依据农业现代化指标特征值划分的标准和施晟、卫龙宝、伍骏骞（2012）依照农业地位科技水平划分的标准；绿色化发展阶段的判断标准主要参照金亚楠（2011）关于我国社会环保意识的阶段性变化研究与张文政和马荣（2013）关于我国环境破坏程度的阶段化变化的研究。

表3 "五化"协调发展各阶段各"化"发展水平的判断标准

指标	分离阶段	互动阶段	磨合阶段	成熟阶段
工业化	$M < 0.30$	$0.30 \leqslant M < 0.60$	$0.60 \leqslant M < 0.70$	$M \geqslant 0.70$
信息化	$I < 0.10$	$0.10 \leqslant I < 0.50$	$0.50 \leqslant I < 0.80$	$I \geqslant 0.80$
城镇化	$U < 0.17$	$0.17 \leqslant U < 0.50$	$0.50 \leqslant U < 0.63$	$U \geqslant 0.63$
农业现代化	$N < 0.10$	$0.10 \leqslant N < 0.30$	$0.30 \leqslant N < 0.70$	$N \geqslant 0.70$
绿色化	$G < 0.10$	$0.10 \leqslant G < 0.30$	$0.30 \leqslant G < 0.50$	$G \geqslant 0.50$

在此基础上，利用各"化"阶段的判断标准，将临界值分别代入公式（6）、公式（8）和公式（10）中，可以计算出"五化"不同阶段的综合发展指数、"五化"耦合度、"五化"协调度的量化判断标准。计算结果如表4所示。

表4　　　　"五化"协调发展各阶段不同指数量化标准的界定

指标	分离阶段	互动阶段	磨合阶段	成熟阶段
"五化"综合发展指数	Z<0.139	0.139≤Z<0.423	0.423≤Z<0.658	Z≥0.658
"五化"耦合度	C<0.863	0.863≤C<0.962	0.962≤C<0.989	C≥0.989
"五化"协调度	H<0.346	0.346≤H<0.638	0.638≤H<0.807	H≥0.807

四、长江经济带"五化"协调发展的实证分析

长江经济带包括上海、江苏、浙江、安徽、江西、湖北、湖南、四川、重庆、云南、贵州11个省市，横跨东中西三大地带，已发展成为我国综合实力最强、发展潜力最大的区域之一。

为了反映长江经济带"五化"协调发展的状态，本研究选取2000年、2005年、2010年和2015年4个时间节点，使用的各省份2000年、2005年和2010年数据主要来自相关年份的《中国城市统计年鉴》、《中国电子信息产业年鉴》、《中国农业年鉴》、《中国环境统计年鉴》、《1949～2009中国电子信息产业统计》以及各省市统计年鉴与统计公报。2015年的数据主要来自各省市2015年国民经济和社会发展统计公报。对于缺失的数据，本研究主要采用移动平均和指数平滑的方法进行测算。需要说明的是，上海市信息产业增加值数据分别来自2001年、2006年、2011年的《上海统计年鉴》及《上海市国民经济和社会发展统计公报（2015）》；其他省份2000年和2005年信息产业增加值数据来自《1949～2009中国电子信息产业统计》，2010年信息产业增加值数据来自《中国信息产业年鉴（2011）》和《中国电子信息产业统计年鉴（2011）》，2015年的电子信息产业增加值由往年数据推算得出。

根据本研究确定的"五化"协调水平度量方法，测算的长江经济带区域"五化"发展指数结果如表5所示。

表5 长江经济带"五化"发展指数

指数	2000 年	2005 年	2010 年	2015 年
综合发展指数	0.129	0.210	0.324	0.423
信息化	0.039	0.146	0.290	0.319
绿色化	0.341	0.339	0.375	0.412
工业化	0.135	0.208	0.326	0.476
城镇化	0.257	0.292	0.395	0.508
农业现代化	0.076	0.134	0.255	0.429

21 世纪以来，长江经济带"五化"综合发展指数及各"化"发展指数均出现不同程度的提高，但发展水平仍然偏低。2000 年，长江经济带绿色化发展指数最高（0.341），信息化和农业现代化发展指数最低（0.039 和 0.076）；到 2015 年，城镇化发展指数最高（0.508），信息化和绿色化发展指数最低（0.319 和 0.412）。2000～2015 年期间，提升最快的是信息化水平，其次是农业现代化水平；提升较慢的是城镇化水平，提升最慢的是绿色化水平；工业化水平提升速度居中。迄今为止，在长江经济带"五化"中，信息化、绿色化和农业现代化依然是短腿。

根据本研究确定的"两化"耦合与协调水平度量方法，测算的长江经济带区域"两化"耦合度与协调度的结果如图 1、图 2 所示。

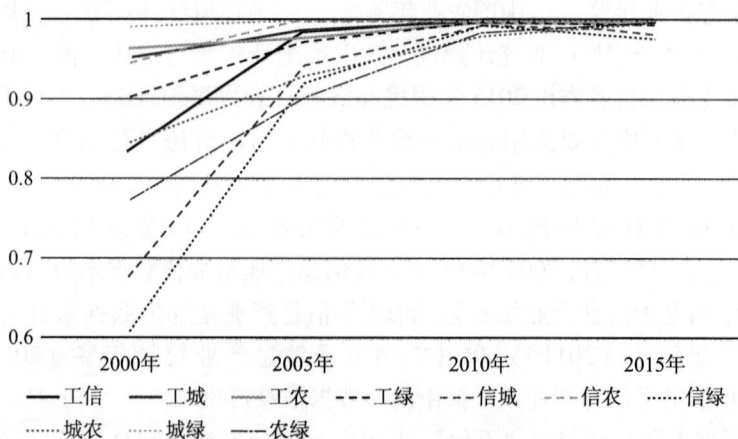

图 1 长江经济带"两化"耦合度

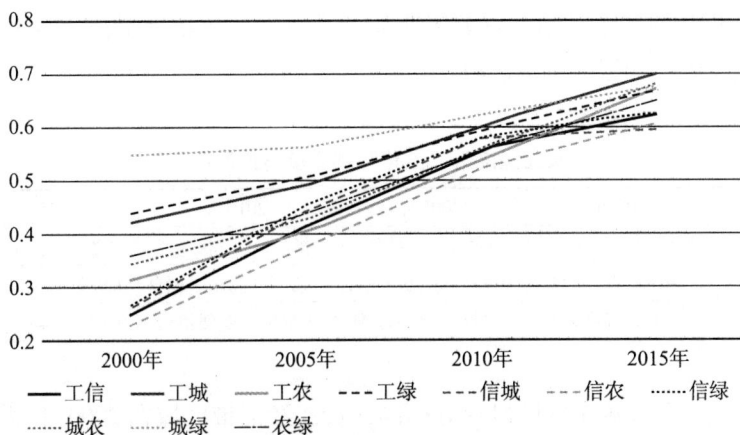

图2　长江经济带"两化"协调度

从耦合度来看，21世纪以来，长江经济带"两化"耦合度基本呈现上升态势，呈现先快后慢的提升态势，差距显著缩小。具体而言，2000~2005年"两化"耦合度均呈明显上升态势，提升幅度最大。2005年以后，"两化"耦合度仅有小幅提升，其中农业现代化与信息化的耦合度甚至出现略有下降的趋势。2010~2015年，工业化与信息化、工业化与绿色化、信息化与绿色化、城镇化与信息化的耦合度也出现略有下降的局面。尽管如此，到2015年长江经济带"两化"耦合度均在0.9以上，属于高水平耦合。这说明长江经济带"化"与"化"之间关系密切，带动性较强。

从协调度来看，新世纪以来，长江经济带"两化"协调水平也一直处于上升状态，基本呈现先快后慢的提升态势，差距显著缩小。具体而言，2000~2010年"两化"协调度基本呈明显上升态势，提升幅度较大。2010年以后，"两化"协调度只有小幅提升。仅工业化与城镇化、城镇化与农业现代化、城镇化与绿色化之间的协调度在2000~2005年增长缓慢，2005年之后才出现明显提升的态势。其中，信息化与农业现代化协调水平基本处于最低状态。尽管如此，到2015年"两化"协调度均在0.6以上或接近0.6，基本达到了初级协调的水准。

根据本研究确定的"五化"耦合和协调水平度量方法，测算的长江经济带区域"五化"耦合度与协调度的结果如表6所示。从耦合度来看，新世纪以来，长江经济带"五化"耦合度呈现稳步上升态势，从良性耦合状态进入了高水平耦合阶段。从协调度来看，新世纪以来，长江经济带"五化"协调水平则一直处于明显上升状态，从新世纪初的轻度失调逐步过渡到了初级协调的阶段。

表6 长江经济带"五化"耦合度与协调度

指标	2000 年		2005 年		2010 年		2015 年	
	指数	状况	指数	状况	指数	状况	指数	状况
耦合度	0.745	良性耦合	0.933	高水平耦合	0.987	高水平耦合	0.989	高水平耦合
协调度	0.310	轻度失调	0.442	濒临失调	0.566	勉强协调	0.647	初级协调

按照本研究确定的阶段划分标准，长江经济带区域在 2000 年时仍处于分离阶段，在 2005 年和 2010 年时均处于互动阶段，在 2015 年时进入磨合阶段，虽然"五化"协调状况持续优化，但尚未进入"五化"协调的成熟阶段。

五、结语

得益于国家协调发展战略的实施，长江经济带协调发展取得了明显进步，各"化"水平、相互间的耦合与协调水平乃至"五化"的耦合与协调水平基本上均呈现稳步提升的良好发展态势，综合判断刚进入"五化"协调发展的磨合阶段。

从"五化"发展指数来看，21 世纪以来，长江经济带"五化"综合发展指数及各"化"发展指数均出现不同程度的提高。特别是信息化水平、农业现代化水平得到明显提升。到 2015 年，城镇化水平达到最高，然而其发展指数明显偏低，仅为 0.508 的水平。"五化"中各"化"水平发展不足仍是我们面临的主要问题。其中，信息化、绿色化和农业现代化短腿的制约更为明显。

从耦合度来看，21 世纪以来，长江经济带"五化"耦合度呈现稳步提升的态势，从良性耦合进入了高水平耦合状态。到 2015 年，长江经济带"五化"之中的任意"两化"耦合度均达到 0.9 以上，属于高水平耦合状态。但值得关注的是，近年来工业化与信息化、工业化与绿色化、信息化与绿色化、城镇化与信息化、农业现代化与信息化的耦合度出现略有下降的趋势，应引起高度重视。

从协调度来看，21 世纪以来，长江经济带"五化"协调水平一直处于上升状态，从新世纪初的轻度失调逐步过渡到了初级协调的状态。到

2015 年，长江经济带"五化"之中的任意"两化"协调度均在 0.6 以上或接近 0.6，基本达到了初级协调以上的水准。其中，工业化和城镇化之间的协调度最高，但也仅为 0.7；而信息化与绿色化、信息化和农业现代化两者之间的协调度基本为 0.6 左右。

建议长江经济带在推进"五化"协调发展时以信息化、绿色化和农业现代化为突破口，重点加快信息化与工业化的高度融合、信息化在城镇化中的普及应用，发挥信息化对农业现代化的提升作用和信息化对绿色化的支撑作用，并在工业化进程中突出强调绿色化的要求，共促"五化"协调发展。

中部区域赶超模式与路径研究

中部地区经济赶超模式研究

周杰文[①]

一、选题背景及意义

我国中部地区包括河南、湖北、湖南、安徽、江西、山西六个省份，2015 年统计数据显示：中部六省依靠全国 10.7% 的土地，承载全国 26.43% 的人口，创造全国约 26.43% 的 GDP，是我国重要的人口大区、经济腹地和重要市场。因此，中部六省的经济发展对我国整体经济形势有着非常重要的作用。2004 年 3 月，温家宝总理在政府报告中，首次明确提出中部崛起计划。2006 年 4 月，国务院出台《关于促进中部地区崛起的若干意见》，意见指出要把中部建成全国重要的能源原材料基地、粮食生产基地、现代装备制造及高技术产业基地，这足以说明国家对中部地区的重视。改革开放以来，中部六省取得了巨大的成就，但中部六省经济增长与部分省份相比相对落后。在中部六省经济发展过程中，由于区位条件、自然资源、人口、交通、资本要素等不同，遇到各种各样的问题。对此，中部崛起怎么做，如何做的问题正等待着我们解决。

站在历史的新起点上，中部六省该怎么发展，发展的方向是什么，怎么实现经济赶超，有哪些因素可以支持中部六省实现经济赶超等问题，正等待我们用科学的方法去回答。对此，本文对各省经济增长驱动因素进行分析，一方面，有助于对中部六省经济增长机制的了解和把握；另一方面可以为中部六省经济赶超提供理论依据。本研究通过对其他相关国家、我国以及国内部分经济高速增长的省市经济赶超模式的研究，找出它们实现区域经济短时间内快速发展并保持领先的经验和教训，指出对中部各省经济发展中的有点、缺陷及主要动力，综合相关地区的经验

[①] 周杰文，南昌大学经济管理学院副教授。

教训总结出中部地区各省实现经济赶超的发展模式。

二、国家层面的经济赶超模式综述

历史作为一个大尺度的、长期的、多次的、全面的实验。这个实验的对照、双盲、实验记录及其合理的研究方法在过去都是卓有成效的，并对后期人类的生活产生了重大的影响。发达国家所走过的现代经济发展历程是我国所欠缺的，所以发达国家的经验教训对当今中国经济的发展和腾飞具有非常重要的价值。

（一）亚洲国家（地区）赶超模式的研究现状

1. 日本

相对而言，"东亚赶超模式"的原型——"日本赶超模式"在传统经济条件下成功和失败的反差最为显著。尤其是 20 世纪 60～80 年代，日本在其间的三个十年 GDP 年均实际增长率分别达 10.2%、4.4% 和 4.6%，人均 GDP 提高到 2 万美元以上，日本高速持续增长的经济都归功于"二战"后日本的赶超经济。然而，在 20 世纪 90 年代，日本的经济却陷入了持续低迷的状态。作为同样是后发国家的中国，我国与日本有许多相似之处，如政府主导的产业政策、银行主导的金融体系等。而日本作为后发国家实现赶超经济的实验基地，及时总结日本经济发展中的得与失，对中国实现经济赶超和可持续发展具有前瞻性的作用。

（1）政府制度与政策解读。在经济发展过程中，政府能力的推动被认为是一项重要的要素。尤其对于落后国家的经济发展，为了摆脱不发达市场自发演进过程的羁绊，常常运用政府能力，以强有力的制度和政策来弥补不完善的市场发育政策与产业政策。在实现赶超经济机制中，日本政府以强有力的政府措施，为经济发展做出了体制上的安排。

首先，日本通过发展重化工业，建立起实现经济赶超的关键。其次，日本通过所有权安排，迅速扶植起一批不同类型的企业组织，并使其成为赶超经济的重要力量。最后，通过制定经济计划和实施产业政策，实现政府对企业活动的直接或间接干预。

政策和产业相结合的做法，可以说是日本近代以来对工业化发展道路的又一探索，具有重要的历史意义。但是，就像美国经济学家克鲁格曼（Paul R. Krugman）所指出的"日本经济的失败与它的成功一样意义深远，日本发生的既是一场悲剧，又是一种警示"。由于中央政府将政府政策直接嵌入国民经济中，形成了相对集中的管理体制，这种做法过分地夸大了"政府政策的集中作业"，使得经济缺乏灵活性，市场体系的封闭性，产业结构的固化等弊端日益暴露。

（2）日本产业的解读。劳动力雇佣体制。日本企业对劳动力的雇佣，主要采用两个体制：年功序列制、终身雇佣制。年功序列制指：大企业的"正式"员工的工资会每隔一段时间提高一次，职位也每隔一段时间提升一次。终身雇佣制指：大企业一般不会在职工的退休年龄之前解雇或开除员工，除非员工有特殊原因或者企业经营遇到极度困难。这两种劳动力雇佣体制，把企业和自身的利益紧密联系在一起。一方面，提高劳动者积极性，另一方面，保持了良好的劳资关系，有利于社会安定。

资金政策。日本金融市场最显著的特征是企业与银行之间的"主力银行制"。"主力银行制"是指银行为企业提供资金，咨询和信息服务，银行对企业进行人事派遣并持有企业大量股票。"主力银行制"使银行拥有对企业经营决策的能力，有利于掌握企业经营信息，降低贷款风险，同时保障企业在运营中充裕的资金，有利于企业长期稳定发展。但是该政策会阻碍证券市场的发育和导致大企业对银行过度依赖。

技术进步。"二战"后的日本处于一片废墟之中，其经济、技术、人才与美欧发达国家有着非常大的差距。为了尽快实现国家的现代化，日本制定以赶超欧美发达国家为目标的赶超经济策略。

事实证明，日本的经济赶超取得了巨大的成功，之所以如此，是与日本技术进步密切相关，甚至可以说，日本经济赶超过程实质上是技术进步的过程。日本技术进步是在引进、吸收、改进、创新中实现的，并具有以下显著的特征。首先，技术引进是在政府指导和鼓励下进行的。其次，日本技术的引进绝不是盲目引进，而是根据国情的前提下，引进自身能够吸收的技术，有计划有步骤地引进。最后，对引进的技术进行不断革新。

1951～1953年是日本进行引进技术的第一个浪潮。在这期间，日本积极地引进美国、德国、英国在电气、运输、纺织工业、化学产业等领域的技术。1956年以后，日本进行第二次技术引进，主要是引进工业生产关键领域的技术和提高生产效率的机械技术。这一阶段特征是日本技术基本是靠大规模引进，其自主创新相对较少。

但是，随着经济的发展，国际竞争日益激烈，纯粹的技术引进和模仿已经不能满足社会经济发展的需要。日本意识到必须从技术模仿跨越到技术创新，才能进一步提高生产效率和促进国民经济的飞跃。因此，日本确定了国家支持技术创新的政策，分别采取开放国内技术市场和提高技术引进自由度的方针。到 20 世纪 70 年代以后，其自主创新的着眼点已经转向超越美欧等国拥有的同类技术，发展适合本国产业和社会特殊需求的技术。技术的不断改进促使着日本产业的不断升级。但是，现实并不如日本政府所愿。自 20 世纪 90 年代开始，日本经济未曾实现腾飞，反而陷入了"赶超陷阱"。究其原因是：在赶超经济过程中，赶超模式与制度、机制的不匹配，尤其是政府体制的僵化，严重影响经济的正常发展，使其朝着停滞和衰败的方向演进。因此，赶超经济模式固然有很多的可取之处，但切不可盲目求经济发展速度而忽略体制问题，陷入"赶超陷阱"。这对于我国中部经济稍落后的省份来说，是一个很好的借鉴和警示例子。

2. 亚洲"四小龙"经验

亚洲"四小龙"实现赶超经济的机制有：第一，"四小龙"为了加快经济发展速度，在大量引进技术的同时，十分对资本积累的应用。第二，政府在其中起了至关重要的作用，它们也在利用自身的优势实现经济赶超。第三，市场机制也起巨大的作用。

（1）资本积累优势。后发优势即利用先进国家的科学技术，跳跃先进国家所经历的早期阶段，避免为获得某些发明而付出代价。后发国家比先发国家具有资本积累方面的优势，首先，后发国家通过大量的物质资本投入推动经济快速发展，同时，有形资本的投入会促进无形资本即劳动力投入的增加，而且还能提高劳动者素质和技能，使得后发国家过剩人口转变为人力资本，成为经济增长的驱动力；其次，在资本积累过程中，从发达国家进口的设备中隐含着先进技术和更好的生产组织方式，因此，进口引进了先进的技术和制度模式，减少了开发技术的成本，成为后发国家又一优势所在。

（2）政府制度作用。20 世纪 70 年代后，为了经济的快速发展，韩国政府借助世界能源危机的契机，对经济发展模式进行了重大调整，重点支持重化工业的发展。其结果是，为了在金融上支持重工业的发展，韩国政府通过控制银行对金融资源配置进行全方位的干预。表现为：在政府的安排下，银行体系给予企业直接和间接的补贴贷款；另外，企业获得的国内信贷一半以上是低利率的贷款，这些政策使韩国银行与大企业之间建立起长期稳定的产权和信贷关系。一方面，重化工业发展得到了巨大资金支持这种强大的后盾，有利于国家长期的经济发展；另一方面，稳定的信贷关系，避免了企业和银行之间的各种问题，给社会经济的发展提供了良好的国内环境。但政府主导的金融资源配置方式，并不能把资金有效的配置给各个企业，也会导致资源在社会中配置的各种问题突起。

（3）市场经济体制。赶超模式中市场经济体制的影响，可以从东亚与苏联、东欧模式对比中体现出来。东亚的赶超模式主要是一种政府主导的市场经济体制，而苏联、东欧模式是一种政府主导的计划经济体制；东亚的赶超模式是通过大量资本投入的快速粗放型经济增长，但是，一旦投入型经济增长潜力被完全开发后，则计划机制的使命就终结了。苏联、东欧的模式是政府的干预和计划手段始终是以建立和完善市场机制为原则，这种干预随着政府力度由递增转为递减，则可以衍生出一种更有效率的经济运行机制，对经济增长有着非常重要的意义。

（二）拉丁美洲的经济奇迹模式

20 世纪以来，拉美经济发展大致经历了为"开放—封闭—再开放"的历程，在该历程中，拉美经济既有高速增长的"经济奇迹"，也有停滞不前的"失去的十年"，同时，拉美经济模式也在不断地转换。

1900～1945 年，原材料和初级产品出口阶段：在这一阶段，拉美经济实现了高速增长，其模式主要是以丰富的自然资源出口换取资金来发展本国经济。1945～1980 年，进口替代的工业化发展阶段：拉美国家通过大力发展本国制造业，建立关税保护市场，增加就业扩大内需等措施，使拉美各国走内向型发展道路。1980～1989 年，债务危机阶段：在这一阶段，拉美先后爆发了经济危机和债务危机，使得拉美经济从高速增长陷入了"失去的十年"。1990 年以来开始进入"边改革，边发展"阶段：这一阶段，为了从经济危机和债务危机中站起来，拉美各国纷纷又由"内"再次转向"外"，实行外向型经济发展模式。

拉美经济从高速发展到债务危机，其原因有以下几点：

第一，社会贫富差距严重。第二，经济结构严重失衡。第三，过度依赖外资。第四，资源环境问题严重。我国与拉美国家一样同属发展中国家，在很多方面存在相似之处，特别是我国在 21 世纪初加入"中等收入国家"行列后，经济社会发展中面临不少类似的问题和挑战：经济结构失衡，经济发展与资源环境矛盾大，社会贫富差距扩大，经济独立发展能力弱等。拉美经济发展模式对我国经济发展有着非常好的前瞻性和警示性意义。

（三）非洲经济奇迹模式

如果说中国已经成为"世界工厂"，而小得多的南非早已是"非洲工厂"。南非得益于有利的政策环境，低廉的劳动力成本，便利的交通条件等优势，成为了世界知名纺织企业投资设厂的竞相追逐之地，例如印度纺织集团、土耳其纺织企业、国际服装零售巨头 Hennes and Mauritz（H&M）以及英国零售巨头 Tesco。中国也瞄准了契机，华坚集团在埃塞俄比亚建立了该国最大的制鞋厂，尤其埃塞俄比亚地区更是很受欢迎，正是由于制造业的发达促使了"非洲奇迹"的发生。

南非的经济"奇迹"有两个与中国相似之处：分别是经济外向型和基础设施建设领先于经济增长。经济外向型是指利用外资，开辟"外需"促进经济增长，其原因是，由于人口消费能力低下，导致长期"内需"不足，而利用外资开辟"外需"正好有效地解决了这一难题；基础设施建设领先于经济增长这一点与中国目前的情况非常相似，中国居民有车率也不高，高速公路却已居世界第二，南非政府利用"低人权优势"，随意圈占黑人的土地，因此，南非得以大量占地修建基础设施。

尽管南非经济"奇迹"有很多可取之处，但是，大部分南非人依然极度贫穷，并未比种族隔离时期富裕多少；政治权利和公民权利的提升，被日益严重的社会不安全感、暴力和犯罪抵消，贫富差距依然十分严重。

（四）美英等发达国家持续领先的动力模式

美国模式实质上是一种商品经济发展模式，主要优点有：劳动力和产品市场的弹性很强。由于低税，激烈的竞争和股东资本主义，促使股东对管理者施加压力，要求企业实现利润最大化。缺点：收入差距悬殊，福利低，公共服务与社会财富不匹配，投资率和储蓄率很低。美国模式中政府因素和企业因素分别有不同的作用，政府因素表现为：美国政府运用财政和货币政策对市场进行间接调控；企业因素表现为：企业格局以500家大公司为核心，周围是一大批中型企业，边缘是数以万计的小企业。美国模式中工业立国的赶超战略主要包括以下几点：实施保护性关税、建立国家信用体系、鼓励发明创造、建立合理的市场运行机制，改善运输业和加强政府在经济发展中的作用等，正是在该战略的推行下，美国成功地实现了工业化和经济的快速飞跃式发展。

综上所述，美国模式对我国经济发展的启示：首先，正确认识和处理政府与市场的关系，发挥政府在经济增长中的作用。其次，政府和银行建立恰当的关系，使得企业行为理性化。

（五）我国的经济赶超模式分析

"中国模式"与"东亚模式"有许多的相似之处，例如：高储蓄率，出口导向和高投资率等，但"中国模式"与"东亚模式"却有着很多本质上的区别。所谓"中国模式"主要包含为三个方面：有限市场经济，非均衡赶超和比较优势战略。

有限市场：中国的市场化改革实质上是从计划经济向市场经济的转轨过程，所谓"有限"主要体现在，强有力的政府主导、不完全市场和国有企业的控制力。非均衡赶超包括区域经济优先发展东部经济的非均衡化、经济驱动力主要依靠投资和出口的非均衡化以及产业结构优先发展第二产业的非均衡化。比较优势战略主要是要素积累，表现为：丰富的资源、廉价的劳动力、广阔的市场。资源成本低，劳动力成本低，巨大的消费者群体，外加强有力的政府又开出大量优惠政策为外资提高安全的政治经济环境，这对于任何国家和企业来说，都会想要抓住中国这块巨大的利益蛋糕，而中国正是利用此优势实现了经济的快速飞跃。正如施炳展、李坤望分析中国经济赶超的源泉问题时所发现的：中国改革开放后的经济赶超主要源泉是要素积累；效率改进有一定的积极作用，但影响逐渐减弱；技术进步对于经济赶超是负的影响，但开始改善。

三、我国部分高速增长的省市经济模式的理论模型

根据国家统计局核算，2015 年全年国内生产总值为 676 708 亿元，按可比价格计算，比上年增长 6.9%。据已公布 2015 年全国 31 个省市区经济数据显示，经济榜单前三名的是广东、江苏、山东。其中广东、江苏两省 GDP 总量首次迈入 7 万亿大关。广东省统计局数据表明，2015 年，广东地区生产总值达 7.28 万亿元，自 1989 年以来连续 27 年稳居全国各省市区第一。其中，总量在 3 万亿以上的省有广东、江苏、山东、浙江、河南、四川六地。

总体来说，2015 年全国 31 个省市区中有 26 个省 GDP 增速高于全国增速，重庆、西藏、贵州增速排名前三，增速均超过 10.7%。整体中西部地区快于东部，中部六省 GDP 增速分别为：河南 8%、江西 9.1%、湖南 8.6%、湖北 8.9%、安徽 8.7%、山西 3.1%。可以看出，中国各省市区经济增速各有不同，下文将通过对部分持续较高速增长和部分高增长欠发达省市的经济发展模式进行研究，分析影响经济增长的因素，探讨其经济发展模式的成功之处，以期对中部地区经济赶超产生借鉴意义。

（一）经济增长的概念和内涵

在宏观经济学中，经济增长通常被定义为产出的增加（高鸿业，1996）。或者指：一国一定时期内生产的产品和提供的劳务总量的扩大。表现为 GDP 或者人均 GDP 的增长。其程度用增产率表示：

Y_t 表示 t 时期的总产量，Y_{t-1} 表示（t-1）时期的总产量。增长率为：

$$G_t = \frac{Y_t - Y_{t-1}}{Y_{t-1}}$$

y_t 表示 t 时刻的人均总量，y_{t-1} 表示（t-1）时期的人均产量。增长率为：

$$g_t = \frac{y_t - y_{t-1}}{y_{t-1}}$$

上述是经济增长的狭义概念，重点在强调"量"的概念，广义的经济增长，强调的是"质"的概念。它的内涵更加的丰富，不单指一个国家或地区在一定时期内产出的增长，而且包括伴随产出量提高一同出现的经济，政治和社会结构的变化。这些变化主要包括资源投入结构，产业结构，分配结构，消费结构，人力资本，科技文化，教育卫生等方面的改进，整个国家社会制度的进步以及国民生活质量的提高。但本文所研究的经济增长指经济总量意义上的增长。

（二）经济增长的理论模型

经济增长理论主要包括哈罗德—多马模型、索洛模型、内生增长模型等。

1. 哈罗德—多马模型

该模型分别由罗伊·哈罗德在 1939 年的论文《动态理论论文》（*An*

Essay in Dynamic Theory），与埃弗塞·多马在 1946 年的论文分别独立提出。他们是在凯恩斯通过增加投资来扩大总需求的思想基础上提出了经济增长模型。哈罗德在经济增长理论中引入了时间因素，并且用"比率分析法"代替了凯恩斯的"水平分析法"，从而将凯恩斯的理论长期化，动态化了。

y 表示国民收入，k 表示资本，I 表示净投资，S 表示储蓄

资本产出比：$K/Y = \Delta K/\Delta Y = V$，投资 I 等于储蓄 S，在假定不存在折旧的情况下，$\Delta K = I = S$，等式两边同时除以 ΔY，可以得到 $\Delta K/\Delta Y = V = S/\Delta Y = sY/\Delta Y$。令 $G = \Delta Y/Y$ 则可得：

$$G = S/V$$

该模型突出了在经济增长中，资本的积累是推动经济增长和收入提高的决定性因素，通过提高投资来促进经济增长。哈罗德—多马模型结论为现代经济增长理论奠定了基本的框架，但它的假设条件与现实不符，影响了它对现实的解释力度。因为哈罗德—多马模型的该模型提出的稳定增长条件过于严峻，固定的 K/Y，忽视了技术进步在经济增长中所起的巨大作用，固定的 K/L，否定生产要素的可替代性，"非价格模型"没有考虑价格变化对经济的影响和调节作用，假设与实际相差太多，是不合理的。

2. 新古典增长模型

新古典增长模型以索洛模型最具代表性，索洛经济增长模型（Solow Growth Model）是罗伯特·索洛所提出的发展经济学中著名的模型，索洛在构建他的经济增长模型时，既汲取了哈罗德—多马经济增长模型的优点，又摒弃了后者假设条件的弊端。索洛模型的核心是新古典生产函数 $Y = F(K, L)$，满足以下假定：对于资本和劳动力每一单位的投入生产的边际产品均为正，而且是递减的；生产函数具有规模效应不变的性质；生产函数满足 Inada 条件。模型有以下主要结论：

无论经济增长的初始状态如何，经济体的发展总会收敛一条固定的平衡增长路径。均衡状态的 K 满足 $SF(K) = (n + \partial)K$，表明可以通过 K 使经济达到平衡状态。

索洛模型引入外生的技术变化，认为经济增长的主要促进力量是技术进步。但遗憾的是，并未把技术进步内生化，因而不能解释技术变化的来源。

3. 经济增长的核算方式

增长模型的选择决定经济增长的核算方法。国内的经济增长核算研究主要运用的模型有：一是 C – D 形式的 Solow 生产函数，二是引入人力资本，技术进步，制度变迁等变量的 C – D 生产函数。这两种衡量了新的因素对经济增长的驱动作用。

C – D 形式的 Solow 生产函数，采用 Cobb – Douglas 形式的生产函数可以表示为：

$$Y_t = A_t K_t^{\partial} L_t^{\beta} \quad 0 < \alpha < 1, \ 0 < \beta < 1 \tag{1}$$

两边同时取对数有：

$$\ln Y_t = \ln A_t + \alpha \ln K_t^{\alpha} + \beta \ln L_t + \mu_t \tag{2}$$

等式两边再对时间 t 求导则有：

$$\frac{dY_t}{Y_t} = \frac{dA_t}{A_t} + \alpha \frac{dK_t}{K_t} + \beta \frac{dL_t}{L_t} \tag{3}$$

引入人力资本，技术进步，制度变迁等变量的 C – D 生产函数。在 C – D 形式的 Solow 生产函数加入人力资本 E 可得：

$$Y_t = A(t) K_t^{\alpha} L_t^{\beta} E_t^{\varepsilon} \tag{4}$$

该模型的增长核算方程可以表示为：

$$\frac{Y}{Y_t} = \alpha_t \frac{k}{k_t} + \beta \frac{L}{L_t} + \mu \frac{E}{E_t} \delta Q_1 + \theta Q_2 + \cdots + \vartheta Q_n \tag{5}$$

四、我国部分持续较高增长的发达省市经济模式

据全国 31 个省市区已全部公布 2015 年经济数据显示，广东、浙江依然是盘踞"地区经济总盘"榜单的翘楚。新中国成立至今，以（内源性经济）民营经济蓬勃兴起的浙江模式，（外源性经济）外向型经济引领的广东模式，是区域经济成功发展的典范，分析其经济增长因素，探索其模式的成功之处，一直是中国政府部门和学术界普遍关注的问题。原因是既有利于其自身稳定可持续发展，也对落后省份有着重要的借鉴参考价值。

（一）理论模型

本文采用索洛模型，设生产函数为柯布—道格拉斯（C – D）生产函数形式：

$$Y_t = A_t K_t^{\partial} L_t^{\beta} \tag{6}$$

对模型（6）进行时间序列分析，其对数形式为：

$$\ln Y_t = \ln A_t + \alpha \ln K_t^{\alpha} + \beta \ln L_t + \mu_t \tag{7}$$

为了捕捉技术进步，制度变迁，结构变动对经济增长的影响，我们将模型（6）进行扩展，以更全面地反映经济增长的驱动因素。影响经济增长（GDP）的因素有：物质资本投入（k），劳动力投入（Lad），人力资本（Hc），技术进步（Tech），对外贸易（ftd_t），城乡结构（ccs），产业结构（is）。拓展后的模型如下：

$$\ln Y_t = c + a_1 \ln K_t + a_2 \ln L_t + a_3 \ln H_t + a_4 \ln Tech_t + a_5 Ftd_t + a_6 ccs_t + a_7 Is_t + \varepsilon_t \tag{8}$$

为检验 $a_1 + a_2 = 1$，即资本和劳动力数量投入规模效益不变，如果 $a_1 = 1 - a_2$ 时，方程（8）右边 $\ln L$ 的系数显著为0，则规模效应不变的假设成立。

（二）变量和数据说明

地区生产总值 Y_t（GDP，亿元）。在11个变量指标中：（1）物质资本存量 k 采用 Goldsmith 开创的永续盘存法进行计算处理，其计算公式为：$K_t = I_t + (1 - \alpha)K_{t-1}$，$K_t$ 为当期资本存量，K_{t-1} 指上一期资本存量和价格指数根据。以1952年为基期的1993年广东省和浙江省资本存量分别为：1 114.57亿元，851.1亿元。价格指数根据文章中给出以52年为基期的数据，1995年后的数据则采用两省统计年鉴公布的固定资产价格指数，然后用这一指数序列平减各年投资，将其折算成以基年不变的价格指数表示的实际值。I_t 为当年全社会固定资产投资，α 为经济折旧率，参考孙辉、支大林（2010）对中国各省资本存量的估计及典型事实：1978～2008年的推算，折旧率为6%。（2）劳动力投入（Lad）以年末从业人员数（万人）表示。（3）人力资本（Hc）以每万人在校大学生数量（人）表示。（4）技术进步（Tech）以专利授权量（件）和 R&D 经费表示。（5）对外贸易（ftd_t）以进出口总额（亿元）表示。（6）城乡结构（ccs）以城镇化率表示。（7）产业结构（is）以第二、第三产业占比表示。地方政府收入（Lfr）以地方财政收入（亿元）表示。

所有变量的数据均选取1993～2014年的年度数据（原始数据资料来自《广东省统计年鉴》、《浙江省经济年鉴》、《中国科技年鉴》、中国统计局各期），为了研究的方便，考虑对各时序数据取对数以后并不影响变量之间的关系，对各变量数据作对数处理，处理后的时序变量分别记为：

$Y = \ln(GDP)$，$x1 = \ln(K)$，$x2 = \ln(Lfr)$，$x3 = \ln(ftd)$，$x4 = \ln(is_1)$，$x5 = \ln(is_2)$，$x6 = \ln(lad)$，$x7 = \ln(Hc)$，$x8 = \ln(R\&D)$，$x9 = \ln(ccs)$，$x10 = \ln(Tech)$。

（三）广东省、浙江省的经济增长因素的实证分析

1. 广东省参数估计

因为本文采用的均为时间序列数据，为避免伪回归，必须在进行相关计量分析之前，需要对这些数据进行平稳性检验，下列分别给出 $Y = \ln(GDP)$，$x1 = \ln(K)$，$x2 = \ln(Lfr)$，$x3 = \ln(ftd)$，$x4 = \ln(is_1)$，$x5 = \ln(is_2)$，$x6 = \ln(lad)$，$x7 = \ln(Hc)$，$x8 = \ln(R\&D)$，$x9 = \ln(ccs)$，$x10 = \ln(Tech)$，进行单位根 ADF 检验，检验结果如表 1 所示。

表 1　　　　　　　　　　　检验结果

变量	ADF 检验值	P 值	各显著水平下的临界值			检验结果
			1%	5%	10%	
lny	−2.379	0.3907	−4.38	−3.6	−3.24	非平稳
D1(lny)	−3.098	0.1068	−4.38	−3.6	−3.24	非平稳
D2(lny)	−4.569	0.0012	−4.38	−3.6	−3.24	平稳
lnx1	−21.375	0	−4.38	−3.6	−3.24	平稳
lnx2	−4.405	0.0022	−4.38	−3.6	−3.24	平稳
lnx3	−1.403	0.86	−4.38	−3.6	−3.24	非平稳
D1(lnx3)	−3.865	0.0136	−4.38	−3.6	−3.24	平稳
lnx4	−0.98	0.9468	−4.38	−3.6	−3.24	非平稳
D1(lnx4)	−2.709	0.2324	−4.38	−3.6	−3.24	非平稳
D2(lnx4)	−5.134	0.0001	−4.38	−3.6	−3.24	平稳
lnx5	−1.678	0.7603	−4.38	−3.6	−3.24	非平稳
D1(lnx5)	−2.740	0.2200	−4.38	−3.6	−3.24	非平稳
D2(lnx5)	−5.092	0.0001	−4.38	−3.6	−3.24	平稳
lnx6	−1.328	0.8809	−4.38	−3.6	−3.24	非平稳
D1(lnx6)	−2.700	0.2359	−4.38	−3.6	−3.24	非平稳
D2(lnx6)	−6.113	0	−4.38	−3.6	−3.24	平稳
lnx7	0.157	0.9955	−4.38	−3.6	−3.24	非平稳
D1(lnx7)	−1.983	0.6108	−4.38	−3.6	−3.24	非平稳
D2(lnx7)	−4.015	0.0084	−4.38	−3.6	−3.24	平稳

变量	ADF 检验值	P 值	各显著水平下的临界值			检验结果
			1%	5%	10%	
lnx8	−1.842	0.6844	−4.38	−3.6	−3.24	非平稳
D1(lnx8)	−6.070	0	−4.38	−3.6	−3.24	平稳
lnx9	−3.996	3.0089	−4.38	−3.6	−3.24	平稳
lnx10	−3.381	0.0540	−4.38	−3.6	−3.24	非平稳
D1(lnx10)	−8.165	0	−4.38	−3.6	−3.24	平稳

由表 1 的分析可知 lnx1、lnx2、lnx9 的原始单位根是平稳的，序列 lnx3、lnx8、lnx10 都存在单位根，是非平稳序列，他们的一阶差分序列分别在为 5%、1%、1% 的置信水平下平稳。lny、lnx4、lnx5、lnx6、lnx7 都存在单位根，是非平稳的，他们的二阶差分序列分别在 1% 的置信水平下为平稳的时间序列，故可以使用最小二乘法（OLS）估计而不会出现伪回归。本文中利用 Stata12 软件对方程（8）进行估计，得到：

$$\ln(GDP) = -0.8643 + 0.6938\ln(K) + 0.2476\ln(Lfr) + 0.104\ln(ftd) + 1.112\ln(is_1) -$$
$$t - statistic \quad (-0.21) \quad (6.37) \quad\quad (2.76) \quad\quad (1.17) \quad\quad (0.85)$$

$$1.096\ln(is_2) + 0.331\ln(lad) - 0.044\ln(Hc) + 0.0165\ln(R\&D) + 0.218\ln(ccs) -$$
$$(-0.61) \quad (0.65) \quad\quad (-0.45) \quad\quad (0.41) \quad\quad (0.2)$$

$$0.1021\ln(Tech) \tag{9}$$
$$(-2.18)$$

对方程（9）估计结果进行检验，$R^2 = 0.999$，$F = 1956.63$，DW = 其相伴概率，P 为 0.0000，D—W 值为 1.673091，调整后的 R^2 很高，说明通过检验，且回归整体效果极为显著。

2. 广东省分析结论

由方程（4）可知，要素投入中：资本投入和劳动力投入偏斜率系数分别为 0.6938 和 0.331，表示产出对资本和劳动力的弹性，即其他要素投入保持不变的情况下，资本和劳动力每增加 1 个百分点，平均产出将增加 0.6938 个和 0.331 个百分点；全要素投入：专利授权量，R&D 经费，人力资本偏斜率系数分别为 0.1021、0.0165 和 −0.044，表示产出对全要素投入的弹性，即其他要素投入保持不变的情况下，全要素每增加 1 个百分点，平均产出将增加 0.1021、0.0165 和减少 0.044；城乡和第二、第三产业结构投入偏斜率系数分别 0.218、1.112 和 −1.096，表示产出对城乡和产业结构的弹性，即其他要素投入保持不变的情况下，城乡和产业结构每增加1个百分点，平均产出将增加0.218、1.112和减少1.096；制度变革：对外贸易和财政收入投入偏斜率系数分别为0.104和0.2476，表示产出对外贸易和财政收入的弹性，即其他要素投入保持不变的情况下，对外贸易和财政收入每增加1个百分点，平均产出将增加0.104和0.2476。系数相加大于1，说明广东省的经济特征是规模报酬递增。

实证分析表明：十个经济因素除第三产业占比、人力资本、专利授权量因素外，其他因素对广东省经济都具有推动作用，但各个要素对广东经济增长的拉动作用不同。具体来说，第一，资本投入和劳动力投入对经济增长具有非常强的拉动作用，这两个因素中的任一增长都与广东省经济增长关联较大。第二，对广东省经济起显著推动作用的是第二产业和城镇化，其效果没有资本投入和劳动力投入作用那样明显，且在未来一段时间里都不可能成为推动广东省经济发展的主导力量。第三，制度变革中对外贸易和财政收入也对广东省经济具有推动作用，但不可能成为推动广东省经济发展的主要力量。第四，全要素投入中除人力资本外，均对经济增长具有推动作用。

根据上述分析结果，我们可以得到以下结论：

广东省经济增长的主要驱动因素为资本投入和劳动力投入，且贡献额度很大，长期来看，资本投入和劳动力投入对广东省影响基本上是稳定的，即广东省的经济增长主要依赖资本和劳动力的投入，是粗放型经济实现经济增长，消耗较高，成本较高，产品质量难以提高，经济效益较低。

技术一直被认为是成为推动经济增长的首要因素，科学技术是知识形态的生产力，它一旦加入生产过程，就转化为物质生产力，科学技术在当代生产力发展中起着决定性作用。通过分析可以看出，技术进步对广东省经济的增长一直保持着强劲的势头，是拉动广东省经济发展的重要驱动力量，唯一缺陷是人力资本阻碍整体经济发展，因此加大教育，提高劳动者素质是新时期的关键。

相对而言，城乡和产业结构对经济的增长作用不太明显，尤其第三产业甚至产生滞后作用。城镇化水平低是经济社会发展的突出短板和各种矛盾的聚焦点，新型城镇化作为经济增长的新引擎，能够给经济社会发展带来新的红利。有研究表明，城镇化率每提高1%，可替代出口10万亿元。面对当前复杂严峻的经济形势，加快推进新型城镇化，发挥新型城镇化引领"四化"协调发展的强劲带动作用，培育新的经济增长点，是促进经济可持续发展和社会全面进步的关键措施。

制度变革中，对外贸易也是拉动广东省经济增长的又一重要因素，与其外贸导向的经济模式有着非常重要的关系。就整体来说，财政收入对其贡献不高。

综上所述：广东省在经济发展过程中，必须重视资本和劳动力投入两大拉动经济增长的重要因素，加强人力资本投入，同时积极调动技术进步，城乡产业结构等促进经济增长的要素发展，开展进出口贸易活动以促进省内经济健康发展。

3. 浙江省参数估计

首先，在进行相关计量分析之前，需要对这些数据进行平稳性检验，下列分别给出 $Y = \ln(GDP)$，$x1 = \ln(K)$，$x2 = \ln(Lfr)$，$x3 = \ln(ftd)$，$x4 = \ln(is_1)$，$x5 = \ln(is_2)$，$x6 = \ln(lad)$，$x7 = \ln(Hc)$，$x8 = \ln(R\&D)$，$x9 = \ln(ccs)$，$x10 = \ln(Tech)$，进行单位根 ADF 检验，检验结果如表 2 所示。

表 2　　　　　　　　　　　　　　检验结果

变量	ADF 检验值	P 值	各显著水平下的临界值			检验结果
			1%	5%	10%	
lny	− 2.963	0.1429	− 4.38	− 3.6	− 3.24	非平稳
D1(lny)	− 3.061	0.1159	− 4.38	− 3.6	− 3.24	非平稳
D2(lny)	− 3.839	0.0147	− 4.38	− 3.6	− 3.24	平稳
lnx1	− 3.600	0.3065	− 4.38	− 3.6	− 3.24	非平稳
D1(lnx1)	− 1.688	0.7563	− 4.38	− 3.6	− 3.24	非平稳
D2(lnx1)	− 2.835	0.1844	− 4.38	− 3.6	− 3.24	非平稳
D3(lnx1)	− 5.149	0.0001	− 4.38	− 3.6	− 3.24	非平稳
lnx2	− 4.405	0.0021	− 4.38	− 3.6	− 3.24	平稳
lnx3	− 0.470	0.9846	− 4.38	− 3.6	− 3.24	非平稳
D1(lnx3)	− 3.544	0.0349	− 4.38	− 3.6	− 3.24	平稳
lnx4	− 1.322	0.8824	− 4.38	− 3.6	− 3.24	非平稳
D1(lnx4)	− 2.901	0.1618	− 4.38	− 3.6	− 3.24	非平稳
D2(lnx4)	− 4.678	0.0003	− 4.38	− 3.6	− 3.24	平稳
lnx5	− 2.230	0.4731	− 4.38	− 3.6	− 3.24	非平稳
D1(lnx5)	− 3.173	0.0899	− 4.38	− 3.6	− 3.24	非平稳
D2(lnx5)	− 5.234	0.0001	− 4.38	− 3.6	− 3.24	平稳

变量	ADF 检验值	P 值	各显著水平下的临界值			检验结果
			1%	5%	10%	
lnx6	−1.967	0.6195	−4.38	−3.6	−3.24	非平稳
D1(lnx6)	−2.402	0.3786	−4.38	−3.6	−3.24	非平稳
D2(lnx6)	−7.863	0	−4.38	−3.6	−3.24	平稳
lnx7	0.408	0.9966	−4.38	−3.6	−3.24	非平稳
D1(lnx7)	−1.446	0.8469	−4.38	−3.6	−3.24	非平稳
D2(lnx7)	−4.015	0.0084	−4.38	−3.6	−3.24	非平稳
D3(lnx7)	−3.429	0.0476	−4.38	−3.6	−3.24	平稳
lnx8	−2.348	0.4076	−4.38	−3.6	−3.24	非平稳
D1(lnx8)	−6.554	0	−4.38	−3.6	−3.24	平稳
lnx9	−2.372	0.3945	−4.38	−3.6	−3.24	非平稳
D1(lnx9)	−5.637	0	−4.38	−3.6	−3.24	平稳
lnx10	−4.181	0.0048	−4.38	−3.6	−3.24	平稳

由分析可知 lnx10 的原始单位根是平稳的。序列 lnx8、lnx9、lnx3 都存在单位根，是非平稳序列，他们的一阶差分序列分别在为 1%、10% 的置信水平下平稳。lny、lnx4、lnx5、lnx6、lnx7 都存在单位根，是非平稳的，他们的二阶差分序列分别在 5%、1% 的置信水平下为平稳的时间序列。序列 lnx1、lnx2 同样存在单位根，是非平稳的，他们的三阶差分序列在 1% 的置信水平下为平稳时间序列。故可以使用最小二乘法（OLS）估计而不会出现伪回归。本文中利用 Stata12 软件对方程（8）进行估计，得到：

$$Ln(GDP) = -12.13 + 0.534\ln(K) - 0.2697\ln(Lfr) + 0.5228\ln(ftd) + 4.69173\ln(is_1) -$$

$$t-statistic \quad (-2.18) \quad (3.27) \quad (-3.26) \quad (3.74) \quad (1.51)$$

$$7.294\ln(is_2) + 0.9141\ln(lad) - 0.47808\ln(Hc) + 0.00781\ln(R\&D) + 0.1769\ln(ccs) -$$

$$(1.74) \quad (1.48) \quad (-3.27) \quad (-0.23)$$

$$(0.13)$$

$$0.0265\ln(Tech)$$

$$(-0.38)$$

$$(10)$$

对方程（10）估计结果进行检验，$R^2 = 0.999$，$F = 1956.63$，DW = 其相伴概率，P 为 0.0000，D—W 值为 1.712643，调整后的 R^2 很高，说明通过检验，且回归整体效果极为显著。

4. 浙江省分析结论

由公式（5）可知，在要素投入中，资本投入和劳动力投入偏斜率系数分别为 0.534 和 0.5228，表示产出对资本和劳动力的弹性，即其他要素投入保持不变的情况下，资本和劳动力每增加 1 个百分点，平均产出将增加 0.534 个和 0.5228 个百分点；全要素投入：专利授权量，R&D 经费，人力资本偏斜率系数分别为 0.0265、0.00781 和 −0.478081，表示产出对全要素投入的弹性，即其他要素投入保持不变的情况下，全要素每增加 1 个百分点，平均产出将增加 0.0265、0.00781 和减少 0.478081；城乡和第二、第三产业结构投入偏斜率系数分别 0.1769、4.69173 和 −7.294，表示产出对城乡和产业结构的弹性，即其他要素投入保持不变的情况下，城乡和产业结构每增加 1 个百分点，平均产出将增加 0.1769、4.69173 和减少 7.294；制度变革：对外贸易和财政收入投入偏斜率系数分别为 0.5228 和 −0.2697，表示产出对外贸易和财政收入的弹性，即其他要素投入保持不变的情况下，对外贸易和财政收入每增加 1 个百分点，平均产出将增加 0.5228 和减少 0.2697。系数相加大于 1，说明浙江省的经济特征是规模报酬递增。

实证分析表明：十个经济因素除人力资本、第三产业占比、财政收入因素外，对浙江省经济都具有推动作用，但各个要素对浙江经济增长的拉动作用不同。具体来说，第一，要素投入的资本投入和劳动力投入对经济增长具有非常强的拉动作用，未来一段时间会是浙江省经济增长的主导力量。第二，对浙江省经济起显著推动作用的是第二产业和对外贸易，这两个因素对浙江省的经济增长具有非常大的关联作用。第三，R&D 经费和专利授权也对浙江省经济具有推动作用，但不可能成为推动广东省经济发展的主导力量。根据上述分析结果，我们可以得到以下结论：

浙江省经济增长的主要驱动因素为资本投入和劳动力投入，从长期来看，资本投入和劳动力投入对浙江省影响基本上是稳定的，即资本和劳动力的投入主导着浙江省经济的发展，同时浙江省的经济表现为粗放型经济增长，经济效益较低。

作为沿海省份的代表，浙江有着外贸导向型经济发展的特征，进出口贸易一直在浙江经济发展过程中占据着重要的地位，成为推动浙江省经济增长的一大动力。其次，城镇化作为新时期中国难得新一轮发展机遇，城镇化的发展能够快速实现经济的增长，通过以上分析，可以看出，浙江省城镇化的发展不可否认的成为浙江省经济增长的又一重要动力。

技术一直被认为是成为推动经济增长的首要因素。通过分析可以看出，技术进步对浙江省经济增长的贡献一直保持着渐增的趋势；浙江经济增长的缺陷是人力资本阻碍整体经济发展，因此在新时期，浙江省有必要加大教育，提高劳动者素质。整体来说，财政收入对其贡献不高。

综上所述，浙江省在经济发展过程中，必须加强人力资本投入，同时积极调动技术进步，城乡，产业结构等促进经济增长的要素发展，调整资本和劳动力投入两大拉动经济增长的因素结构，开展进出口贸易活动以促进省内经济健康发展。

五、我国部分持续较高增长的欠发达省市经济模式

2015 年全国 31 个省市区中有 26 省 GDP 增速高于全国增速，重庆、西藏、贵州增速排名前三，增速均超过 10.7%。其中，重庆、贵州作为我国持续较高增长的欠发达省市的代表，下文将通过对重庆、贵州的经济增长因素进行分析，分别探讨其经济增长速度提高的关键要素，以期对中部地区经济赶超产生借鉴意义。

（一）理论模型和数据说明

理论模型同上广东省和浙江省地区，生产总值 Y_t（GDP，亿元）。在 11 个变量指标中：（1）物质资本存量 k 的采用 Goldsmith 开创的永续盘存法进行计算处理，其计算公式为：$K_t = I_t + (1-\alpha)K_{t-1}$，$K_t$ 为当期资本存量，K_{t-1} 指上一期资本存量和价格指数根据，参考张军（2004）中国省际物质资本存量估算：1952～2000 年。以 1952 年为基期的 1993 年重庆市和贵州省资本存量分别为：421.21 亿元、254.88 亿元。价格指数根据文章中给出以 1952 年为基期的数据，1995 年后的数据则采用两省统计年鉴公布的固定资产价格指数，然后用这一指数序列平减各年投资，将其折算成以基年不变的价格指数表示的实际值。I_t 为当年全社会固定资产投资，α 为经济折旧率，参考孙辉、支大林（2010）对中国各省资本存量的估计及典型事实：1978～2008 年的推算，折旧率为 6%。（2）劳动力投入（Lad）以年末从业人员数（万人）表示。（3）人力资本（Hc）以高等院校在校人数（人）表示。（4）技术进步（Tech）以专利授权量（件）和 R&D 经费表示。（5）对外贸易（ftd_t）以进出口总额（亿元）表示。（6）城乡结构（ccs）以城镇化率表示。（7）产业结构（is）以第

二、第三产业占比表示。地方政府收入（Lfr）以地方财政收入（亿元）表示。（8）人民生活水平（Live）用城镇居民人均可支配收入，农民人均纯收入表示。

所有变量的数据均选取 1993~2014 年的年度数据（原始数据资料来自《重庆市统计年鉴》、《贵州省经济年鉴》、《中国科技年鉴》、中国统计局各期），为了研究的方便，考虑对各时序数据取对数以后并不影响变量之间的关系，对各变量数据作对数处理，处理后的时序变量分别记为：$Y = \ln(GDP)$，$x1 = \ln(K)$，$x2 = \ln(Lfr)$，$x3 = \ln(ftd)$，$x4 = \ln(is_2)$，$x5 = \ln(ccs)$，$x6 = \ln(Live_1)$，$x7 = \ln(Live_2)$，$x8 = \ln(R\&D)$，$x9 = \ln(Tech)$，$X10 = \ln(Lad)$，$x12 = \ln(Hc)$

首先，在进行相关计量分析之前，需要对这些数据进行平稳性检验，下列分别给出 $Y = \ln(GDP)$，$x1 = \ln(K)$，$x2 = \ln(Lfr)$，$x3 = \ln(ftd)$，$x4 = \ln(is_2)$，$x5 = \ln(ccs)$，$x6 = \ln(lad)$，$x7 = \ln(Hc)$，$x8 = \ln(R\&D)$，$x9 = \ln(ccs)$，$x10 = \ln(Tech)$，进行单位根 ADF 检验。

（二）重庆市参数估计与结论

1. 重庆市参数估计

表3　　　　　　　　　　　　检验结果

变量	ADF 检验值	P 值	各显著水平下的临界值			检验结果
			1%	5%	10%	
lny	- 1. 851	0. 6796	- 4. 38	- 3. 6	- 3. 24	非平稳
D1（lny）	- 2. 818	0. 1903	- 4. 38	- 3. 6	- 3. 24	非平稳
D2（lny）	- 4. 281	0. 0034	- 4. 38	- 3. 6	- 3. 24	平稳
lnx1	- 5. 385	0	- 4. 38	- 3. 6	- 3. 24	平稳
lnx2	- 4. 506	0. 0015	- 4. 38	- 3. 6	- 3. 24	平稳
lnx3	- 0. 625	0. 9776	- 4. 38	- 3. 6	- 3. 24	非平稳
D1（lnx3）	- 3. 964	0. 0099	- 4. 38	- 3. 6	- 3. 24	平稳
lnx4	- 1. 202	0. 9102	- 4. 38	- 3. 6	- 3. 24	非平稳
D1（lnx4）	- 3. 578	0. 0318	- 4. 38	- 3. 6	- 3. 24	平稳
lnx5	- 2. 130	0. 5292	- 4. 38	- 3. 6	- 3. 24	非平稳
D1（lnx5）	- 5. 139	0. 0001	- 4. 38	- 3. 6	- 3. 24	平稳
lnx6	- 2. 785	0. 2024	- 4. 38	- 3. 6	- 3. 24	非平稳
D1（lnx6）	- 3. 583	0. 0313	- 4. 38	- 3. 6	- 3. 24	平稳
lnx7	- 1. 529	0. 8190	- 4. 38	- 3. 6	- 3. 24	非平稳

变量	ADF 检验值	P 值	各显著水平下的临界值			检验结果
			1%	5%	10%	
D1（lnx7）	− 3. 395	0. 0520	− 4. 38	− 3. 6	− 3. 24	平稳
lnx8	− 4. 708	0. 0007	− 4. 38	− 3. 6	− 3. 24	平稳
lnx9	− 4. 474	0. 0017	− 4. 38	− 3. 6	− 3. 24	平稳
lnx10	0. 409	0. 9966	− 4. 38	− 3. 6	− 3. 24	非平稳
D1（lnx10）	− 3. 480	0. 0416	− 4. 38	− 3. 6	− 3. 24	平稳
lnx12	− 0. 294	0. 9897	− 4. 38	− 3. 6	− 3. 24	非平稳
D1（lnx12）	− 1. 413	0. 8571	− 4. 38	− 3. 6	− 3. 24	非平稳
D2（lnx12）	− 3. 895	0. 0123	− 4. 38	− 3. 6	− 3. 24	平稳

由分析可知 lnx1、lnx2、lnx8、lnx9 的原始单位根是平稳的。序列 lnx4、lnx3、lnx5、lnx6、lnx7、lnx10 都存在单位根，是非平稳序列，他们的一阶差分序列分别在为 10%、5%、1%、10%、5%、10% 的置信水平下平稳。lny、lnx12 都存在单位根，是非平稳的，他们的二阶差分序列在 5% 的置信水平下为平稳的时间序列。故可以使用最小二乘法（OLS）估计而不会出现伪回归。本文中利用 Stata12 软件对方程（8）进行估计，得到：

$$Ln(GDP) = -2.07 - 0.122\ln(K) + 0.1119\ln(Lfr) - 0.049\ln(ftd) - 0.8274\ln(is_2) -$$

$$t - statistic \quad (-0.41) \quad\quad (-0.58) \quad\quad (1.75) \quad\quad (-1.05)$$

$$(-1.08)$$

$$0.4258\ln(ccs) + 0.2575\ln(Live_1) + 1.001\ln(Live_2) - 0.0005\ln(R\&D) + 0.0033\ln(Tech) +$$

$$(-0.42) \quad\quad (1.36) \quad\quad (5) \quad\quad (-0.02)$$

$$(0.1)$$

$$0.0730118\ln(Lad) - 0.2235\ln(Hc)$$

$$(0.1) \quad\quad (1.11) \quad\quad\quad\quad\quad\quad (11)$$

对方程（11）估计结果进行检验，$R^2 = 0.999$，$F = 2928.06$，DW = 其相伴概率，P 为 0.0000，D—W 值为 2.722188，调整后的 R^2 很高，说明通过检验，且回归整体效果极为显著。

2. 重庆市分析结论

由方程（6）可知，要素投入中：资本投入和劳动力投入偏斜率系数分别为 − 0.122 和 0.0730118，表示产出对资本和劳动力的弹性，即其他要素投入保持不变的情况下，资本和劳动力每增加 1 个百分点，平均产出将减少 0.122 个百分点和增加 0.0730118 个百分点；全要素投入：专利授权量，R&D 经费，人力资本偏斜率系数分别为 0.0033、-0.0005 和 -0.2235，表示产出对全要素投入的弹性，即其他要素投入保持不变的情况下，全要素每增加 1 个百分点，平均产出将增加 0.0033 和减少 0.0005，0.2235；城乡和第三产业结构投入偏斜率系数分别 -0.4258、-0.8274，表示产出对城乡和产业结构的弹性，即其他要素投入保持不变的情况下，城乡和产业结构每增加 1 个百分点，平均产出将减少 0.4258、0.8274；制度变革：对外贸易和财政收入投入偏斜率系数分别为 -0.049 和 0.1119，表示产出对外贸易和财政收入的弹性，即其他要素投入保持不变的情况下，对外贸易和财政收入每增加 1 个百分点，平均产出将减少 0.0491 和增加 0.1119。

实证分析表明：10 个经济因素重庆市经济都具有不同作用。具体来说，第一，要素投入的资本投入和劳动力投入对经济增长具有非常强的拉动作用，未来一段时间会是重庆市经济增长的主导力量。第二，对重庆市经济起显著推动作用的是城镇居民收入和农民人均纯收入，这两个因素对浙江省的经济增长具有非常大的关联作用。第三，专利授权，财政收入也对浙江省经济具有推动作用。第四，其他因素资本投入，第三产业占比，对外贸易，人力资本，R&D 经费对重庆市经济起阻碍作用。根据上述分析结果，我们可以得到以下结论：

重庆市经济增长的主要驱动因素为资本投入和劳动力投入，从长期来看，资本投入和劳动力投入对重庆市影响基本上是稳定的，即重庆市的经济增长主要依赖资本和劳动力的投入，主导着重庆市经济的发展，同时重庆市的经济表现为经济效益较低的增长。

作为内陆市的代表，重庆和外贸导向型省份的经济发展有着明显的区别。首先，进出口贸易在重庆市经济发展过程中，成为阻碍重庆市经济增长的一大阻力。其次，城镇化作为新时期中国难得新一轮发展机遇，城镇化的发展能够快速实现经济的增长，但从上述可以看出，重庆市城镇化的滞后，在未来一段时间可能会成为其严重的阻碍作用。

与之相反的是人民生活水平的衡量指标，城镇人均可支配收入和农民人均纯收入却是拉动经济增长的一大动力，说明重庆市注重提高人民生活水平来促进经济增长。

技术在当代生产力发展中一直被认为是对经济发展起着决定性作用的因素。通过分析可以看出，技术进步对重庆市经济的增长一直保持着渐增的趋势，但人力资本和 R&D 经费投入却了阻碍整体经济发展，新时期，重庆市有必要加大研究与开发经费的投入，培养人才，提高劳动者素质。但整体来说，财政收入虽有利重庆市经济发展但其贡献不高。

综上所述，重庆市在经济发展过程中，必须加强对技术、科研经费、人力资本的投入，同时积极调动出口贸易促进经济增长的要素发展，调整原有的城乡和产业结构，进一步提高人民生活水平以促进省内经济健康发展。

（三）贵州省参数估计与结论

1. 贵州省参数估计

表4 检验结果

变量	ADF 检验值	P 值	各显著水平下的临界值			检验结果
			1%	5%	10%	
lny	− 0. 289	0.9898	− 4. 38	− 3. 6	− 3. 24	非平稳
D1(lny)	− 3. 012	0.1289	− 4. 38	− 3. 6	− 3. 24	非平稳
D2(lny)	− 3. 514	0.0379	− 4. 38	− 3. 6	− 3. 24	平稳
lnx1	0. 621	0.997	− 4. 38	− 3. 6	− 3. 24	非平稳
D1(lnx1)	− 1. 783	0.7128	− 4. 38	− 3. 6	− 3. 24	非平稳
D2(lnx1)	− 3. 341	0.5980	− 4. 38	− 3. 6	− 3. 24	平稳
lnx2	− 4. 858	0.0004	− 4. 38	− 3. 6	− 3. 24	平稳
lnx3	− 1. 171	0.9163	− 4. 38	− 3. 6	− 3. 24	非平稳
D1(lnx3)	− 4. 782	0.0005	− 4. 38	− 3. 6	− 3. 24	平稳
lnx4	0. 427	0.9967	− 4. 38	− 3. 6	− 3. 24	非平稳
D1(lnx4)	− 4. 484	0.0016	− 4. 38	− 3. 6	− 3. 24	平稳
lnx5	0. 437	0.9967	− 4. 38	− 3. 6	− 3. 24	非平稳
D1(lnx5)	− 5. 284	0.0001	− 4. 38	− 3. 6	− 3. 24	平稳
lnx6	− 2. 409	0.3749	− 4. 38	− 3. 6	− 3. 24	非平稳
D1(lnx6)	− 5. 585	0	− 4. 38	− 3. 6	− 3. 24	平稳
lnx7	− 1. 202	0.9100	− 4. 38	− 3. 6	− 3. 24	非平稳
D1(lnx7)	− 2. 521	0.3176	− 4. 38	− 3. 6	− 3. 24	非平稳
D2(lnx7)	− 4. 334	0.0028	− 4. 38	− 3. 6	− 3. 24	平稳
lnx8	− 3. 387	0.0532	− 4. 38	− 3. 6	− 3. 24	平稳
lnx9	− 1. 633	0.7791	− 4. 38	− 3. 6	− 3. 24	非平稳
D1(lnx9)	− 4. 527	0.0014	− 4. 38	− 3. 6	− 3. 24	平稳

变量	ADF 检验值	P 值	各显著水平下的临界值			检验结果
			1%	5%	10%	
lnx10	−1.464	0.8413	−4.38	−3.6	−3.24	非平稳
D1（lnx10）	−4.283	0.0033	−4.38	−3.6	−3.24	平稳
lnx12	−0.506	0.9832	−4.38	−3.6	−3.24	非平稳
D1（lnx12）	−1.942	0.6326	−4.38	−3.6	−3.24	非平稳
D2（lnx12）	−3.670	0.0244	−4.38	−3.6	−3.24	平稳

由分析可知 lnx2、lnx8 的原始单位根是平稳的，在 10% 的置信水平下稳定。序列 lnx3、lnx4、lnx5、lnx6、lnx9、lnx10 都存在单位根，是非平稳序列，他们的一阶差分序列分别在为 1% 的置信水平下平稳。lny、lnx1、lnx7、lnx12 都存在单位根，是非平稳的，他们的二阶差分序列在 10%、10% 和 5%，5% 的置信水平下为平稳的时间序列。故可以使用最小二乘法（OLS）估计而不会出现伪回归。本文中利用 Stata12 软件对方程（8）进行估计，得到：

$$Ln(GDP) = -0.328 + 0.6462 ln(K) + 0.0503 ln(Lfr) - 0.011 ln(ftd) - 0.916 ln(is_2) -$$
$$t - statistic \quad (-0.2) \quad (2.05) \quad (0.56) \quad (-0.25)$$
$$(1.4)$$

$$0.698 ln(ccs) + 0.6619 ln(Live_1) + 0.0456 ln(Live_2) - 0.039 ln(R\&D) - 0.0422 ln(Tech)$$
$$(-0.44) \quad (3.16) \quad (0.41) \quad (-1.2)$$
$$(-1.09)$$

$$-0.1409 ln(Lad) - 0.1466 ln(Hc)$$
$$(-0.81) \quad (-1.55) \quad\quad\quad (12)$$

对方程（12）估计结果进行检验，$R^2 = 0.9998$，$F = 4098.38$，DW＝其相伴概率 P 为 0.0000，D—W 值为 2.086754，调整后的 R^2 很高，说明通过检验，且回归整体效果极为显著。

2. 贵州省分析结论

由方程（7）可知，要素投入中：资本投入和劳动力投入偏斜率系数分别为 0.6462 和 −0.1409，表示产出对资本和劳动力的弹性，即其他要素投入保持不变的情况下，资本和劳动力每增加 1 个百分点，平均产出将增加 0.6462 个百分点和减少 0.1409 个百分点；全要素投入：专利授权量，R&D 经费，人力资本偏斜率系数分别为 −0.0422、−0.039 和

-0.1466，表示产出对全要素投入的弹性，即其他要素投入保持不变的情况下，全要素每增加1个百分点，平均产出将减少0.0422、0.039和0.1466；城乡和第三产业结构投入偏斜率系数分别 -0.698、-0.916，表示产出对城乡和产业结构的弹性，即其他要素投入保持不变的情况下，城乡和产业结构每增加1个百分点，平均产出将减少0.698，0.916；制度变革：对外贸易和财政收入投入偏斜率系数分别为 -0.0111和0.0503，表示产出对外贸易和财政收入的弹性，即其他要素投入保持不变的情况下，对外贸易和财政收入每增加1个百分点，平均产出将减少0.0111和增加0.0503。

实证分析表明：十个因素对贵州省经济增长都具有不同作用。具体来说，首先，要素投入的资本投入和城镇人均可支配收入对经济增长具有非常强的拉动作用。其次，对贵州省经济起显著推动作用的是财政收入和农民人均纯收入，这两个因素对贵州省的经济增长具有关联作用。最后，专利授权、第三产业占比、对外贸易、人力资本、R&D经费、劳动力对贵州经济起阻碍作用。根据上述分析结果，我们可以得到以下结论：

贵州省经济增长的主要驱动因素为资本投入和城镇人均可支配收入，即贵州省的经济增长主要依赖资本和提高人民生活水平，主导着贵州省经济的发展。

作为内陆省的代表，贵州省经济发展有着明显的特征，其主要依靠要素投入和人民生活水平的提高，但进出口贸易，城乡化，产业结构，制度，技术进步均对其起滞后阻碍作用，在未来一段时间可能会成为贵州省经济增长严重的阻碍作用。

综上所述，贵州省在经济发展过程中，必须加强对技术，科研经费，人力资本的投入，调整城乡和产业结构，同时积极调动出口贸易促进经济增长的要素发展，进一步提高人民生活水平以促进省内经济健康发展。

六、中部地区各省经济增长的主要动力因素分析

中部地区是指包括山西、安徽、江西、河南、湖北和湖南六省在内的区域，是我国重要粮食生产基地，能源原材料基地，装备制造业基地和综合交通运输枢纽。在中国经济发展的宏伟蓝图中被认为是"中原逐鹿"之地。

根据我国经济发展的长期战略目标与生产力布局的总体构想，为寻求我国东、中、西三大经济区域的长期持续、稳定、协调发展，探索中

部六省（包括山西、河南、湖北、湖南、安徽、江西）经济发展的最佳模式，充分实现中部六省资源要素的优化组合与匹配，本文拟对中部六省经济增长的主要动力和有待加强的因素进行分析。找准其经济发展的"共振点"，提出经济发展的基本思路与政策选择。

（一）模型和数据

地区生产总值 Y_t（GDP，亿元）。在 11 个变量指标中：（1）物质资本存量 k 的采用 Goldsmith 开创的永续盘存法进行计算处理，其计算公式为：$K_t = I_t + (1 - \alpha)K_{t-1}$，$K_t$ 为当期资本存量，K_{t-1} 指上一期资本存量和价格指数根据，参考张军（2004）中国省际物质资本存量估算：1952 ~ 2000 年。以 1952 年为基期的 1993 年河南省、江西省、湖南省、湖北省、安徽省、山西省资本存量分别为：1 044.52 亿元、251.9 亿元、550.78 亿元、277.35 亿元、295.26 亿元、546.57 亿元。价格指数根据文章中给出以 1952 年为基期的数据，1995 年后的数据则采用六省统计年鉴公布的固定资产价格指数，然后用这一指数序列平减各年投资，将其折算成以基年不变的价格指数表示的实际值。I_t 为当年全社会固定资产投资，α 为经济折旧率，参考孙辉、支大林（2010）对中国各省资本存量的估计及典型事实：1978 ~ 2008 年的推算，折旧率为 6%。（2）劳动力投入（Lad）以年末从业人员数（万人）表示。（3）人力资本（Hc）以高等院校在校人数（人）表示。（4）技术进步（Tech）以专利授权量（件）和 R&D 经费表示。（5）对外贸易（ftd_t）以进出口总额（亿元）表示。（6）城乡结构（ccs）以城镇化率表示。（7）产业结构（is）以第二、第三产业占比表示。地方政府收入（Lfr）以地方财政收入（亿元）表示。（8）人民生活水平（Live）用城镇居民人均可支配收入，农民人均纯收入表示。（9）人口自然增长（P）用人口自然增长率表示。

所有变量的数据均选取 1993 ~ 2014 年的年度数据（原始数据资料来自《河南省统计年鉴》、《江西省经济年鉴》、《安徽省经济年鉴》、《山西省经济年鉴》、《湖南省经济年鉴》、《湖北省经济年鉴》、《中国科技年鉴》、中国统计局各期），为了研究的方便，考虑对各时序数据取对数以后并不影响变量之间的关系，对各变量数据作对数处理，处理后的时序变量分别记为：$Y = \ln(GDP)$，$x1 = \ln(K)$，$x2 = \ln(Lfr)$，$x3 = \ln(ftd)$，$x4 = \ln(is_2)$，$x5 = \ln(ccs)$，$x6 = \ln(Live_1)$，$x7 = \ln(Live_2)$，$x8 = \ln(R\&D)$，$x9 = \ln(Tech)$，$X10 = \ln(Lad)$，$x11 = (P)$，$x12 = \ln(Hc)$

在进行相关计量分析之前，需要对这些数据进行平稳性检验，下列分别给出 $Y = \ln(GDP)$，$x1 = \ln(K)$，$x2 = \ln(Lfr)$，$x3 = \ln(ftd)$，$x4 = \ln(is_2)$，$x5 = \ln(ccs)$，$x6 = \ln(Live_1)$，$x7 = \ln(Live_2)$，$x8 = \ln(R\&D)$，$x9 = \ln(Tech)$，$X10 = \ln(Lad)$，$x11 = (P)$，$x12 = \ln(Hc)$，进行单位根 ADF 检验。

（二）河南省参数估计与结论

1. 河南省参数估计

表5 检验结果

变量	ADF 检验值	P 值	各显著水平下的临界值			检验结果
			1%	5%	10%	
lny	−2.084	0.5553	−4.38	−3.6	−3.24	非平稳
D1(lny)	−2.3651	0.3984	−4.38	−3.6	−3.24	非平稳
D2(lny)	−4.105	0.0062	−4.38	−3.6	−3.24	平稳
lnx1	−0.384	0.9874	−4.38	−3.6	−3.24	非平稳
D1(lnx1)	−1.923	0.6426	−4.38	−3.6	−3.24	非平稳
D2(lnx1)	−3.391	0.0527	−4.38	−3.6	−3.24	平稳
lnx2	−4.025	0.0081	−4.38	−3.6	−3.24	平稳
lnx3	−1.555	0.8096	−4.38	−3.6	−3.24	非平稳
D1(lnx3)	−3.47	0.0427	−4.38	−3.6	−3.24	平稳
lnx4	−1.064	0.9348	−4.38	−3.6	−3.24	非平稳
D1(lnx4)	−3.818	0.0157	−4.38	−3.6	−3.24	平稳
lnx5	−5.097	0.0001	−4.38	−3.6	−3.24	平稳
lnx6	−3.311	0.0645	−4.38	−3.6	−3.24	平稳
lnx7	−2.301	0.4332	−4.38	−3.6	−3.24	非平稳
D1(lnx7)	−2.154	0.5159	−4.38	−3.6	−3.24	非平稳
D2(lnx7)	−4.529	0.0014	−4.38	−3.6	−3.24	平稳
lnx8	−2.716	0.2295	−4.38	−3.6	−3.24	非平稳
D1(lnx8)	−6.831	0	−4.38	−3.6	−3.24	平稳
lnx9	−2.873	0.1716	−4.38	−3.6	−3.24	非平稳
D1(lnx9)	−3.328	0.0618	−4.38	−3.6	−3.24	平稳
lnx10	−1.416	0.8561	−4.38	−3.6	−3.24	非平稳
D1(lnx10)	−3.239	0.0770	−4.38	−3.6	−3.24	非平稳
lnx11	−3.639	0.0267	−4.38	−3.6	−3.24	平稳
lnx12	−1.410	0.8578	−4.38	−3.6	−3.24	非平稳
D2(lnx12)	−3.124	0.1006	−4.38	−3.6	−3.24	非平稳
D3(lnx12)	−4.049	0.0075	−4.38	−3.6	−3.24	平稳

由分析可知 lnx2、lnx5、lnx6、lnx11 的原始单位根是平稳的，分别在 5%、1%、10%、10% 的置信水平下稳定。序列 lnx3、lnx4、lnx8、lnx9、lnx10 都存在单位根，是非平稳序列，他们的一阶差分序列分别在为 10%、5%、1%、5%、10% 的置信水平下平稳。序列 lny、lnx1、lnx7 都存在单位根，是非平稳的，他们的二阶差分序列在 5%、10% 和 1% 的置信水平下为平稳的时间序列。序列 ln12 也存在单位根，他的三阶差分序列在 5% 的置信水平下为平稳的时间序列。故可以使用最小二乘法（OLS）估计而不会出现伪回归。本文中利用 Stata12 软件对方程（8）进行估计，得到：

$Ln(GDP) = -6.196 + 0.1396ln(K) + 0.169ln(Lfr) + 0.0088ln(ftd) - 2.7151ln(is_2) -$

t – statistic   (-0.37)   (0.89)   (2.05)   (0.39)   (-6.42)

$0.7504ln(ccs) + 0.4848ln(Live_1) + 0.43204(Live_2) - 0.078ln(R\&D) - 0.0402ln(Tech)$

    (-0.34)   (1.32)   (1.83)   (-3.56)   (-1.11)

$+ 0.7580404ln(Lad) - 1.4006ln(p) + 0.1047ln(Hc)$

    (1.77)   (-0.45)   (1.4)   （13）

对方程（13）估计结果进行检验，$R^2 = 0.9999$，$F = 6962.87$，DW = 其相伴概率，P 为 0.0000，D—W 值为 2.586063，调整后的 R^2 很高，说明通过检验，且回归整体效果极为显著。

2. 河南省分析结论

由方程（8）可知，要素投入中：资本投入和劳动力投入偏斜率系数分别为 0.1396 和 0.7580404，表示产出对资本和劳动力的弹性，即其他要素投入保持不变的情况下，资本和劳动力每增加 1 个百分点，平均产出将增加 0.1396 个和 0.7580404 个百分点；全要素投入：专利授权量，R&D 经费，人力资本偏斜率系数分别为 -0.0402、-0.078 和 0.10471，表示产出对全要素投入的弹性，即其他要素投入保持不变的情况下，全要素每增加 1 个百分点，平均产出将减少 0.0402、-0.078 和增加 0.10471；城乡和第三产业结构投入偏斜率系数分别 -0.7504、-2.7151，表示产出对城乡和产业结构的弹性，即其他要素投入保持不变的情况下，城乡和产业结构每增加 1 个百分点，平均产出将减少 0.7504、2.7151；制度变革：对外贸易和财政收入投入偏斜率系数分别为 0.0088 和 0.169，表示产出对外贸易和财政收入的弹性，即其他要素投入保持不变的情况下，对外贸易和财政收入每增加 1 个百分点，平均产出将增加 0.0088 和 0.169。人口增长率因素偏斜率系数为 -1.4006，表示产出对人口增长率的弹性，即其他要素投入保持不变的情况下，人口增长率每增加 1 个百分点，平均产出将减少 1.4006。

实证分析表明，12 个因素对河南省经济增长都具有不同作用。具体来说，河南作为人口大省，人口自然增长率对河南省经济的增长具有巨大的作用，表现为，人口自然增长会导致经济下滑。首先，要素投入的资本投入和劳动力对经济增长具有非常强的拉动作用，再次表明，河南省经济是属于粗放型经济类型。其次，对河南省经济起显著推动作用的是城镇人均可支配收入和农民人均纯收入，这两个因素对河南省的经济增长具有关联作用。最后，财政收入和对外贸易也是促进河南省经济增长的两大因素，但城乡、产业结构以及技术进步要素都对河南省经济事务增长起阻碍作用。根据上述分析结果，我们可以得到以下结论：

河南省经济增长的主要驱动因素为资本投入和劳动力，即河南省的经济增长主要依赖资本和劳动力，并在未来很长一段时间会是经济增长的主要动力。

作为中部六省近几年的发展速度最快省份的代表，河南省经济发展有着明显的特征，人口大省一直以来是河南省的标配，上述表明，人口的增长是阻碍经济发展的一大因素，因此，应相应国家号召，少生、优生的原则，减少人口增长。

技术进步是促进经济增长的决定性因素，人力资本更是关键，城镇化，产业结构的调整作为新时期中国加快经济发展的几大难题，河南省更是如此，因此，加大科研经费投资，培养人才，调整展业结构，提高城镇化水平，是河南省接下来发展经济的重中之重。

（三）山西省参数估计与结论

1. 山西省参数估计

表6　　　　　　　　　　　　检验结果

变量	ADF 检验值	P 值	各显著水平下的临界值			检验结果
			1%	5%	10%	
lny	− 1.349	0.8753	− 4.38	− 3.6	− 3.24	非平稳
D1(lny)	− 2.880	0.1691	− 4.38	− 3.6	− 3.24	非平稳
D2(lny)	− 5.464	0	− 4.38	− 3.6	− 3.24	平稳
lnx1	− 0.310	0.9893	− 4.38	− 3.6	− 3.24	非平稳

续表

变量	ADF 检验值	P 值	各显著水平下的临界值			检验结果
			1%	5%	10%	
D1（lnx1）	−4.329	0.0028	−4.38	−3.6	−3.24	平稳
lnx2	−2.992	0.1344	−4.38	−3.6	−3.24	非平稳
D1（lnx2）	−5.115	0.0001	−4.38	−3.6	−3.24	平稳
lnx3	−2.110	0.5404	−4.38	−3.6	−3.24	非平稳
D1（lnx3）	−4.767	0.0005	−4.38	−3.6	−3.24	平稳
lnx4	−1.121	0.9254	−4.38	−3.6	−3.24	非平稳
D1（lnx4）	−2.914	0.1578	−4.38	−3.6	−3.24	非平稳
D2（lnx4）	−6.003	0	−4.38	−3.6	−3.24	平稳
lnx5	−3.207	0.083	−4.38	−3.6	−3.24	非平稳
D1（lnx5）	−7.164	0	−4.38	−3.6	−3.24	平稳
lnx6	−3.436	0.0467	−4.38	−3.6	−3.24	非平稳
D1（lnx6）	−2.977	0.1388	−4.38	−3.6	−3.24	非平稳
D2（lnx6）	−3.272	0.0709	−4.38	−3.6	−3.24	非平稳
D3（lnx6）	−7.419	0	−4.38	−3.6	−3.24	平稳
lnx7	−2.296	0.4361	−4.38	−3.6	−3.24	非平稳
D1（lnx7）	−1.993	0.6058	−4.38	−3.6	−3.24	非平稳
D2（lnx7）	−5.642	0	−4.38	−3.6	−3.24	平稳
lnx8	−2.676	0.2463	−4.38	−3.6	−3.24	非平稳
D1（lnx8）	−7.666	0	−4.38	−3.6	−3.24	平稳
lnx9	−3.234	0.0779	−4.38	−3.6	−3.24	非平稳
D1（lnx9）	−4.452	0.0018	−4.38	−3.6	−3.24	平稳
lnx10	−0.793	0.9663	−4.38	−3.6	−3.24	非平稳
D1（lnx10）	−3.823	0.0154	−4.38	−3.6	−3.24	非平稳
D2（lnx10）	−6.331	0	−4.38	−3.6	−3.24	平稳
lnx12	−0.317	0.9891	−4.38	−3.6	−3.24	非平稳
D1（lnx12）	−1.339	0.8778	−4.38	−3.6	−3.24	非平稳
D2（lnx12）	−3.506	0.0388	−4.38	−3.6	−3.24	平稳

由分析可知序列 lnx1、lnx2、lnx3、lnx5、lnx8、lnx9 都存在单位根，是非平稳序列，他们的一阶差分序列分别在为 10%、1% 的置信水平下平稳。序列 Lny、lnx4、lnx10、lnx7、lnx12 都存在单位根，是非平稳的，他们的二阶差分序列在 1%，10% 的置信水平下为平稳的时间序列。序列 ln6 也存在单位根，他的三阶差分序列在 1% 的置信水平下为平稳的时间

序列。故可以使用最小二乘法（OLS）估计而不会出现伪回归。本文中利用 Stata12 软件对方程（8）进行估计，得到：

$$Ln(GDP) = 17.691 + 0.2415\ln(K) + 0.09007\ln(Lfr) + 0.079\ln(ftd) - 2.6219\ln(is_2) -$$

$$t - statistic \quad\quad (4.94) \quad\quad\quad (1.14) \quad\quad\quad\quad (1.36) \quad\quad (1.52)$$

$$(-5.28)$$

$$1.2583\ln(ccs) + 0.5922\ln(Live_1) + 0.3295(Live_2) - 0.0019\ln(R\&D) - 0.118\ln(Tech)$$

$$(-1.42) \quad\quad\quad (2.25) \quad\quad\quad (1.72) \quad\quad\quad (0.07)$$

$$(1.68)$$

$$-1.60996\ln(Lad) - 0.02305\ln(Hc)$$

$$(-2.39) \quad\quad\quad (-0.25) \quad\quad\quad\quad\quad\quad\quad\quad (14)$$

对方程（14）估计结果进行检验，$R^2 = 0.9996$，$F = 2315.81$，$DW =$ 其相伴概率，P 为 0.0000，D—W 值为 2.653184，调整后的 R^2 很高，说明通过检验，且回归整体效果极为显著。

2. 山西省分析结论

由方程（9）可知，要素投入中：资本投入和劳动力投入偏斜率系数分别为 0.2415 和 -1.60996，表示产出对资本和劳动力的弹性，即其他要素投入保持不变的情况下，资本和劳动力每增加 1 个百分点，平均产出将增加 0.2415 个百分点和减少 1.60996 个百分点；全要素投入：专利授权量，R&D 经费，人力资本偏斜率系数分别为 -0.118、-0.0019 和 -0.02305，表示产出对全要素投入的弹性，即其他要素投入保持不变的情况下，全要素每增加 1 个百分点，平均产出将减少 0.118、0.0019 和 0.02305；城乡和第三产业结构投入偏斜率系数分别 -1.2583、-2.6219，表示产出对城乡和产业结构的弹性，即其他要素投入保持不变的情况下，城乡和产业结构每增加 1 个百分点，平均产出将减少 1.2583、2.6219；制度变革：对外贸易和财政收入投入偏斜率系数分别为 0.0791 和 0.09007，表示产出对外贸易和财政收入的弹性，即其他要素投入保持不变的情况下，对外贸易和财政收入每增加 1 个百分点，平均产出将增加 0.0791 和 0.09007。

实证分析表明：12 个因素对山西省经济增长都具有不同作用。具体来说，首先，人民生活水平提高的衡量指标：城镇居民可支配收入和农民纯收入对山西省的经济作用最大，起主导作用。其次，人力资本、财政收入、对外贸易对山西省的经济增长起促进作用。相反的是技术进步、人力资本、城乡化、产业结构都是阻碍山西经济增长的因素。

究其原因，山西是中国的缩影，是我国高物耗、高能耗、高污染的粗放型经济模式的典型代表。长期以来，山西形成了煤炭、化工、钢铁、水泥等主导产业，集聚了大量的就业人口，创造了大量的税收，但不幸的是，这些产业均属于严重产能过剩的行业，不但不受国家鼓励，而且在市场的恶性竞争下快速走向衰落，由于这些产业占到山西经济规模的80%以上，与山西经济一损俱损，如果这些产业走向衰落，可以预见的是，山西社会经济将会受到重大影响，而且，山西多年的环保欠账和对煤炭产业的过度依赖，令山西"步履维艰"。

（四）湖南省参数估计与结论

1. 湖南省参数估计

表7　　　　　　　　　　　　　　　　检验结果

变量	ADF 检验值	P 值	各显著水平下的临界值			检验结果
			1%	5%	10%	
lny	− 1.434	0.8508	− 4.38	− 3.6	− 3.24	非平稳
D1（lny）	− 2.507	0.3246	− 4.38	− 3.6	− 3.24	非平稳
D2（lny）	− 3.855	0.0140	− 4.38	− 3.6	− 3.24	平稳
lnx1	1.392	1	− 4.38	− 3.6	− 3.24	非平稳
D1（lnx1）	− 1.918	0.6453	− 4.38	− 3.6	− 3.24	非平稳
D2（lnx1）	− 4.440	0.0019	− 4.38	− 3.6	− 3.24	平稳
lnx2	− 3.881	0.0129	− 4.38	− 3.6	− 3.24	平稳
lnx3	− 3.143	0.0964	− 4.38	− 3.6	− 3.24	非平稳
D1（lnx3）	− 4.840	0.0004	− 4.38	− 3.6	− 3.24	平稳
lnx4	− 1.171	0.9162	− 4.38	− 3.6	− 3.24	非平稳
D1（lnx4）	− 2.512	0.3217	− 4.38	− 3.6	− 3.24	非平稳
D2（lnx4）	− 4.900	0.0003	− 4.38	− 3.6	− 3.24	平稳
lnx5	− 2.485	0.3354	− 4.38	− 3.6	− 3.24	非平稳
D1（lnx5）	− 4.118	0.0059	− 4.38	− 3.6	− 3.24	平稳
lnx6	− 2.830	0.1860	− 4.38	− 3.6	− 3.24	非平稳
D1（lnx6）	− 6.988	0	− 4.38	− 3.6	− 3.24	平稳
lnx7	− 1.894	0.6579	− 4.38	− 3.6	− 3.24	非平稳
D1（lnx7）	− 2.803	0.1959	− 4.38	− 3.6	− 3.24	非平稳
D2（lnx7）	− 4.531	0.0013	− 4.38	− 3.6	− 3.24	平稳
lnx8	− 3.289	0.0680	− 4.38	− 3.6	− 3.24	平稳
lnx9	− 3.921	0.0114	− 4.38	− 3.6	− 3.24	平稳

变量	ADF 检验值	P 值	各显著水平下的临界值			检验结果
			1%	5%	10%	
lnx10	−1.643	0.7751	−4.38	−3.6	−3.24	非平稳
D1(lnx10)	−2.298	0.4351	−4.38	−3.6	−3.24	非平稳
D2(lnx10)	−4.264	0.0036	−4.38	−3.6	−3.24	平稳
lnx12	0.495	0.9996	−4.38	−3.6	−3.24	非平稳
D1(lnx12)	−1.314	0.8844	−4.38	−3.6	−3.24	非平稳
D2(lnx12)	−3.545	0.0349	−4.38	−3.6	−3.24	平稳

由分析可知 lnx2、lnx8、lnx9 的原始单位根是平稳的，分别在 5%、10% 的置信水平下稳定。序列 lnx3、lnx5、lnx6 都存在单位根，是非平稳序列，他们的一阶差分序列分别在为 1%、5%、10% 的置信水平下平稳。序列 lny、lnx1、lnx4、lnx7、lnx10、lnx12 都存在单位根，是非平稳的，他们的二阶差分序列在 5%、10% 和 1% 的置信水平下为平稳的时间序列。故可以使用最小二乘法（OLS）估计而不会出现伪回归。本文中利用 Stata12 软件对方程（8）进行估计，得到：

$Ln(GDP) = -20.18 - 0.235 ln(K) + 0.0354 ln(Lfr) - 0.032 ln(ftd) - 1.323 ln(is_2) -$

$t - statistic$　　　　(-1.9)　　　　(-0.81)　　　　(0.25)　　　　(-0.48)

(-1.82)

$1.7389 ln(ccs) + 0.2317 ln(Live_1) + 0.658 ln(Live_2) + 0.0604 ln(R\&D) + 0.13184 ln(Tech)$

　　(0.94)　　　　　(0.71)　　　　　(2.42)　　　　　　(1.95)

(1.98)

　　$+ 2.64917 ln(Lad) + 0.09127 ln(Hc)$

　　　　(1.92)　　　　　(0.82)　　　　　　　　　　　　　　　　（15）

对方程（15）估计结果进行检验，$R^2 = 0.9997$，$F = 2737.39$，$DW =$ 其相伴概率，P 为 0.0000，D—W 值为 1.960055，调整后的 R^2 很高，说明通过检验，且回归整体效果极为显著。

2. 湖南省分析结论

由方程（10）可知，要素投入中：资本投入和劳动力投入偏斜率系数分别为 −0.235 和 2.64917，表示产出对资本和劳动力的弹性，即其他要素投入保持不变的情况下，资本和劳动力每增加 1 个百分点，平均产出将减少 0.235 个百分点和增加 2.64917 个百分点；全要素投入：专利授权量，R&D 经费，人力资本偏斜率系数分别为 0.13184、0.0604 和

0.09127，表示产出对全要素投入的弹性，即其他要素投入保持不变的情况下，全要素每增加 1 个百分点，平均产出将增加 0.13184、0.0604 和 0.09127；城乡和第三产业结构投入偏斜率系数分别 −1.7389、−1.323，表示产出对城乡和产业结构的弹性，即其他要素投入保持不变的情况下，城乡和产业结构每增加 1 个百分点，平均产出将减少 1.7389、1.323；制度变革：对外贸易和财政收入投入偏斜率系数分别为 −0.032 和 0.0354，表示产出对外贸易和财政收入的弹性，即其他要素投入保持不变的情况下，对外贸易和财政收入每增加 1 个百分点，平均产出将减少 0.032 和增加 0.0354。

实证分析表明，12 个因素对湖南省经济增长作用各有不同。具体来说，劳动力投入是促进湖南省经济增长的主导因素，表明湖南省经济是粗放型经济，其次，城镇人均可支配收入，农民纯收入作为人民生活水平提高的指标，对湖南省的经济增长具有极大的推动作用，第三，制度因素中财政收入，技术进步中 R&D 经费，专利授权量也对湖南省经济增长有联动作用。然而，资本投入，城乡结构，产业结构对湖南省经济增长起阻碍作用，因此，下一步，湖南省有必要积极推动产业结构和城乡化的调整，加大资本投入快速推动湖南省经济更上一层楼。

（五）江西省参数估计与结论

1. 江西省参数估计

表8 检验结果

变量	ADF 检验值	P 值	各显著水平下的临界值			检验结果
			1%	5%	10%	
lny	−1.535	0.817	−4.38	−3.6	−3.24	非平稳
D1(lny)	−2.785	0.2024	−4.38	−3.6	−3.24	非平稳
D2(lny)	−4.785	0.0005	−4.38	−3.6	−3.24	平稳
lnx1	−3.919	0.0114	−4.38	−3.6	−3.24	平稳
lnx2	−2.542	0.3071	−4.38	−3.6	−3.24	非平稳
D1(lnx2)	−7.602	0	−4.38	−3.6	−3.24	平稳
lnx3	−1.995	0.6042	−4.38	−3.6	−3.24	非平稳
D1(lnx3)	−3.995	0.0089	−4.38	−3.6	−3.24	平稳
lnx4	−2.212	0.4830	−4.38	−3.6	−3.24	非平稳
D2(lnx4)	−4.842	0.0004	−4.38	−3.6	−3.24	平稳
lnx5	−2.790	0.2006	−4.38	−3.6	−3.24	非平稳

续表

变量	ADF 检验值	P 值	各显著水平下的临界值			检验结果
			1%	5%	10%	
D1(lnx5)	-2.991	0.1347	-4.38	-3.6	-3.24	非平稳
D2(lnx5)	-6.168	0	-4.38	-3.6	-3.24	平稳
lnx6	-4.522	0.0014	-4.38	-3.6	-3.24	平稳
lnx7	-1.965	0.6203	-4.38	-3.6	-3.24	非平稳
D1(lnx7)	-3.364	0.0564	-4.38	-3.6	-3.24	平稳
lnx8	-3.197	0.085	-4.38	-3.6	-3.24	非平稳
D1(lnx8)	-7.797	0	-4.38	-3.6	-3.24	平稳
lnx9	-1.903	0.6530	-4.38	-3.6	-3.24	非平稳
D1(lnx9)	-5.020	0.0002	-4.38	-3.6	-3.24	平稳
lnx10	-1.585	0.7982	-4.38	-3.6	-3.24	非平稳
D1(lnx10)	-3.081	0.1108	-4.38	-3.6	-3.24	非平稳
D2(lnx10)	-4.973	0.0002	-4.38	-3.6	-3.24	平稳
lnx12	-0.050	0.9937	-4.38	-3.6	-3.24	非平稳
D1(lnx12)	-1.217	0.9069	-4.38	-3.6	-3.24	非平稳
D2(lnx12)	-2.237	0.4689	-4.38	-3.6	-3.24	非平稳
D3(lnx12)	-3.608	0.0292	-4.38	-3.6	-3.24	平稳

由分析可知 lnx1、lnx6 的原始单位根是平稳的，分别在 5%、1% 的置信水平下稳定。序列 lnx2、lnx3、lnx7、lnx8、lnx9 都存在单位根，是非平稳序列，他们的一阶差分序列分别在为 10%、5%、1% 的置信水平下平稳。序列 lny、lnx4、lnx5、lnx10 都存在单位根，是非平稳的，他们的二阶差分序列在 1% 的置信水平下为平稳的时间序列。序列 ln12 也存在单位根，他的三阶差分序列在 5% 的置信水平下为平稳的时间序列。故可以使用最小二乘法（OLS）估计而不会出现伪回归。本文中利用 Stata12 软件对方程（8）进行估计，得到：

$$Ln(GDP) = 9.1727 - 0.8112\ln(K) + 0.3242\ln(Lfr) + 0.0665\ln(ftd) - 1.4076\ln(is_2) -$$

$$t - statistic \quad (1.8) \quad (5.9) \quad (5.84) \quad (1.37) \quad (-1.34)$$

$$3.1374\ln(ccs) + 0.12491\ln(Live_1) + 0.165\ln(Live_2) + 0.051\ln(R\&D) - 0.172\ln(Tech)$$

$$(-3.58) \quad (0.56) \quad (1.38) \quad (1.79) \quad (-4.41)$$

$$-1.1664\ln(Lad) - 0.1072\ln(Hc)$$

$$(-1.55) \quad (-2.04) \tag{16}$$

对方程（16）估计结果进行检验，$R^2 = 0.9999$，$F = 9151.73$，$DW =$ 其相伴概率，P 为 0.0000，D—W 值为 1.648336，调整后的 R^2 很高，说

明通过检验，且回归整体效果极为显著。

2. 江西省分析结论

由方程（11）可知，要素投入中：资本投入和劳动力投入偏斜率系数分别为 −0.8112 和 −1.1664，表示产出对资本和劳动力的弹性，即其他要素投入保持不变的情况下，资本和劳动力每增加 1 个百分点，平均产出将减少 0.8112 个和 1.1664 个百分点；全要素投入：专利授权量，R&D 经费，人力资本偏斜率系数分别为 −0.172、0.051 和 −0.1072，表示产出对全要素投入的弹性，即其他要素投入保持不变的情况下，全要素每增加 1 个百分点，平均产出将增加 0.051 和减少 0.172、0.1072；城乡和第三产业结构投入偏斜率系数分别 −3.1374、−1.4076，表示产出对城乡和产业结构的弹性，即其他要素投入保持不变的情况下，城乡和产业结构每增加 1 个百分点，平均产出将减少 3.1374 和 1.4076；制度变革：对外贸易和财政收入投入偏斜率系数分别为 0.0665 和 0.3242，表示产出对外贸易和财政收入的弹性，即其他要素投入保持不变的情况下，对外贸易和财政收入每增加 1 个百分点，平均产出将增加 0.0665 和 0.3242。

实证分析表明：11 个因素对江西省经济增长作用各有不同。具体来说，首先，制度因素中财政收入、进出口总额对江西省经济增长具有推动作用，其次，城镇可支配收入，农民人均纯收入是促进江西省经济增长的另外两大因素。最后，在高科技的新时期，江西省的科研经费投入对经济增长起促进作用。但两要素投入的劳动力、资本投入、城乡结构、产业结构的第三产业占比，技术进步等都是江西省经济增长过程中的阻碍因素。

（六）安徽省参数估计与结论

1. 安徽省省参数估计

表 9   检验结果

变量	ADF 检验值	P 值	各显著水平下的临界值			检验结果
			1%	5%	10%	
lny	−1.699	0.7515	−4.38	−3.6	−3.24	非平稳
D1(lny)	−2.533	0.3117	−4.38	−3.6	−3.24	非平稳
D2(lny)	−5.563	0	−4.38	−3.6	−3.24	平稳

续表

变量	ADF 检验值	P 值	各显著水平下的临界值			检验结果
			1%	5%	10%	
lnx1	− 1.065	0.9347	− 4.38	− 3.6	− 3.24	非平稳
D1(lnx1)	− 1.277	0.8936	− 4.38	− 3.6	− 3.24	非平稳
D2(lnx1)	− 3.817	0.0157	− 4.38	− 3.6	− 3.24	平稳
lnx2	− 1.982	0.6111	− 4.38	− 3.6	− 3.24	非平稳
D1(lnx2)	− 5.521	0	− 4.38	− 3.6	− 3.24	平稳
lnx3	− 2.070	0.5627	− 4.38	− 3.6	− 3.24	非平稳
D1(lnx3)	− 5.306	0.0001	− 4.38	− 3.6	− 3.24	平稳
lnx4	− 1.196	0.9114	− 4.38	− 3.6	− 3.24	非平稳
D1(lnx4)	− 3.619	0.0283	− 4.38	− 3.6	− 3.24	平稳
lnx5	− 4.283	0.0033	− 4.38	− 3.6	− 3.24	平稳
lnx6	− 2.270	0.4506	− 4.38	− 3.6	− 3.24	非平稳
D1(lnx6)	− 3.540	0.0353	− 4.38	− 3.6	− 3.24	平稳
lnx7	− 1.546	0.8130	− 4.38	− 3.6	− 3.24	非平稳
D1(lnx7)	− 2.408	0.3756	− 4.38	− 3.6	− 3.24	非平稳
D2(lnx7)	− 5.634	0	− 4.38	− 3.6	− 3.24	平稳
lnx8	− 2.613	0.2740	− 4.38	− 3.6	− 3.24	非平稳
D1(lnx8)	− 4.111	0.0061	− 4.38	− 3.6	− 3.24	平稳
lnx9	− 2.032	0.5837	− 4.38	− 3.6	− 3.24	非平稳
D1(lnx9)	− 2.278	0.4459	− 4.38	− 3.6	− 3.24	非平稳
D2(lnx9)	− 4.878	0.0003	− 4.38	− 3.6	− 3.24	平稳
lnx12	− 2.992	0.1345	− 4.38	− 3.6	− 3.24	非平稳
D1(lnx12)	− 4.192	0.0046	− 4.38	− 3.6	− 3.24	平稳

由分析可知 lnx5 的原始单位根是平稳的，在 5% 的置信水平下稳定。序列 lnx2、lnx3、lnx4、lnx6、lnx8、lnx12 都存在单位根，是非平稳序列，他们的一阶差分序列分别在为 1%、5%、10% 的置信水平下平稳。序列 lny、lnx1、lnx7、lnx9 都存在单位根，是非平稳的，他们的二阶差分序列在 5%、1% 的置信水平下为平稳的时间序列。故可以使用最小二乘法（OLS）估计而不会出现伪回归。本文中利用 Stata12 软件对方程（8）进

行估计，得到：

Ln(GDP) = -0.772 + 0.10898ln(K) + 0.1472ln(Lfr) + 0.0143ln(ftd) + 0.523ln(is$_2$) -

t - statistic   (-0.77) (0.66)   (2.01)   (0.2)   (0.8)

2.3701ln(ccs) + 0.9653ln(Live$_1$) - 0.1456ln(Live$_2$) + 0.1426ln(R&D) + 0.025ln(Tech)

(-1.28)   (4.21)   (-0.87)   (2.25)   (0.66)

-0.011374ln（Hc）

(-0.71)   (17)

对方程（17）估计结果进行检验，R^2 = 0.9994，F = 1752.90，DW = 其相伴概率，P 为 0.0000，D—W 值为 2.307279，调整后的 R^2 很高，说明通过检验，且回归整体效果极为显著。

2. 安徽省分析结论

由方程（12）可知，要素投入中：资本投入的偏斜率系数为 0.10898，表示产出对资本和劳动力的弹性，即其他要素投入保持不变的情况下，资本每增加 1 个百分点，平均产出将增加 0.10898 个百分点；全要素投入：专利授权量，R&D 经费，人力资本偏斜率系数分别为 0.025，0.1426 和 -0.011374，表示产出对全要素投入的弹性，即其他要素投入保持不变的情况下，全要素每增加 1 个百分点，平均产出将增加 0.025，0.1426 和减少 0.011374；城乡和第三产业结构投入偏斜率系数分别 -2.3701、0.523，表示产出对城乡和产业结构的弹性，即其他要素投入保持不变的情况下，城乡和产业结构每增加 1 个百分点，平均产出将减少 2.3701 和增加 0.523；制度变革：对外贸易和财政收入投入偏斜率系数分别为 0.1472 和 0.0143，表示产出对外贸易和财政收入的弹性，即其他要素投入保持不变的情况下，对外贸易和财政收入每增加 1 个百分点，平均产出将增加 0.1472 和 0.0143。

实证分析表明：10 个因素对湖南省经济增长作用各有不同。具体来说，首先，要素投入中资本投入是安徽省经济增长中的重要因素，制度因素中财政收入、进出口总额对安徽省经济增长具有推动作用，其次，城乡结构，技术进步是促进江西省经济增长的另外两大因素。最后，产业结构，城镇可支配收入也对经济增长起促进作用。但城乡结构、人民生活水平中人均纯收入以及人力资本等都是江西省经济增长过程中的阻碍因素。

（七）湖北省参数估计和结论

1. 湖北省参数估计

表 10 检验结果

变量	ADF 检验值	P 值	各显著水平下的临界值			检验结果
			1%	5%	10%	
lny	−1.132	0.9235	−4.38	−3.6	−3.24	非平稳
D1(lny)	−2.406	0.3763	−4.38	−3.6	−3.24	非平稳
D2(lny)	−3.946	0.0105	−4.38	−3.6	−3.24	平稳
lnx1	−4.457	0.0018	−4.38	−3.6	−3.24	平稳
lnx2	−2.877	0.1700	−4.38	−3.6	−3.24	非平稳
D1(lnx2)	−7.674	0	−4.38	−3.6	−3.24	平稳
lnx3	−1.617	0.7858	−4.38	−3.6	−3.24	非平稳
D1(lnx3)	−4.616	0.0010	−4.38	−3.6	−3.24	平稳
lnx4	−1.322	0.8825	−4.38	−3.6	−3.24	非平稳
D1(lnx4)	−3.190	0.0964	−4.38	−3.6	−3.24	非平稳
D2(lnx4)	−6.039	0	−4.38	−3.6	−3.24	平稳
lnx5	−2.867	0.1733	−4.38	−3.6	−3.24	非平稳
D1(lnx5)	−4.718	0.0006	−4.38	−3.6	−3.24	平稳
lnx6	−2.630	0.2661	−4.38	−3.6	−3.24	非平稳
D1(lnx6)	−5.363	0	−4.38	−3.6	−3.24	平稳
lnx7	−2.325	0.4203	−4.38	−3.6	−3.24	非平稳
D1(lnx7)	−3.841	0.0146	−4.38	−3.6	−3.24	平稳
lnx8	−4.070	0.0070	−4.38	−3.6	−3.24	平稳
lnx9	−4.003	0.0087	−4.38	−3.6	−3.24	平稳
lnx10	0.974	1	−4.38	−3.6	−3.24	非平稳
D1(lnx10)	−2.429	0.3642	−4.38	−3.6	−3.24	平稳
D2(lnx10)	−5.104	0.0001	−4.38	−3.6	−3.24	平稳
lnx12	0.355	0.9965	−4.38	−3.6	−3.24	非平稳
D1(lnx12)	−1.297	0.8883	−4.38	−3.6	−3.24	非平稳
D2(lnx12)	−2.756	0.2134	−4.38	−3.6	−3.24	非平稳
D3(lnx12)	−5.020	0.0002	−4.38	−3.6	−3.24	平稳

由分析可知 lnx5、lnx8、lnx9 的原始单位根是平稳的，在 1%、5% 的置信水平下稳定。序列 lny、lnx2、lnx3、lnx5、lnx6、lnx7 都存在单位根，

是非平稳序列，他们的一阶差分序列分别在为 1%、5% 的置信水平下平稳。序列 lnx4、lnx10 都存在单位根，是非平稳的，他们的二阶差分序列在 5%、1% 的置信水平下为平稳的时间序列。序列 ln12 都存在单位根，是非平稳的，他们的三阶差分序列在 1% 的置信水平下为平稳的时间序列故可以使用最小二乘法（OLS）估计而不会出现伪回归。本文中利用 Stata12 软件对方程（8）进行估计，得到：

$$Ln(GDP) = -24.96 + 0.1709\ln(K) + 0.1037\ln(Lfr) + 0.1066\ln(ftd) - 1.493\ln(is_2) -$$
$$t - statistic \quad (-1.88) \quad (1.02) \quad (2.01) \quad (2.08) \quad (-3.23)$$
$$0.0709\ln(ccs) + 0.1783\ln(Live_1) + 0.2766\ln(Live_2) + 0.02487\ln(R\&D) + 0.049\ln(Tech)$$
$$(-0.24) \quad (0.75) \quad (1.05) \quad (0.85) \quad (1.14)$$
$$+3.26615\ln(Lad) - 0.011374\ln(Hc)$$
$$(1.98) \quad (-0.22) \tag{18}$$

对方程（18）估计结果进行检验，$R^2 = 0.9998$，$F = 5\,816.98$，DW = 其相伴概率，P 为 0.0000，D—W 值为 2.561929，调整后的 R^2 很高，说明通过检验，且回归整体效果极为显著。

2. 湖北省分析结论

由方程（13）可知，要素投入中：资本投入和劳动力的偏斜率系数为 0.1709、3.26615，表示产出对资本和劳动力的弹性，即其他要素投入保持不变的情况下，资本和劳动力每增加 1 个百分点，平均产出将增加 0.1709 个和 3.26615 个百分点；全要素投入：专利授权量，R&D 经费，人力资本偏斜率系数分别为 0.049、0.02487 和 -0.011374，表示产出对全要素投入的弹性，即其他要素投入保持不变的情况下，全要素每增加 1 个百分点，平均产出将增加 0.049、0.02487 和减少 0.011374；城乡和第三产业结构投入偏斜率系数分别 -0.0709、-1.4931，表示产出对城乡和产业结构的弹性，即其他要素投入保持不变的情况下，城乡和产业结构每增加 1 个百分点，平均产出将减少 0.0709、1.4931；制度变革：对外贸易和财政收入投入偏斜率系数分别为 0.1066 和 0.1037，表示产出对外贸易和财政收入的弹性，即其他要素投入保持不变的情况下，对外贸易和财政收入每增加一个百分点，平均产出将增加 0.1066 和 0.1037。

实证分析表明：11 个因素对湖北省经济增长作用各有不同。具体来说，首先，资本投入和劳动力投入是拉动湖北经济增长的两个主导因素。其次，人民生活水平中城镇可支配收入和人均纯收入是促进湖北经济增长的另外两大因素。而且，制度因素中财政收入，对外贸易和技术进步的 R&D 经费投入，专利授权量均对湖北省经济起推动作用。但城乡，产业结构和人力资本是阻碍湖北经济增长的因素。

七、中部地区各省实现赶超模式选择分析

我国中部地区包括河南、湖北、湖南、安徽、江西、山西六个相邻省份，是我国的人口大区、经济腹地和重要市场，在中国地域分工中扮演着重要角色。

从中国整体发展的角度考虑，中部就是中国的"腰"，只有"腰板"直了，中国这个巨人才能走得正、走得稳，中国经济才能协调健康发展。因此，加快中部地区发展是提高中国国家竞争力的重大战略举措，是东西融合、南北对接，推动区域经济发展的客观需要。根据上文的综合分析，本研究将探讨中部六省各省实现经济赶超的模式。

（一）河南省经济赶超模式

河南省经济增长的主要驱动力为资本投入、劳动力，城镇人均可支配收入、农民人均纯收入、财政收入、对外贸易和人力资本等因素。但城乡结构、产业结构、人口自然增长以及技术进步要素都对河南省经济增长起阻碍作用。

与广东外贸型经济模式最大差异是广东省资本投入和劳动力投入是其经济增长两大主导因素，地理优势使其对外贸易成为经济增长的另一重要驱动力，与此同时，技术进步对广东省经济的增长保持着强劲的势头，广东省 R&D 经费投入是拉动广东省经济发展的重要驱动力量。而河南省技术进步在其经济增长过程中起阻碍作用，对外贸易贡献率不明显。

与重庆模式比较而言：重庆市经济增长的最大特点是城镇人均可支配收入和农民人均纯收入是重庆市经济增长的巨大推动力，提高人民的生活水平是推动经济增长的又一根本原因所在。

因此，在上述各国、省经济赶超模式的基础上，河南省实现其经济赶超，有以下建议：

第一，着力于中原崛起，积极响应国家政策，利用强有力的优惠政策结合自身优势，发挥特色，进一步释放自身能量。河南省素以人口大省和粮食大省著称，丰富的劳动力要素投入是经济增长的一大动力。尤其是对于河南这样的粮食生产大省来说，劳动力要素的投入是粮食生产的根本保证，因此，利用自身优势可进一步建立中原经济区、粮食生产

核心区等。

第二，着力于扩大开放。为适应新的国际市场环境和国际投资贸易新趋势、新动态，河南省会城市郑州正在积极地建立郑州航空港经济综合实验区、郑州跨境电子商务综合试验区、河南自贸区等，河南省应抓住此次契机，加大出口贸易，以出口导向作为经济增长的重要方向。

第三，推进城乡协调发展。发挥新型城镇化"牵一发动全身"的综合带动作用，全面提高城镇化发展质量，促进产业集聚、人口集中、土地集约，拓展城镇化发展空间，辐射带动新农村建设，为经济社会发展提供强大引擎。

第四，大力发展要素市场。加快推动金融、土地、人力资源、技术等要素市场建设，促进各类要素依据市场规则、市场价格、市场竞争实现优化配置，破解人、地、钱等瓶颈制约。

第五，发挥人口大省优势，打造人力资源强省。以提高质量为核心，加快教育改革发展，推进以人力资本为核心的二次人力资源开发，培养引进和用好用活各类人才，增强经济增长内生动力。

第六，加强产业结构合理化和产业结构的升级。首先，第一、第二、第三产业之间协调发展，重点扶持第二、第三产业发展；其次，把传统产业向集约产业进行转型，提高生产效率。

第七，充分发挥政治优势和制度优势，创新扶贫工作机制和模式。加大扶贫攻坚力度，实施精准扶贫、精准脱贫，举河南省全省之力，坚决打赢脱贫攻坚战。

（二）山西省经济赶超模式

城镇居民可支配收入、农民纯收入、人力资本、财政收入，对外贸易对山西省的经济增长作用最大，主导山西省经济增长。相反，技术进步、资本投入、城乡化、产业结构都是阻碍山西经济增长的因素。

较之浙江省经济增长相比：对浙江省经济增长的主导力量是要素投入的资本投入、劳动力投入、和对外贸易。而同样作为内陆省份的贵州，要素投入、城镇人均可支配收入是经济增长的主要因素。

在上述各省经济赶超模式的基础上，山西省要实现其经济赶超，本研究给出以下建议：

第一，着力于自身优势，拓展绿色清洁能源新产业。山西省以煤炭资源丰富大省而出名，丰富的煤炭能源，曾一度是山西经济增长的关键性因素。然而，在经济利益的驱动下，过度的开采和自然环境的严重污染，给山西省经济可持续发展造成不可估量的影响。其次，由于科学技术水平的提高，清洁能源成为了煤炭能源的替代品，使得煤炭产业的市场竞争力大大减弱，因此，调整煤炭产业结构转型任务刻不容缓。山西省应改变单一的传统煤炭产业，利用科学技术推进煤炭产业升级，拓展绿色清洁能源新产业。

第二，加大资本和劳动力要素投入。从以上各国、省赶超经济模式分析可以得出，在经济发展初期，劳动力和资本投入是拉动经济增长最有效的方法，而山西省的经济增长要素中，资本和劳动力的投入处于不足状态。因此，在山西省经济水平低下的初期，大量投入资本和劳动力是其经济增长快捷有效的方法之一。

第三，推进新型城镇化发展。利用国家建设新型城镇化建设契机，大力推进城镇化发展，全面提高城镇化质量，加强基础设施建设，促进农村人口向城市转移，拓展城镇化空间，带动新农村建设，提高人民生活水平，为山西省经济发展提供强大引擎。

第四，大力发展科学技术。技术进步一直被认为是经济增长的关键性因素，因为科技进步的不仅可以促进经济增长，而且可以提高经济增长的质量和优化经济结构。因此，山西省应加大对科研经费的投入，培养科技人才，推动科学技术的进步，促进山西省经济持续高速增长。

第五，改善人民生活水平。据贵州省经济增长因素分析显示，城镇人均可支配收入是贵州省经济增长的推动因素之一，事实证明，人民生活水平的提高，不仅为社会稳定提供保障，也是经济增长的驱动力。因此，山西省经济发展必须以提高人民生活水平为目的，提高就业，刺激劳动力从低产业向高产业转变，改善就业形势，改善人民生活。

（三）湖南省经济赶超模式

劳动力投入、城镇人均可支配收入、农民纯收入财政收入、技术进步中的 R&D 经费和专利授权量对湖南省经济增长有明显的促进作用。然而，资本投入、城乡结构、产业结构对湖南省经济增长起阻碍作用。

广东外贸型经济模式的经验：广东省资本投入和劳动力投入是其经济增长两大主导因素，地理优势使其对外贸易成为经济增长的另一重要驱动力，与此同时，技术进步对广东省经济的增长保持着强劲的势头，广东省 R&D 经费投入是拉动广东省经济发展的重要驱动力量。而同样作为内陆省份的贵州，要素投入，城镇人均可支配收入是经济增长的主要因素。

在上述各省经济赶超模式的基础上，湖南省要实现其经济赶超，本研究给出以下建议：

第一，加大资本投入。资本投入一直作为经济快速增长的关键要素，在经济增长过程中具有不可取代的地位。根据上文可知，资本投入不足阻碍了湖南省经济增长，因此，湖南省经济下一步发展的重要任务是加大资本投入，提高投资效率，改善投资环境。

第二，优化产业结构。在国家推行长江经济带建设、"一带一路"、中部崛起等战略的背景下，湖南省应积极对接国家政策，进一步优化产业结构，提高产业科技含量，推动传统产业结构优化升级。同时，调整产业在生产总值中占比，降低第一产业占比，提高服务业比重，促进新产业新形态不断成长，工业化和信息化融合发展。

第三，提升经济外向度。从广东省经济发展经验可以看出，从改革开放至今，进出口贸易为广东省经济增长做出了重大的贡献。因此，湖南省应积极对接长江经济带政策，立足于便利的交通条件，扩大贸易规模，培育外向型经济模式。

第四，推动城乡结构升级，加快城镇化率。加快农村人口向城市转移，提高农民劳动报酬，缩小城乡收入。推动非农产业向城镇聚集，发挥城镇化的辐射作用，联动周边地区共同发展。

第五，推动创新机制。推动创新机制，包括科技创新、体制突破、重大领域突破，全面提高湖南省自主能力，促进湖南省经济腾飞。

（四）江西省经济赶超模式

财政收入、进出口总额、城镇可支配收入、农民人均纯收入、科研经费投入对江西省经济增长具有推动作用，但劳动力、资本投入、城乡结构、产业结构的第三产业占比、技术进步等因素都是江西省经济增长过程中的阻碍因素。

较之广东外贸型经济模式：广东省资本投入和劳动力投入是其经济增长两大主导因素，地理优势使其对外贸易成为经济增长的另一重要驱动力，与此同时，技术进步对广东省经济的增长保持着强劲的势头，广东省 R&D 经费投入是拉动广东省经济发展的重要驱动力量。与重庆模式比较而言，重庆市经济增长的最大特点是：城镇人均可支配收入和农民人均纯收入是重庆市经济增长的巨大推动力，提高人民的生活水平是推动经济增长的又一根本原因所在。

因此，江西省实现经济赶超需改善以下几点：

第一，立足于江西省良好生态环境的自身优势，推进绿色崛起。绿色生态是江西省最大的品牌和优势，江西省应充分利用自身优势，释放潜在能量，大力发展绿色产业培育绿色文化，实施绿色工程，打造绿色品牌，建立国家生态文明示范区，推进绿色崛起，绿色经济将会是江西省经济发展的又一个新的增长点。

第二，深化体制改革，充分利用资源配置。深化改革重要任务是激发市场的活力和破除不利的体制机制障碍。同时，加大劳动力资源的投入，实行人才引进策略，提高劳动力素质，促进江西省经济发展。

第三，产业结构升级。产业结构转型是中国经济发展的一大难题，也是江西省经济增长中的阻碍因素。因此，江西省应利用毗邻上海的区位优势，积极承接上海的产业转移，提高服务业比重，加快新兴产业和先进制造业的发展，推动产业结构升级。

第四，提高城镇化率。由上文分析可知，江西省城镇化率低下严重阻碍了江西省经济增长。因此，江西省应加快城镇化速度，推动新型城镇化有序进行，实现城乡基础设施建设全面升级。强化乡村产业集聚，实现城镇、乡村人民充分就业，提高人民收入，保障人民生活水平。

第五，引进和扩大资本投入。从以上可知，改革开放至今，要素投入促进了广东省经济高速持续增长。事实说明，经济的快速发展和资本投入有着很大的关联。因此，江西省需加大对固定资产的投资。同时，利用毗邻上海的优秀地理位置和交通便利的条件，积极引进上海资金的内流，提高资金利用效率。

（五）安徽省经济赶超模式

资本投入、财政收入、进出口总额、技术进步、城镇可支配收入是安徽省经济增长中的重要因素。但城乡结构、产业结构、人民生活水平中人均纯收入以及人力资本等都是安徽省经济增长过程中的阻碍因素。

较之浙江省经济增长模式：浙江省经济增长的主导力量是资本投入，劳动力投入和对外贸易。而同样作为内陆省份的贵州，要素投入、城镇人均可支配收入是经济增长的主要因素。

因此，安徽省实现经济赶超模式需改善以下几点：

第一，优化城乡结构。在国家提倡新型城镇化政策的机遇下，安徽省优化城乡结构，须加大农业农村基础设施的投入，制定解决农村剩余劳动力转移的方案并务实实施，汲取贵州省城镇人均可支配收入促进经济增长的经验，促进城镇充分就业，提高农村人民劳动报酬。

第二，提高人民生活水平。人民生活水平的提高是社会经济发展的目的所在，更是社会稳定的重要因素。在新时期经济快速发展的情况下，安徽省应提高劳动者素质和培养劳动技能，促进劳动者报酬加倍，改善人民生活质量和水平。

第三，加大人力资本投入。随着经济发展和在全球化的竞争日益激烈，为了能够生产出高附加值的产品，社会对劳动力的素质和技能要求越来越高。安徽省省政府必须加大对人力资本的投资，加强基础教育，加大培训和再培训，使劳动力更能够适应市场的要求，更好地促进安徽省经济的发展。

（六）湖北省经济赶超模式

资本投入、劳动力投入、人民生活水平中的城镇可支配收入和人均纯收入、财政收入、对外贸易、R&D经费投入、专利授权量均对湖北省经济起推动作用。但城乡结构、产业结构和人力资本是阻碍湖北经济增长的因素。

较之广东外贸型经济模式：广东省资本投入和劳动力投入是其经济增长两大主导因素，地理优势使其对外贸易成为经济增长的另一重要驱动力，与此同时，技术进步对广东省经济的增长保持着强劲的势头，广东省R&D经费投入是拉动广东省经济发展的重要驱动力量。而同样作为内陆省份的贵州，要素投入，城镇人均可支配收入是经济增长的主要因素。

因此，湖北省实现经济赶超模式需改善以下几点：

第一，加快人力资本形成。首先发挥湖北省政府在人力资本投资中的主体作用，加大对人力资本的投资。其次，转变观念，充分认识到人力资本建设的重要性。

第二，产业结构调整。一方面，湖北省应借助长江经济带的优势，积极承接产业转移。另一方面，加快服务业、新型产业发展，促进产业技术创新，引进重大专项，吸纳高端人才突破重点领域的核心技术，推动长江中游城市群建设，拉动湖北省整体经济发展。

第三，扩大对外贸易。首先，积极营造湖北省开放型经济的良好氛围。其次，对接长江经济带的国家政策，利用便利的交通条件，大力发展外向型企业，同时改善对外开放条件，提高出口贸易份额，拓展出口经济贸易渠道。

第四，发挥武汉城市圈优势，加强与上海，重庆等地交流合作，形成良好的区域合作关系，打造内陆开放型经济高地。

从沿海到沿边区域开放的中国
赶超路径探索：一个综述[*]

钟无涯　颜　玮[①]

一、引言

中国的区域开放战略探索和实践始于 20 世纪 70 年代末的深圳改革契机。最初以深圳为代表的部分沿海城市被列为经济特区，成为开放战略的实验性、探索性尝试，继而由海至江并逐渐拓展至沿边，相继开放大连、秦皇岛、连云港和南通等 14 个沿海城市。开放战略以沿海、沿江、沿边的梯度渐次发展，分阶段有步骤纵深协调推进。既包含开放理论的探索和创新，同时也具备扎实的开放实践基础；不仅为发展中国家在世界产业体系转移和承接契机中如何有效融入提供一种借鉴，也为区域经济快速的非均衡式发展贡献一个成功案例。中国的开放战略路径，从空间地理角度观察，是以沿海城市的开放为原点，选择"点—线—面"的推进路径，通过区域产业的递进式发展实现资源聚集，从而形成"增长极"并发挥辐射作用，逐步影响至沿江和沿边地区。开放战略从沿海开放推进至沿边开放，不仅是区域经济发展规律和国家经济发展战略的体现，也是地缘政治的客观需要。随着中国尝试以经济特区、沿海开放、沿江开放、沿边开放等渐次推进的开放战略，中国区域经济发展的新版图清晰明朗，全方位、广覆盖、多层次开放格局也从沿海开放到沿边开放的战略推进下逐渐形成。目前，沿海开放和沿边开放已是我国经济开放战略的重要组成部分，是发展区域经济、深化"与邻为善"、"与邻为伴"及"睦邻安邻富邻"政策的重要载体和有效途径，是实现非平衡发展过渡到平衡式发展的一种区域经济推进方式，是"先富带动后富"及

　　* 本文项目基金：江西省高校人文社会科学研究青年基金项目"人口新常态背景下的江西健康养老产业发展研究（JJ1547）"、江西省社会科学规划项目"江西地方高校人才资本对区域经济增长的贡献率研究（16JY21）"。
　　① 钟无涯，南昌大学中国中部经济社会发展研究中心助理研究员；颜玮，闽江学院经济与管理学院教师。

"人人享有发展改革成果"的重要实现手段。

加快转变对外经济发展方式，推动开放朝着优化结构、拓展深度、提高效益方向转变是经济发展到一定阶段的必然方向。中国开放战略的路径选择契合了经济发展的基本规律。"提高海洋资源开发能力，发展海洋经济"，"创新开放模式，促进沿海内陆沿边开放优势互补，形成引领国际经济合作和竞争的开放区域，培育带动区域发展的开放高地"，既是具体目标的实现途径，也是既定开放路径的拓展延伸。实际上，重视区域的"开发"和"开放"与区域间的平衡发展，以及协调提升沿海、沿江、沿边开发水平具有方向和路径的内在一致性。因此，总结和探索开放战略在区域经济发展中的路径、机制与经验具有重要理论价值与实践指导意义。

我国沿海开放与沿边开放政策具有极强延续性，是我国对外开放内容与成就的具体载体。评价中国的对外开放政策、考察区域经济发展绩效与平衡性、测度沿海开放区域与沿边开放区域间开放程度和开放效率差异及发展模式经验，必须探讨其逻辑原点、理论基础、发展路径及核心变量间相互关系等问题。跨入 21 世纪之后，各区域经济环境、行政环境、民族环境及生态环境等因素显然已有较大改变，沿海开放政策和沿边开放政策所依赖的背景、目标、途径与模式也必然变化。新形势下如何从诸多开放实践中获得具有共性的经验、如何更有效率推进沿海开放和沿边开放、如何在经济增长中实现区域和民族间共同繁荣、如何在动态国际分工背景下调整开放策略等问题，随着沿海与沿边开放到一定阶段，必然需要重新梳理和分析。因此，有必要对我国"特区—沿海—沿江—沿边"开放战略的发展路径进行文献的梳理和回顾，为理论和实践进一步深入进行必要总结。

二、沿海开放：经济开放战略的探索原点

从某种意义上说，我国改革开放战略的探索起点是四个经济特区的成立与建设。张耀辉（1999）指出，经济开放的最初思路是通过在沿海地区建设和开放三个主要经济支撑区域，即长三角、珠三角和环渤海地区。后来，成立深圳、珠海、汕头和厦门四个经济特区进行沿海开放的实践探索，试图以此为契机和原点，推动我国市场经济体系的发展。通过沿海的特区建设，促成一座城市、一个区域的发展繁荣，以非均衡发展战略逐渐形成区域间不平衡，从而形成经济特殊地区。客观上，特殊

政策下沿海开放区域能够有效吸引资金、技术和先进管理经验，并形成增长极效应，而效率差异又必然促进地区间发展的不平衡，从而实现发达地区与欠发达地区的梯度辐射效应，最终实现这些地区的效率提升和经济繁荣。苏东斌（2010）认为，沿海开放地区经济取得突飞猛进的发展，国家经济实力因此增强；同时沿海开放区域经济发展速度、质量和规模与内地经济、沿边经济等横向经济区域拉开并逐渐扩大差距。特区建设和特区研究是沿海开放研究的一个实践起点，特区研究与沿海开放研究并无逻辑上的先后关系。苏东斌（2010）进一步对特区建设发展与沿海开放的路径、绩效和价值进行全面客观的梳理、描述与总结。

　　早期沿海开放研究的兴趣主要是开放绩效衡量及"特区—沿海—沿江—沿边"渐次发展所导致的不平衡程度及原因等方面问题。孙维本（1990）、王一鸣（1993）很早对沿海地区开放将导致区域间经济发展不平衡及随之产生的经济问题，尤其是沿海经济迅速发展、与内地、沿边地区差距持续扩大等方面问题进行思考；管怀鎏（2000）通过对区域间经济总量、发展速度、产业结构及对外经济绩效等若干指标对此进行度量，肯定沿海开放对沿海区域经济绩效提升的事实和贡献。但由于开放初期可供分析的数据类型和数量有限，对于该类问题的研究较多处于思考和探索过程。正因如此，早期研究更侧重于基于沿海开放本身所伴随的现象和问题的思考与探究，而对经济现象产生的原因、本质及其外部影响并未过多深入，研究工具也大多以定性分析为主。进入 21 世纪，沿海开放领域研究的内容获得拓展，研究方法也逐渐倾向于定性和定量分析的结合。李国海（2002）很早关注到沿海开放过程中相关的法制建设、法制环境等问题；王永康（2002）对沿海开放的延续性进行了思考，并研究了开放地区制度的创新体系与创新模式等问题；其中刘键初（2003）在沿海开放城市的制度创新视角切入，对沿海开放城市的经济发展与制度建设之间关系进行比较和分析。之后的沿海开放问题研究中，倾向结合某具体行业或者某类指标建立模型展开量化分析的研究较多，也有部分研究对沿海开放城市间发展差距、影响因子以及某一现象生成原因等问题展开探索，研究方法日趋多样化（刘彦会，2009）。例如武传表（2009）考察旅游与沿海开放结合程度与效率、靖学青（2011）考察 FDI 投入与沿海开放效率等研究也为沿海开放相关问题的研究提供了新的视角。

　　总的来说，沿海开放领域的研究主要围绕经济现象、经济问题、开放绩效及开放问题本身思考和分析，系统、全面、深入的探索性研究较少。因此实践中对于从理论高度合理解释若干沿海开放城市间发展速度、发展状态和发展模式间差异问题，以及成功的沿海开放模式能否被模仿、移植并再生等问题仍较迫切。随着实践范围和开放程度的推进，部分研究者回溯到开放战略的逻辑原点，重新审视实施沿海开放的目标、背景、途径和条件的因素。这种学术研究的螺旋式推进，对研究问题的深入和扩散具有重要意义。吕余生（2009）认为从历史和过程视角分析，沿海开放实践历经30余年，一些现象和问题在诸多因素的综合作用下，其发展历程、发展目的、发展途径及发展模式等已非内部因素、局部联系，或某一优势产业和某一推进政策所能解释。沿海开放的优势集中体现在经济特区的成立与发展，姬超（2013）对同时成立的四个经济特区进行绩效比较，并尝试解释这些特区虽具有类似制度和环境，却为何存在较大发展差距。陶一桃（2013）对"特区—沿海—沿江—沿边"开放的路径进行梳理，认为沿海开放战略最初目标已基本实现，但其效率和范围仍需继续推进。无疑，沿海开放初期的激励效应和推动效应已边际递减，客观实践迫切需要理论和政策的更新；此外，平衡式区域经济发展难以为继，如何科学、系统的界定沿海开放经验，使之形成理论体系，将对区域经济的梯度开放与开发具有十分重要的意义。

三、沿边开放：经济开放战略的空间推进

从对外开放的视角分析，沿海开放和沿边开放经济诉求的本质是一致的，但实现形式略有不同。1992年，《国务院关于进一步对外开放黑河等四个边境城市的通知》的发表，标志着我国的经济开放战略已推进至沿边开放。北起黑龙江漠河，南到广西的东兴，沿边开放由北向南呈点状分布，开放陆路边界长达22 000公里。其中包括黑龙江、吉林、辽宁、内蒙古、甘肃、新疆、西藏、云南和广西9个边疆省区，外接俄罗斯、朝鲜、蒙古、哈萨克斯坦、塔吉克斯坦、吉尔吉斯斯坦、巴基斯坦、缅甸、老挝、越南等14个接壤国家，目前有黑龙江省黑河市、吉林省的珲春市、内蒙古满洲里市、新疆伊宁市、云南瑞丽市和广西凭祥市等13个市、镇及232个陆地边境口岸，开放面积约74万平方公里。

沿边开放政策秉持了多种功能目标和实践探索重任。从经济发展角度来看，一方面，沿边开放试图缓解沿边、沿海和内地之间伴随非平衡式高速发展所形成的区域发展差距过大的矛盾；另一方面也承担了沿海

开放经验在沿边推广实践等目标；从宏观视角考察，沿边开放则不仅是沿海开放的空间延伸，也包含着区域经济融合、民族共同富裕以及沿海开放理论拓展等多元化目标。实施沿边开放政策以来，我国沿边地区取得较快的发展，但相对东部沿海地区，两者之间经济增长的速度和总量差距仍较大，且呈现逐渐扩大趋势。

沿边开放是沿海开放政策的推进和扩展，但不只是一种开放政策的简单套用。基于边境的特殊地理原因，其衍生的国家、民族及区域经济协调发展等诸多问题，令研究者意识到沿边开放复杂性超过沿海开放。基于不同的观察视角和分析基础，他们提出的观点存在较大的分歧。靖学青（1998）指出沿边区域的部分区段可能形成经济较发达区，如东北段的图们江下游地区，但不大可能出现类似美国和加拿大边境那种经济重心区；李福川（2004）选择从法理角度考察，以中俄边境贸易为例，指出中国边境贸易政策本质上不符合 WTO 基本原则。而且，中国边境小额贸易政策既不利于建立规范的市场经济秩序，也不利于建立规范的边境贸易秩序等，更重要的是，上述消极影响同样存在于与其他国家的边境贸易之中。显然这是一个对沿边开放的深入和推广较为审慎的观点。宿丰林（2002）、姜娟（2004）等人却持相反观点。以黑龙江省为例，他们认为东北地区一直与俄罗斯经济具备较强的互补性，地理环境、基础设施状况以及劳动力与市场条件都符合建立自由贸易区的要求。此外，两国外交关系长期较稳定，因此对沿边开放的前景比较乐观。根据目前发展现状来看，虽然我国沿边开放已取得不少成绩，但沿边开放与开发问题在理论和实践两个维度仍需更深入研究和探索。与沿海开放问题的文献类似，沿边开放问题的相关研究较多立足地方性、区域性和局部经济发展，定性研究数量较多，主要针对具体问题提出观点与建议，或者对未来进行规划和展望，具有鲜明区域性研究特点。例如，立足东北地区沿边开放研究的文献大都注重与俄罗斯能源、资源、文化等领域合作（李宁，2005；刘爽，2011；张晶川，2012）；以及对跨国经济合作的未来走向和合作架构进行思考，如对俄罗斯开放的产业结构模式、未来合作的方式以及合作发展的定位选择等方面进行探索（张晓东，2012）。在西南地区的沿边区域，关注滇、桂沿边开放的文献则大都结合自身地理位置，重视与东盟国家的合作（徐紫光，2009；杨寒松，2009）；同样的，立足内蒙古和新疆的沿边开放研究则重点关注与中亚国家的经济合作（司正家，2009；李宝琴，2009；戴广南，2009）。此外，部分研究跳出局部区域的市、省区域视角，不再坚持区域性点对点式沿边开放合作的思路，而对区域经济一体化的实践步骤展开探索（杨先明，2009；柳五三，2009）。在研究方法上，综合使用定性和定量方法对体制、资源、环境以及开放效率等因素进行测度和评价的研究逐渐丰富（白琳，2011；刘建利，2011；周燕萍，2012；李天籽，2012）。基于实践经验和理论研究的推进，邢军（2007）认为当前沿边开发的核心问题是如何寻找并确定一个合理发展模式，这对于沿边口岸的建设和发展显得尤为迫切。

现有关于沿边开放的研究呈现出明显的本地化、具体化和短期化特点。客观上，沿边开放的基础研究工作较为丰富，但对现有理论研究和实践经验的条理化和系统化仍不够。以具有中国特色、中国道路、中国模式理论展开的定量与定性研究尚不多见，这将是未来研究的一个重要方向。

四、从沿海到沿边：路径的连通与扩展

随着沿海开放、沿江开放和沿边开放在深度与广度扩张，研究逐渐倾向于对沿海开放和沿边开放问题采取综合性视角进行审视与探究。如前所述，沿海开放、沿边开放是开放战略的探索原点与空间推进，在这一逐渐深入的过程中，聚点成线、聚线成域，成为开放探索路径的连通与扩展，最终实现区域性开放过渡到整体性开放。与沿海、沿边开放的研究类似，对沿海和沿边的比较性研究主要采用定性和定量工具，从局部、短期视角对区域或港口点对点式对外开放进行评价度量。不同之处在于，研究涵盖的范围更加广泛，基本囊括了效率、制度、能源、旅游等多领域的合作或协作问题。虽然如此，对沿海开放和沿边开放问题进行综合比较和分析的研究仍有限。孙维本（1990）提出应该系统化看待沿边地区的多方位跨国合作，并建议沿边开放与沿海开放结合起来，探索具有中国对外开放特色的区域合作路子；在此基础上，徐志尧（1994）重视沿海开放与沿边开放的时间逻辑与空间顺序，明确沿海开放是前提和条件，沿边开放是深化和发展，两者互为补充，促进经济的良性循环。从实用性质的经济特区设立，逐渐发展到更多沿海地区，而后扩至沿江、沿边并连接成片，是我国实施开放战略的具体目标和选择路径。但客观实践过程中，梯度推进开放战略的经济绩效必然具有异质性。曲凤杰（2011）通过对沿海开放与沿边开放的目的、作用、对象、布局、条件、形式及政策进行比较，认为目前我国沿海和沿边开放仍然处于初级的低

水平阶段，非平衡发展战略人为扩大和加剧沿海与沿边地区的经济差距；姚生华（1997）对内陆开放与沿海开放、沿边开放进行比较研究后，赞同这种非平衡发展所带来的差距，认为其具备互补作用。正是区域差距的存在，才是要素流动具有显著的动力。邢军东（2006）认为，特纳（Turner）的边疆学说对中国地缘政治和经济影响深远，"中心—外围"、"缓冲地带"等观念对沿海、沿边开放具有较大启发，可据此对中国未来发展战略进行规划。陈文玲（2011）的研究较为具体明确，认为一方面，从宏观角度分析，未来构建沿边、沿海、内地的区域经济新布局将释放更大的发展潜力；而另一方面，通过区域布局的调整，沿海和沿边开发将逐渐缩小差距；刘思遥（2012）选取了独特的区域一体化视角，认为沿边开放在跨国区域合作中的功能定位不同于沿海开放，因此只有积极探索新形势下沿边开放的新模式和新机制，才能切实提升沿边开放的质量和水平。

从沿海到沿边的开放实践证明，开放和开发不可割裂，单纯依靠沿海开放的港口贸易、单纯依靠边境贸易的口岸经济或单纯依靠边境小城镇的"孤岛经济"，对于沿海地区、沿边地区的带动作用是极其有限的。只有将对外开放和产业发展、城市建设、通道建设结合到一起，将沿边区域的发展和腹地城市的发展统筹到一起，才能达到沿边开放的预期目标。这是我国对外开放战略的基本思路和路径选择，但是，如何根据不断变化的客观情况去变化、调整、完善和协调，仍然需要不断思考和探索。

五、开放度：一个经济开放效率的评价体系

开放战略使我国逐步建立了一个"特区—沿海—沿江—沿边"的多层次、全方位开放体系，但尚未形成一套既具有可比性和推广性，同时又能够综合比较区域间开放效率的指标体系。对于国家和区域开放程度、开放规模及开放效率等方面测度，仅用 GDP、人均 GDP 或 FDI 等静态、孤立的指标具有显著缺陷。并且，如何度量区域开放前后的变化、如何分离经济增长的开放驱动及如何把握区域经济增长模式的效率差异，都需要可靠、可控和可比的指标体系。目前国际上广泛采用贸易导向的经济开放度概念测度开放效率。所谓区域经济开放度，指一定区域范围内，经济体的商品和生产要素（包括资金、技术、劳动力等）跨越本区域参与到其他区域的生产与消费活动的程度。它不仅涵盖了商品贸易测度，

还包括服务贸易、资本和金融开放度及生产国际化程度等指标，具有较好的操作性和可比行。当然，指标体系不能简单机械的套用，必然存在一个借鉴、尝试、修正和扩展的过程。这在我国的沿海开放、沿边开放理论和实践探索领域也不例外。

国际上比较流行的经济开放度指标是对外贸易依存度，即用进出口贸易总额与国内生产总值 GDP 的比值。这种方法直观、容易测算，因而被广泛采用。20 世纪 90 年代，国外学者又提出许多新方法，主要有道拉斯法（Dollars，1992）、萨克斯—瓦诺法（Sachs & Warner，1995）和爱德华兹法（Edwards，1998）等。道拉斯法是利用商品实际价格与贸易开放条件下价格的偏离程度来衡量区域经济开放度，同时，通过比较相同商品在不同国家的实际价格，来获知这些国家的相对经济开放度，从而建立起一个多维度的经济开放度指标体系。萨克斯—瓦诺是一种较粗略的度量方法，采取"二进制"的做法来度量，即把各国贸易开放程度分为开放与不开放两种，并把区分贸易开放与否的条件分为五个方面，如果某个国家符合五个条件中的任何一条，这个国家就是属于贸易不开放国家；相反，如果某个国家对照这五个条件均不符合，则这个国家就是贸易开放国家。爱德华兹法则是将已有的九种经济开放度度量方法加以综合利用形成一种度量新方法。本质上爱德华兹法总结、归纳利用他人成果为主，创新度相对较低。但是，由于爱德华兹度量方法的准确性比以往任何方法都高，因而大都认为爱德华兹法是 20 世纪 90 年代的度量方法的创新成果之一。

国内开放度研究滥觞于推行开放战略之后。罗龙（1990）试图利用外贸、分工等参数建立起一套中国的对外开放测度指标，李翀（1998）、胡智（2005）延续其研究，分别在贸易开放度、实际关税率、金融开放度、投资开放度和生产开放度等指标基础上，利用因子分析等计量方法测算我国经济开放度。另有部分研究转变测度的切入点，不单纯以区域开放效率为研究着力点，而是基于区域经济开放度的概念，探究区域经济开放与经济增长绩效（赖明勇，2003；张立光，2004）、FDI 利用效率（周茂荣，2008）、禀赋资源利用效率之间关系（戴桂林，2010；申小林，2011），从而构建一种立体测度体系。这些尝试是中国开放战略实践的重要理论探索，但是在目前的实践应用过程中，并没有形成发展一个相对稳定成熟的体系。王颖（2012）和赵健（2012）对一些沿海开放区域和沿边开放区域进行区域开放度与经济增长的实证研究发现，我国的沿海开放和沿边开放效率测度，其干扰因素远比国际较成功的沿海开放城市复杂，因而其开放效率测度亦更困难。总的来说，在客观测度、合理评价、综合比较国内外城市间开放水平、开放效率等具体问题上，目前仍有许多方向和领域值得深入挖掘探索。

六、总　结

总体而言，我国的"特区—沿海—沿江—沿边"开放研究获得相当的经验成果，但远未发展成熟。而开放历史有限、开放区域有限和开放程度有限一定程度增加了研究的局限性。探索中的中国特色市场经济与纯粹西方经济学体系下的开放理论存在异源性差异，这导致对某些问题和现象的研究缺乏统一的方法论基础。但也正是异质性的存在，中国特色的开放战略因而具有创新性，中国特色的开放研究具有理论和实践的探索价值和研究意义。本文通过对相关研究文献的梳理，得出以下几点认识：

第一，我国"特区—沿海—沿江—沿边"开放战略是一个循序渐进不断发展的探索过程。沿海开放战略是我国开放战略的探索原点，其在明确的区域发展逻辑下却无清晰的时间路径。最初的特区全是沿海城市，由于区域经济发展的客观规律、要素流动的内要求等因素，沿海开放逐渐推进至沿江、沿边。沿海开放实践中是成功的，是我国开放战略推进、扩展的重要起点。其理论探索也获得极大发展，既是中国特色社会主义的重要理论成果，同时也是宝贵实践经验。

第二，沿边开放是我国开放战略的空间推进。非平衡式发展模式下的沿海开放取得的成功，必然需要进一步扩大开放范围和开放程度的要求；而区域间不断扩大的差距也对沿海开放推进至沿江、沿边有强烈的需求。沿海开放的成功使沿江、沿边开放具有必要性和必然性。这种必要性和必然性通过经济现象行为表现出来。因此，大量文献选择从横向、纵向和综合展开对沿海开放和沿边开放的比较研究，其中也包括激励机制、经济绩效、行业关联、发展方向、扩展路径等各个方面。

第三，中国特色的开放实践是一个循序渐进的发展过程，具有清晰明确的发展路径。对沿海、沿边开放实践的测度、比较和评价，绝不能对西方的开放度测度指标体系"拿来主义"，尤其一些模型和方法不加分析的套用。这是导致测度、比较和评价我国沿海、沿边开放绩效时常有不一致甚至相反结论重要原因。因此，构建一个具有中国特色的开放度评价体系，对总结过去、比较现在和规划未来具有重要意义。

基于陆路港和跨境电商的江西省 "一带一路"发展战略研究[①]

徐 兵[②]

一、导论

(一) 问题背景与研究意义

"一带一路"是"丝绸之路经济带"和"21世纪海上丝绸之路"的简称,是习近平主席在2013年提出的合作发展的理念和倡议,即依靠中国与有关国家既有的双多边机制,借助既有的、行之有效的区域合作平台,借用古代"丝绸之路"的历史符号,高举和平发展的旗帜,主动地发展与沿线国家的经济合作伙伴关系,共同打造政治互信、经济融合、文化包容的利益共同体、命运共同体和责任共同体。国家发展改革委、外交部、商务部于2015年3月联合发布了《推动共建丝绸之路经济带和21世纪海上丝绸之路的愿景与行动》,指出:共建"一带一路"顺应世界多极化、经济全球化、文化多样化、社会信息化的潮流,秉持开放的区域合作精神,致力于维护全球自由贸易体系和开放型世界经济;共建"一带一路"旨在促进经济要素有序自由流动、资源高效配置和市场深度融合,推动沿线各国实现经济政策协调,开展更大范围、更高水平、更深层次的区域合作,共同打造开放、包容、均衡、普惠的区域经济合作架构。近年来,亚洲基础设施投资银行已经正式成立运营,丝路基金加快具体项目投资,一批双多边大项目合作正稳步推进;中国已与土耳其、波兰等约30个国家签署共建"一带一路"谅解备忘录,并全力打造"六廊六路多国多港"主骨架,推动中蒙俄、中国—中南半岛、新亚欧大陆桥、中国—中亚—西亚、中巴和孟中印缅经济走廊建设;2016年11月13

---

① 本文基金项目:国家自然科学基金项目(71561018,71502076),江西省高校人文社会科学重点研究基地项目"基于陆路港和跨境电商建设的江西省融入'一带一路'战略研究"。
② 徐兵,南昌大学中国中部经济社会发展研究中心研究员。

日，巴基斯坦中资港口瓜达尔港正式开航。

《愿景》同时指出，要充分发挥国内各地区比较优势，全面提升开放型经济水平；并明确了各省在"一带一路"中的定位及对外合作重点方向，其中内陆地区利用内陆纵深广阔、人力资源丰富、产业基础较好优势，推动区域互动合作和产业集聚发展。江西省被作为"一带一路"内陆腹地战略支撑，南昌被定为"一带一路"建设的重要节点城市，计划打造成内陆开放型经济高地。

"陆路港"是在内陆无水地区建设的具有港口服务功能的物流节点，即在与沿海港口、沿海口岸或空港有便利的运输通道地的内陆无水地区，建立具有报关、报检等口岸功能的物流节点，它是沿海港口或沿海口岸功能在内陆的延伸地。通过陆路港建设，可以在内陆地区实现一站式报关、报验、订舱、集疏运、储运、包装、分送等功能，实现内陆地区与沿海港口的"无缝对接"。跨境电商（Cross – boarder Electronic Commerce）是电子商务的一种高级形式，指不同国家或地区的交易双方通过互联网以快递等形式通关，将传统贸易中的展示、洽谈和成交环节数字化，实现产品进出口的新型贸易方式。在全球电商快速发展和中国电商全球化的大趋势下，电子商务在中国进出口贸易中的比重越来越大，中国跨境电商交易规模持续高速发展，发展跨境电子商务是顺应李克强总理提出的"互联网＋"产业发展的一大抓手。基于江西省经济发展的现状和实践需要，研究江西省在"一带一路"战略中的功能定位和发展路径，提出基于陆路港和跨境电商建设的发展战略，充分发挥江西在"一带一路"中的作用，不仅有利于实现江西发展升级、小康提速、绿色崛起，也是顺利推进长江经济带和国家"一带一路"战略的需要。

（二）实践意义

"一带一路"战略是国家层面的重大发展战略，《推动共建丝绸之路经济带和21世纪海上丝绸之路的愿景与行动》制定了宏伟的发展蓝图。江西省融入"一带一路"战略建设，一是有助于江西成为新的对外开放前沿，发展升级，释放发展潜力，助推发展升级；同时有助于江西的优势产能、优势赣企"走出去"，融入全球产业分工体系。江西应该不断拓展国际合作空间，努力建设成为连接"一带一路"的内陆战略通道、内陆开放合作高地。2015年，江西省发布了江西省人民政府《关于印发江西省参与丝绸之路经济带和21世纪海上丝绸之路建设实施方案的通知》、以及江西省人民政府办公厅《关于印发 2015 年江西省参与丝绸之路经济带和 21 世纪海上丝绸之路建设工作要点的通知》，是省委、省政府策应国家"一带一路"重大战略，抢抓历史性发展机遇，所作出的重大举措。

陆路港方面，天津市"北辰陆路港"已经建成，新疆乌鲁木齐正在建设"新疆多式联运服务综合体"，国内部分地方也在大力发展"陆路港"（如河南省安阳市陆路港、陕西省西安西站陆路港、义乌陆路港等）。早在 2009 年，南昌海关辖区开通第一个陆路区域通关口岸——深圳梅林口岸。江西的企业可以在属地海关办理跨关区"属地申报，口岸验放"报关手续，以深圳梅林海关作为报关单进出口口岸，在深圳梅林海关与公路（皇岗）口岸之间使用跨境快速通关模式实行快速通关验放，实现便捷、安全的陆路跨关区"属地申报，口岸验放"通关方式。2013 年 8 月，国务院办公厅转发了商务部等部门《关于实施支持跨境电子商务零售出口有关政策的意见》，郑州、上海、重庆、杭州、宁波成为首批跨境电子商务试点城市，后新增义乌、北京、福建、西安、广州、苏州、天津、长沙、青岛、深圳、长春、哈尔滨等成为试点城市。2014 年江西省出台了《江西省推进跨境电子商务工作实施意见》。

通过建设陆路港和发展跨境电商来融入"一带一路"战略，为处于内陆地区的江西省提供了一种实现快速发展的机遇。陆路港可以大大缩短江西企业进出口货物的通关时间、避免延误，提高进出口贸易的效率，降低进出口企业的成本，促进江西开放型经济发展。江西有许多特色产业和产品，大力发展跨境电商有助于将这些特色产品销售到国外地区。陆路港和跨境电商是江西省融入国家"一带一路"战略的两个重要抓手，对江西省经济发展具有重要的推动作用。

（三）文献综述

1. "一带一路"相关文献综述

相关研究文献主要涉及"一带一路"的战略解读、地区影响、意义分析及政策建议。袁新涛（2014）分析了"一带一路"建设的意义、历史机遇和主要挑战，提出了"一带一路"战略的实现途径。申现杰（2014）基于国际合作新形势，分析了实施"一带一路"的重要意义，提出了"一带一路"建设思路。杨晨曦（2014）分析了"一带一路"区域能源合作中的大国因素及应对策略。王海燕（2015）基于中亚国家的经济发展情况，认为"丝绸之路经济带"顺应了中亚经济一体化要求，存在内在需求和动力。Yang（2014）回顾了过去的60年中阿关系的发展，研究了"一带一路"战略对振兴中阿关系的促进作用。部分学者研究了内地不同地区参与"一带一路"的发展策略。郑志来（2015）从省际间"一带一路"发展战略视角研究了如何协同与优化省际间"一带一路"发展路径问题。张军（2014）分析了西南地区融入"一带一路"的战略意义，提出了西南五省在"一带一路"战略中的定位。刘国斌（2015）分析了构建东北亚桥头堡的区位优势和战略目标，提出了东北地区在国家"一带一路"建设中的战略定位。任佳等人（2014）认为云南参与"一带一路"建设应着力发展孟中印缅经济走廊和大湄公河次区域。

部分学者研究了江西省"一带一路"相关问题。邓小朱等人（2015）基于江西省进出口数据和运输方式的实证，提出了江西在交通战略方面策应国家"一带一路"战略的具体办法。毛小明等（2015）分析了"一带一路"战略下江西出口贸易情况，提出江西应以"一带一路"为契机优化出口产品结构，以龙头企业和品牌建设为抓手整合出口导向型产业链，利用区位优势促进口岸平台建设降低出口综合成本，积极承接沿海产业转移，实现与沿海地区错位发展。曾巧生（2015）提出了江西对接"一带一路"的四条路径和江西对接"一带一路"的五点策略。尹姗姗（2015）对江西省纳入"一带一路"国家战略的可行性进行了研究。

2. "陆路港"相关文献综述

"陆路港"又被称为"无水港"或"国际陆港"。我国陆路港发展尚处于起步阶段，建设模式主要包括沿海港港方为争取货源主动和内陆地区合建陆路港（如宁波港在金华、义乌、绍兴、余姚及衢州建立的五个陆路港）、内陆地区为发展本地经济主动建立陆路港（如西安建立的"西安国际港务区"）以及沿海港港方和内陆地区为各自发展的需要建立互惠型陆路港（如石家庄和天津港合作建立的"石家庄陆路港"）。已有研究主要涉及"陆路港"案例研究、发展模式分析、选址问题、理论探讨与建议等。肖贺荣（2012）对昆明南亚国际陆港（大桃花物流园区）功能定位与布局规划进行研究。徐德洪和席平（2012）以西安国际港务区为例，对国际陆港的物流服务供应链能力集成进行规划与设计。王刚（2012）探讨了西安国际港务区物流产业集群培育及发展模式研究。王莹、韩晓争（2014）基于SWOT定量分析研究了无水港发展战略。赵文艺（2011）对昆明国际陆港发展战略进行规划研究。翟志伟（2011）研究了我国内陆无水港发展模式及竞争力评价。朱长征（2010）研究了国际陆港的作用机理，并进行了国际陆港内部布局规划研究。陆红玉（2014）基于类轴辐式网络对天津港无水港布局研究。杨扬等人（2014）基于系统动力学对国际陆港进行了仿真研究。李芏巍（2011）提出了内陆城市发展国际陆港的思路和建议。程世玮、赵楠（2012）等分析了我国内陆无水港的发展，提出了发展建议。

无水港（陆路港）选址方面，张兆民、韩彪（2015）对产业转移背景下泛珠三角区域无水港选址进行研究；李芳（2012）研究了改进的Logit 模型在无水港选址中的应用研究；方琴（2008）首先对无水港的选址原则进行定性分析，然后构建了综合运输网络模型并进行求解，为贵州省无水港的建设提出了方案；张兆民（2008）采用经济的角度建立了合适的评价指标体系，采用模糊 C 均值聚类分析方法选择最优选址；杨楠等（2012）采用 PEST 方法对内蒙古进行了宏观分析，并运用 AHP 和模糊综合评价法对内蒙古无水港选址的问题进行了研究；黄力等（2013）采用 AHP 方法对海西港口无水港的选址进行了研究；吕靖等（2013）根据绿色物流理念，构建了投资者与货主关于成本的双层规划选址模型，并采用遗传算法进行求解；万剑（2013）根据内陆无水港的内在垄断性，设计并求解了无水港的垄断选址模型；梁承姬等（2015）从地理位置和经济两个因素出发建立了集合覆盖模型和模糊聚类分析模型，并对模型求解结果进行对比分析，进而确定了无水港的最佳选址；梁承姬、高瑞瑞（2016）采用混合遗传算法对宁波港的无水港选址问题进行了分析。

3. "跨境电商" 相关文献综述

跨境电商的研究近几年才开始，主要涉及跨境电商的概念、运作模式、在支付、物流等方面存在的问题、政策建议等。Chitura 等人（2008）研究了如何利用电子商务实现中小企业的发展。刘娟（2012）认为小额跨境外贸电子商务交易在技术层面已经消除了障碍，小额跨境电商是电子商务在外贸领域的一种新型尝试，中小企业将在这方面取得主动权。曹淑艳、李振欣（2013）分析了现有跨境电商物流模式（如国际小包和快递、海外仓储和聚集后规模化运输等方式）的优缺点，指出国际物流公司集中运输、外贸 B2C 电子商务平台集中运输等模式是目前小额跨境电子商务采取的最佳方式，并针对中国跨境物流的不足提出了相应的政策建议。Chong、Sandy（2008）通过对成功从事电子商务活动的中小企业的跨国研究，得到了抑制和促进中小企业进行跨境电子商务活动的因素。黄永江（2013）研究了跨境电商中电子支付所引发的外汇资金流动问题以及需采取的管理措施，探索构建跨境电子商务及支付业务外汇管理体系。王外连等人（2013）分析了跨境电商的发展现状，指出了中国跨境电商发展的优势及存在的问题（如人才紧缺、支付风险、跨境物流滞后等），并提出了相应的对策。Bertin、Geomina（2012）基于消费者数据调查，从在线支付、物流模式以及成本优势等方面分析了跨境电子商务发展的原因，提出可通过法律和金融监管来改善跨境电子商务环境和包裹运输基础设施。孙蕾、王芳（2015）分析了我国发展跨境电商的有利条件（如经济发展需要、消费者选择、企业偏好和政府鼓励）和存在的问题（如物流、支付、信用体系和争端解决机制、通关手续、法律和监管等方面的问题），提出了相应对策（如整合第三方物流资源、大力扶持第三方支付机构、构建第三方信用中介体系、创新海关监管模式等）。张夏恒、马天山（2015）针对跨境电商物流问题分别对国际小包在跨境电商物流中的竞争优势、中国跨境电商物流困境及对策建议展开了分析研究。

4. 已有研究述评

可见，相对实践需要而言，"一带一路"的相关理论研究严重滞后，已成为实践发展的制约因素。现有"一带一路"、陆路港和跨境电商的研究多以定性研究为主，主要涉及"一带一路"、陆路港和跨境电商的实践意义、必要性、作用、政策建议等方面的研究。基于陆路港和跨境电商两个维度，结合江西省的外贸需求、物流及交通等实际情况，研究江西省建设陆路港的可行性、选址与布局等问题以及江西省特色产品跨境电商的发展和运作问题，分析江西省建设陆路港的可行性和开展跨境电商的必要性和可行性以及二者对江西省社会经济发展的促进作用，并基于陆路港和跨境电商建设提出江西省融入"一带一路"战略的功能定位和发展路径，解决已有理论研究的不足，提出创新性理论成果，从而推动江西省社会发展和经济提升。

二、江西省陆路港建设的 SWOT 分析

SWOT 分析通常用于分析与研究对象密切相关的关键因素，如内部优势（Strengths）与劣势（Weaknesses）、外部机会（Opportunities）与威胁

（Threats），通过调查和数据处理分析各因素的影响程度，并按矩阵形式排列起来，然后运用系统分析的思想，把各关键因素相互匹配起来加以分析，从中得出一系列相应的结论或对策。江西省进行陆路港建设，具有得天独厚的区位优势和流量优势，但也存在人才缺乏、整体规划落后等劣势；外部大环境既有国家层面对"一带一路"建设的重视，也存在周边省市"陆路港"建设的威胁。所以，江西省必需充分发挥自身优势，解决自身劣势，把握外部机会，战胜外部威胁，通过陆路港建设，融入国家的"一带一路"战略，推动经济发展。

（一）江西省陆路港建设的现状

江西省已经形成了两个"陆路港"或"无水港"的雏形。一个是上饶无水港，一个是鹰潭无水港。上饶无水港是由上饶市城市建设投资开发集团有限公司与宁波新世纪国际投资有限公司（宁波股份有限公司子公司）合资建设的，是宁波港在江西省内首个建成的无水港。项目建设历时 10 个月，位处上饶市城东新区新火车站北侧，占地 264 亩，总投资额为 1.37 亿元人民币，具有两座仓库 5 200 平方米、堆场 10 000 平方米、卡口等设施。项目基本功能：以铁路、公路为载体，充分发挥海铁联运成本优势，实现仓储、分拨、配送、拆（拼）箱、订舱、报关、报检、查验、保税等功能；同时，紧紧依靠两地政府、海关、国检的支持，邀请相关船公司、船代、货代等企业参与，把宁波港港口口岸功能内移，依托"属地报关，口岸验放"的便捷通关方式，简化通关手续，为客户节省物流成本。

鹰潭无水港是由鹰潭市政府与宁波港集团有限公司合资注册成立的江西鹰甬海港物流有限责任公司投资建设，位于鹰潭铜产业循环经济基地拆解加工区内，占地 500 亩，总投资约 2.7 亿元，项目分两期建设，一期约 200 亩，投资约 8 000 万元。一期工程已于 2010 年初建成并投入运营，达到年标准集装箱（TEU）作业量 10 万 TEU，通关量 5 万 TEU，年普通货物吞吐量 500 万吨。鹰潭无水港具有国际港口服务、商品检验、货物集散、物流信息服务、加工增值、物流配送与货物重装和保税物流等功能。

（二）江西省陆路港建设的优势分析

1. 江西省具有显著的区位优势

江西省作为古老海上丝绸之路的重要商品输出地和集散地，是全国唯一同时毗邻长江三角洲、珠江三角洲、海西经济区三个经济最活跃经济区的省份，同时也是上海、广东、福建三个自贸区的战略腹地，是粤港澳产业产品"西进"和"北上"销往内陆的必经通道，是依托长江建设中国经济新支撑带和促进中部崛起的重要省份，具有连接东西，贯通南北的独特区位优势。江西省建设陆路港，有利于加快长江经济带建设步伐，促进中部地区经济社会发展与产业融合，带动江西省周边省市发展，共谋经济增长蓝图。

2. 江西省基础设施逐步完善

江西省基础设施建设已初具规模。浙赣线穿越东西，京九线纵贯南北，直达上海、杭州、厦门、深圳等发达城市。全省高速公路主骨架和"一斜两纵三横"干线公路网已形成，一个以省会南昌为中心，以国、省道为主骨架，省、地市、县、乡相连接的公路网络初步形成并发挥整体效益。江西省已有南昌、九江、赣州、景德镇、井冈山五个机场。江西省已基本建成和完善以南昌为中心，辐射全省，联结全国，以铁路、公路、航空构成的综合交通运输网络。

3. 江西省外贸增长潜力巨大

据南昌海关网公布数据，"十二五"期间，江西省外贸经受了经济增速放缓的考验，进出口稳中有进。2015 年，全省实现外贸进出口 2 641.5 亿元，较上年增长 0.7%；其中出口 2 060.9 亿元，较上年增长 4.8%。据统计，2013 年，全年累计完成进出口货运 298.23 万吨，国际集装箱 19.44 万重标箱，同比分别增长 25.27% 和 21.96%。2014 年，累计完成进出口货运 344.8 万吨，国际集装箱 21.8 万重标箱，分别增长 15.7% 和 12.2%。2015 年，累计完成进出口货运 467.7 万吨，国际集装箱 28.5 万重标箱，分别增长 35.6% 和 30.6%。与"十一五"期末相比，江西省进出口年均增长 12.5%，出口年均增长 17.8%，外贸依存度为中部第一，对外贸易拉动国民经济发展的作用越来越明显。

同时，江西省进出口商品结构不断优化升级。随着工业强省战略深入实施，新型工业化加速推进，江西省机电、高新技术产品进出口比重稳步提高。2015 年，全省机电产品和高新技术产品出口值达 899.7 亿元，较 2010 年增长 1.4 倍，占出口总值的比重由 2010 年的 41% 上升至 43.7%。进口方面，机电产品和高新技术产品取代了资源性产品的绝对主导地位，占进口总值的比重由 2010 年的 23.6% 上升至 47.6% 。

4. 江西省特色产业优势明显

通过融入国家"一带一路"战略，将极大地促进江西开放型经济发展，特别是一些特色产业及产品飞速发展。江西省具有诸多特色产业和产品，如景德镇陶瓷、吉安葡萄、宜春富硒产品、樟树药材、德兴铜矿、赣南脐橙、南丰蜜橘、婺源茶叶、万年贡米等。近年来，这些特色产品对外贸易额增长明显。

（三）江西省陆路港建设的劣势分析

1. 江西省物流行业缺乏整体规划

江西省对物流行业的发展没有明确的发展目标和发展思路，物流基础设施布局比较分散，系统功能体系不健全。现代物流业不仅涉及铁路、公路、航空运输，同时还涉及其他产业，江西省目前尚未形成一个完全统一的物流市场，导致物流不畅，流程不规范，物流效率低，物流成本较高，资源浪费严重等问题。落后的物流管理模式也对江西省的经济发展产生影响，并阻碍了江西省物流业的发展。

2. 江西省交通基础设施的现代化程度有待提升

"陆路港"建设和运营的成效，极大地依赖于低成本、高效率的交通运输能力和完善的交通基础设施。近年来，江西省基础设施虽发展较快，但现代化物流设备和实施较少，整体物流水平还有待提升。江西省政府受传统物流思想和观念的影响，省财政对交通基础设施投入不足，交通基础设施的总体规模仍然偏小和落后。与现有成功实施"陆路港"建设的省市相比，江西省在交通基础设施现代化水平方面存在明显差距。

3. 物流方面的专业技术人才匮乏

"陆路港"建设和运营，需要大量的现代化物流人才。当前，江西省物流业发展的最大"瓶颈"是物流人才严重不足。由于国内人力资源培养结构的不完备，物流方面的专业人才比较缺乏，我国大城市都面临物流专业人才不能满足现代物流发展的社会需求。江西省虽有不少高校开设了物流相关专业，但仍然无法满足社会要求。同时，作为中部省份，江西省对物流人才的吸引力不足，省内培养的大学生都留不住。物流人才的内部培养和外部引进均处于不利的处境，人才匮乏制约了江西省"陆路港"的建设与运营。

（四）江西省陆路港建设的机会分析

1. 国家"一带一路"战略的政策支持

自 2013 年习近平总书记提出"一带一路"的合作发展理念与倡议以来，"一带一路"战略和国家政策逐步完善。2015 年，国家发改委、外交部、商务部联合发布《推动共建丝绸之路经济带和 21 世纪海上丝绸之路的愿景与行动》，明确了各省在"一带一路"中的定位及对外合作重点方向。江西省以其独特的区位优势，在实施"一带一路"的国家政策中占有不可替代的作用，江西南昌被定为重要的节点城市。随后，江西省政府出台了《江西省人民政府关于印发江西省参与丝绸之路经济带和 21 世纪海上丝绸之路建设实施方案的通知》，明确了江西省在融入国家"一带一路"战略的重点和方向。这些政策给江西省进行"陆路港"建设带来极大的机遇。"陆路港"作为港口与内陆地区的合作典范，具有报关、报检、代理、仓储等港口口岸所具有的功能。通过建设"陆路港"，可实现江西省与港口城市的联动，有助于江西省融入"一带一路"战略。

2. 江西省跨境电商的快速发展

2014 年 10 月 27 日，江西省政府正式颁布了《江西省推进跨境电子商务工作实施意见》，明确了积极推进相关企业利用第三方跨境电商平台（如敦煌网、速卖通、天猫国际等）从事跨境电商业务，同时要求省商务厅、省财政厅、省国税局等部门积极探索出有效管理机制，为跨境电商的发展提供更便利的服务。根据南昌海关官网公布的数据，江西省的对外贸易额近年来不断增加。伴随着跨境电商的不断发展，江西省也陆续建设了一些保税区（如赣州综合保税区、南昌综合保税区）。保税区具有保税仓储、出口加工、转口贸易三大功能。江西省的跨境电商的蓬勃发展和出口贸易额的不断增长，对口岸报关必然会提出更高的要求，而保税区的功能已不能跟上跨境电商的快速发展。这为江西省的"陆路港"建设提出了现实需求和发展机遇。

3. 沿海港口对内陆经济腹地的激烈争夺

在古丝绸之路贸易中，不得不提到瓷器（China），因而"一带一路"中的海上丝绸之路又被誉为海上陶瓷之路。景德镇作为千年瓷都，使得江西成为海上丝绸之路的起点。江西省除了景德镇的瓷器之外，还有赣州的脐橙、德兴的矿产等多种资源，而货源又是港口生存的关键，这使得很多的港口争相在江西省建设"陆路港"，以获取市场份额。例如，宁波港和上饶市、鹰潭市建立的无水港，近年来福州港和厦门港也有意愿在江西省建设无水港。这些港口为了自身的生存与发展，争相在内陆地区寻找自己的经济腹地，这为江西省"陆路港"建设提供了大好机遇。

（五）江西省陆路港建设的威胁分析

1. 江西省周边省市"陆路港"建设的竞争

江西省"陆路港"建设不仅要考虑省内不同地区的竞争，如上饶、鹰潭和南昌等都在进行无水港建设，更要面临周边省市"陆路港"建设的竞争。例如，邻近省份湖南（郴州，衡阳）、湖北（荆州，襄阳）、安徽（蚌埠）等内陆城市都在积极建设陆路港。周边省市"陆路港"的建设，将与江西省"陆路港"争夺货源，从而影响到江西省"陆路港"的生存环境。

2. 国际物流企业的竞争

近年来，江西省进出口总额不断增加。根据南昌海关官网显示，2016年前8个月江西省外贸进出口额中部第二，而且江西又是古丝绸之路的起点，这些都将吸引国际物流企业入驻江西。入驻的国际物流企业如果没有落脚在江西省建设的"陆路港"，势必影响到江西省"陆路港"的货源和市场份额。国际物流企业具有成熟的管理规范，先进的物流装备，雄厚的经济实力，这给江西省建设的"陆路港"带来了机会与挑战。

三、江西省开展跨境电子商务的SWOT分析

（一）江西省跨境电子商务的发展现状

跨境电子商务是指分属不同关境的交易主体，通过电子商务平台达

成交易、进行支付结算，并通过跨境物流送达商品、完成交易的一种国际商业活动。20 世纪末，跨境电子商务在中国出现，最早是帮助中小企业开展出口业务的 B2B 平台，代表企业有阿里巴巴（国际站），随着互联网的普及度增加，面向海外个人消费者的中国跨境电子商务零售出口业务（B2C/C2C）蓬勃发展，如兰亭集势、洋码头等在世界各地已有一定的知名度。近几年，尽管全球贸易增速放缓，中国跨境电子商务却在逆势增长，跨境电子商务占对外贸易比重持续增加。2015 年，中国跨境电子商务交易达 4.8 万亿元，同比增长 28%，占进出口总额的 19.5%。江西省位于中国东南部，东邻浙江、福建，南连广东，西接湖南，北毗湖北、安徽而共接长江，在"一带一路"中具有重要战略地位。江西省对外贸易总体保持增长趋势。如图 1 所示，2015 年江西进出口贸易总和 2 641.5 亿元，比 2014 年增长 0.7%，对外贸易持续发展，特别是跨境电子商务的发展非常快，越来越多的江西企业开始通过电子商务开拓海外业务。2014 年，江西省跨境电子商务交易总额 225.7 亿元，增长 45.5%，占省内进出口贸易总额的 8.6%。2015 年在阿里巴巴平台从事跨境电子商务业务的江西企业有 2 000 余家，其中，从事跨境 B2B 的有 1 000 余家，主要以纺织服装、汽车配件、电器等行业的中小企业为主。

图 1　江西省 2008～2015 年进出口总值

资料来自《2015 年江西省统计年鉴》、江西省商务厅。

面对跨境电子商务带来的巨大商机，国家相继出台一系列政策推动跨境电子商务的发展。2012 年 12 月，商务部和国家发改委召开《中国跨境贸易电子商务服务试点工作部署会》，将郑州、上海、重庆、杭州、宁波这 5 个城市设为跨境电子商务试点城市。2013 年 8 月，商务部等九个部门召开会议，将跨境电子商务零售出口纳入海关的出口贸易统计，提出了对跨境电子商务零售出口的支持政策以及出口检验、收结汇等六项具体措施。2013 年 12 月，商务部公告跨境电子商务零售出口可享退免税。2014 年 7 月，海关总署发布公告进一步明确对跨境电子商务的监管，区分了货物和物品的概念，对于两者将采用不同的监管方案。2015 年 3 月，国务院发布文件，应当重点突破，着力在跨境电子商务各环节先行先试，打造跨境电子商务完整的产业链和生态链。2016 年 5 月，海关总署发布跨境电子商务进口新监管要求，通关新政缓期一年。

跨境电子商务已成为全国各个省市重点关注的对外贸易方式，江西省也不例外。2015 年 5 月，江西省人民政府办公厅关于印发《2015 年江西省参与丝绸之路经济带和 21 世纪海上丝绸之路建设工作要点的通知》，提出推动共青城中俄国际商贸城跨境电子商务示范基地建设。同年，江西省发布了《江西省促进跨境电子商务健康快速发展工作方案》，推动跨境电子商务产业发展，创新跨境电子商务监管服务，加大财政金融服务力度，推进跨境电子商务基础设施建设，力争到 2018 年全省跨境电子商务进出口额占全省进出口额比重较 2015 年提高 10 个百分点以上。

江西省目前已有多家跨境电商企业。风信子南昌跨境商品直购体验中心、前海开心购跨境电商保税店、全景城市、广东森大 + 青云谱区江西岭南电商产业园等主要开展跨境电商零售（进口）平台型业务。江西省现有绿滋肴海来品跨境直购免税店、奥买家赣东南跨境商品展示交易中心、宁波保税区进口商品南昌直销中心、华润万家旗下跨境线下体验区等主要开展跨境电商零售（进口）自营型业务。聚洋美优等主要开展跨境电商零售（进口）混合型业务。其中，绿滋肴海来品跨境直购免税店、聚洋美优为江西省本土企业。因为江西省目前还未有城市申报到跨境电商试点城市，因此跨境电商进口商品无法在本地清关。设在南昌的宁波保税区进口商品直销中心所售商品均在宁波清关，其他跨境直购店多从广州和深圳等地清关。在阿里巴巴平台从事跨境电商业务的江西企业多是借助平台与境外取得联系，如厚朴实业、江西江荣实业有限公司等。由于省内物流成本太高，这些企业通常做法是将货物从外地发往国外，如将零售订单先寄到深圳，最后再发往国外。

国家对于跨境电子商务都给予重点关注，江西省发展跨境电子商务前景良好。但与发达地区相比，江西作为内陆省，跨境电子商务基础薄弱、渠道窄、产品资源零散粗放。此外，人才短缺都限制江西省跨境电子商务的发展。因此,有必要结合江西省跨境电子商务的发展状况,利用 SWOT 分析法,对影响江西省跨境电子商务产业发展的关键因素进行分析,并提出合理的对策。

(二)江西省开展跨境电子商务的优势分析

1. 江西省具有跨境电子商务平台支撑

跨境电子商务可以自建平台,或者在第三方跨境电子商务平台销售产品,也可以采取两种混合的方式完成商务活动。江西省整体经济水平在国内比较落后,自建跨境电子商务平台对于江西省内企业来说,还存在比较大的经济压力。国内第三方跨境电子商务平台近几年发展态势非常好,各大电商企业纷纷提供跨境电子商务服务。例如,兰亭集势、天猫国际、京东全球购、阿里巴巴全球速卖通等快速发展,在全球已有一定的知名度。同时,各大平台近几年都推出了特色产品板块(如淘宝的特色中国板块),为江西省产品走出国门提供一个机会。例如,江西馆内,庐山云雾茶、赣南脐橙、景德镇陶瓷已面向全球买家。这些平台为江西省企业开展跨境电商业务提供便利性,江西企业应抓住机遇,在跨境电子商务平台开办企业。

2. 江西省开展跨境电子商务的企业非常活跃

江西省电子商务发展起步较晚,真正被政府提上工作议程是在 2013 年,相比沿海省份至少晚 5 年。但从 2012 年的 323 亿元到 2015 年的 2 871.41 亿元,江西省电子商务发展迅猛,交易额连年翻番,2015 年江西省电子商务销售额达到 2 871.41 亿元,相比 2014 年增长 107.36%,占江西省经济总值的比重也逐年增加。截至 2015 年,江西省共有 71 000 余家电子商务企业,电子商务直接就业人员 34.39 万。其中,电子商务应用企业约 8 000 余家,个体户网店 63 000 余家。江西省已形成景德镇陶瓷、南康家具、赣南脐橙、新干箱包、余江眼镜等十多个电商产业集群。据阿里巴巴数据,截至 2015 年 7 月,江西省已经有 31 个县跻身全国电商 500 强县(饶金华,2015)。从以上数据也可了解到,政府大力推进电子商务工作已取得了一定的成效,电子商务氛围活跃,有利于形成良好的电子商务环境,促进跨境电子商务的发展。

（亿元）

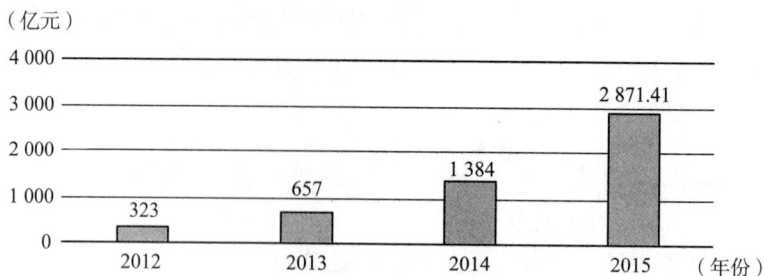

图 2　江西省 2012～2015 年电商交易额

资料来源：2015 年江西电子商务销售总量突破 2 800 亿元，http：//www. jxdoftec. gov. cn/ zwgk/mtkjx/201601/t20160129_414588. htm.

3. 南昌、赣州综合保税区对跨境电子商务的支持

综合保税区是设立在内陆地区的具有保税港区功能的海关特殊监管区域，由海关参照有关规定对综合保税区进行管理，执行保税港区的税收和外汇政策集保税区、出口加工区、保税物流区、港口的功能于一身，可以发展国际中转、配送、采购、转口贸易和出口加工等业务。目前江西省已获批赣州、南昌两大综合保税区。2014 年 1 月 22 日，国务院正式批复同意设立赣州综合保税区。是江西省设立的首家综合保税区，也是省内第一个成功转型为综合保税区的海关特殊监管区。赣州综合保税区面积 4 平方公里，东至赣州稀土科技产业园、南至厦蓉高速公路、西至空港服务区、北至赣州黄金机场跑道过渡面。紧靠赣州黄金机场，临近大广、厦蓉高速公路，区位条件优势明显，地理位置优越，是区域经济建设的大平台。目前，赣州综合保税区已开始营业，在 2016 年 1 月 16 日，由赣州美橙供应链管理有限公司运营的赣州保税商品展示交易中心试营业，交易中心内的进口商品均由全球各地合作厂家直接供货，商品直接从海外运到赣州综合保税区储存，且每张订单的发货均受海关监管，每件商品都提供防伪溯源查询。同样的，相比进口业务，江西省企业也可以依托综合保税区，大力发展出口跨境电子商务业务。

2016 年 2 月 9 日，国务院下正式批复同意设立南昌综合保税区，南昌综合保税区东至金山大道、南到福银高速、西至空港大道、北到新昌电厂铁路专线，由综合办公区、口岸作业区、保税加工区、保税物流区、保税服务区、综保配套区六大功能分区组成。国务院批复明确要求南昌综合保税区应发挥区位优势和政策优势，发展保税加工、保税物流、保税服务等业务。待综合保税区建成后，对南昌周边城市企业来说，无疑

提供了一个良好的平台。

综合保税区为江西省企业提供了一个良好的平台，企业入驻综合保税区，开展国际中转、配送、采购、转口贸易和出口加工等业务更加的便捷、高效，促进江西省跨境电子商务的发展。

4. 上饶、鹰潭无水港对跨境电子商务的支持

无水港具有报关、报验、签发提单等港口服务功能的物流中心。在无水港内设置有海关、检验检疫等监督机构为客户通关提供服务，可缩短跨境电子商务业务周期等，对江西省推动跨境电子商务发展有重大意义。上饶无水港自运营以来，功能进一步完善，业务量保持了较快的增长速度。2016年1～3月，上饶"无水港"完成业务量30473TEU（国际标准箱单位），同比增长27.92％；海铁联运业务量6838TEU，同比增长10.83％；提还箱量15200TEU，同比增长28.49％。目前，上饶"无水港"已发展成为全国经营最好的"无水港"之一。鹰潭"无水港"实行"一次报检、一次报关、一次放行"的一站式、高效快捷的通关方式，为鹰潭市及周边地区的进出口企业提供便利的港口服务，省去诸多企业前往九江港码头的麻烦，有效提高了货物通关速度。

5. 江西省具有特色产品优势

江西省有色金属、贵金属和稀有金属矿产在全国占有重要地位，钽、铀、重稀土、铷、伴生硫、化工用白云岩、粉石英、麦饭石等8种居全国首位，矿产资源丰富，并且江西已建成亚洲最大的铜矿和全国最大的铜冶炼基地。同时，作为农业大省，江西省特色农产品种类丰富，庐山云雾茶、婺源红茶、赣南脐橙、樟树药材、南丰蜜橘、广昌白莲等在国内外已有知名度。互联网使得全球的消费者都联系在一起，消费者消费希望能够买到全球的好产品、特色产品。大力发展跨境电子商务有助于将这些特色产品销售到国外，促进江西省跨境电子商务的发展，促进江西省对外贸易的发展。

（三）江西省开展跨境电子商务的劣势分析

1. 江西省电子商务人才匮乏

电子商务行业缺乏高质量人才，难以跟上跨境电子商务发展的步伐。

跨境电子商务对于人才要求高，需要懂得外贸、外语、经营、电商、法律的复合型人才，需要对外贸易与电子商务跨专业人才培养。与发达省市相比，江西省整体经济水平落后，能够为高质量人才提供的机会少，对高新人才的吸引力小。虽然江西省有 100 多所高校，但是留不住人才，高校毕业生普遍流向东部沿海发达地区，高端人才匮乏限制了江西省跨境电子商务的发展。

2. 江西省国际物流服务能力弱

物流是企业与消费者之间得的桥梁与纽带，关系到跨境电子商务的交易成本、客户对商家的满意度和忠诚度。先进、完善的物流基础设施可使跨境电子商务运输过程速度更快、成本更低、损耗更小。目前，国际小包、国际快递、专线物流和海外建仓是跨境电子商务业务的主要国际物流模式。江西省近几年物流服务水平有所提升，已建立南昌综合保税区与赣州综合保税区，以及上饶无水港与鹰潭无水港。但是，江西省属内陆城市，交通基础设施落后，物流配套不足，缺乏现代化的供应链服务，导致物流成本高，物流服务能力弱。这些不足将导致跨境电子商务通关效率低、贸易成本高、结汇难，退税难，并影响到物流时效性、安全性、售后配套服务等。

3. 交易安全及信用体系不完善

跨境电子商务交易主体来自不同的国家或地区，在文化、法律环境、监管体制、信用标准和宗教信仰等方面均存在很大的差异。信息不对称、跨境维权困难，给跨境电商的交易双方带来极大的风险。同时，跨境电子商务环节复杂，涉及不同交易主体，江西省跨境电子商务还处于萌芽阶段，尚未建立起一套完整的监管体系，交易过程中信息流、资金流的安全性难以保证，难以避免的存在网络欺诈、信息泄露问题等问题，第三方交易平台、第三方支付平台缺乏安全性，病毒、欺诈、黑客等因素仍然给网络交易带来风险，这些都成为江西省电子商务发展的安全隐患。

4. 江西省企业经营管理水平较低

跨境电子商务对于企业经营管理水平的要求很高，涉及对外贸易、法律、电子商务、物流等各方各面。江西省作为内陆省份，经济发展水平在全国还比较落后，大型企业占比较少，现有企业的经营管理能力与发达地区还有很大差距，缺乏现代化的经营管理模式。企业经营管理能力难以满足跨境电子商务发展要求，限制了江西省跨境电子商务的发展。

（四）江西省开展跨境电子商务的机会分析

1. 国家、江西省政府政策支持

中国政府高度重视跨境电子商务的发展，努力营造有利于企业发展跨境电子商务的环境。特别是"一带一路"战略的提出，是江西省发展跨境电子商务的机遇。"一带一路"的本质是建立中亚、西亚和东欧的新商贸通道以及经贸合作网络，与沿线国家开展经贸交流与合作，实现共赢发展。跨境电子商务被称为最适合"一带一路"的商贸模式，它可以连接"一带一路"国家，促进国家间的分工合作，实现资源共享和市场开放。当前沿线国家普遍处于经济发展的上升期，与这些国家开展互利合作的经贸合作发展前景十分广阔。

同样，江西省也出台了一系列相关政策支持跨境电子商务的发展。2013年出台了《江西省人民政府关于加快电子商务产业发展的若干意见》，意见中提出：加快发展跨境电子商务，支持企业利用第三方平台开拓国际市场，大力发展跨境网络零售业务；2014年出台了《江西省推进跨境电子商务工作实施意见》，跨境电子商务管理体制更加规范便利，有力推动江西省跨境电子商务的发展；2016年出台了《江西省促进跨境电子商务健康快速发展工作方案》，将监管服务、金融服务、基础建设等列为重点工作内容，旨在促进江西省跨境电子商务健康快速发展，提升外贸发展质量和水平，支持进出口稳定增长。按照江西省电子商务产业发展规划（2014~2020年），江西省将创新进出口管理模式，完善对跨境电子商务经营主体在通关、检验检疫、退税、结汇等环节的有效监管和服务，同时，建设跨境电子商务公共服务平台，提供流程化的保税仓储物流、报检报关、跨境支付、法律和知识产权咨询等综合服务，降低企业经营成本。电子商务被列为江西省发展"互联网＋"十大重点领域之一，系列相关扶持措施还将持续出台。

国家和省政府一系列的政策支持，为江西省开展跨境电子商务业务提供良好的环境，对于江西省来说，这是一个机会，同时也是一个挑战，抓住机遇，迎接挑战，促进江西省跨境电子商务健康、快速发展。

2. 消费模式转变与消费水平快速提高

随着全球互联网快速发展，互联网普及度极大的提高，据社交网络 Facebook 公布的一份研究报告称，截至 2015 年底全世界已有约 32 亿网民。2015 年全球电子商务交易额超过了 22 万亿美元，比 2013 年增加了 38%，其中超过 2/3 的消费者进行了跨境网络购物（Pitney Bowes：《2016 年全球网络购物报告》）。全球消费者消费模式的转变和消费水平的提高，为跨境电子商务发展提供了广阔的市场条件。

江西省人民的消费升级也非常明显。2011 年江西省社会消费品零售总额突破 3 000 亿元，2012 年突破 4 000 亿元，2015 年全社会消费品零售总额接近 6 000 亿元，达 5 925.5 亿元，同比增长 11.4%。人均消费水平快速提高。2015 年城镇居民人均消费支出 16 731.8 元，是 2011 年的 1.4 倍，年均增长 9.4%；农民人均生活消费支出 7 688.4 元，是 2011 年的 1.7 倍，年均增长 15.4%。全省城乡居民消费结构由生存型消费向发展型消费升级，由物质型消费向服务型消费升级，由传统消费向新型消费升级。消费进入个性化、多样化时代。从众型、排浪式消费模式逐步退潮，而由物流、信息流、资金流"三流合一"和"互联网＋"所催生的个性化、定制化、多样化消费渐成主流。

（五）江西省开展跨境电子商务的威胁分析

1. 税收政策的不稳定

财政部等发布的《关于跨境电子商务零售进口税收政策的通知》于 2016 年 4 月 8 日起正式实施，配合之前一天财政部公布的《跨境电子商务零售进口商品清单》，标志着跨境电子商务正式告别税制优惠的红利时代，迈入新税制。但是，4 月 8 日的新政策对于一些跨境电子商务行业来说可能是猝不及防的，且在短期内又进行了频繁的调整。很多部门在随后的半个月里都陷入了迷茫，其中包括跨境电子商务企业、海外品牌商，甚至是部分地方海关等部门。跨境电子商务新政的出台有可能给跨境电子商务行业带来冲击。据统计，新政实施一周后，郑州市跨境电子商务综合试验区的进口单量比新政前下降了 70%，深圳市下降 61%，宁波市下降 62%。税收政策波动，导致试点城市跨境电扇业务受到冲击。对于江西省来说，跨境电子商务基础并不稳固，税收政策的波动性太强，许多企业不敢贸然开展跨境电子商务业务。

2. 行业内市场竞争激烈

随着《关于实施支持跨境电子商务零售出口有关政策的意见》的实施，上海、重庆、郑州、杭州、宁波成为跨境电子商务首批试点城市，后新增北京、天津、深圳、广州、义乌、福建、青岛、西安、长春、苏州、哈尔滨、长沙等试点城市。这些试点城市在一般进口、保税进口业务模式上先行先试，抢占发展先机，且具有领先的跨境电子商务业务、发达的地区经济和区位优势，这给没有进入试点城市的江西省带来竞争。同时，发展跨境电子商务是大势所趋，其他非试点城市中也将会有越来越多的外贸企业开始发展此业务，特别是某些具有区位优势的城市。例如，江西省周边的韶关、郴州等京广沿线城市，在对接"珠三角方面"的交通优势地位逐步显现，将对赣州市乃至江西省对接"珠三角"的战略构成威胁。这在一定程度上更加加剧了竞争，给江西省跨境电子商务的发展带来了更大挑战。

3. 跨境电子商务法律法规尚不健全

跨境电子商务交易是通过网络来实现的，其特殊性导致它涉及诸多的法律问题。目前，我国有关跨境电子商务方面的法律和标准尚未完善，有效的保障网络交易双方的合法权益是非常困难的。假冒产品比较多、夸大宣传、商品退货比较难等问题令许多消费者望而却步，还有部分商家利用法律法规的漏洞肆意破坏网络正常公平的交易环境，使消费者不满。作为一种新兴业务的跨境电子商务，在前期发展时必然会存在一些问题，但如何更好地在法律法规的监督下促进其发展，是政府相关部门有待解决的问题。

4. 贸易壁垒威胁

贸易壁垒是对国外商品劳务交换所设置的人为限制，主要是指一国对外国商品劳务进口所实行的各种限制措施。全球化给予不同国家更加开放的环境，各国之间的贸易往来比以往更加频繁，但进出口产品的质量等级参差不齐，威胁到国民的健康；或者各国为保护本国产业，会设置不同程度的贸易壁垒，限制其他国家产品进入本国市场。纵是全球消费者希望"买全球"，但是也会存在一些安全或者国家政策的限制，贸易壁垒将威胁跨境电商的发展。

四、基于陆路港和跨境电商的江西省"一带一路"发展战略

"一带一路"是"丝绸之路经济带"和"21世纪海上丝绸之路"的简称,"一带一路"战略的提出,对于加快推进江西经济社会全面发展既是一种机遇,也是一种挑战。国家发展改革委、外交部、商务部于2015年3月联合发布了《推动共建丝绸之路经济带和21世纪海上丝绸之路的愿景与行动》,明确了各省在"一带一路"中的定位及对外合作重点方向,其中江西南昌被定为重要的节点城市。江西如何主动抓住"一带一路"这一机不可失、时不再来的新机遇,成为一个亟须解决的时代重要课题。

陆路港和跨境电商是开放经济和"互联网+"经济的重要模式,代表着最先进的经济思想和实践,是经济社会转型升级和技术创新的必然结果,其蕴藏的巨大发展潜力和深远发展前景已经被我国沿海沿边先行区所证实。如前面SWOT分析部分所述,江西在发展陆路港和跨境电商方面存在许多优势,可以在"一带一路"战略的指引下大有所为。培育成熟的陆路港和跨境电商体系,对于推动江西形成全面对接的基础设施连接通道、深度融合的特色产业开放高地、广泛合作的人文科技交流平台,有机衔接"一带一路"战略有不可忽视的重要意义。但江西省需要首先明确自身发展特色和在"一带一路"战略中的功能定位;然后明确在"一带一路"背景下基于陆路港和跨境电商建设的发展战略。

(一)江西省在"一带一路"战略中的功能定位

江西位处我国中部地区,承东启西,连接南北,是连接"丝绸之路经济带"和"21世纪海上丝绸之路"的长江经济带上的重要支撑区域。江西具有一定的资源基础,区位条件较为优越,基础设施较为健全,资源环境承载能力较强。经过多年的快速发展,江西省已形成良好的产业基础,具有承接全球和东部沿海地区产业转移的空间,是开放型经济大省。江西具有悠久的历史文化,是佛教中国化的禅宗发祥地和兴盛地。程朱理学、陆王心学等多元文化在江西落地生根,景德镇所产瓷器成就千年不衰的"世界瓷都"。

"一带一路"是关系全局的一体化开放战略,需要参与各方在比较优势的引导下合理定位、内涵发展、通力协作。结合江西具体特色明确其

在"一带一路"中的功能定位,有利于推进"一带一路"战略联动合作发展,有利于江西顺应发展时势,挖掘潜在优势,形成竞争胜势。按照2015年江西省文件《江西省参与丝绸之路经济带和21世纪海上丝绸之路建设实施方案》的要求,江西省在"一带一路"战略中的功能定位集中体现在以下三个方面。

1. "一带一路"战略中全面对接的基础设施连接通道

"工欲善其事,必先利其器","一带一路"战略最重要的器就是海陆空基础设施。作为各地区的连接通道,基础设施的互联互通是确保"一带一路"血脉顺畅,人力流、物质流、信息流、文化流等发展要素自由流动的基本前提。江西是全国唯一同时毗邻长江三角洲、珠江三角洲、海西经济区三个经济最活跃经济区的省份,是依托长江建设中国经济新支撑带和促进中部崛起的重要省份。这些独有的区位优势使得其成为了基础设施全面对接的重要节点,使其成为"一带一路"战略的重要节点。

江西基础设施较为完善,但仍可以进一步拓宽强化,打造成为与其他地区全面对接的连接通道。从陆路来讲,江西与周边省会城市均有高速公路相连,贯通南北和东西走向的"十"字形高铁大通道在江西已完成过半,下一步工作是加快武九客专、蒙西至华中地区铁路煤运通道等项目建设,建立南昌始发的赣欧(亚)国际铁路货运通道。从海路来讲,江西通往宁波、深圳、厦门的铁海联运运作模式业已成熟,下一步工作是然后加强与沿海港口合作,强化铁海联运、陆海联运等作业项目;加快建设赣都高等级航道及集疏运体系,加强九江港与上海洋山港等沿海港口对接;促进口岸平台建设以降低出口综合成本。从空运来讲,南昌已经形成了临空经济区,下一步工作是形成连接"一带一路"重点地区的高效便捷航空运输网络;大力提升南昌昌北国际机场枢纽地位;加密南昌至其他地区的航线,特别是要进一步拓展东南亚航线和洲际航线。

2. "一带一路"战略中深度融合的特色产业开放高地

要抓住在"一带一路"战略中新的经济发展机遇,除了建设基础设施外,江西必须形成和该战略深度融合的经济增长点。根据比较优势理论和贸易分工理论,一个经济体要在"看不见的手"的安排下实现经济快速增长,一个重要条件就是发展比较优势产业,形成经济核心竞争力。对于江西而言,资源禀赋所形成的特色产业就是江西差异化错位发展的

"金点子",是形成开放型经济高地的有力抓手。

江西常年来实施"引进来"和"走出去"的开放型发展战略,已经形成了特色产业开放型发展基础。江西景德镇的瓷器、铜、钨和稀土、航空、汽车、光伏、绿色农产品和生态旅游都是历经多年经久不衰的特色产业,且已和"一带一路"参与各方形成一定的交流和合作。下一步工作是把景德镇建设成世界陶瓷文化交流中心、世界陶瓷文化创意中心和全球陶瓷采购中心;支持江铜等龙头企业到沿线国家开展矿产资源和冶炼企业兼并重组,建立稳定的全球铜资源供应保障体系,发展铜基新材料等高附加值产品;支持稀土和钨的龙头企业开展钨和稀土新材料研发应用国际合作;引进航空发动机等关键零部件技术,大力发展航空物流、展览、旅游及培训;培育绿色食品产业基地,重振江西茶产业,鼓励农业龙头企业到东南亚、非洲等沿线国家建设农产品种养加工基地;打造国际生态旅游目的地,吸引"一带一路"区域旅游客源,开辟与沿线国家的旅游直飞航线。

3. "一带一路"战略中广泛合作的人文科技交流平台

《推动共建丝绸之路经济带和 21 世纪海上丝绸之路的愿景与行动》指出:"民心相通是'一带一路'建设的社会根基。""一带一路"战略不仅是经济发展之路,也是文明互鉴之路、科技互助之路。与沿线各国各省开展人文交流,有利于开展真诚、注重实效的合作,有利于寻求共识、化解矛盾,有利于弘扬江西文化,保持文化张力;开展科技交流,有利于推进科技合作创新,实现研发链条优势互补,加快产业转型升级创新。

江西文化艺术独具特色,儒释道文化、赣南客家文化、稻作文化、青铜文化交相辉映;生态文明建设取得显著成效,拥有江西生态鄱阳湖生态经济区和全国生态文明先行示范区;高校与许多东南亚、俄罗斯、欧洲的高校建立有长期合作关系。下一步的工作是,推进文化交流,建设丝绸之路特色文化交流展示区,做好"万里茶道"、景德镇古御窑遗址申遗工作,加强境外优秀文化产品进口;开展与"一带一路"沿线国家的生态经济和技术交流合作;加强科教国际合作,在孔子学院、教师进修、学生互访和科技联合攻关等方面做好与沿线国家交流与合作;推动针灸、推拿等传统中医技术走出去。

（二）江西省在"一带一路"背景下基于陆路港和跨境电商建设的发展战略

在新常态发展背景下，作为结构升级和创新驱动的新型经济增长点，陆路港和跨境电商已经在沿海沿边城市先行先试，取得显著成绩。置身于更具开放性和延伸性的"一带一路"战略布局之中，陆路港和跨境电商对内陆省区的吸引力正在逐渐提升，成为抢手的"香饽饽"。陆路港对接海关和港口，能促进物流资源整合和物流产业集聚，实现"一站式"服务，成为经济全球化的标准硬件；跨境电商借助电商东风，将互联网技术与全球化市场紧密结合起来，满足消费者多国化、小批量、高频次的需求，是外向型经济的重要软件。陆路港和跨境电商软硬兼施，相辅相成，缺一则其运营效果大打折扣。前者为后者提供了更方便快捷的通关通道，大幅度降低了后者的物流成本；后者为扩大前者影响力，推动前者转型升级、健全制度，更大程度地发挥前者的服务功能提供了动力和载体。陆路港是基础，跨境电商是动力——统筹协调它们的各个环节，才能在"一带一路"战略中占据更为有利的位置。

陆路港在江西被官方称为"无水港"。江西长期的开放型经济发展道路已经为陆路港（无水港）（以下统称"陆路港"）和跨境电商建设奠定了较好的基础。江西向塘枢纽型物流基地已成为中部地区最大的陆路港，上饶、赣州、鹰潭等地均开辟有陆路港，已经成为当地经济发展的重要助推器；2015 年江西跨境电商销售额达 363.85 亿元（同比增长61.18%），《江西省推进跨境电子商务工作实施意见》等跨境电商支持文件和政策陆续出台，彰显出江西跨境电商的增长势头和政策优势。而今之计，进一步抢抓机遇建设好陆路港和跨境电商，对于江西实现其在"一带一路"战略中的功能至关重要，这可以从以下三个方面加以理解：

第一，建设陆路港和跨境电商，是江西建成基础设施连接通道的应有构件。顾名思义，具有连接通道功能的基础设施，应是能运输物质流和信息流的海陆空和数字通道。陆路港是一个集报关、报验、签发提单等港口服务功能于一身的物流中心，查验环节少、周期短、成本低，享有政府补贴，能将散步在内陆各地的物质和信息集中快速有效地与外港和境外衔接起来，实现通关和贸易。跨境电商运用互联网零售模式连接境内外商品、货币和信息，是基于陆路港的重要应用理念和模式。二者均是江西打通与各方连接通道的先进武器，是建成基础设施连接通道的应有构件。

第二，建设陆路港和跨境电商，是江西筑起特色产业开放高地的关键抓手。要筑起特色产业开放高地，实施"走出去"和"引进来"战略，重要的是激发自身特色潜力，满足对方痛点需求，形成江西优势品牌。江西国际经贸的发展需要便利的国际物流通道作支撑。陆路港优化运力布置，简化通关流程，缩短运输路径，实现规模和范围效应，保证物质快速合理流动到需求方，能有效减轻企业库存负担和流通成本。互联网既是销售平台，更是信息平台。跨境电商在陆路港的配合下，有足够动力进一步精准搜集各方需求信息，从而将其与自身特色产业结合起来，产出既原汁原味又直击痛点的特色产品，能增加特色产业的影响力，吸引更多资本和技术落户江西。二者促进江西外向型经济的发展，均是江西筑起特色产业开放高地的关键抓手。

第三，建设陆路港和跨境电商，是江西打造人文科技交流平台的有效途径。打造人文科技交流平台，有赖于广泛宣传江西特色文化和绿色生态，寻求与沿线国家地区的高校、科研机构的科技对接合作。陆路港和跨境电商的建设是一项系统工程，能对当地经济社会发展产生与沿海港口如出一辙的强大集聚和扩散效应，增加区域知名度，自发带动特色文化和绿色生态宣传推广。比产业园区更加开放的陆路港这一"政策洼地"，特色产业骨干不断集聚和创新，更能推动外部资金和技术"引进来"。江西高校与陆路港开展产学研用合作，能提升自身国际知名度和研究实用性，有利于更好地开展学术交流合作。跨境电商本身就具有交流便捷和广泛的性质，将带有江西特色的产品销售到境外，有利于加深国际上的江西印象，节约互动交流的交易费用、组织成本、信息成本。故而，二者均是江西打造人文科技交流平台的有效途径。

为此，全力推进江西省陆路港和跨境电商建设势在必行且不可偏废。结合前文所进行的 SWOT 分析，本部分以提升经济效益、降低物流成本为原则，以交互融合陆路港和跨境电商建设为基点，以克服现有问题和劣势为重点，提出如下基于陆路港和跨境电商建设的发展战略。

1. 成立陆路港和跨境电商的省级专门业务指导机构，深化各级政府和企业对二者的认识

陆路港和跨境电商均是"互联网＋"时代的前沿产物，具有应时性和灵活性的特征，其内涵和建设方式往往随实践发生新的变化。在天津、西安等先行陆路港中,陆路港已经不仅仅是一个货物的中转站和通关的输出点,还拓展成为集商品展示、现货交易、原料加工、港口咨询服务等为一体的综合功能体。与粗放式发展不一样,有前瞻性的陆路港逐步进入内涵式发展道路,形成产城融合、港城互动的独立经济区域。跨境电商不易监管,但是这些陆路港创新发展出特殊的政策克服这些困难,如宁波陆路港落实"集中查验、分散仓储、多点放行"通关政策,评选跨境电商"正品保障体系"等。江西陆路港和跨境电商建设尚处于试验和探索阶段,仍需要结合省情和已有先进经验开展具体的工作。这要求经营主体有充足的实时信息和扎实的理论思想,及时吸取养分,否则就会被时代所淘汰。

虽然信息社会有助于学习交流,但是江西地处内陆,信息和资源相对闭塞。江西现有的陆路港基本都是各自为战,服务半径较小;跨境电商仍维持"小、散、乱"的格局,甚至没有行业协会,对陆路港的理解和应用不够。在省级层面成立专门的业务指导机构,凝聚有关官员专家学者形成智库,实时发布最新消息,定期开展调研指导,并对优秀经验进行板块式推广,无疑将发挥顶层设计优势,促进各级政府和企业协调发展陆路港和跨境电商,深化对二者的认识,更加科学利用它们参与到"一带一路"的战略中来。

2. 构建一批以特色产业为主体的陆路港港中跨境电商园区,实现集群化特色化发展

纵观国内外产业发展实际,形成产业集群以实现规模经济和范围经济,是关系产业成败的关键。小而散的产业无法凝聚形成合力,埋下了被各个击破的种子。硅谷因其集群度强而得到飞速发展,江西的一些特色农产品则始终没形成强大的产业集群合力而举步维艰。《江西省推进跨境电子商务工作实施意见》明确指出,要"推进跨境电商产业集聚发展",并要求"加快推进跨境电子商务产业园区建设"。这一要求就是基于产业集群理论而做出的,是针对当前江西"小、散、乱"的跨境电商而下的一剂猛药。跨境电商与陆路港相互各有所需,相辅相成。如将跨境电商产业园区置入陆路港中或在其周围建设,可以最大限度地减少跨境电商通关交易和物流成本,发挥陆路港效能。鉴于此,各地政府在建设跨境电商产业园区时,应尽可能考虑将其融入陆路港区中,将二者结合形成"1+1>2"的效果。

除了集群化发展外，江西跨境电商的发展不能一哄而上，重复建设，毫无特色从而形成同质化恶性竞争。跨境电商们应选择具有地方特色的产业进行投资，搭上特色化发展快车。例如，南丰县形成了以南丰蜜橘为对象的跨境电商集群，大余县强化支持旅游工艺品的特色跨境电商发展。在残酷的市场中，只有把握住差异化的特色需求，才能遵从经济学的逻辑。

3. 以国检监管区为基础，科学规划陆路港选址和港内建设

在过去的几年中，为充分解决内地商品出口物流成本高的难题，江西检验检疫局先行先试，在全省各地率先建设了为数众多的国检监管区，得到了省委领导和企业群众的高度赞扬和支持。国检监管区以"政府主导＋企业经营＋国检监管"的联动机制来推进，把口岸搬进工业园、农产品示范区、物流园、企业里，大大减少中间环节、缩短了检验检疫周期、降低了企业成本。企业可以在国检监管区进行检验检疫，再赴海关通关。陆路港概念的范畴比国检监管区要大，前者可以在港内完全检验检疫和通关的所有流程。不管如何，国检监管区的成功，意味着江西的确对"内陆口岸"有较大需求，这为建设更为成熟的陆路港提供了基础。

在这基础上，陆路港的选址和港内建设就更为重要了。江西陆路港（含国检监管区）（以下陆路港所指均含国检监管区）均是各地自发建成的，存在重复建设和资源浪费的问题。因此，配合其他陆路港合理地估算服务半径，结合当地和周边发展实际建址陆路港是当前的重要课题。我们调研后认为，陆路港应建在特色产业集聚的产业园或跨境电商产业园周围，尽可能做到海陆空交通便利，至少一市两港，才能满足江西出口需求。港内应当像优秀产业园那样做好功能区规划，明确生产区、卸货区、检验区、生活区等合理分区。坚持港城融合建设原则是激活陆路港潜力和可持续发展的关键所在。要在港内和港周边引入服务型企业，注重环境监控和保护，走内涵发展路线。

4. 鼓励多元化投资建设和管理陆路港，探索利益共享和风险共担机制

陆路港涉及地方政府、港口、铁路、海关、检验检疫局、船公司、银行、货代、货主等多方利益，因而需要多方合作进行协同管理。目前，江西的陆路港大多是所在地方政府和港口当局或江西检验检疫局合作投资推动的，运行资金以国家财政为主。地方政府和检验检疫局在管理陆

路港时权重较大，承担了过多的市场职能。根据国内外陆路港经验，未来可以探索"企业自主建港，政府和海关严格监管"、"企业自管、社会共管和政府协管相结合"和"谁受益，谁投资"等多种陆路港投资和管理模式，减轻政府包袱。

多元化投资和管理的关键是利益共享和风险共担机制。如果没有公正合理的机制，投资各方将得不到预期的结果，必然导致联盟分崩离析，管理趋于混乱无序。对于政府来讲，加快"走出去"和"引进来"速度对当地经济社会发展的带动作用就是直接利益；而对于检验检疫局和海关来讲，简化流程将带来一定的安全风险，管理港区将提升成本；企业的利益就是降低通关的各项成本，使货物又好又快地送到顾客的手里。从上述分析可知，陆路港的直接受益方是企业，企业也有动力去组建和经营陆路港。政府应更加大胆地探索利益共享和风险共担机制，并牵头各方制定游戏规则，激发市场活力，促进陆路港可持续发展。

5. 健全基于陆路港的跨境电商物流、金融的服务和管理，形成低成本便捷化的物流体系，保障信息化安全化的金融支持

在我们的调研中发现，跨境电商企业最关心的两个问题就是物流和金融。物流影响电商成本，金融关系电商资本，可谓是实实在在的生存问题。政府和海关部门对这两个问题的作为体现在两个维度：服务和管理。可以想象，江西开辟出陆路港后，跨境电商的绝大部分货物出口将从陆路港运输出去。在进一步的建设过程中，没有比信息化为抓手，做好基于陆路港的跨境电商物流、金融的服务和管理更重要的事情了。我们认为，以健全基于陆路港的跨境电商物流、金融的服务和管理的目的，就是要形成低成本便捷化的物流体系，保障信息化安全化的金融支持。

从物流方面来讲，提供服务意味着要推进陆路港与物流、快递、货代等相关企业的合作交流，进一步推进跨境电商信息化大平台建设，使产业链各方和政府运输部门能在同一平台分享透明物流信息，尽可能健全陆路港在境外的接口服务体系；健全管理意味着陆路港要完善和创新信息化出口海关监管模式和检验检疫监管模式，在国家规定的范畴内试点性突破限制物流的条条框框，能在网络平台完成的尽量不要在线下操作，实现便利化物流。从金融方面来讲，提供服务意味着要搭建金融服务电子信息化平台，争取在陆路港内方便地办理货物出口收结汇业务，同时也要鼓励银行业金融机构与互联网支付机构合作入驻陆路港，方便

跨境电商办理贷款和货币兑换；健全管理意味着陆路港内要确保安全通畅的金融流通渠道，切实保障金融安全。

6. 注重人才引进和培养，强化陆路港和跨境电商复合型人才储备力量

巧妇难为无米之炊，光有理念和顶层设计，缺乏使陆路港和跨境电商落地的人才资源，就犹如制造了一个巨大泡沫。随着陆路港和跨境电商的深入推广，市场竞争就从理念的竞争转向到人才的竞争。陆路港建设要求熟悉陆路港理念，具备港口、运输、规划、安全监管、多方协调等综合能力；跨境电商对高层次外语商贸人才、销售人才和互联网技术人才的需求更加旺盛。而要将二者有机融合起来综合建设，则更需要一批具备以上综合素质，留得住、用得上、沉得下的优秀复合型人才。

当前，江西高校、中等院校以及培训机构对这些素质的培养仍然缺位，可供陆路港和跨境电商用人单位挑选的人才并不多。人才资源不断流出的现状进一步加剧了陆路港和跨境电商建设的艰巨性。为此，一方面要提高相近和相关专业的人才培养数量和质量，一方面要加大人才引进和合作力度。江西高校如南昌大学、江西财经大学、华东交通大学等要革新有关专业的培养方案，与江西陆路港和跨境电商产业园区企业合作搭建产学研用平台，以灵活制度聘用富有实际经验的管理和技术人才作为教师。省人保厅等相关政府部门应拓宽人才入省通道，制定落实陆路港和跨境电商激励和保障制度，充实全省人才储备池。同时加强与陆路港发达地区的人才交流，学习他们成功的建设和管理经验，并建立良好的合作交流伙伴关系，形成自己的一套高效管理机制。

7. 制定陆路港中跨境电商运作的配套政策法规，发挥政策的导向作用和"洼地"效应

如果说人才是好的发动机，那么政策则是好的舵手，对于正在茁壮成长的陆路港和跨境电商来讲尤为如此。当前，江西省级指导文件多次提及"加快无水港建设"和"推进跨境电子商务建设"，并已经出台了《江西省推进跨境电子商务工作实施意见》等系列支持电商的具体文件。2016年10月，中国内陆口岸（江西）国检监管试验区在赣州市南康区赣州港揭牌，这是全国内陆口岸首个国检监管试验区，意味着江西特色的国检监管区已经得到国家层面的重视，将会有更多有利政策出台。

但是，关于综合建设陆路港和跨境电商的细化文件仍未能见诸公众。

特别是如何在陆路港中进行跨境电商运作以及陆路港和跨境电商融合方面，仍在探索之中。相关部门应当在全省范围内设立若干陆路港中跨境电商产业园区试点，从中发现问题和对策，今早出台配套政策法规，以指引二者融合的建设。例如，跨境电商产业园与陆路港的位置关系，跨境电商与陆路港的对接关系，在物流、金融、通关上的特殊优惠政策等。除此之外，我们在调研中发现，许多跨境电商由于未有试点城市等政策，物流成本总体较高，政府服务部门总体思路保守，这些都阻碍着跨境电商全速发展。应尽可能向国家争取更多的政策支持，使江西成为陆路港和跨境电商的"政策洼地"，从而搭上发展的快车道。

五、总 结

"一带一路"战略是国家未来十年乃至二十年的长期发展战略，江西省融入国家"一带一路"战略是发展的必然要求。本文从"陆路港"建设和"跨境电商"两个维度阐述江西省融入"一带一路"的战略，阐述了江西省建设陆路港和发展跨境电商的优势、劣势、机会与挑战，提出了基于陆路港建设和跨境电商的江西省融入"一带一路"的对策。本文以定性分析为主，未来可结合系统动力学方法，对建设陆路港和大力发展跨境电商后，融入"一带一路"战略下江西省社会经济的发展进行仿真分析和政策模拟。通过定量分析，探索江西省融入"一带一路"战略的相关政策的实施效果和发展路径。

中部地区发展问题研究

江西市县两级政府绩效评估
指标体系及价值取向嬗变研究

彭文龙　廖晓明[①]

政府行为在我国经济发展扮演了至关重要的角色，而政府绩效评估指标体系及其价值取向有效地引导了政府的行为，因此，我国经济发展与政府绩效评估息息相关。本文以江西省 F 市、F 市 N 县为分析案例，以三个阶段的政府绩效评估指标体系为主要研究样本，立足经济发展方式的研究视角，梳理江西省地方政府绩效评估指标体系及其价值取向的嬗变过程，从中管窥经济发展方式与地方政府绩效评估之间的关系。

一、研究综述

（一）国外相关研究综述

在政府绩效评估活动滥觞之前，具有悠久历史且在形式上表现为预算控制、权力机关对政务官的质询与听证活动实际上充当了政府绩效评估的角色，只是未被正式定义为政府绩效评估。1887 年，威尔逊（Thomas W. Wilson）在《政治学季刊》上发表了《行政之研究》，他在这部被称为"行政学开山之作"的著作中提出政府应该关注效率和节约两大核心价值。在随后的 40 多年里，在科学管理时期和行为科学时期的公共行政中，"效率取向"始终是评价政府活动的核心，从而拉开了被称作"泰勒主义"的推崇"效率至上"的政府绩效评估价值取向。

"二战"后，人们开始反思过分推崇效率准则的公共行政活动，德怀特·沃尔多（Dwight Waldo）开始反思《行政国家》（1948）的扩张，在此基础上又出版了《公共行政学研究》（1955）直接把矛头指向了受到传统行政管理理论推崇的"效率准则"，认为公共行政的研究中心要素是人本身。在同一时期的反思性著作还有《大民主》（Paul H. Appleby，1945）

---

① 彭文龙，南昌大学公共管理学系讲师；廖晓明，南昌大学公共管理学院教授。

和《民主政府的行政管理与道德》（Paul H. Appleby，1952）。而《政府与公共行政：政府绩效中的责任吁求》（John David Millett，1959）则提出了政府绩效评估的责任价值取向。

尽管人们已经开始反省效率中心主义的行政活动，但对社会公平、民主、责任等公共行政社会责任的关注始终是边缘化的，实际上仍然高扬"泰勒主义"的大旗，强调"效率至上"的公共行政原则。过度关注效率，忽视公共行政社会责任的后果是缠绕着经济高速发展的普遍贫困、高失业率、社会动荡和公众对政府的失望情绪，西方公共行政遭遇前所未有的危机，迫切需要对政府的绩效进行科学评估。以"二战"期间《市政工作衡量：行政管理评估标准的调查》一书为标志，学术界开始研究政府绩效的评估。

20 世纪 60 年代末、70 年代初，西方国家经济进入"滞涨"时期，社会、经济与政治危机的出现导致政府改革的呼声此起彼伏。以乔治·弗里德里克森（George Frederickson）和德怀特·沃尔多（Dwight Waldo）为代表的公共行政学家开始运用全新的视角、全新的理性价值审视公共行政的今天与未来，引发了一场关注"社会公平"的新公共行政运动，形成了新公共行政学派。1968 年，美国雪城大学明诺布鲁克会议中心举办了明诺布鲁克会议，标志着新公共行政学派的诞生，新公共行政学派认为经济和效率固然是公共行政的价值目标之一，但绝不是其核心价值，更不是唯一的价值准则和终极目标，公共行政的核心价值是社会公平。在《新公共行政学》（George Frederickson，1980）中，弗里德里克森认为，"公平意味着人与人之间的一种公正、正当和公道的精神或习性……它与自然权利或正义同义"，"社会公平包含着对包括组织设计和管理形态在内的一系列价值取向（服务的平等性、决策与组织过程的责任与义务、变革性、回应性等）的选择。"新公共行政学派实际上提出了政府绩效评估中的区别于效率核心的价值取向，凸显了"社会公平"的价值取向。《公共行政的精神》（George Frederickson，1996）高举"公共、公平以及公民精神"的大旗，成为新公共行政学派在 20 世纪末的扛鼎之作。然而，新公共行政活动并没有形成足够影响力。然而，政府绩效评估及其价值取向问题却伴随着公共行政学的诞生，绵延至今。

在新公共行政主张"社会公平"的同时，奈顿（1967）提出了政府绩效审计的思想，凸显了政府绩效评估中的责任价值。1973 年，尼克松政府颁布了《联邦政府生产率测定方案》，1976 年，美国科罗拉多州通过了"日落法",在实现公务员自主性的过程中,突出公务员自主性与公共责任、行政效率与服务质量的平衡与协调。围绕公共责任落实的主题,Sidney Sonenblum(1970)写了一本20世纪70年代政府绩效评估的前瞻性著作。随后,Stephen L. Mehay(1974)和 Frank M. Patitucci, Brian W. Rapp.(1977)分别出版了关于政府组织机构绩效和地方政府绩效的实践指南著作,政府绩效评估中的公共责任价值研究得到进一步发展。

步入20世纪80年代,受政府财政赤字、信任赤字的影响,新自由主义理念主导着80年代的政府绩效评估。因此,新公共管理运动下政府绩效评估的价值取向必然转向经济和效率。1983年英国的"财务管理新方案"试图通过电子政府来提升政府行政效率、缩减财政支出。1987年的"下一步行动方案"则主张引入市场竞争,通过私有化、民营化、工商管理技术来拯救失去信任的英国政府。实际上,在整个80年代,斯堪的纳维亚国家的行政改革与政府绩效评估都是围绕着经济与效率来展开的,其中的核心价值取向就是高举"效率"大旗的"新泰勒主义"。在学术界,如何改善政府绩效则是这个时期的研究核心。Richard Joseph Stillman(1982)主张结果导向的预算以提升地方政府绩效,Roland M. Malan(1984)主张通过绩效审计改善地方政府绩效,Kathryn E. Newcomer, Joseph S. Wholey(1989)认为绩效评估可以改善公共机构与公共项目的绩效。与前二者略显不同的是,Elmer B. Staats, Bruce L. R. Smith, James D. Carroll(1982)在强调绩效的过程中还突出了政府的责任。

实际上,20世纪90年代的政府绩效评估依然深受"新泰勒主义"的影响,效率依然是中心价值。与80年代略有不同的是,由于政府与市场及社会之间关系的变化,政府与公民由"管理者与被管理者"关系转换为"服务提供者与消费者"之间的关系。因此,政府绩效评估在强调经济与效率价值的同时,效益与服务开始受到更多的关注。1991年,英国梅杰政府的"公民宪章"运动提出了"为质量而竞争"的政策,凸显了政府绩效评估中的公民参与及对公共服务质量的关注。1993年,克林顿政府的"重塑政府运动"要求政府向企业型政府转变,随后的《政府绩效与结果法案》和《设立顾客服务标准》都强调了公共服务中的回应性和顾客导向的价值。

在21世纪初,政府绩效评估的价值取向问题备受关注,学界研究异军突起,政府绩效价值取向问题日益受到重视。因为新公共管理运动不断深入,其市场价值在政府内部的张扬产生了不少负面的影响,新公共管理的价值基础饱受质疑，人们开始反思新公共管理运动并寻求替代性方案，形成了多元化的研究成果。Dall W. Forsythe（2000）和 Maurice McTigue，Henry Wray，Jerome Ellig（2012）开始反思新公共管理运动，并对美国政府绩效和结果法案的实施效果进行重新评估，得出其效果不彰的结论。A. T. R. Rahman（2001）提出了公共服务的改善必须加强公共部门之间及公私部门之间的合作。Philip G. Joyce，Amy Kneedler Donahue，Patricia W. Ingraham（2003）认为管理能够提升政府绩效，并解释其原因。Laura. Brunell（2004）则认为制度资本是政府绩效提升的关键性因素。令人可喜的是，Barbara J. Cohn Berman（2005）明确提出要强化政府绩效评估中的公民参与，聆听公众的声音。Alan S. Gerber，Eric M. Patashnik（2006）两人则认为大众福利的提升是政府绩效评估的核心价值取向。

（二）国内相关研究综述

从80年代中期开始，中国政府开始引入政府绩效评估来改进政府绩效。而政府绩效评估的学术研究显然滞后于国内政府绩效评估实践活动。1995年，第一篇介绍国外政府绩效评估的实践经验文献在我国学术期刊上出现，从此拉开了国内研究政府绩效评估的序幕。尹廷（1999）提出了地方政府绩效指标体系的价值扭曲问题，马宝成（2001）从政治学的视角提出政府绩效评估价值取向的命题，Hua Wang，Wenhua. Di（2002）在乡镇政府绩效评价中引入了生态价值观。自从政府绩效评估活动引入以来，尽管研究成果出现爆炸式增长，并且政府绩效评估价值取向问题渗透于绩效评估基本理念、评估主体、评估对象、指标设置及权重分配、评估流程、评估制度化和法制化、评估结果的应用等各个方面，但系统研究政府绩效评估价值取向问题的成果还是比较少，并且研究分界也不明显。目前在政府绩效评估价值取向的研究中，从内容上总体可以分为国外政府绩效评估价值取向的介绍、政府绩效评估中价值取向的作用、政府绩效评估价值取向扭曲的现状（原因）价值取向的"应然"研究及重塑路径。

1. 对国外政府绩效评估价值取向的介绍

杜刚建（2000）介绍了英国在新一轮地方自治改革下的政府绩效评估民主化过程；孟华（2004）通过研究得出美国政府绩效评估中"公众

意志表达只是赋予政府行为合法性的一种点缀";王佳纬,屠瑾(2007)介绍了美国依阿华州公共发起绩效评估了成功案例;宁有才(2004)和王雁红(2005)认为"英国政府绩效评估取得重大成就",他们都把成功的原因主要归为"公民参与";陈国权、王柳(2006)认为美国地方政府绩效评估以结果为导向,但"公民参与"是其成功的重要原因;学者范柏乃和胡税根以韩国为研究对象得出类似的结论。而陈天权(2007)认为美国政府绩效评估在"计划管理和实现绩效与预算挂钩等方面没有达到预期的效果"。张强(2005)认为美国百年的政府绩效评估历史中存在效率导向、结果导向和管理导向三种绩效评估的核心价值取向。杜金兰等(2006)认为美国政府绩效评估关注焦点是"服务质量和公众信任度"。显然,国内学者通过对国外经验的介绍及相关研究都认为公民参与、服务质量是政府绩效评估价值中不可或缺的核心。

2. 价值取向在政府绩效评估中的作用研究

马宝成(2001)从政治学的视角提出政府绩效评估价值取向的命题,彭国甫(2004)认为,"价值取向是地方政府绩效评估之魂,具有稳定和改善地方政府绩效评估体系、引导地方政府调整绩效评估行为的重要作用。因此,应该根据价值取向变化来建立指标体系。"曾豪杰认为"价值取向体现了政府组织的基本价值判断、价值确认和价值选择",影响着绩效管理体系和评估标准的制订。持不同的价值取向的政府在开展绩效管理的过程中会有不同的管理目标,承担的责任也不一样,进而所采用的管理手段和方法也会不一样。

3. 我国政绩绩效评估价值取向扭曲的现状及原因分析

尹廷(1999)通过考察地方政府绩效指标体系,发现在正确导向性、整体统一性和客观实在性方面存在扭曲问题,存在比较严重的过于强调经济指标、指标体系逻辑混乱、数字造假现象。易承志(2004)认为随着计划经济向社会主义市场经济的转型,我国初步形成了具有中国特色的政府绩效评估体系。然而,当前我国政府绩效评估的实践中也存在着价值导向被扭曲的现象,分析价值导向扭曲的原因并提出矫正措施对于促进我国政府绩效评估机制的健康发展具有重要意义。罗蓉(2005)认为价值扭曲还存在环境效益淡化,没有形成定量、明晰、公开的环境指标,以及临时指标过多、评估缺乏公民参与。臧乃康(2005)认为,当前我国政府绩效评估价值取向的扭曲体现为"经济价值泛化、公众作为评估主体的作用没有显现出来；部门利益、地方利益超于公共利益之上"等问题。陈天祥等（2008）通过一项实证研究证明了我国政府绩效评估价值取向存在巨大的偏差性。

4. 我国政府绩效评估价值取向的"应然"研究及重塑路径

现有研究普遍认为政府绩效评估应该突出公平、公共利益、以人为本、公民参与、公共服务、生态价值等多个方面。

凸显公共利益和公共服务，坚持以人为本。蔡立辉认为我国的政府绩效评估应该贯穿顾客至上和公共责任的管理理念，这是对政府绩效评估价值取向的另一种表达。臧乃康认为政府绩效评估只有"遵循顾客至上、公共责任、投入产出的价值，忠实于公共利益"和"注重民主价值"才能构建和谐社会。政府绩效评估应该坚持以人为本，何植民和李彦娅、臧乃康、葛萍的研究都支持这样一种观点，但葛萍认为还应该"遵循公共性、效能性、服务性和责任性的价值取向"；于兆吉和毛强从价值链管理（VE）的角度论证了公共服务是政府绩效评估的核心价值取向。另有文献从指标设置的视角强调公共利益、公共服务和以人为本：沈小燕认为"指标体系必须能够反映出主体价值和公共利益"；冯志艳认为政府绩效评估指标体系"应在'以人为本'的价值取向上构建"；王鑫则认为政府绩效评估指标体系应该坚持"以民为本、科学发展、服务公众、注重责任和关注效能"。

重视社会公平正义与和谐。倪星、李晓庆（2004）认为，我国政府绩效评估应该"把效率与公平并重、效率与民主兼顾、经济增长和社会发展同步作为中国政府绩效评估的价值标准"；袁饮（2006）批评当下地方政府绩效评估过于偏倚效率，认为在和谐的社会背景下只有社会公平才应该是政府绩效评估的核心价值；臧乃康（2007）从科学发展观的视角分析了我国政府绩效评估价值重置必须坚持公平正义的价值观；李晶（2007）反思了政府绩效评估中的效率主义倾向，并提出了社会公平价值的实现机制。

坚持"公民本位、公众本位以及公民参与"及参与的路径构建及反思。徐邦友认为政府绩效评估应该由遵守"效率原则"转向"效率与满意相结合原则"；李静芳（2001）则提出了地方政府绩效评估应该由传统的"政府本位"转向"民众本位"；尤建新、王波（2004）认为公众价值应该成为政府绩效评估的新标准；盛明科（2004）认为"我们要推进当前我国政府绩效评估的价值取向从全能政府、政府本位、机械效率价值取向转为效能政府、公众本位和系统效能价值取向"；岳凯敏、徐光超（2005）认为民众本位应该是当代中国政府绩效评估的基本价值取向，突出政府绩效评估中的公众参与；陈柯认为政府绩效评估中的民众本位应该以社会公众的满意度为终极标准；王佳纬（2007）则分析了公众参与存在的困境，并提出推进公众参与的有效途径；彭国甫，盛明科（2008）认为，"不同评估主体之间具有不同的利益偏好"，因此应该要增加公民参与。但是"为了保证政府绩效评估结果的科学性，应该从培育政府绩效评估主体成熟的利益理性、健全政府绩效评估主体利益整合的制度、加强政府绩效评估主体的技能培训、搭建政府绩效评估主体利益整合的技术平台等方面整合主体之间的利益差异"；盛明科（2009）认为，"科学的地方政府绩效评估主体体系安排，应该坚持公众本位价值取向，凸显社会公众、社会中介组织、专家等在绩效评估中的分量，建构一个由政府主导的、公众广度、深度参与的多元主体治理体系"；郭祥俊，王黎（2009）则建议引入独立的民间组织参与评估以确保评估结果的公正性与客观性。卢小平（2012）从政府合法性的角度论述了政府绩效评估主体多元化的价值；白建明等（2012）则认为"多元化主体构建中存在观念、制度和技术方面的障碍"。在评估流程方面，范永茂（2012）认为，"公众作为评估主体具有一定的风险和挑战，必须从制度和技术层面再造公众参与评估的流程"。

生态价值和可持续发展观念成为政府绩效评估的核心价值取向。Hua Wang，Wenhua. Di（2002）从地方政府生态绩效的视角对中国乡镇政府绩效进行了实证研究，成为国内政府绩效评估中的一个亮点。刘晓青（2008）评价了中国政府应对环境与健康的挑战的表现；李民，吴永清（2009）强调了政府绩效评估中的可持续发展价值取向；陈天祥（2009）首次提出了对政府社会建设进行绩效评估，并建立了一个评估的框架体系；周占杰（2010）、王鑫（2012）则认为政府绩效评估应该遵循社会发展和自然规律，坚持科学发展观。刘悦（2010）认为，"科学发展观还没有成为政府绩效评估的主导价值。因此，政府绩效评估价值取向中面向生态目标的可持续发展的价值取向成为必需，而生态服务价值和生态安全价值是政府绩效评估生态价值导向的两个核心。"

以更加科学、精确的评估方法，全面反映政府绩效评估的多元价值。

蒋悦等（2008）建立了一个元评估的政府绩效评估模型以控制评估误差。袁政（2008）则在政府绩效评估指标权重设计中运用了 AHP 的改进方法，用"序数效用法则"改变"两两比较矩阵"，并在"价值判断"中引入"群体决策"；赵红梅（2008）在人事部《中国政府绩效评估研究》课题组公布的 33 项指标的基础上，运用多级模糊综合评判法将定性信息定量化对黑龙江省政府绩效进行实证研究；胡春萍等（2009）和吴建南等（2009）分别运用德尔菲法分析了中国地方政府绩效信息来源的现状和绩效评估维度的现状和未来；盛明科（2009）建议综合运用这两种评价方法以避免主观评议缺乏对政府绩效真实水平精确而科学的核准和多指标综合评价则缺乏从价值取向和伦理维度对政府绩效评估进行本质考量两大问题；刘华（2011）建议在乡镇政府绩效评估中运用 KPI 方法。总之，最新涌现的这些评估方法更加科学、更具有系统性，这些方法的使用的能在某种程度上纠正绩效评估过程中存在的误差，蕴含着公平、参与、真实及体现政府责任的多元价值取向。

（三）简要评述

从现有的国内外文献比较研究中可以发现，东西方不仅具有不同的研究传统，而且表现在研究的集中点方面也偏差很大。西方国家注重于政府绩效评估价值取向方面的实证研究和个案研究，较少侧重于宏观上面的价值叙事，这有着西方文化中崇尚逻辑思维和分析研究有关；我国的研究更多的围绕党和国家的政策方针展开，并且高度重视价值取向的作用、价值取向的定位等规范层面的"应然"研究，较少分析价值取向的具体判断标准和多元价值之间在实践层面的整合研究，这当然和我国文化中崇尚综合思维的研究习惯有关。当前，我国在应该具有什么样的价值取向方面已经罗列了一张内容繁杂的表单，并且形成了一些基本的共识。然而，如何让这些价值真正地落实到政府绩效评估活动中去，成为政府绩效评估之魂是当前研究的不足。因此，我们需要学习西方研究传统中注重实证和个案研究的特长，结合我们在规范研究方面的优势，把政府绩效评估的多元价值整合到政府绩效评估的具体实践中。同时，以经济发展方式转变和政府职能转变为契机，建立起能够体现政府价值和实现公共利益的政府绩效评估价值体系。

二、计划经济向市场经济过渡期的江西地方政府绩效指标体系及其价值取向

十一届三中全会实现了国家工作重心的转移，开启了改革开放的伟大征程，逐步探索和调整计划与市场之间的关系。在计划经济向市场经济过渡过程中，计划经济的发展方式和管理体制的破除与市场经济的发展方式和管理体制的建立，经历了谨慎的局部的推进式渐变到全面的整体式变革。在这其中，政府发挥着关键性的推动作用，而政府的绩效指标体系蕴含着其行为的价值指向。

目标管理责任制是过渡时期地方政府绩效评估的主要方式。目标管理，最初是由美国著名管理学家德鲁克于 1954 年提出的，其基本出发点是通过上下级单位及人员参与制定组织目标和组织计划，以增强其责任心。我国地方政府的目标管理责任制是在集权政治体制和对增加生产量的追求下建立和实施的。它认为行政首长的目标责任与其所在单位的目标责任是一致的，因此在实践中，对行政首长的目标完成情况的考核就通常代替了对整个组织的考核与评价，作为政府绩效评估的一种方法，目标管理责任制在全国的各级政府里得到了广泛的运用和实践。

（一）过渡时期 N 县政府绩效评估指标体系分析

县级政府是整个国民经济和社会发展的基础行政区域，也是各级政府中直接管理广大农村地区的政府，其主要的工作均与农村事务有关。对于江西省而言，1988 年是其由计划经济迈向市场经济的时期，其 N 县1988 年乡镇目标管理责任制的内容共有 30 项指标，每项按照重要性赋予了不同的基本分值和规定了不同的计分办法及奖励办法。

1. N 县目标责任制的内容和计分办法（如表 1 所示）

表1　　　　　　　　N 县 1988 年目标责任制的内容及计分办法

指标及分值	计分办法
1. 工农业总产值：基本分 90 分	完成县下达的计划指标记满分；低于计划但高于 1987 年总产值，按实际完成的百分比乘基本分之半记分；平或低于 1987 年总产值的不记分；每超计划 1% 加 4 分。（农业总产值以 1987 年年报完成数增长 7% 为 1988 年的计划数）。
2. 粮食总产量：基本分 50 分	按完成计划的百分比乘基本分记分。

续表

指标及分值	计分办法
3. 柑橘总产量： 基本分30分	完成1988年计划记满分，每超1%加1.5分，总分以75分为限。低于计划时，新区以1987年的产量降5%为基数，每增加1%记4分，最多不超过25分，低于基数不记分；老区以1986年产量降5%为基数，每增加1%记4分，最多不超过25分，低于基数不记分（原定的柑橘生产基地琴城、桥背、市山、菜溪、恰湾乡为柑橘栽培老区，其余为新区）。
4. 乡镇办工业： 基本分60分	完成产值、税收、利润指标分别记基本分20分、20分、20分。每项超计划10%以下（含10%）加10分，超11%~20%加15分，超21%~40加20分，超41%~60%加25分，超61%~80%加30分，超80%以上加35分。低于计划时，按实际完成的百分比乘以基本分之半记分。
5. 乡镇（含村及村以下）企业总收入： 基本分30分	完成计划记基本分30分，超计划10%以下（含10%）加5分，超11%~20%加10分，超21%~40%加15分，超41%~60%加20分，超61%~80%加25分，超80%以上加30分。
6. 农民人均收入： 基本分50分	原人均收入600元以上的乡镇增长40元记满分，原人均收入500~599元以上的乡镇增长50元记满分，原人均收入，400~499元以上的乡镇增长55元记满分，原人均收入300~399元以上的乡镇增长60元记满分，不足增长指标时，每少1元减50/增长指标数分；超过增长指标数时，每增加1元加1分。
7. 油脂产量： 基本分20分	完成县下达的计划指标记满分；每超过1%加5分；低于计划时，按每超1987年产量3%记5分，但最多不超过15分；平或低于1987年产量不记分。
8. 油脂交售： 基本分20分	12月25日前完成县下达的计划指标记满分；每超过1%加5分；未完成或未按时完成均不记分。
9. 生猪出栏、存栏、交售：基本分50分	完成县下达的出栏、存栏、交售计划指标分别记20分、15分、15分。超出计划时，每超出1%加5分。生猪出栏超出计划时，1%加5分；低于计划时，按1987年报数1%加5分，但最高不超过18分；低于1987年年报数时不记分。生猪存栏超过计划时，1%加2分；低于计划时，按1987年报数1%加3分，但最高不超过12分；低于1987年年报数时不记分。生猪交售低于计划时，按每减1%扣3分，扣完为止。
10. 鲜鱼产量： 基本分20分	完成县下达的计划指标记满分；每超过3%加5分；低于计划时，按每超1987年产量4%记5分，但最多不超过25分；平或低于1987年产量不记分。
11. 林业生产： 基本分40分	完成县下达的造林、封山育林和建"两场"计划指标时分别记15分、15分、10分；未完成计划不记分。有林山每发生一起受灾面积20亩以上的山林火灾扣5分，发生火灾未及时组织扑灭和处理再扣15分；一年内无火灾加15分（琴城镇除外）；未用木柴烧砖瓦加15分，反之扣15分。

续表

指标及分值	计分办法
12. 计划生育: 基本分 90 分	婴儿出生数控制在年承包数内记 42 分,每少生一胎加 5 分,每超生一胎扣 2 分,计划外二胎出生每胎扣 4 分,计划外多胎出生每胎扣 5 分,扣完为止。
13. 工商税收: 基本分 20 分	完成县下达的计划指标记满分;每超过 1% 加 1 分,反之扣 1 分。
14. 粮食合同定购和 "议转平": 基本分 70 分	1989 年 1 月 31 日前完成合同定购和"议转平"任务分别记 50 分和 20 分。合同定购任务每差 1% 扣 2 分,"议转平"任务每差 1% 扣 1 分,均扣完基本分为止。提前在 12 月 25 日前完成合同定购任务时加记 20 分,完成"议转平"任务时加 10 分。
15. 公粮: 基本分 20 分	8 月底完成公粮上缴任务记满分;提前半月以上时间完成加 10 分;未按时完成不记分。
16. 国库券: 基本分 20 分	8 月底以前完成国库券上缴任务记满分;提前半月以上时间完成加 10 分;未按时完成不记分。
17. 特产税: 基本分 20 分	12 月 25 日前完成缴纳特产税任务记满分;提前半月以上时间完成加 10 分;未按时完成不记分。
18. 烟叶生产: 基本分 20 分	按完成计划的百分比乘基本分记分。
19. 农田水利交通基本 建设:基本分 20 分	依据农牧渔业局、水电局、交通局检查结果记分。
20. 农村服务体系: 基本分 20 分	依据农牧渔业局、科协检查结果记分。
21. 互助基金与收回 贷款:基本分 20 分	依据民政局、农行考核数据记分。
22. 普法、治安工作: 基本分 40 分	依据司法局、公安局检查结果记分。
23. 党的建设: 基本分 40 分	依据组织部、宣传部检查结果记分。
24. 党纪、党风: 基本分 20 分	依据县纪委办公室检查结果记分。
25. 民兵、预备役工作: 基本分 30 分	依据人武部检查结果记分。
26. 精神文明建设: 基本分 20 分	依据宣传部、"五四三"办公室检查结果记分。
27. 共青团工作: 基本分 20 分	依据团县委检查结果记分。

续表

指标及分值	计分办法
28. 妇联工作： 基本分20分	依据县妇联检查结果记分。
29. 教育事业： 基本分20分	依据教育局检查结果记分。
30. 卫生事业： 基本分20分	依据卫生局检查结果记分。

2. 表彰奖励办法

（1）以上30项，基本分为1 000分，有些乡镇存在缺陷时，按基本分记分，年终由县组织人员逐项检查验收，核实各乡、镇应得分数，最后由县委、县政府认定得分总数，确定奖金数，文字批发各乡、镇。

（2）凡获中央、省、地及地区以上的县级奖励表彰的先进单位（含单项工作），分别加奖50分、35分、25分、15分，获省级以上先进个人光荣称号的每人每次加奖10分，乡镇机关干部（在编）受党纪、行政处分每人每次扣20分，受刑事处分每人每次扣30分，参加县里召开的会议，迟到、早退、不按指定人员出席会议、缺席时，每人次扣2分。

（3）奖金由乡镇财政中提取，分值为0.12元。

（4）坚持奖勤罚懒原则，奖金不能平均分配，具体分配情况须报县备案。

（5）遇特殊自然灾害，经县委、县政府核实情况，适当调整计分。

（6）各乡镇得从高分到低依次排列，对前六名给予表彰，发给奖状，另外按一等奖（一名）、二等奖（二名）、三等奖（三名）分别发给500元、400元、300元奖金，并总结经验。总分未达到600分得乡镇要总结教训，同时用书面报告县委、县政府，并在全县性的大会上分别作介绍。

（7）长红垦殖场可参照乡镇目标管理责任制及计分奖励办法执行，成绩突出时，给予表彰、奖励。

（8）凡与乡镇目标管理责任制工作有关单位、部门，须在3月内制定出单项目标检查计分办法，交县委办公室、政府办公室转发各乡镇执行。

以上考核指标和计分办法，显然反映了N县政府在80年代的工作重心所在，县级政府由于其管辖着幅员辽阔的广大农村地区，因此也走在提升农村经济生产力的最前沿，从以上的 30 项指标来看，将近 1/3 的指标与提升农村生产力有关，剩下的指标主要与社会综合治理、普法及党建有关，显然，其重点是鼓励农林牧副渔的全面快速发展，推动农村基础设施的建设等，其核心就是大力发展农村生产力，这在其目标责任制的各考核维度中有充分的体现。

（二）过渡时期 F 市政府绩效评估指标体系

分析完县级政府的绩效考核指标体系，我们现在把焦点转移至地级政府对绩效考核有何要求与不同，下面以 1988 年 F 市地委的有关文件来集中研究 80 年代地级政府的绩效评估体系，当年 F 市地委也采取目标管理责任制的考核方式，具体要求如下：

1. 任期目标管理责任制的要求

一是国民经济计划和社会发展主要指标都要完成和超额完成，实现稳步增长。正确处理任期目标和长远目标的关系，扎扎实实地抓好基础工作，为加快发展生产力创造条件。二是加强班子团结，加强干群团结，充分调动各方面的积极性，进一步巩固和发展安定团结的政治局面。三是改进工作作风，克服官僚主义，防止重大事故的发生。四是坚持"两个文明"建设一起抓，搞好社会发展，逐步提高广大群众的物质文化生活水平。

2. 任期目标管理责任制的具体内容（如表 2 所示）

表 2　　　　　　　　　F 市 1988 年任期目标管理责任制的内容

指标	次级指标及详细内容
贯彻执行党的政策方面	1. 必须坚定不移地贯彻执行十三大制定的社会主义初级阶段的基本路线，坚持"一个中心，两个基本点"，进一步解放思想，用足、用好、用活党的政策，大力发展生产力。
	2. 坚持贯彻"经济要进一步稳定，改革要进一步深入"的方针，以改革总揽全局，力争各项工作每年都有个新的起色。
	3. 按照"经济要繁荣，党政要廉洁"的要求，必须认真贯彻执行"勤俭办一切事业"的方针，艰苦奋斗，克勤克俭，简朴办事。
	4. 正确、全面地贯彻党的经济政策、干部政策、知识分子政策、统战政策、对台政策、侨务政策和计划生育政策。

续表

指标	次级指标及详细内容
物质文明建设方面	1. 搞好改革、开放，按照上级提出的有关改革、开放的要求，结合本地实际情况，制定出改革、开放的具体方案，做到项项落实，条条落实。
	2. 按照上级下达的任务，分年实现以下十二项目标：农业总产值、工业总产值、乡镇总产值、粮食总产值、多种经营总产值、地方财政收入、社会商品零售总额，外贸出口收购总值和换汇成本、农副产品收购总值（包括主要农副产品调拨）、农民人均纯收入、基本建设投资总额、人口自然增长率。
	3. 积极组织和领导好"双增双节"运动，每年要确保完成"双增双节"的任务指标。
	4. 在全面发展经济的战略思想指导下，抓好本地经济发展的战略布局和中、长期发展规划。
精神文明建设方面	1. 抓好党的基本路线教育，做好经常性的思想政治工作，把广大干部的思想、精力都集中到经济建设上来，做到一心一意"干四化"。
	2. 在城乡广泛开展"创三优"、"文明新村（镇）"和"五好家庭"活动。
	3. 搞好法制教育和社会治安，要大力抓好普法教育、国防教育、"四有教育"，采取综合治理措施，实现社会治安的进一步好转。
	4. 大力发展文化、教育、科技、体育、卫生等事业，提高广大群众的科学文化素质。
	5. 加强和改善党的领导，按照十三大精神，努力搞好党的思想建设、组织建设和作风建设，加强党对工会、妇联、共青团和民兵、科协等群团工作的领导，充分发挥群团在四化建设中的作用。

3. 考核与奖惩办法

考核办法主要有三种形式：一是述职报告，即各县（市）委、政府每年对执行任期目标责任制的情况进行一次自查，然后报自查的结果报告地委、行署；二是群众评议，即每年组织党内外群众对县（市）委、政府执行任期目标责任制的情况进行评议，找出差距，完善措施，做好工作；三是组织考评，即由地委、行署职能部门进行对口检查，采取百分计奖的办法，分别评出名次，在行署设立的奖励基金中，按"两个文明"建设的总分的名次排列，将奖金奖励到县（市），凡在工作中出现重大事故，造成重大损失的，或主要经济指标没有完成计划的，应分别情况，追查主要领导人的责任。

从以上 F 市地委文件关于任期目标管理责任制的要求及其具体内容中，我们可以清楚地看到，虽然地委的绩效考核体系和上文所考察的县委的绩效考核指标有诸多不同，但其核心是一致的，即大力发展生产力，地委的任期目标管理责任制具体内容有三大点，共十三小点，其中提及生产力的有一点，提及经济的有五点，提及产值有一点，除了最后四点外，其余的九点均与经济建设有关，显然，经济指标在其考核的各项指标中占了绝对的份额，显然，地市级政府在同期的主要工作重心同样是促进生产力的发展。

从市县两级地方政府的绩效评估体系来看，在计划经济向市场经济的过渡期，江西地方政府绩效评估依然延续了计划经济的行动模式，采取自上而下制定评估指标体系和考核办法的方式，考核重点在于发展生产力，增加经济总量，尤其是发展乡镇企业、基本建设投资、社会商品零售等评估内容，体现了市场经济的重要补充作用。但这一时期，江西地方政府绩效评估的价值取向仍然是以政治价值取向为主，以完成上级制定的考核目标和要求为政府行为的主要动力。而改革开放初期的政治价值取向最突出的就是要求发展生产力，增加生产总值，以缓解经济落后和物资短缺的状况，这成为了过渡时期江西地方政府绩效评估主导价值取向。总的来说，这一时期的江西地方政府绩效评估体现了计划经济向市场经济过渡的特点，其行动逻辑和价值取向依然是计划经济的模式，但在考核内容上体现了市场经济的某些要求，一方面保持了政府行为逻辑的连续性和稳定性，另一方面又为未来建立社会主义市场经济体制开辟了道路。

三、建立社会主义市场经济体制阶段的江西地方政府绩效评估指标体系及价值取向

1992年底，党的十四大提出了在提高质量、优化结构、增进效益的基础上努力实现8%~9%的发展速度要求，将建立社会主义市场经济体制作为经济体制改革的目标。这表明，党中央在总结80年代发展经验的基础上，在经济发展方式中提出了两个方面的转变：一是由粗放式经济发展转变为集约式经济发展道路；二是由计划调节经济发展转变为市场调节经济发展。在这一时期，保持8%~9%的GDP增长速度仍是经济发展的重要目标，对地方政府的经济行为和绩效评估产生了重要的影响。虽然江西省不处于改革开放的前沿，但20世纪90年代的江西省地方政府绩效评估指标体系中仍表现出了这一根本性的变革，凸显了政府在市场经济发展中的建构和主导地位。

（一）建构市场经济的 N 县政府绩效指标体系分析

N 县在这段时期的考核方式虽然延续了 20 世纪 80 年代的做法，主要采取目标管理责任制的办法来考核各级政府的绩效，但内容和指标却有了重大变化。考评项目和评分标准（如表 3 所示）。

表 3   **N 县 1993 年目标管理考评内容的指标体系**

指标及分值	记分方法
1. 农民人均纯收入： 基本分 50 分	原人均纯收入 900 元以上的乡镇增长 90 元记满分；原人均纯收入 800～899 元以上的乡镇增长 95 元记满分；原人均纯收入 700～799 元以上的乡镇增长 100 元记满分；原人均纯收入 600～699 元以上的乡镇增长 105 元记满分，不足增长指数时，每少 1 元扣 2 分，超过增长指标数时，每增长 1 元加 1 分，由县农业局提供考核依据。
2. 工商税收： 基本分 60 分	完成县下达的计划记满分，比计划每增加 1 个百分点加 3 分，比计划每降低 1 个百分点扣 2 分，由县税务局提供考核依据。
3. 农业税： 基本分 20 分	9 月 15 日前（以从银行汇出款时间为准）完成农业税上缴任务记满分，每逾期 1 天扣 4 分。琴城、桥背、市山可用折金缴交的部分，12 月 25 日前完成任务记满分；每逾期一天完成扣 4 分，由县财政局提供考核依据。
4. 特产税： 基本分 60 分	按年度完成特产税上缴任务记满分；每逾期 1 天扣 5 分；未完成不计分，由县财政局提供考核依据。
5. 乡财政收入： 基本分 60 分	完成核定任务记满分，每超任务 1 个百分点加 5 分，每低任务 1 个百分点扣 4 分，由县财政局提供考核依据。
6. 国库券、赣东开发基金：基本分 20 分	按时完成县下达的国库券、赣东开发基金认购任务各记 10 分，每逾期 1 天完成扣 1 分，未完成不记分，由县财政局提供考核依据。
7. 农业总产值： 基本分 20 分	完成县下达的计划记满分，低于计划但高于 1992 年总产值，按实际完成计划的百分比乘基本分之半记分，平或低于 1992 年总产值不记分。
8. 多种经营产值占农业总产值的比重： 基本分 20 分	完成县下达的计划记满分，每超计划 1 个百分点加 2 分，每低计划 1 个百分点扣 1 分，由县农经委提供考核依据。
9. 粮食收购： 基本分 40 分	完成县下达任务的记满分，未完成的不记分，由县粮食局提供考核依据。
10. 柑橘救灾和果业开发：基本分 50 分	完成橘园恢复面积和果业开发任务依次记 30 分、20 分，未完成任务不记分，由县农经委提供考核依据。
11. 林业生产： 基本分 50 分	完成县下达造林任务的记满分，未完成任务不记分。有林山每发生一起过火面积在 5 亩以上的山林火灾扣 10 分，发生火灾时未及时报告和组织扑灭、处理再扣 30 分，用木柴烧砖瓦扣 30 分，由县林业局提供考核依据。

指标及分值	记分方法
12. 生猪出栏： 基本分 50 分	完成县下达的生猪出栏计划记满分，生猪出栏低于计划但高于 1992 年年报数，按实际完成计划的百分比乘基本分之半记分，平或低于 1992 年年报数不记分，由县农业局提供考核依据。
13. 水产、家禽： 基本分 40 分	完成县下达的水产、家禽产量计划各计 20 分；低于计划但高于 1992 年年报数，按实际完成计划的百分比乘基本分之半记分；平或低于 1992 年年报数不记分。由县农业局提供考核依据。
14. 乡镇企业： 基本分 200 分	完成乡镇企业总产值、乡镇工业总产值计划分别记 40 分，每低计划 1 个百分点，各扣 5 分。完成乡镇企业利润、乡镇工业利润年计划分别记 10 分，每超计划 1 个百分点加 1 分，每低计划 1 个百分点，各扣 1 分。完成乡镇企业税金、乡镇工业税金年计划分别记 20 分，每超计划 1 个百分点加 1 分，每低计划 1 个百分点，各扣 1 分。乡村工业固定资产净值较上年增加 20% 以上（含本数）记 40 分，未达增值幅度，每低 1 个百分点扣 2 分，乡村两级干部个人集资或引进外县资金办工业企业，每 2 万元加 1 分。乡村工业新增工业产值 30 万元以上的骨干企业 5 户记 20 分，每增 1 户加 4 分，每少 1 户扣 4 分，新增 1 户工业产值超 100 万元的工业企业加 5 分，新增 1 户工业产值超 200 万元的工业企业加 10 分，新增 1 户工业产值超 500 万元的工业企业加 20 分。由乡镇企业局牵头，会同有关部门提供考核依据。
15. 公路建设： 基本分 40 分	由县交通局制定考核细则，并予评分。
16. 乡村教育： 基本分 20 分	达到九年义务教育要求的记满分，未达到的不记分，由县教育局提供考核依据。
17. 人大工作： 基本分 20 分	由县人大制定考核细则，并予评分。
18. 民兵预备役工作： 基本分 20 分	由县人武部制定考核细则，并予评分。
19. 党建工作： 基本分 90 分	党风党纪（廉政建设）、党组织建设、党的宣传工作达到要求各记 30 分，分别由县纪委、组织部、宣传部制定考核细则，并予评分。
20. 群团工作： 基本分 20 分	重视和关心共青团和妇女工作各记 10 分，分别由团县委、县妇联制定考核细则，并予评分。
21. 其他工作： 基本分 20 分	信访结案率达到 100% 的记 10 分，低于的不记分。统计、档案工作达到要求各记 5 分。信息上报数、用稿率达到县下达任务的各记 5 分，未完成任务不记分。督查工作达到要求的记 10 分，未达到的不记分。做好保密工作记 5 分，出现失泄密案件的不记分。符合依法行政要求记 5 分，不符合要求的不记分。由县委办公室、县政府办公室牵头制定考核细则，并予评分。

注：以上考核内容 21 项，基本分为 1 000 分，各项加分和扣分时，不得超过该项基本分，考核数据主要以年报、县计划为准，年报、县计划不能反映的，由有关部门提供，年终由县组织人员逐项统计得分，遇特殊情况，经县委、县政府核实情况，适当调整记分。

以上 21 项考核指标及其分值与 1988 年该县的考核指标有了明显的改变，1988 年该县的考核指标中，农林牧副渔等各方面的指标占据了大部分的分值，而 1993 年的 21 项指标中加大了各项税收指标的比重，重点转向了工业企业领域，其中有两个亮点，其一是首次提出了多种经营产值占农业总产值的比重的指标，目的是要推动农业经济的多元化发展；其二，1993 年最为突出的是增加了乡镇企业这一指标，而且其为 21 项指标中的重中之重，占了 1000 分中的 200 分，其权重远远超过其他任何指标，这就凸显了在党的十四大上确立了建立社会主义市场经济的目标后，全国上下都开始稳步推进市场经济体系的建设，推动市场交易主体的培育，其突出表现就是积极鼓励乡镇企业的发展，为乡镇企业的发展提供各种配套措施，显然，面对中央提出的建立社会主义市场经济的新命题，县级政府在着力朝着这个方向发展。

此后，N 县陆续在其考核指标中加入了更多有利于市场制度的形成，有利于市场主体的培育的考核指标，例如，该县的《1995 年乡镇目标管理责任制计分奖励办法》中的第 14 条指标是关于个体私营经济的指标，第 15 条指标是关于"公司＋农户"的指标，第 17 条是关于招商引资的指标，这些指标都是首次出现，充分反映了该县致力于继续培育市场交易主体的努力，对个体私营经济局的肯定与鼓励，对公司制度的推广，对招商引资的重视，均反映了该县发展社会主义市场经济的努力。

进入 21 世纪后，该县在经济结构转型的浪潮中亦着力推进其农业产业结构的转变，加大招商引资的力度，大力发展乡镇企业与个体私营企业，在该县印发的《2001 年度全县目标管理考评办法》中，农业产业结构调整指标占 1000 分总分中的 100 分，招商引资指标占 95 分，发展乡镇企业指标占 95 分，发展个体私营经济指标占 95 分，这四项与经济转型及市场完善有关的指标总共占总分的 38.5%，是该县概念考核指标的重头戏，从中我们可以明显看到，该县对促进市场主体的多元化及经济产业结构的调整的重视逐年增强，对于发展乡镇企业及个体私营经济的支持力度也逐年增强，这反映了 20 世纪 90 年代及 21 世纪初我国为实现经济结构转型及市场经济制度、市场交易主体的完善所做出的重大努力。

（二）建构市场经济的 F 市政府绩效指标体系

县级政府主要管辖农村地区，其主要职责是推动农村生产力的发展，而地级政府主要管辖着各市县，主要以推动工商业的发展为主，因此，地级政府对其所辖县及其直属单位的考核更多地向工业企业经济指标倾斜，接下来，我们根据有关文件考察 F 市 2003 年的考核办法，其目标设置如下所示：

1. 县（区）目标设置

主要由经济发展目标、社会事业目标和精神文明建设目标、党的建设目标三方面内容构成。

（1）经济发展目标。主要考核招商引资、GDP、固定资产投资、"争资金、争项目"、财政收入、工业化、城市化、农业产业化、农民人均纯收入 9 项指标。

（2）社会事业和精神文明建设目标。主要考核就业和再就业及社会保障，信访工作，文明创建和公共卫生、基础教育、全民健身活动，农村公路建设，重点工程 5 项指标。

（3）党的建设目标。主要考核思想建设、组织建设、党风连载建设、统战工作和党管武装 5 项指标。

2. 市直单位目标的设置

主要由共性目标和职能目标两方面内容构成。

（1）共性目标。主要考核招商引资（市委、市政府没有下达招商引资任务的除外）、党的建设、文明创建和政务环境建设、信访工作指标。

（2）职能目标。主要考核各目标责任单位根据市委、市政府中心工作和本单位工作职能确定的若干重点业务工作目标。

对县（区）、市直单位这会治安综合治理（含安全生产）和计划生育工作的考核，实行"一票否决"制。

从以上考核指标中，我们可以看到，无论是在对县（区）的目标设置中，还是对市直单位的目标设置中，经济发展目标都是考核的重点，F 市委办公室根据该暂行办法，于次年制定了《F 市目标管理考评实施细则》（以下称简称《细则》），在《细则》中我们发现，对县（区）的考核中，经济发展指标、社会事业和精神文明建设指标、党的建设指标分别占 80 分、10 分、10 分，其中经济发展指标的次级指标的各分值为：招商引资 40 分、GDP2 分、固定资产 3 分、"争资金、争项目" 5 分、财政收入 10 分、工业化 10 分、城市化 4 分、农业产业化 4 分、农民人均纯收入 2 分，从中我们可以看到，招商引资是经济发展指标中的重中之重，占了50%的比例，凸显了市级政府致力于大力发展市场经济、大力培育市场主体，完善社会主义市场经济的努力。

在社会主义市场经济建立时期，江西省地方政府绩效评估指标体系逐渐由落实生产计划转变为发展市场经济，发展市场经济逐渐成为了市县两级政府行为的主导价值取向，充分表明了"中国市场经济首先是建构的，而不是演进的"。而在政府绩效评估考核中，利润、增加额、投资额、招商引资额等数量成为了唯一的考核标准，因而，在这一时期的政府绩效评估实践中，发展市场经济的价值导向实际上就成为了追求GDP等数字化的指标，在一方面保持了较高的经济发展速度，经济总量不断扩大，但另一方面，中国高速发展的经济事实上是一种低效率、高成本和高消耗的经济，忽视了十四大提出的"提高质量、优化结构、增进效益"的目标，造成了地方政府发展经济严重依赖投资，消费潜力没有充分挖掘，某些领域产能过剩，重复性建设严重，并且许多地方政府在招商引资与社会公共服务供给之间顾此失彼，大量本应由政府承担的公共服务供给责任被严重忽视了，造成了经济社会发展失衡。

四、经济发展新常态阶段的江西地方政府绩效指标体系分析及价值取向

改革开放30多年来，我国经济保持着较高的发展速度，经济总量持续积累，已经成为世界第二大经济体。但同时由于对速度和数量的过度追求和对发展质量的忽视，依赖投入要素增加的发展模式已难以满足经济进一步发展的需求，经济发展遭遇到了难以克服的瓶颈，中速增长、结构优化、创新驱动成为新时期经济社会发展的新常态。提供底线保障的基本公共服务体系是我国经济新常态下包容性发展的关键保障机制之一。为此，党中央提出了以公共服务为取向的新的政府职能定位，着力打造服务型政府。政府开始从社会的微观领域退出，主要进行宏观方面的控制，如市场经济的制度供给、市场主体的培育以及市场交易行为的规制等，同时也大力提供各式各样的公共物品及公共服务，为各行各业的顺利运转提供制度及物质基础，这些变化趋势在这时期的政府绩效评估指标上有着充分的体现，如各级地方政府在注重发展经济的同时，更加注重民生及社会基础设施的建设等。

（一）转向服务价值的N县政府绩效评估指标体系

随着中央政府着力推动经济发展新常态下经济发展方式的转变，以

及对政府公共服务职能的新定位，省、市、县等各级政府亦相继开始切实转变其政府职能，着力健全与完善政府的公共服务功能，为新的经济发展方式的形成营造良好的物质条件基础和提供宽松的制度环境。在诸如县级政府这样的低层级主要体现在更多地关注民生、更多地进行基层基础设施建设，以便更多地为民服务，这种转变也体现在政府的绩效考评方案中。N县在2011年的乡镇方面的考评内容与分值中，主要考核招商引资、财政收入、农业农村工作、村镇建设、民生工程、社会治安综合治理工作、人口和计划生育工作、安全生产工作、信访工作九个方面的内容，总分基本分值为100分，社会治安综合治理、人口和计划生育、安全生产、信访工作四项不计入考评总分分值，另设奖励加分和处罚扣分项目，考评内容如表4所示。

表4   **N县2011年乡镇考核内容及分值**

指标及分值	次级指标及分值
1. 招商引资，基本分25分	主要考核招商引资任务完成、项目落户、项目进资及招工任务完成情况（县招商局负责）。
2. 财政收入，基本分20分	主要考核财政总收入（增量和增幅）、税收收入占财政总收入比重、工业税占财政总收入的比重、均衡入库情况（县财政局负责）。
3. 农业农村工作，基本分25分	（1）农业产业化（5分）：主要考核主导产业、蔬菜标准化生产示范基地建设、基层农技推广体制改革、农民减负及强农惠农政策的落实、新增龙头企业、农民专业合作社、创建知名品牌、农产品质量安全、技术创新、日常监管情况（县农业局、县科技局负责，牵头单位：县农业局）。 （2）新农村建设（5分）：主要考核建设点"五新一好"目标、"三绿化一处理"、日常监督、农村清洁工程情况（县委农工部负责）。 （3）N蜜橘品质提升工程（3分）：主要考核示范园创建、品牌宣传、保障措施等情况（县蜜橘产业局负责）。 （4）农村统计工作（2分）：主要考核统计基础建设、统计报表、农民人均收入等情况（县统计局负责）。 （5）林山工作（5分）：主要考核造林绿化"一大四小"工程建设、山林纠纷调处、森林防火等工作情况（县林业局负责）。 （6）水利工作（5分）：主要考核农田水利基础建设（含病险水库除险加固）、防汛抗旱措施的落实、饮水安全和资金使用等工作情况（县水利局负责，农业农村工作考评由县农工部牵头负责）。
4. 村镇建设，基本分15分	（1）集镇建设和环境保护（10分）：主要考核集镇规划编制、集镇建设、集镇管理、集镇环境治理、集镇污水处理、生活垃圾处理、绿化达标、群众满意率等情况（县建设局、县环保局负责，牵头单位：县建设局）。 （2）生态旅游创建（3分）：主要考核启动旅游项目数量、规模、资金投入、规划完成和实施推进、配套政策、组织领导、人力投入和配备等情况（县旅游局负责）。 （3）国土资源管理（2分）：主要考核土地执法监督、更低保护、城乡建设用地增减挂钩、矿产资源管理与地质灾害防治情况（县国土资源局负责，村镇建设考评由县建设局牵头负责）。

指标及分值	次级指标及分值
5. 民生工程，基本分 15 分	（1）就业与再就业和社保工作（3分）：主要考核城镇居民与农村劳动力转移就业和社保工作情况（县人社局负责）。 （2）社会救助（3分）：主要考核程序居民最低生活保障、城乡困难群众医疗救助、农村五保户集中供养、自然灾害补助资金管理使用情况（县民政局负责）。 （3）农村教育工作（3分）：主要考核幼儿教育、九年义务教育、乡镇政府关系重视教育、学校安全稳定情况（县教育局负责）。 （4）农村医疗保障（3分）：主要考核完善新型农村合作医疗制度和加强农村卫生服务体系建设、城镇居民基本医疗保险参保人数和城镇居民基本医疗保险覆盖率（县卫生局、县人社局负责，牵头单位：县人社局）。 （5）残疾人事业工作（1.5分）：主要考核残疾人事业发展及经费保障、残疾人康复、残疾人就业培训、残疾人权益保障情况（县残联负责）。 （6）农村危房改造工作（1.5分）：主要考核成立领导机构、健全工作制度、制定工作实施方案、各种资料报表的上报、实施中的社会稳定、补助资金的管理使用等情况（县建设局牵头负责，民生工程考评由县人社局牵头负责）。
6. 社会治安综合治理工作	主要考核社会矛盾化解、社会管理创新、公正廉洁执法、综治工作责任制、专项重点工作等情况（县综治办负责）。
7. 人口和计划生育工作	主要考核人口出生率、出生政策符合率、出生婴儿性别比、人口信息准确、计生事业人均投入及社会抚养费征管、落实避孕节育措施、计生优质服务一体化管理、计生协会及奖励优惠政策、流动人口计生服务等情况（县人口和计生委负责）。
8. 安全生产工作	主要考核安全生产工作的贯彻落实、安全生产责任制、隐患排查治理、安全宣传教育、安全生产执法、基层基础建设、工作创新、死亡事故目标控制等情况（县安监局负责）。
9. 信访工作	主要考核落实信访工作责任制、化解疑难信访案件、及时妥善处理来县上访、控制赴市非正常上访、控制赴省非正常上访和集体上访、控制进京上访和集体上访、办理重要信访交办件、基层诉求平台建设等情况（县信访局负责）。

从这个考核指标体系中，我们可以看到，其中的重要指标还是财政收入指标、招商引资指标以及农业农村工作指标，这三大块就占了总分100分中的70分，其中招商引资指标和农业农村工作指标分别占25分，这也是农业农村工作指标的权重数首次与招商引资持平，这反映了政府在一如既往的注重招商引资，大力发展经济的同时，逐渐加强了其他工作的力度，农业农村工作是其中的一个方面。较为引人关注的是，民生工作及村镇建设首次作为独立的重要考核指标被引入了考核体系中，所有这9个指标中，直接为民服务的指标有农业农村工作、村镇建设及民生工程，共55分，占总分的55%，间接为民众提供了服务的指标有社会治安综合治理工作、人口和计划生育工作、安全生产工作及信访工作，这些指标虽不列入记分项目，但依然凸显了政府重视并致力于在这些方

面为民众提供满意的服务。

（二）转向服务价值的 F 市政府绩效指标体系

地市级政府新时期在面临发展经济，转变经济发展方式的同时，亦面临着构建服务型政府的重大任务，当然，与县级政府作为广域型的以农村为其管理对象和工作重心不同，地市级政府主要作为局域型的城市发展中心，其主要的任务还是大力发展经济，同时为社会提供各式各样的服务亦是其重要的职能，并且在中央建设服务政府的号召下，地市级政府最终也将从以经济发展及市场经济制度的建立健全等工作重心转向兼顾并且主要以公共服务为主的服务型政府建设。这些在 F 市政府的绩效评估中都有体现。

1. 考评内容及分值

围绕项目带动战略，县（区）主要考核园区建设与工业经济发展、城区建设、招商引资、财政收入、农业农村工作五个方面内容，基本分值为 100 分。该市 H 经济开发区主要考核园区建设与工业经济发展、招商引资、财政收入三个方面内容，基本分值为 75 分。另设奖励加分、年终市四套班子县域经济发展巡回考察测评结果排位分、全民创业年终考评结果排位分和处罚扣分项目，具体考核内容如表 5 所示。

表5　　　　　　　F 市 2010 年各单位目标管理考核办法

指标及分值	次级指标及分值
1. 工业园区建设与工业经济发展，基本分 25 分	主要考核园区建设及亩均效益，规模以上工业增加值、新增工业企业户数、规模以上工业主营业务收入、工业上缴税金、工业用电量、融资担保、技术创新和技改投入、工业上缴税金占工业增加值比例情况。
2. 城区建设，基本分 15 分	城区建设（5.5 分）：主要考核城区重点项目开工和竣工数、污水处理、城区绿化、安全生产情况。 小城镇建设（1.5 分）：主要考核小城镇规划、小城镇建设、小城镇管理、示范镇建设、示范村建设、小城投公司组建情况。 两房一改（1.5 分）：主要考核廉租房及经济适用房建设、廉租房租赁补贴发放、棚户区（危旧房）改造情况。 国土资源管理、规费收缴（2.5 分）：主要考核依法报批征收土地、耕地保护、土地收购储备、经营性用地出让、工业用地出让、矿政管理和地址灾害防治、违法用地案件查处，以及规费收缴情况。 城市管理（2 分）：主要考核硬件建设、依法行政和环境卫生、市容市貌日常管理情况。 环境保护（2 分）：主要考核污染物排放总量控制、万元 GDP 能耗、空气质量、水环境质量、生态环境保护、环保能力建设、履行环境保护法律法规情况。

续表

指标及分值	次级指标及分值
3. 招商引资，基本分30分	主要考核实际引进市外境内资金、实际利用资金、外贸出口、重大签约项目"三率"情况。
4. 财政收入，基本分20分	主要考核财政总收入、税收收入占财政总收入比重、工业税收占财政总收入比重、向上争资金情况。
5. 农业农村工作，基本分10分	农业产业化（4.5分）：主要考核主导产业、蔬菜标准化生产示范基地建设、基层农技推广体制改革、新增龙头企业、农民专业合作社、创建知名品牌、农产品质量安全、技术创新情况。 农民人均纯收入（1分）：主要考核增量和增幅情况。 新农村建设（4.5分）：主要考核建设点"三绿化一处理"、建设规划、建设投入、"五新一好"情况。

2. 另设奖励加分

年终市四套班子县域经济发展巡回考察测评结果排位分、全民创业年终考评结果排位分和处罚扣分项目（据实计入总分）：主要考核受表彰奖励和通报批评情况，以及评测、考评结果排位情况。

显然，招商引资依然是政府的重头戏，占了总分值的30%，工业园区建设与工业经济发展指标次之，占了总分值的25%，值得注意的是，城区建设及农业农村工作与往年相比，权重有了增加，总共占25%，且其考评内容的具体次级指标中直接为民众提供服务类指标有明显增多的趋势，服务型政府建设的趋势日益明显，服务的项目日趋多元化，服务的深度及广度亦有所强化。

这一时期，省级政府对下级政府的考核更是反映了切实推进中央关于转变经济发展方式及建设服务型政府的努力。如江西省在2011年度的绩效评估内容包括固定资产投资、工业发展、农业发展、财政收入、生态环境建设（含旅游业发展）、和谐社会建设、新型城镇化（含城市建设）七大项。除了财政收入外，各项考评指标都有详细的细化指标，其中凸显政府在构建服务型政府的指标就有三项，即生态环境建设指标体系、和谐社会建设指标体系以及新型城镇化指标体系。

五、结论

从改革开放以来江西省F市及其N县政府绩效评估指标体系及价值取向发展历程来看，江西省虽然不处于改革开放的前沿，但是其各级地方政府仍然为建立和发展社会主义市场经济付出了较大的努力，表现为

20 世纪 80 年代的探索和推进、90 年代的建构与主导和当前为引领经济发展新常态而积极行动。纵观 30 多年来江西省市县两级地方政府绩效评估指标体系及其价值取向的发展历程，政府绩效评估指标体系经历了由计划经济到市场经济、由完成生产计划到实现增长目标的转变，这一历程中所体现出来的价值取向表现为"政治价值取向—经济价值取向—服务价值取向"的变迁过程，顺应了时代发展的需求。但是，我们看到，虽然党中央早在 1992 年的十四大就明确提出了提高质量发展目标，但生产增加值、GDP 等经济发展的量化指标仍然是 30 多年来地方政府绩效考核的重点内容，这既与这些量化指标易于制定、考核有关，也与在追求经济总量扩张的时代背景下粗放式要素投入的发展方式对于地方政府而言易于操控、效果显著有关。历经 30 多年的发展，依赖要素投入数量扩张的经济增长方式的发展空间越来越小，而且长期的矛盾积累，迫切需要转变经济发展方式。"现阶段我国经济增速已落入中高速的范围，结构也正发生积极变化，但经济运行仍处于向新阶段转换的时期。"对于经济社会发展相对落后的江西，依然迫切需要转变经济发展方式，避免出现发达地区已经出现的矛盾和问题，而且江西省在实现经济发展方式转变中具有一定的"后发优势"，尤其在生态环境建设方面具有明显优势，这就需要江西省各级地方政府科学、合理、有效的行为，特别是要摈弃"先发展后治理"的发展思维，由主导和建构转变为引导市场经济和社会发展，促进新常态下江西区域经济的转型升级。因而，江西省的政府绩效评估体系及价值取向必须随之转变，在评估指标体系中更加凸显经济发展质量要求，在价值取向上更加凸显服务价值追求，引导各级地方政府在推进管理创新中建立政府与市场、政府与社会之间关系的新常态。

基于水足迹的中部地区生态
补偿标准及时空格局

胡小飞[①]　傅　春　邹　妍

一、引言

水足迹是指某个国家、地区或个人，在某段时间内消费的所有服务与产品需要消耗的水资源数量，该概念是由 Hoekstra "虚拟水" 和 "生态足迹" 的基础上提出的，分为国家水足迹和个人水足迹两部分，其中国家水足迹指用于工业、农业和家庭生活的各种水资源量，个人水足迹指一个人用于生产和消费的总水资源量。

国外学者对水足迹进行了较多研究。2007 年 Hoekstra 研究了 1997~2001 年不同国家因为人们消费习惯不同而产生了不同的水足迹，全球平均为 $1\,240m^3 \cdot a^{-1}$，其中美国平均水足迹为 $2\,480m^3 \cdot a^{-1}$，中国为 $700m^3 \cdot a^{-1}$，水足迹受消费品数量、消费模式、气候，农业生产等影响，2011 年 Mekonnen & Hoekstra 评价了全球 126 种作物在 1996~2005 年的蓝、绿和灰水足迹，其中中国水足迹为 $12.01 \times 10^{12} m^3 \cdot a^{-1}$，其中绿水足迹 $7.1 \times 10^{12} m^3 \cdot a^{-1}$，蓝水足迹 $1.4 \times 10^{12} m^3 \cdot a^{-1}$，灰水足迹 $3.5 \times 10^{12} m^3 \cdot a^{-1}$；Chapagain 等从生产与消费的视角研究了稻米的蓝水、绿水和灰水足迹，结果为稻米平均水足迹为 $1\,325m^3 \cdot t^{-1}$，其中 48% 为绿水，44% 为蓝水，8% 为灰水。2012 年 Hoekstra & Mekonnen 对全球在 1996~2005 年间的平均水足迹进行研究，结果表明，全球平均水足迹为 $9\,087Gm^3 \cdot a^{-1}$（其中 74% 为绿水，11% 为蓝水，15% 为灰水），农业生产消耗水足迹占 92%，全球平均水足迹为 $1\,385m^3 \cdot a^{-1}$，美国为 $2\,842m^3 \cdot a^{-1}$，中国为 $1\,071m^3 \cdot a^{-1}$，谷物占水消费总量的（27%），肉类占（22%），奶产品占（7%）。此外，其他学者分别对西班牙农业部门水足迹、泰国能源生产与消费水足迹、地中海地区水足迹进行了研究。

---

① 胡小飞，南昌大学管理学院副教授。

国内水足迹的研究最早为 2005 年，其研究内容主要侧重在水足迹概念及计算方法介绍、面对不同区域（或流域）的水足迹或对某类产品的虚拟水进行计量分析。如马静对中国水足迹、傅春等对环鄱阳湖区水足迹、张俊旭等对北京市水足迹、虞祎等对中国畜牧业水足迹进行了计算和分析。近年来也有学者对水足迹的影响因素进行研究。另外，耿涌等、邵帅等运用水足迹理论和方法，提出流域生态补偿标准测算模型，并对碧流河、河源市直饮水进行了实证研究；但未有文献将水足迹理论应用于省域或大湖流域生态补偿额度量化。

本文基于水足迹模型，对中部地区六省 2000～2014 年水足迹、水承载力、水足迹盈余/赤字的时空变化进行研究，并构建生态补偿标准模型，量化生态补偿额度，最后运用协调发展脱钩评价模型，评价水资源利用与经济发展的协调关系，为我国生态补偿机制的建立提供科学依据与决策参考。

二、数据来源与计算模型

（一）数据来源与处理

本章节数据主要来自中部六省统计年鉴（2000～2014 年）、中部六省水资源公报（2000～2014 年）、中部六省环境统计年报（2010～2013 年）、中国统计年鉴（2000～2015 年）。部分数据来源于中部六省水利厅与中部六省环境保护厅门户网站及内部资料。参考联合国粮农组织的 Climate 数据库中有关中国气象的数据确定农作物需水量，参考 Chapagain & Hoekstra（2004）有关中国动物产品虚拟水含量的数据确定动物产品需水量。

我们将动物产品分为牛奶、猪肉、牛肉、羊肉、兔肉、禽肉、禽蛋与水产品八大类，农作物产品分为粮食、甘蔗、棉花、油料、水果、蔬菜、烟草、茶叶八大类，动物产品与农作物产品的虚拟水含量参考文献，如表 1 所示。

表 1　　　　　单位动物产品与农作物产品虚拟水含量表　　　单位：$m^3 \cdot kg^{-1}$

动物产品	虚拟水含量	农作物产品	虚拟水含量
牛肉	12.56	粮食	1.56
猪肉	2.21	油料	3.72
羊肉	5.20	棉花	4.40

续表

动物产品	虚拟水含量	农作物产品	虚拟水含量
牛奶	1.00	水果	0.76
禽肉	3.65	甘蔗	0.20
兔肉	5.70	烟草	2.67
水产品	5.00	茶叶	13.17
鲜蛋	3.55	蔬菜	0.10

水足迹中的生活用水和生态用水主要为蓝水，可直接通过中部六省统计年鉴与中部六省水资源公报获得，生产用水包括农业生产用水与工业生产用水，农业用水足迹则可采取自下而上的方法计算（即中部六省统计年鉴上查询农产品生产数量，计算出中部六省农产品生产水足迹），工业生产过程水足迹采用统计资料中的工业生产、建筑等用水量，虚拟水贸易量根据各年《中国统计年鉴》提供的中国历年人民币市场汇率（按年平均价）将进出口总额单位由万美元变为万元，然后将净出口总额乘以万元 GDP 用水量得到净虚拟水贸易量。由于数据的不可获得，忽略了进口产品再出口的虚拟水量。以上计算的工农业生产用水加上生态用水和生活用水再加上该区域的净虚拟水输入量和灰水足迹，得到区域水资源总足迹。通过对比该地区水资源的可供给量，判断该地区水生态安全。如果供给大于需求则出现水生态盈余，表明该区域人类活动对水生态系统的压力处于该区域的水资源可供给范围内，如果供给小于需要，出现水生态赤字，该区域水资源压力较大。

（二）计算模型

1. 水足迹模型

$$WFP = IWFP + EWFP \tag{1}$$

其中，WFP 为区域水足迹总量（m³），IWFP 为内部水足迹（m³），指某区域当地居民消费的商品和服务的水资源总量，EWFP 为外部水足迹（m³），为本地消费的进口虚拟水量。

内部水足迹模型为：

$$IWFP = AWP + IWW + DWD + EWD - FW_e \tag{2}$$

AWP 为区域农业生产需水量（m³），IWW 为区域工业生产需水量（m³），DWD 为区域当地居民生活用水量（m³），EWD 为区域生态环境用水量

（m^3），FW_e 为区域进口虚拟水量（m^3）。

外部水足迹模型为：

$$EWFP = FW_i - FW_{re} \qquad (3)$$

FW_i 为区域从其他区域或国家进口的虚拟水总量（m^3），FW_{re} 为向其他区域或国家进口的产品再出口的虚拟水总量（m^3）。

生产水足迹模型为：

$$WFP_p = AWP_p + IWW_p + DWD + EWD \qquad (4)$$

AWP_p 为区域农业生产需水量（m^3），IWW_p 为区域工业生产需水量（m^3），其余指标同上。

消费水足迹模型为：

$$WFP_c = AWP_c + IWW_c + DWD + EWD \qquad (5)$$

AWP_c 为区域农产品消费需水量（m^3），IWW_c 为区域工业产品消费需水量（m^3），其余指标同上。

2. 农作物虚拟水含量

虚拟水由英国学者 Allan 提出，是指产品和服务在生产过程中所使用的水量，人们消费产品时即消费了以虚拟水形式蕴含在产品中的水资源。前人研究结果表明，虚拟水消耗是人类消耗水资源的主体，生活用水所占的比重较小。目前虚拟水的研究主要集中于农作物与动物产品，农作物虚拟水含量与农作物生长过程中的需水量密切相关，农作物需水量受植物本身的生理特性与气象因素影响。

农作物虚拟水含量的计算模型为：

$$ET_c = K_c \times ET_0 \qquad (6)$$

其中：K_c 为 C 类农作物系数；ET_c 为 C 类农作物的需水量；ET_0 为参考作物的需水量，可用 Climwat 2.0 中的世界各地气象数据与 Cropwat 8.0 计算得到。ET_0 的计算模型为：

$$ET_0 = \frac{0.408 \times \Delta \times (R_n - G) + \gamma \times \dfrac{900}{T + 273} \times U_2 \times (P_a - P_d)}{\Delta + \gamma \times (1 + 0.34 \times U_2)} \qquad (7)$$

公式中：ET_0 为参考作物的蒸发蒸腾量（$mm \cdot d^{-1}$）；Δ 为饱和水气压与温度相关曲线的斜率（$KPa \cdot ℃^{-1}$）；R_n 为作物表面的净辐射（$MJ \cdot m^{-2} \cdot d^{-1}$）；$G$ 为平均空气温度（℃）；γ 为湿度计常数（$KP \cdot ℃^{-1}$）；U_2 为 2m 高的风速（$m \cdot s^{-1}$）；P_a 与 P_d 分别为饱和水气压与实测水气压

（KPa）；T 为平均气温（℃）

单位产品的虚拟水含量为：

$$D_c = \frac{ET_c}{Y_c} \tag{8}$$

其中：Y_c 为某区域 C 农作物的单位面积产量（$t \cdot hm^{-2}$）；D_c 表示某区域 C 农作物单位面积农作物需水量（$m^3 \cdot t^{-1}$）

粮食作物蒸发水量 ET_0 在理想条件下为单位质量作物需水量。

$$AWP = \sum_1^i P_i \times VWC_i \tag{9}$$

AWP 为农作物消费水足迹或生产水足迹（m^3）；

P_i 为第 i 种产品的消费量或生产量（t）；

VWC_i 为第 i 种单位产品的虚拟水含量（$m^3 \cdot t^{-1}$）。

3. 生态补偿标准模型

$$EE_i = (WF_i - WC_i) \times K \times R \tag{10}$$

式中：EE_i 为 i 地区获得或支付生态补偿额（万元）；WF_i 为 i 地区水足迹量（$m^3 \cdot a^{-1}$）；WC_i 为 i 地区水资源量（$m^3 \cdot a^{-1}$）；K 为单位水资源价值（元·m^{-3}）；R 为生态补偿修正系数，这里取值为1。

4. 水足迹与经济增长脱钩模型

计算方法参照潘安娥发表文献

$$D_p = \frac{GDP_t - GDP_{t-1}}{GDP_{t-1}} - \frac{WF_t - WF_{t-1}}{WF_{t-1}} \tag{11}$$

式中 D_p 为脱钩指数；GDP_t 与 GDP_{t-1} 为第 t 期末和每 t－1 期末的 GDP；WF_t 与 WF_{t-1} 为第 t 期末和每 t－1 期末的 GDP 的水足迹，$\frac{GDP_t - GDP_{t-1}}{GDP_{t-1}}$ 为第 t 期末的经济增长率；$\frac{WF_t - WF_{t-1}}{WF_{t-1}}$ 为第 t 期末的水足迹变化率，$\frac{GDP_t - GDP_{t-1}}{GDP_{t-1}} > 0$，$\frac{WF_t - WF_{t-1}}{WF_{t-1}} < 0$，表明经济增长与水足迹绝对脱钩，处于优质协调发展状态。当 $\frac{GDP_t - GDP_{t-1}}{GDP_{t-1}} > 0$，$\frac{WF_t - WF_{t-1}}{WF_{t-1}} > 0$，$D_p > 0$，表明经济增长与水足迹相对脱钩，处于初级协调发展状态，D_p 小于等于0表明经济与水足迹未脱钩，处于不协调状态。

三、结果与分析

（一）中部六省生产水足迹动态变化

1. 动物产品生产水足迹动态变化

中部六省 2000～2014 年动物产品生产水足迹呈波动变化趋势（见图1），按15年平均值排名分别是河南省 > 湖北省 > 安徽省 > 湖南省 > 江西省 > 山西省。其中山西省仅为河南省的 12.83%。中部六省 2000～2014 年动物产品水足迹部分所占比例情况（见表2～表6）。

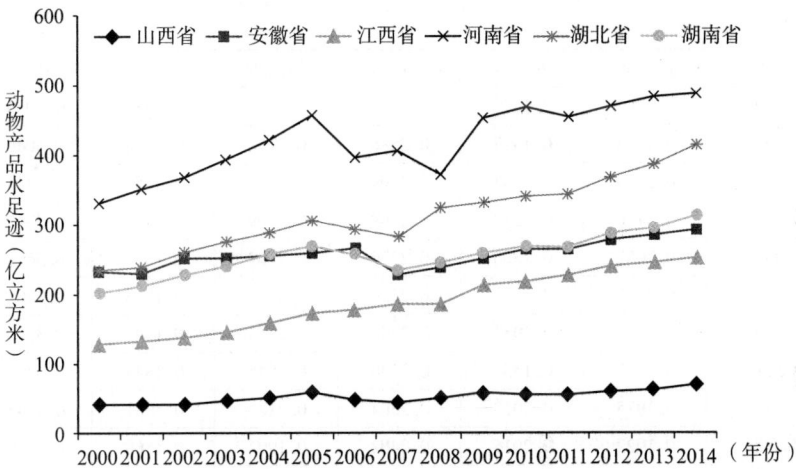

图1　中部六省 2000～2014 年动物产品水足迹动态变化图

表2　中部六省 2000～2014 年动物产品水足迹中水产品所占比例表　单位：%

年份	山西省	安徽省	江西省	河南省	湖北省	湖南省
2000	0.0300	0.3423	0.4917	0.0486	0.4990	0.3286
2001	0.0322	0.3471	0.4991	0.0447	0.5070	0.3306
2002	0.0319	0.3278	0.5003	0.0492	0.5220	0.3282
2003	0.0319	0.3303	0.5023	0.0497	0.5186	0.3265
2004	0.0351	0.3361	0.4932	0.0507	0.5256	0.3237
2005	0.0306	0.3418	0.4880	0.0567	0.5210	0.3340
2006	0.0444	0.3494	0.5143	0.0776	0.5628	0.3097
2007	0.0333	0.3637	0.5288	0.0920	0.5247	0.3633

续表

年份	山西省	安徽省	江西省	河南省	湖北省	湖南省
2008	0.0305	0.3610	0.5092	0.1154	0.4807	0.3648
2009	0.0266	0.3636	0.4834	0.1028	0.5103	0.3647
2010	0.0279	0.3678	0.4892	0.1063	0.5197	0.3691
2011	0.0316	0.3757	0.4790	0.0722	0.5195	0.3711
2012	0.0334	0.3747	0.4943	0.0762	0.5283	0.3850
2013	0.0349	0.3787	0.4938	0.0878	0.5309	0.3938
2014	0.0363	0.3824	0.5041	0.0941	0.5226	0.3967
平均	0.0327	0.3562	0.4980	0.0749	0.5195	0.3527

表3 中部六省2000～2014年动物产品水足迹中猪肉水足迹所占百分比

单位：%

年份	山西省	安徽省	江西省	河南省	湖北省	湖南省
2000	0.2289	0.1879	0.2453	0.2252	0.2031	0.4035
2001	0.2244	0.1917	0.2586	0.2158	0.1898	0.4040
2002	0.2189	0.1883	0.2399	0.2198	0.1854	0.3848
2003	0.2120	0.1852	0.2169	0.2169	0.1935	0.3849
2004	0.2052	0.1800	0.2276	0.2162	0.1851	0.3671
2005	0.2170	0.1971	0.2330	0.2139	0.1963	0.3600
2006	0.1837	0.1951	0.2360	0.2185	0.1745	0.3846
2007	0.2163	0.1954	0.2238	0.1845	0.1844	0.3290
2008	0.1975	0.2013	0.2364	0.2186	0.1981	0.3343
2009	0.1922	0.2016	0.2402	0.1904	0.1868	0.3380
2010	0.2043	0.2002	0.2348	0.1929	0.1890	0.3383
2011	0.2015	0.1939	0.2184	0.1981	0.1873	0.3332
2012	0.2026	0.1993	0.2188	0.2032	0.1905	0.3286
2013	0.2054	0.1968	0.2205	0.2074	0.1890	0.3202
2014	0.2019	0.2001	0.2282	0.2167	0.1811	0.3236
平均值	0.2075	0.1943	0.2315	0.2092	0.1889	0.3556

表4 中部六省2000～2014年动物产品水足迹中禽蛋水足迹所占百分比

单位：%

年份	山西省	安徽省	江西省	河南省	湖北省	湖南省
2000	0.3303	0.1633	0.0920	0.2891	0.1551	0.0912
2001	0.3474	0.1737	0.0900	0.2884	0.1608	0.0911

续表

年份	山西省	安徽省	江西省	河南省	湖北省	湖南省
2002	0.3547	0.1624	0.0910	0.2910	0.1526	0.0977
2003	0.3662	0.1703	0.0906	0.2944	0.1515	0.0953
2004	0.3664	0.1672	0.0914	0.2926	0.1459	0.1211
2005	0.3253	0.1668	0.0865	0.2923	0.1410	0.1219
2006	0.3087	0.1642	0.0719	0.2955	0.1237	0.1076
2007	0.3723	0.1684	0.0697	0.2944	0.1379	0.1298
2008	0.4302	0.1668	0.0760	0.1661	0.1487	0.1269
2009	0.4602	0.1665	0.0692	0.3006	0.1545	0.1221
2010	0.4369	0.1602	0.0677	0.2949	0.1386	0.1209
2011	0.4403	0.1599	0.0697	0.3057	0.1419	0.1232
2012	0.4318	0.1572	0.0678	0.3050	0.1345	0.1175
2013	0.4302	0.1554	0.0822	0.3009	0.1332	0.1142
2014	0.4228	0.1487	0.0674	0.2942	0.1328	0.1111
平均值	0.3882	0.1634	0.0789	0.2870	0.1435	0.1128

表5　中部六省2000～2014年动物产品水足迹中牛肉水足迹所占百分比

单位：%

年份	山西省	安徽省	江西省	河南省	湖北省	湖南省
2000	0.2121	0.1715	0.0505	0.3144	0.0738	0.0833
2001	0.1904	0.1564	0.0506	0.3183	0.0705	0.0777
2002	0.1840	0.1759	0.0546	0.3041	0.0717	0.0893
2003	0.1724	0.1785	0.0605	0.2970	0.0676	0.0840
2004	0.1669	0.1755	0.0691	0.2930	0.0695	0.0819
2005	0.2037	0.1521	0.0741	0.2831	0.0695	0.0852
2006	0.1824	0.1376	0.0765	0.2602	0.0636	0.0901
2007	0.1086	0.0936	0.0495	0.2540	0.0696	0.0783
2008	0.1045	0.0901	0.0712	0.2846	0.0723	0.0750
2009	0.1034	0.0875	0.0645	0.2333	0.0646	0.0763
2010	0.1076	0.0919	0.0910	0.2230	0.0654	0.0760
2011	0.0987	0.0843	0.0648	0.2271	0.0666	0.0755
2012	0.1002	0.0822	0.0634	0.2146	0.0645	0.0734
2013	0.0992	0.0801	0.0649	0.2091	0.0656	0.0769
2014	0.1037	0.0769	0.0654	0.2115	0.0879	0.0759
平均值	0.1425	0.1223	0.0647	0.2618	0.0695	0.0799

表6   中部六省2000～2014年动物产品水足迹中禽肉水足迹所占百分比

单位：%

年份	山西省	安徽省	江西省	河南省	湖北省	湖南省
2000	0.0370	0.1082	0.0977	0.0605	0.0599	0.0774
2001	0.0361	0.1041	0.0969	0.0662	0.0605	0.0794
2002	0.0343	0.1154	0.0996	0.0658	0.0558	0.0802
2003	0.0314	0.0992	0.1084	0.0687	0.0556	0.0869
2004	0.0304	0.1037	0.1047	0.0689	0.0592	0.0832
2005	0.0253	0.1028	0.1022	0.0701	0.0580	0.0738
2006	0.0361	0.1140	0.0986	0.0706	0.0593	0.0790
2007	0.0294	0.1411	0.0935	0.0769	0.0652	0.0733
2008	0.0510	0.1439	0.0963	0.0920	0.0818	0.0732
2009	0.0432	0.1443	0.0890	0.0808	0.0677	0.0738
2010	0.0452	0.1441	0.0921	0.0826	0.0707	0.0723
2011	0.0472	0.1499	0.0926	0.0897	0.0685	0.0741
2012	0.0517	0.1504	0.0912	0.0948	0.0664	0.0739
2013	0.0504	0.1526	0.0916	0.0923	0.0662	0.0733
2014	0.0489	0.1548	0.0929	0.0884	0.0609	0.0714
平均值	0.0398	0.1286	0.0965	0.0779	0.0637	0.0763

山西省动物产品生产水足迹在六省中最低呈现波动增长的态势，由2000年的43.35亿立方米增长到2014年的70.28亿立方米，年均增长率为3.51%，2000～2005年逐年增长，2006～2007年两年连续下降，而后呈现增长趋势。在动物产品生产水足迹中，以禽蛋生产所占比重最大，为30.87%～46.02%，平均38.97%；猪肉所占比重次之，为18.37%～22.89%，平均20.81%；再者是牛肉所占比重平均为14.25%；水产品生产所占比重不高，为2.66%～4.44%，平均3.28%；其他动物产品羊肉、兔肉与奶所占比重均不高，变化幅度不大。

安徽省动物产品生产水足迹在呈现波动增长的态势，由2000年的233.44亿立方米增长到2014年的292.46亿立方米，年均增长率为1.62%，除2001年、2007年比前一年下降外，其余年份都呈增长趋势。在动物产品生产水足迹中，以水产品所占比重较大，为32.78%～38.24%，平均35.62%；猪肉所占比重为18.00%～20.16%，平均为19.43%；禽蛋所占比重为14.87%～17.37%，平均为16.34%；禽肉所占比重为 9.92% ~ 15.48%，平均为 12.86%；牛肉所占比重介于 7.69% ~ 17.55%，平均为 12.23%。

江西省动物产品生产水足迹呈现逐年增长的态势，由 2000 年的 129.27 亿立方米增长到 2014 年的 245.67 亿立方米，年均增长率为 5.07%。猪肉、牛肉、羊肉、兔肉、禽肉、水产品、蛋、奶类均呈波动增长趋势，年均增长率分别为 6.49%、9.43%、3.86%、4.34%、6.03%、5.10%、4.55%、4.16%，以牛肉的增长率为最高，其次是猪肉。在动物产品生产水足迹中，以水产品生产所占比重最大，为 47.90% ~ 52.88%，平均 49.80%；猪肉所占比重次之，为 21.69% ~ 25.86%，平均 23.15%。禽肉、蛋类、牛肉等平均所占比例为 6.47% ~ 9.65%，其他动物产品羊肉、兔肉与奶所占比重均不及 1%，变化幅度不大。总之，动物产品水足迹主要表现为水产品与猪肉水足迹。

河南省动物产品生产水足迹在呈现波动增长的态势，由 2000 年的 331.59 亿立方米增长到 2014 年的 487.57 亿立方米，年均增长率为 2.79%，除 2001 年、2007 年比前一年下降外，其余年份都呈增长趋势。在动物产品生产水足迹中，以禽蛋所占比重较大，为 16.61% ~ 30.57%，平均 28.70%；以牛肉所占比重次之，为 20.91% ~ 30.83%，平均 26.18%；猪肉所占比重再次，为 18.45% ~ 22.52%，平均 20.92%；禽肉与水产品所占比重平均为 7.79% 与 7.49%。

湖北省动物产品生产水足迹在呈现波动增长的态势，由 2000 年的 234.83 亿立方米增长到 2014 年的 414.53 亿立方米，年均增长率为 4.14%，除 2007 ~ 2008 年比前一年下降外，其余年份都呈增长趋势。在动物产品生产水足迹中，在动物产品生产水足迹中，以水产品生产所占比重最大，为 48.07% ~ 56.28%，平均 51.95%；猪肉所占比重次之，为 17.45% ~ 20.31%，平均 18.89%；以牛肉所占比重次之，为 20.91% ~ 30.83%，平均 26.18%；禽蛋所占比重再次，为 12.37% ~ 16.08%，平均 14.35%；禽肉与牛肉所占比重平均为 6.37% 与 6.95%。

湖南省动物产品生产水足迹也呈现波动增长的态势，由 2000 年的 203.66 亿立方米增长到 2014 年的 312.86 亿立方米，年均增长率为 3.11%，除 2006 ~ 2007 年比前一年下降外，其余年份都呈增长趋势。在动物产品生产水足迹中，在动物产品生产水足迹中，以猪肉生产所占比重最大，为 32.02% ~ 40.40%，平均 35.56%；水产品所占比重次之，为 30.97% ~ 39.67%，平均 35.27%；禽蛋所占比重再次，为 9.11% ~

12.98%，平均11.28%；禽肉与牛肉所占比重平均为7.63%与7.99%。

2. 农作物产品生产水足迹动态变化

中部六省 2000~2014 年农作物水足迹动态变化情况如图 2 所示。中部六省 2000~2014 年农作物产品水足迹中部分水足迹所占百分比情况见表 7~表 9。

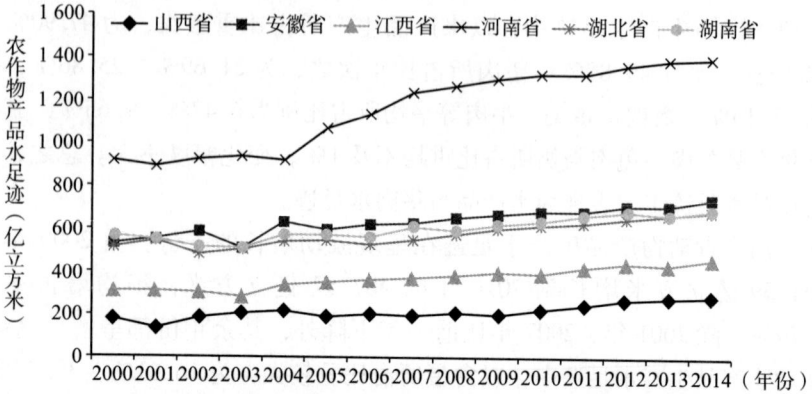

图2　中部六省2000~2014年农作物水足迹动态变化图

表7　中部六省2000~2014年农作物产品水足迹中粮食水足迹所占百分比

单位：%

年份	山西省	安徽省	江西省	河南省	湖北省	湖南省
2000	0.7523	0.7214	0.8117	0.7233	0.6686	0.7876
2001	0.7589	0.7089	0.8114	0.7151	0.6084	0.7609
2002	0.7614	0.7321	0.8134	0.6973	0.6573	0.7559
2003	0.7381	0.6724	0.8096	0.7514	0.5909	0.7428
2004	0.7640	0.6722	0.8381	0.6644	0.5992	0.7600
2005	0.7910	0.6767	0.8333	0.6830	0.6145	0.7593
2006	0.7779	0.7167	0.8273	0.6917	0.6142	0.7307
2007	0.7792	0.7187	0.8131	0.7036	0.6173	0.7363
2008	0.7559	0.7192	0.8003	0.7025	0.5994	0.7330
2009	0.7527	0.7119	0.7860	0.7020	0.5935	0.7164

续表

年份	山西省	安徽省	江西省	河南省	湖北省	湖南省
2010	0.7718	0.7134	0.7808	0.6989	0.5825	0.6930
2011	0.7358	0.7145	0.7670	0.7019	0.5855	0.6808
2012	0.7345	0.7174	0.7412	0.6975	0.5789	0.6826
2013	0.7321	0.7162	0.7595	0.6965	0.5795	0.6720
2014	0.7242	0.7157	0.7343	0.7283	0.5821	0.6715
平均	0.7553	0.7085	0.7951	0.7038	0.6048	0.7255

表8　中部六省2000～2014年农作物产品水足迹中油料水足迹所占百分比

单位: %

年份	山西省	安徽省	江西省	河南省	湖北省	湖南省
2000	0.0942	0.1984	0.1159	0.1592	0.1940	0.0915
2001	0.0473	0.2020	0.1095	0.1508	0.1896	0.0923
2002	0.0752	0.1783	0.1046	0.1698	0.1878	0.0860
2003	0.0668	0.1676	0.1012	0.1319	0.2002	0.0914
2004	0.0484	0.1751	0.0826	0.1815	0.2139	0.0900
2005	0.0411	0.1677	0.0816	0.1719	0.1978	0.0894
2006	0.0266	0.1257	0.0811	0.1656	0.1775	0.0981
2007	0.0249	0.1177	0.0857	0.1588	0.1717	0.0930
2008	0.0335	0.1293	0.0889	0.1614	0.1859	0.0890
2009	0.0324	0.1329	0.0955	0.1663	0.1925	0.1055
2010	0.0299	0.1235	0.1025	0.1672	0.1870	0.1133
2011	0.0275	0.1162	0.1012	0.1639	0.1781	0.1189
2012	0.0269	0.1184	0.0993	0.1709	0.1807	0.1125
2013	0.0259	0.1174	0.1021	0.1735	0.1841	0.1229
2014	0.0224	0.1143	0.0994	0.1776	0.1835	0.1247
平均值	0.0415	0.1456	0.0967	0.1647	0.1883	0.1012

表9　中部六省2000～2014年其他作物水足迹占农作物产品水足迹百分比

单位: %

省份	山西省	安徽省	江西省	河南省	湖北省	湖南省
蔬菜	0.0454	0.0297	0.0320	0.0546	0.0536	0.0445
棉花	0.0170	0.0231	0.0125	0.0236	0.0327	0.0146
水果	0.1395	0.0764	0.0527	0.0423	0.0856	0.0815

山西省农作物产品生产水足迹在六省中最低，历年呈现波动增长的态势，由 2000 年的 176.97 亿立方米增长到 2014 年的 286.68 亿立方米，年均增长率为 3.51%，2001 年、2005 年、2009 年与前一年相比有明显下降趋势，2010～2014 年连续四年快速增长，年均增长率达6.92%。在农作物产品生产水足迹中，以粮食生产所占比重最大，为72.42%～79.10%，平均 75.53%，主要是因为玉米与小麦等粮食作物是山西省的主要农作物，播种面积大；水果所占比重次之，平均 13.95%；油料作物所占比重逐年下降，由 2000 年的 9.42% 下降到 2014 年的2.24%。其他农作物如棉花与蔬菜分别占农作物生产水足迹的 4.54% 与1.70%。

安徽省农作物产品生产水足迹 2000～2014 年平均值在六省中排名第二，平均为 636.69 亿立方米，呈现波动增长的态势，由 2000 年的534.61 亿立方米增长到 2014 年的 744.58 亿立方米，年均增长率为2.39%，2003 年与 2002 相比大幅下降，2005 年与 2004 年相比，下降明显。在农作物产品生产水足迹中，以粮食生产所占比重最大，介于67.22%～73.21% 之间，平均 70.85%，主要是因为稻谷与小麦是安徽省的主要农作物，播种面积大；油料作物所占比重次之，平均 14.45%，但呈逐年下降趋势，由 2000 年的 19.84% 下降到 2014 年的 11.43%。其他农作物如水果、蔬菜与棉花分别占农作物生产水足迹的 7.64%、2.97%与 2.31%。

江西省农作物产品生产水足迹 2000～2014 年平均值在六省中排名第五，江西省农作物产品生产水足迹呈现波动增长的趋势，2000～2003 年逐年下降，其中 2003 年降幅最大，达 5.99%，随后快速增长，2004 年增幅达 20.12%，2004～2009 年逐年增长，年均增长 12.36 亿立方米，此外2010 年与 2013 年与前一年相比均有所下降。粮食、油料、水果、蔬菜、茶叶、烟草与棉花水足迹均呈波动增长趋势，年均增长率分别为 2.10%、1.62%、19.75%、1.02%、8.04%、8.28%、5.17% 以水果的增长率为最高，蔬菜的增长率最低，基本持平。在农作物产品生产水足迹中，以粮食生产所占比重最大，为 74.12%～83.81%，平均 79.95%，主要是因为水稻是江西省的主要农作物，播种面积大；油料所占比重次之，为8.11%～11.59%，平均 9.65%；油料所占比重次之，为 8.11%～11.59%，平均 9.65%。其他农作物如水果、棉花与蔬菜分别占农作物生产水足迹的 5.27%、1.25% 与 3.20%。茶叶、烟草、甘蔗水足迹所占比重均不及 1%。总之，农作物水足迹主要表现为粮食生产水足迹。

河南省农作物产品生产水足迹 2000～2014 年平均值在六省中排名第一，平均为 1 162.70 亿立方米，呈现波动增长的态势，由 2000 年的 917.29 亿立方米增长到 2014 年的 1 399.05 亿立方米，年均增长率为 3.06%，其中，2004 年最低，仅为 838.06 亿立方米，2014 年最高，达到 1 399.05 亿立方米。在农作物产品生产水足迹中，以粮食生产所占比重最大，为 66.44%～75.14%，平均 70.38%，其中 2003 年与 2004 年波动很大。主要是因为小麦是河南省的主要农作物，播种面积大；油料作物所占比重次之，平均 16.47%，呈现与粮食生产相同的变化趋势。其他农作物如水果、棉花与蔬菜分别占农作物生产水足迹的 4.23%、2.36% 与 5.46%。

湖北省农作物产品生产水足迹 2000～2014 年平均值在六省中排名第四，平均为 580.74 亿立方米，呈现波动增长的态势，由 2000 年的 517.66 亿立方米增长到 2014 年的 692.57 亿立方米，年均增长率为 2.10%，其中，2002 年最低，仅为 485.85 亿立方米，2014 年最高，达到 692.57 亿立方米。在农作物产品生产水足迹中，以粮食生产所占比重最大，介于 57.89%～66.86% 之间，平均 60.48%，除 2000～2005 年波动较大外，其余年份呈缓慢下降趋势。主要是因为水稻是湖北省的主要农作物，播种面积大；油料作物所占比重次之，平均 18.83%，变化趋势不太明显。其他农作物如水果、蔬菜与棉花分别占农作物生产水足迹的 8.56%、5.36% 与 3.27%。

湖南省农作物产品生产水足迹 2000～2014 年平均值在六省中排名第三，平均为 607.10 亿立方米，呈现波动缓慢增长态势，年均增长率仅为 1.46%，其中，2003 年最低，仅为 512.98 亿立方米，2014 年最高，达到 697.28 亿立方米。在农作物产品生产水足迹中，以粮食生产所占比重最大，为 67.15%～78.76%，平均 72.55%，呈波动下降趋势。主要是因为水稻是湖南省的主要农作物，播种面积大；油料作物所占比重次之，平均 10.12%，呈现波动增长变化趋势。其他农作物如水果、蔬菜与棉花分别占农作物生产水足迹的 8.15%、4.45% 与 1.46%。

3. 中部六省工业用水总量动态变化

中部六省 2000～2014 年工业用水总量呈波动变化趋势，中部六省

2000～2014年工业用水平均值情况如表10所示。按15年工业用水总量平均值排名分别是湖北省＞湖南省＞安徽省＞江西省＞河南省＞山西省。其中湖北省、湖南省与安徽省为工业用水高值区，江西省与河南省为工业用水中值区，山西省为工业用水低值区。因为缺少湖南省2001年的工业用水总量，采用该省2000～2002年工业用水总量的年增长率进行递推估算，对总结果的影响不大。

表10　　　　　　中部六省2000～2014年工业用水平均值　　　单位：亿立方米

省份	山西	安徽	江西	河南	湖北	湖南
平均值	13.67	77.69	53.57	49.13	92.84	79.07

2000～2014年，湖北省工业用水除2013年与2014年大幅下降，低于安徽省外，其他年份均高于其他省份，呈现波动上升趋势，年增长率为0.43%；2000～2005年，湖南省工业用水均高于安徽省，在中部六省中排名第二，但从2006～2014年，安徽省工业用水超过湖南省，跃居第二，安徽省与湖南省工业用水年增长率分别为6.45%与3.45%；2000～2008年，江西省工业用水量均高于河南省，2009年，河南省稍高于江西省，随后波动变化，2014年，江西省工业用水量比河南省高8.7亿立方米，研究期间，江西省与河南省工业用水的年增长率分别为1.84%与1.67%。山西省的工业用水远低于其他省份，变化不大，年增长率仅为0.43%，研究期间平均值为13.67亿立方米。

4. 中部六省生活用水总量动态变化

中部六省2000～2014年生活用水总量呈波动变化趋势（见图3），中部六省2000～2014年生活用水平均值情况如表11所示。按15年生活用水总量平均值排名分别是湖南省＞河南省＞湖北省＞安徽省＞江西省＞山西省。因为缺少湖南省、湖北省、安徽省与山西省2000～2002年的生活用水总量，采用该省2003～2014年各省生活用水总量的年增长率进行递推估算，估算的偏差对总结果的影响不大。

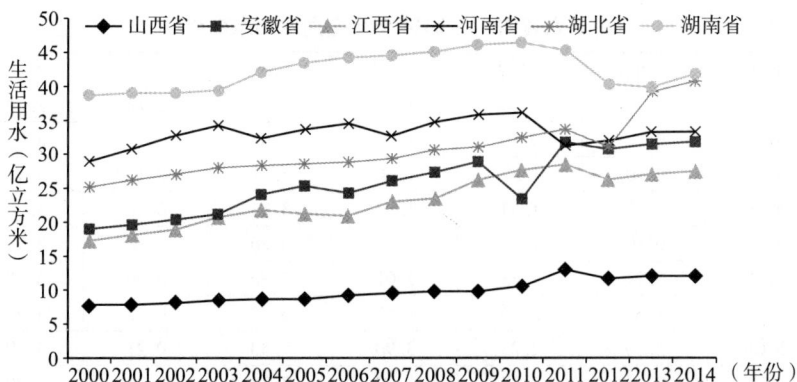

图3　中部六省2000～2014年生活用水总量动态变化图

表11　　　　　中部六省2000～2014年生活用水平均值比较　　单位：亿立方米

省份	山西	安徽	江西	河南	湖北	湖南
平均值	9.90	25.76	23.15	33.14	30.72	42.38

2000～2014年，湖南省生活用水除2012年大幅下降，2011年与2013年稍有下降外，其他年份均呈现增长趋势，年增长率为0.54%；研究期间，除2011年、2013～2014年湖北省生活用水均高于河南省外，其余年份均河南省高于湖南省在中部六省中排名第二，河南省与湖北省生活用水年增长率分别为1.03%与3.46%；安徽省生活用水除2010年大幅下降低于江西省外（下降幅度为19.31%），其余年份生活用水均高于江西省，呈现平稳增长趋势，年增长率为3.74%；山西省的生活用水远低于其他省份，变化较小，研究期间平均值为9.90亿立方米。

5. 中部六省生态用水总量动态变化

中部六省2003～2014年生态用水总量呈波动变化情况（见表12），按12年生态用水总量平均值排名分别是河南省＞湖南省＞江西省＞安徽省＞山西省＞湖北省。值得注意的是，湖北省工业用水、生活用水、农业用水都较高，但生态用水在中部六省中最低，平均值仅为0.21亿立方米，以后要加大这方面的投入。因为缺少中部六省2000～2002年的生态用水总量，但生态用水总量相对总水足迹来讲很少，忽略该部分对总结果的影响不大。

表 12　　　　　　　中部六省 2003～2014 年生态用水动态变化　　　单位：亿立方米

年份	山西省	安徽省	江西省	河南省	湖北省	湖南省
2003	0.30	0.40	1.10	2.40	0.10	1.60
2004	0.30	0.70	1.10	3.62	0.10	2.91
2005	0.40	1.37	1.30	3.81	0.10	3.13
2006	0.40	1.44	1.30	3.94	0.10	3.20
2007	0.50	1.60	2.02	5.20	0.10	3.21
2008	0.74	1.63	2.01	7.80	0.09	3.40
2009	1.30	2.00	4.80	6.32	0.22	3.50
2010	2.60	2.22	3.90	7.30	0.21	3.20
2011	2.65	2.22	3.89	7.34	0.21	3.20
2012	3.30	4.60	2.10	10.60	0.31	2.50
2013	3.54	4.05	2.12	6.06	0.41	2.87
2014	3.40	4.70	2.10	5.70	0.60	2.70
平均值	1.62	2.24	2.31	5.84	0.21	2.95

6. 中部六省总生产水足迹动态变化

中部六省的总生产水足迹均表现为上升趋势（见图 4），按其总量分为两类，一类为高生产水足迹区，主要是河南省，15 年间平均总生产水足迹为 1 669.70 亿立方米，年均增长率分别为 2.92%，主要是因为其农业种植面积大，农作物的虚拟水足迹消耗高所致；另一类为中生产水足迹区，包括湖北省、安徽省与湖南省，年均增长率分别为 2.69%、2.40% 与 1.94%，平均生产水足迹分别为 1 017.25 亿立方米、997.26 亿立方米、986.17 亿立方米；再一类为低生产水足迹区，包括江西省与山西省，平均水足迹分别为 633.97 亿立方米、295.14 亿立方米。

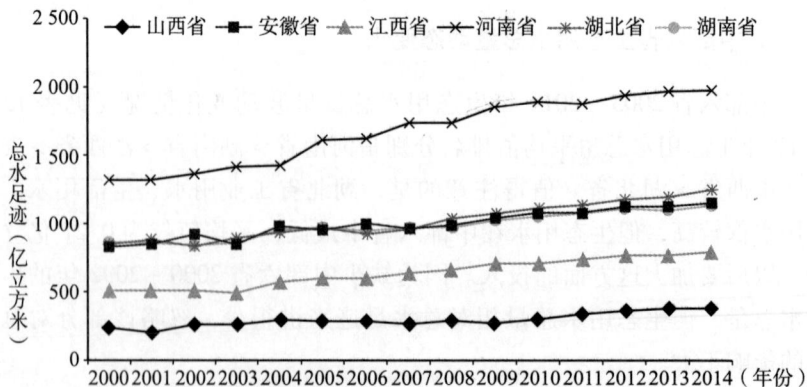

图 4　中部六省 2000～2014 年总水足迹动态变化图

中部六省的总生产水足迹组成比例不同，呈现不同的变化趋势。但均表现为农作物水足迹所占比例最高，其次是动物产品水足迹，其余工业、生活、其他用水所占比例各省不一。

河南省总生产水足迹在中部六省中排名第一，呈现平稳增长趋势，除2001年与2011年稍有下降外，其余年份均表现为增长态势。在总生产水足迹中，以农业用水足迹所占比重最大，平均值占94.81%，工业用水足迹、生活用水及其他用水所占比重较小。

湖北省总生产水足迹在中部六省中排名第二，除2002年与2006年稍有下降外，其余年份均呈现平稳增长趋势，在总生产水足迹中，以农业用水足迹所占比重最大，研究期间平均值占87.84%，工业用水足迹历年平均值占总足迹的9.13%，生活用水及其他用水所占比重较小。

安徽省与湖南省总生产水足迹在中部六省中分别排名第三与第四，两省的历总生产足迹值比较接近且变化趋势基本一致，在总生产水足迹中，也是以农业用水足迹所占比重最大，研究期间平均占总值的89.69%与87.56%，工业用水足迹历年平均值占总足迹的7.57%与7.88%，生活用水及其他用水所占比重较小。

江西省总生产水足迹呈现波动增长的趋势，2001年有所下降，2002年与2001年基本持平，2003年下降到最低点，仅为493.32亿立方米，随后快速增长，2004年增幅达15.38%，随后2005～2014年逐年增长。在总生产水足迹中，以农业用水足迹所占比重最大，为86.44%～88.65%，平均为87.58%；工业用水足迹所占比重次之，为7.67%～9.53%，平均为8.48%。生活用水及其他用水所占比重较小。

山西省总生产水足迹在中部六省最小，呈现波动增长的趋势，年增长率为3.41%。在总生产水足迹中，以农业用水足迹所占比重最大，平均占91.54%；工业用水足迹所占比重次之，平均占4.71%。生活用水及其他用水所占比重较小。

（二）中部六省人均生产水足迹动态变化

各地区人均水足迹可直观地反映各省的水资源利用水平，中部六省的人均水足迹相差较大，2000～2014年平均值由大到小排列为（见表13）：湖北省＞河南省＞安徽省＞湖南省＞江西省＞山西省。最小为山西省，最大为湖北省，主要是山西省的农产品与动物产品产量少，而湖北省为粮食作物种植基地，也是水产品生产大省。

表13　　　中部六省2000～2014年人均生产水足迹平均值比较　单位：立方米

省份	山西	安徽	江西	河南	湖北	湖南
平均值	856.26	1 636.87	1 447.30	1 747.99	1 776.47	1 506.06

2000～2014年中部六省人均生产水足迹呈波动上升趋势（见图5），除2007年河南人均生产水足迹稍高于湖北省外，其余年份湖北省人均生产水足迹均高于其他省主要因为其农产品生产消耗大量水资源，而且工业用水的总量与比例也一直增长；紧接其后的是河南省，河南省除2004年与2013年有明显下降外，其余年份均平稳增长；安徽省除2003年与2007年有明显下降外，其余年份也平稳增长；江西省人均生产水足迹分为两个阶段，2000～2003年逐年下降，自2004年开始逐年增长，年均增长率为2.85%。山西省人均生产水足迹较低，为632.12～1 059.33立方米，平均为856.26立方米。

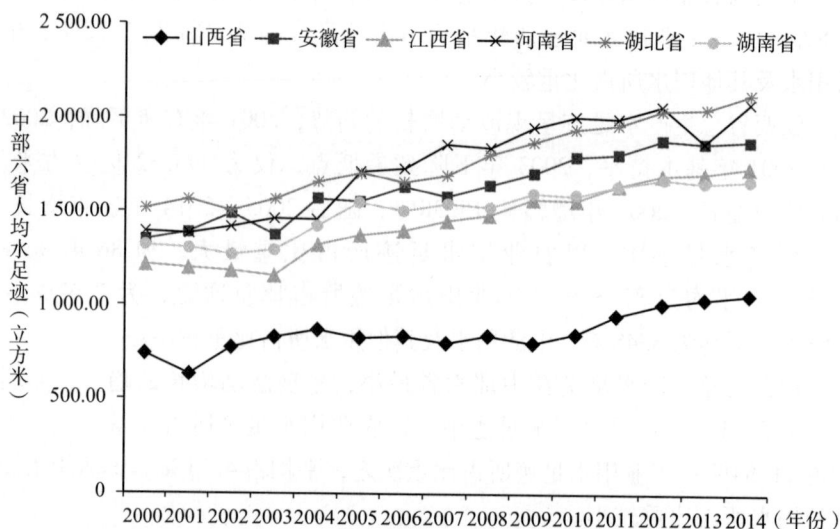

图5　中部六省2000～2014年人均水足迹动态变化图

高启杰对我国城乡居民粮食消费的研究表明，我国居民人均生活用粮消费的结构与数量在地区之间与城乡之间具有明显差异，但在同一地区不同收入的居民之间与不同时期之间不具有明显差异。为此，中部六省城镇居民人均粮食消费量低于农村居民且历年消费量变动不大，城镇居民人均蔬菜消费量与植物油与农村居民相差不大，但对猪牛羊肉、蛋、奶等食品的人均消费量明显高于农村居民。城镇居民消费性支出中以肉禽及其制品类所占比重最大，呈现稳定快速增长趋势，其次是蔬菜，其他如粮食、油脂类、蛋类、水产品类、奶及奶制品、瓜果类也呈现增长趋势，除了因为数量增长外，还主要包括物价上涨。

（三）中部六省水足迹盈余/赤字及效率时空变化

1. 水足迹盈余/赤字

中部六省水足迹盈余/赤字呈波动变化情况（见表14）。江西省与湖南省历年有水盈余，15年间共计分别盈余13 167.88亿立方米与9 966.70亿立方米，平均每年盈余877.86亿立方米与664.45亿立方米，但总体水足迹盈余有所下降，与该年的降水量有关。河南省与山西省历年有水赤字，15年间共计分别赤字19 060.32亿立方米与2 970.26亿立方米，平均每年赤字1 270.69亿立方米与198.02亿立方米。安徽省除2003年有生态盈余外，其余年份均为生态赤字，生态赤字为92.35亿～541.44亿立方米，总计赤字4 136.99亿立方米。湖北省2000年、2002～2003年、2007～2008年、2010年呈现水盈余，其余年份为水赤字，总体表现为水赤字，15年间共计赤字1 345.31亿立方米。

表14 中部六省水盈余/赤字动态变化表

年份	山西省	安徽省	江西省	河南省	湖北省	湖南省
2000	−159.90	−181.56	947.79	−649.60	152.12	899.31
2001	−137.32	−118.22	1 020.82	−1 099.96	−291.99	777.55
2002	−187.51	−92.35	1 481.47	−1 043.20	304.69	797.73
2003	−139.51	234.13	869.38	−713.90	344.78	936.07
2004	−197.68	−478.79	465.48	−1 015.17	−18.79	684.79
2005	−193.91	−235.59	916.68	−1 051.39	−35.45	688.71
2006	−191.60	−417.90	1 023.84	−1 301.65	−303.74	815.85
2007	−167.80	−257.74	478.76	−1 271.88	52.61	445.58
2008	−199.62	−309.55	702.24	−1 365.99	0.34	627.72
2009	−189.56	−316.30	472.99	−1 521.58	−244.77	376.73
2010	−211.02	−147.10	1 576.06	−1 356.29	159.15	856.78

年份	山西省	安徽省	江西省	河南省	湖北省	湖南省
2011	-214.17	-475.83	303.93	-1 548.20	-372.78	45.91
2012	-256.40	-425.92	1 408.99	-1 674.14	-364.95	873.33
2013	-249.03	-541.44	653.38	-1 755.91	-399.59	474.95
2014	-275.23	-372.83	841.71	-1 691.45	-326.94	665.69
平均值	-198.02	-275.80	877.57	-1 270.69	-89.69	664.45

2. 水足迹效率时空变化

中部六省水足迹效率（万元 GDP 用水量）呈现下降趋势（见图 6），中部六省 2000～2014 年平均水足迹效率如表 15 所示。说明水资源利用效率与效益在不断提高，中部六省 2000～2014 年平均水足迹效率值由大到小分别为：安徽省＞河南省＞江西省＞湖北省＞湖南省＞山西省，安徽省、河南省、江西省、湖北省、湖南省与山西省相比，还有很大的提升空间，以后要注重通过节水农业或转变产业结构提高水资源利用效率。

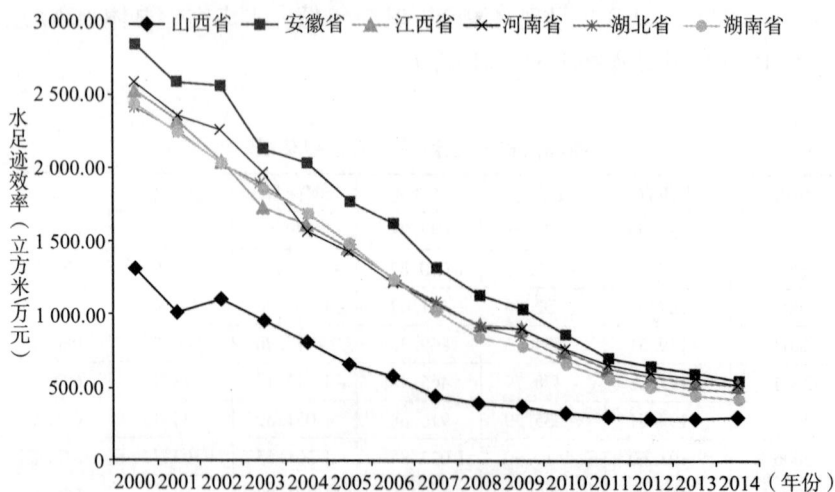

图 6　中部六省 2000～2014 年水足迹效率动态变化图

表 15　　　　　　　　中部六省 2000～2014 年平均水足迹效率　　　单位：$m^3 \cdot$ 万元$^{-1}$

省份	山西	安徽	江西	河南	湖北	湖南
水足迹效率	612.29	1 496.52	1 257.62	1 289.56	1 232.40	1 216.19

3. 水匮乏度时空变化

水匮乏度为是区域生产水足迹与可用水资源量的比值，反映水资源的紧缺状态，值越大越缺水。中部六省水匮乏度动态变化情况如表16所示。中部六省水匮乏度2000~2014年平均值由高到低依次为，河南省 > 山西省 > 安徽省 > 湖北省 > 湖南省 > 江西省。其中，河南省的水匮乏度最高，江西省最低，主要是因为河南省的可用水资源量较少，而人口较多，用水压力较大，而江西省水资源较丰富，森林覆盖率高，地形主要为山区丘陵，用水压力不大。

表16 中部六省水匮乏度动态变化表

年份	山西省	安徽省	江西省	河南省	湖北省	湖南省
2000	2.96	1.28	0.35	1.97	0.85	0.49
2001	2.98	1.16	0.33	6.03	1.49	0.53
2002	3.70	1.11	0.25	4.26	0.74	0.51
2003	2.03	0.78	0.36	2.02	0.72	0.48
2004	3.14	1.96	0.55	3.50	1.02	0.58
2005	3.31	1.33	0.39	2.88	1.04	0.59
2006	3.16	1.72	0.37	5.04	1.47	0.54
2007	2.62	1.36	0.57	3.73	0.95	0.69
2008	3.28	1.44	0.48	4.68	1.00	0.61
2009	3.21	1.43	0.59	5.60	1.30	0.73
2010	3.30	1.16	0.31	3.54	0.87	0.55
2011	2.72	1.79	0.71	5.72	1.49	0.96
2012	3.41	1.61	0.35	7.31	1.45	0.56
2013	2.97	1.92	0.54	9.24	1.51	0.70
2014	3.48	1.48	0.48	6.97	1.36	0.63
平均值	3.09	1.44	0.44	4.83	1.15	0.61

（四）中部地区生态补偿标准

水价由水资源费、水利工程供水价格、城市供水价格、污水处理费等组成。江西省发展改革委、财政厅、水利厅关于调整江西省水资源费征收标准的通知指出江西省从2013年开始，分三年将地表水、地下水水资源费平均征收标准调整到国家规定的0.1元/立方米、0.2元/立方米，本文取其平均值即 0.15 元/立方米。其他省份也参照这个值,由此算出中部六省水资源盈余的生态补偿额度。

中部六省 2000～2014 年水资源补偿额度动态变化情况如表 17 所示。从表中可以看出,江西省要获得的生态补偿资金呈波动变化趋势,但总体下降,2010 年补偿额最高,2011 年下降至最低,2012 年又有所上升,2013～2014 年经历下降后又上升。2000～2014 年江西省水盈余共需补偿 1 974.53 亿元,平均每年 131.68 亿元。湖南省要获得的生态补偿资金呈波动变化趋势,但总体下降,2000～2014 年湖南省水盈余共需补偿 1 495 亿元,平均每年 99.67 亿元。历年湖南省的 GDP 是江西省 GDP 的 1.6～1.7 倍,根据生态补偿优先级的模型,江西省要优先获得水足迹生态补偿额度。

表 17 　　　　　中部六省 2000～2014 年水资源补偿额度动态变化

年份	山西省	安徽省	江西省	河南省	湖北省	湖南省
2000	-23.99	-27.23	142.17	-98.29	22.82	134.90
2001	-20.60	-17.73	153.12	-165.53	-43.80	116.63
2002	-28.13	-13.85	222.22	-156.72	45.70	119.66
2003	-20.93	35.12	130.41	-96.96	51.72	140.41
2004	-29.65	-71.82	69.82	-139.38	-2.82	102.72
2005	-29.09	-35.34	137.50	-143.04	-5.32	103.31
2006	-28.74	-62.69	153.58	-179.13	-45.56	122.38
2007	-25.17	-38.66	71.81	-174.54	7.89	66.84
2008	-29.94	-46.43	105.34	-188.76	0.05	94.16
2009	-28.43	-47.45	70.95	-211.46	-36.72	56.51
2010	-31.65	-22.07	236.41	-185.23	23.87	128.52
2011	-32.13	-71.37	45.59	-214.21	-55.92	6.89
2012	-38.46	-63.89	211.35	-232.14	-54.74	131.00
2013	-37.35	-81.22	98.01	-243.88	-59.94	71.24
2014	-41.28	-55.92	126.26	-227.45	-49.04	99.85
合计	-445.54	-620.55	1 974.53	-2 656.71	-201.80	1 495.00

中部六省除江西省、湖南省要获得生态补偿资金外(其中江西省获得的补偿额度要高于湖南省且补偿优先级高于湖南省),其余省份均要支付生态补偿资金。按支付金额由大到小依次为:河南省 > 安徽省 > 山西省 > 湖北省。

（五）水足迹与社会经济发展的相关性

1. 脱钩分析

山西省 2001～2014 年水足迹与经济增长脱钩评价如表 18 所示。从总体来看，2001～2014 年中部六省水足迹总量与 GDP 呈正相关关系，水足迹增长与经济增长基本处于稳定状态。其中，山西省 2002 年与 2010 年为末脱钩状态，2001 年、2005 年、2007 年与 2009 年为绝对脱钩状态，其余年份特别是近四年均为相对脱钩状态，说明山西省水资源较少，随着经济的快速发展，水资源压力在不断增加。

表 18　　　山西省 2001～2014 年水足迹与经济增长脱钩评价

年份	GDP 变化率	水足迹变化率	脱钩指数	评价结果
2001	9.40	-14.32	23.72	绝对脱钩
2002	10.10	24.27	-14.17	未脱钩
2003	12.90	6.77	6.13	相对脱钩
2004	14.90	5.75	9.15	相对脱钩
2005	15.20	-4.19	19.39	绝对脱钩
2006	12.60	0.76	11.84	相对脱钩
2007	11.80	-3.19	14.99	绝对脱钩
2008	14.40	5.83	8.57	相对脱钩
2009	8.10	-4.06	12.16	绝对脱钩
2010	5.50	9.88	-4.38	未脱钩
2011	13.90	11.88	2.02	相对脱钩
2012	13.00	7.12	5.88	相对脱钩
2013	10.10	3.58	6.52	相对脱钩
2014	8.90	2.84	6.06	相对脱钩

安徽省 2001～2014 年水足迹与经济增长脱钩评价情况如表 19 所示。安徽省 2003 年、2005 年、2007 年为绝对脱钩状态，2004 年为未脱钩状态，其余年份特别是近七年均为相对脱钩状态，说明安徽省水资源虽然较多，但随着经济的快速发展，水资源压力在不断增加。

表19　　　　　　安徽省2001～2014年水足迹与经济增长脱钩评价

年份	GDP变化率	水足迹变化率	脱钩指数	评价结果
2001	8.30	3.26	5.04	相对脱钩
2002	8.60	7.55	1.05	相对脱钩
2003	8.90	-7.43	16.33	绝对脱钩
2004	9.20	15.39	-6.19	未脱钩
2005	12.50	-2.51	15.01	绝对脱钩
2006	11.80	4.56	7.24	相对脱钩
2007	12.90	-2.82	15.72	绝对脱钩
2008	13.90	3.98	9.92	相对脱钩
2009	12.70	4.02	8.68	相对脱钩
2010	12.90	1.95	10.95	相对脱钩
2011	14.60	0.76	13.84	相对脱钩
2012	13.50	4.53	8.97	相对脱钩
2013	12.10	0.01	12.09	相对脱钩
2014	10.40	2.16	8.24	相对脱钩

　　表20中所示的是江西省2001～2014年水足迹与经济增长脱钩评价情况，从中可以看出江西省2001年、2003年为绝对脱钩状态，2004年为未脱钩状态，其余年份特别是近十年均为相对脱钩状态，一方面说明近年来江西经济发展速度很快；另一方面说明江西省水资源虽然很丰富，万元GDP用水量不断减少，但水资源压力也在增加。

表20　　　　　　江西省2001～2014年水足迹与经济增长脱钩评价

年份	GDP变化率	水足迹变化率	脱钩指数	评价结果
2001	8.00	-0.69	8.69	绝对脱钩
2002	8.80	0.13	8.67	相对脱钩
2003	10.50	-2.60	13.10	绝对脱钩
2004	13.00	15.38	-2.38	未脱钩
2005	13.20	4.27	8.93	相对脱钩
2006	12.83	2.19	10.64	相对脱钩
2007	12.30	4.69	7.61	相对脱钩
2008	13.20	3.12	10.08	相对脱钩
2009	13.20	6.06	7.14	相对脱钩
2010	13.10	0.78	12.32	相对脱钩

续表

年份	GDP 变化率	水足迹变化率	脱钩指数	评价结果
2011	14.00	5.17	8.83	相对脱钩
2012	12.50	4.58	7.92	相对脱钩
2013	11.00	0.53	10.47	相对脱钩
2014	10.10	2.68	7.42	相对脱钩

河南省 2001～2014 年水足迹与经济增长脱钩评价情况（见表 21），可以看出河南省 2001 年、2011 年为绝对脱钩即优质协调状态，其余年份为相对脱钩状态，主要是因为河南省该年份水足迹增长率为负数，说明河南省水资源虽然较少，但随着产业结构的调整，水资源压力在缓解。

表 21　　河南省 2001～2014 年水足迹与经济增长脱钩评价

年份	GDP 变化率	水足迹变化率	脱钩指数	评价结果
2001	9.50	-0.08	9.58	绝对脱钩
2002	9.10	3.39	5.71	相对脱钩
2003	9.50	3.55	5.95	相对脱钩
2004	10.70	0.72	9.98	相对脱钩
2005	13.70	13.24	0.46	相对脱钩
2006	14.30	0.84	13.46	相对脱钩
2007	14.40	7.00	7.40	相对脱钩
2008	14.60	0.03	14.57	相对脱钩
2009	12.10	6.59	5.51	相对脱钩
2010	10.90	2.11	8.79	相对脱钩
2011	12.50	-0.79	13.29	绝对脱钩
2012	11.90	3.38	8.52	相对脱钩
2013	11.50	1.51	9.99	相对脱钩
2014	9.00	0.30	8.70	相对脱钩

湖北省 2001～2014 年水足迹与经济增长脱钩评价情况如表 22 所示。湖北省 2004 年、2006 年为绝对脱钩状态，其余年份特别是近八年均为相对脱钩状态，主要是近年来湖北省经济发展大提速，工业用水、生活用水、进出口虚拟水量等相伴增长，水足迹的增长率为 0.92～4.33，经济增长与水资源消耗处于初级协调状态，水足迹有待于降低，以便达到理想的协调发展状态。

表 22　　　　　湖北省 2001～2014 年水足迹与经济增长脱钩评价

年份	GDP 变化率	水足迹变化率	脱钩指数	评价结果
2001	8.60	3.82	4.78	相对脱钩
2002	8.60	−4.26	12.86	绝对脱钩
2003	9.20	4.53	4.67	相对脱钩
2004	9.70	6.28	3.42	相对脱钩
2005	11.50	2.57	8.93	相对脱钩
2006	12.10	−2.68	14.78	绝对脱钩
2007	13.20	2.02	11.18	相对脱钩
2008	14.60	7.38	7.22	相对脱钩
2009	13.40	3.53	9.87	相对脱钩
2010	13.20	3.69	9.51	相对脱钩
2011	14.80	1.87	12.93	相对脱钩
2012	13.80	4.29	9.51	相对脱钩
2013	11.30	0.92	10.38	相对脱钩
2014	10.10	4.33	5.77	相对脱钩

　　湖南省 2001～2014 年水足迹与经济增长脱钩评价情况（见表 23），可以看出湖北省 2001～2002 年、2006 年、2008 年与 2013 年为绝对脱钩状态，呈现不规则变化状态，2004 年为未脱钩状态，其余年份均为相对脱钩状态。近五年除 2013 年外，均处于初级协调发展状态，说明湖南省水资源虽然很丰富，万元 GDP 用水量不断减少，但随着社会经济的快速发展，伴随水足迹的增长，水资源压力也在增加，有待于进一步降低。

表 23　　　　　湖南省 2001～2014 年水足迹与经济增长脱钩评价

年份	GDP 变化率	水足迹变化率	脱钩指数	评价结果
2001	9.00	−0.42	9.42	绝对脱钩
2002	9.00	−2.34	11.34	绝对脱钩
2003	9.00	2.43	6.57	相对脱钩
2004	9.60	10.82	−1.22	未脱钩
2005	12.00	2.70	9.30	相对脱钩
2006	11.60	−2.83	14.43	绝对脱钩
2007	12.10	2.78	9.32	相对脱钩
2008	14.50	−0.89	15.39	绝对脱钩
2009	12.80	5.30	7.50	相对脱钩

年份	GDP 变化率	水足迹变化率	脱钩指数	评价结果
2010	13.60	2.54	11.06	相对脱钩
2011	14.50	2.97	11.53	相对脱钩
2012	12.80	3.20	9.60	相对脱钩
2013	11.30	-0.77	12.07	绝对脱钩
2014	10.10	2.41	7.69	相对脱钩

2. 影响因素分析

为了分析人类社会经济活动对水足迹的影响，本研究将水足迹作为因变量（Y），影响因素人口总量（X_1）、人均 GDP（X_2）、粮食产量（X_3）、水产品产量（X_4）为自变量，建立多元线性回归模型，GDP 取 2000 年的可比价。VIF 大多大于 10，各变量存在共线性，去除共线性变量后，得出如下结果（见表 24），可以建立线性方程：$Y = 0.073X_2 + 0.161X_3 - 105.197$

说明水足迹受人均 GDP 与粮食产量的影响，其中受粮食产量的影响较大。

表 24　江西省水足迹与人均 GDP 及粮食产量线性回归结果

模型	B	标准误差	t	Sig.	容差	VIF
（常量）	-105.19	38.530		0.020		
人均 GDP	0.073	0.012	6.280	0.000	0.146	6.871
粮食产量	0.161	0.049	3.266	0.008	0.146	6.871

四、小结与讨论

本文对中部地区六省 2000～2014 年水足迹、水足迹盈余/赤字的时空变化进行研究，构建生态补偿标准模型，量化生态补偿额度，运用脱钩模型，评价水资源利用与经济发展的协调关系，得出以下结论。

（1）中部六省生产水足迹呈上升趋势，按总量分为高生产水足迹区（河南省与湖北省）、中生产水足迹区（湖南省、安徽省与江西省）与低生产水足迹区（山西省），其中低生产水足迹区的山西省人口数量也较少。中部六省的总生产水足迹组成比例不同，呈现不同的变化趋势，但均表现为农作物水足迹所占比例最高，其次是动物产品水足迹。

（2）中部六省水盈余/赤字呈波动变化趋势，除江西省与湖南省有盈余外，其余省份均表现为水赤字；水足迹效率 2000～2014 年呈上升趋势，但各省水足迹效率差异明显，安徽省、河南省、江西省、湖北省与湖南省的水足迹效率较高，山西省水足迹效率较低。江西省与湖南省历年均要获得生态补偿，2000～2014 年江西省水盈余共需补偿 1 974.53 亿元，平均每年 131.68 亿元；湖南省水盈余共需补偿 1 495 亿元，平均每年 99.67 亿元。根据生态补偿优先级，江西省要优先获得水足迹生态补偿额度。其余各省均要支付生态补偿资金。支付补偿额由大到小依次为：河南省＞安徽省＞山西省＞湖北省。

以上对中部六省的研究结果表明，粮食、水产品、猪肉、牛肉、禽肉等是生产水足迹的重要组成部分，而张俊旭等对北京市的研究表明农作物和动物产品虚拟水消耗是水足迹消费的主要组成部分，粮食及肉类是耗用水资源的主要消费产品；田园宏等对中国稻谷、小麦、玉米等 5 种主要粮食作物的水足迹计算结果表明分别消费了 48%、18% 与 11% 的水足迹值，是水足迹消费量大的粮食作物。本文与他们的研究结论较为一致。

从中部六省各类农产品、动物产品、工业用水、生产用水等在水足迹中所占比重的大小及其增长速度可知，要降低人均水足迹就要提高水资源的利用效率，特别要提高占水足迹比重最大的农产品占用水资源的利用效率，要求我们发展节水农业，提高农田灌溉效率；另外，要采用技术创新，降低万元工业增加值用水量，通过宣传和推广培养居民节约用水意识，减少生活用水损耗。

水足迹可反映人类对水资源的真实占用情况，为流域水资源管理提供决策依据。随着经济社会的快速发展，各地区经济发展极不平衡，水资源的供需矛盾越来越严重，为此，急需提高水资源的利用效率，水权交易市场就应运而生。利用水权交易市场配置水资源，过到提高水资源利用效率的目的，正受到越来越多的各级政府与学者重视，是当前生态补偿的重要市场途径。本章节基于水足迹的中部六省生态补偿标准及时空格局可为中部地区水权交易市场的建立提供重要研究基础与依据。

本章节内容仅考虑了人类对绿水、蓝水足迹的占用，未对灰水足迹进行研究。灰水足迹从水量的角度评价水污染程度，能够更直观地反映水污染对于可用水资源量的影响，主要包括农业、工业、生活灰水足迹。张郁等对黑龙江垦区粮食生产灰水足迹研究结果表明，粮食产量与灰水足迹（r=0.987）、化肥施用量与灰水足迹（r=0.975）均高度相关，水稻生产对灰水足迹的贡献率最大（所占比重为56%）；曾昭对北京市1995~2009年的生活、农业、工业灰水足迹的计算结果表明灰水足迹远大于水资源量，生活部门的灰水足迹最大，其次为农业部门，工业部门最小。对于农业、工业和生活部门，化学需氧量（COD）与氨氮是排放污水中含量很大的污染物，有待于进一步研究。

五、对策与建议

（一）探索市场化的生态补偿模式

目前，我国的生态补偿投入以政府各级及各种形式投入为主，存在补偿资金来源单一、补偿额度较低等问题。国外的经验表明，市场机制可以在生态补偿中发挥积极作用，政府可以在完善生态补偿相关法律法规及制度的基础上，探索市场化的生态补偿模式，发挥市场对资源环境供给需求的引导作用。具体做法如下。

（1）研究开展中部地区排污权有偿使用与交易试点。改革主要污染物（如化学需氧量、氨氮、二氧化硫、氮氧化物）排放权指标的分配办法，正确评价排污权的价格，完善其价格体系，逐步实现排污权由行政无偿出让转变为市场方式有偿使用。同时适时研究提高污水处理收费标准，建立排污权交易平台，出台环保专项资金倾斜和信贷支持优先等机制，加强排污权交易市场监管，努力实现污染物排放总量削减目标。

（2）研究开展中部地区水权交易试点。江西省与湖南省水资源丰富，水生态盈余较多，开发潜力较大，但存在公众用水方式粗放与节水意识薄弱导致用水效率偏低等问题。在江西省与湖南省内选择部分县市开展水权试点工作，有利于落实最严格水资源管理制度，探索水资源确权登记方法，开展区域内水权交易。此外，要建立跨区域的水权交易所，完善水权交易定价机制，出让、转让和租赁机制及流程设计等，使得上游地区可以将盈余的水资源量出售给中下游流域，通过该市场途径可获到生态补偿。

（二）采取多途径筹集生态补偿资金

目前，生态补偿资金来源主要是中央财政转移支付与地方政府投入，市场化与社会化来源资金不足，为此可考虑通过建立政府、企业、社会多元化投入机制来拓宽补偿资金渠道。采用多种方式筹集生态补偿资金：首先国家可通过直接财政补贴、财政援助、税收减免与返还、低息贷款、财政转移支付等多种形式进行资金补偿，变一般转移支付为专项转移支付。其次可从收取的资源开采税费、水资源和污水处理费等费用中抽取一定资金用于生态环境保护与生态补偿，适时开征环境税与消费税。再次，鼓励企业以捐赠、技术革新等方式投入资金到生态环境建设中，同时，充分调动民间组织与广大民众参与生态补偿，与政府部门形成区域生态补偿联合体，共同推进生态补偿在各区域的实现。最后，采用多种方式如 BOT、绿色保险、生态补偿彩票、债券、租赁等进行区域生态补偿融资。

（三）研究生态补偿的空间配置及模式组合

确定科学合理可行的生态补偿标准与优化选择生态补偿区域是提高补偿效益的关键。我国的生态补偿资金来源以中央财政纵向转移支付为主，该资金的分配未考虑各区域提供的生态服务差异及实施生态保护的成本不同，采用"一刀切"的方式，导致补偿资金不足与资金利用低下。因此，要优化选择补偿区域，可根据各区域提供的生态服务价值与社会经济发展水平确定补偿的优先级，优先补偿破坏风险较大的区域与经济发展水平低的区域，补偿时综合考虑生态保护者的受偿意愿与支付方的支付意愿及生态保护投入成本与机会成本，最后通过协商博弈确定生态补偿标准。

现有的区域生态补偿模式主要有政府补偿、市场补偿、政府与市场相结合补偿、非政府组织参与型补偿等多种补偿模式。其中政府补偿模式包括横纵向财政转移支付、项目实施、政策补偿、生态环境税费、水资源费补偿等方式，市场补偿模式包括生态标记、碳排放权交易、水权交易等，这些模式相互补充、构成了区域生态补偿体系。在区域生态补偿实施过程中，可根据多种生态补偿模式的优缺点与适用范围，结合受益主体与补偿主体的不同特点，对多种生态补偿模式进行优化组合，选择最佳模式并进行应用。

（四）加大科研投入与完善评价体系

构建科学合理地生态补偿机制，离不开科学的理论指导。中部地区应该加强重点领域和重点区域生态补偿的理论研究，为生态补偿的实践与试点奠定基础。要加大科研投入，充分发挥各高等院校与各研究机构的优势，成立由经济学、管理学、水文学、土壤学、生态学、生态经济学等学科专家组成专家咨询组与关键技术攻关研究小组，加强对生态补偿科学量化方法体系的研究，制定和完善监测评估指标体系，健全自动监测网络，提供及时的动态评估监测信息。

建立生态补偿评价体系，要科学合理制定相应评价指标，从生态效益、经济效益和社会效益等方面选择多个指标，利用主客观法确定指标权重，采用综合评价法，对生态补偿的效果进行评价与分级，评价结果可为生态补偿措施的调整及未来生态补偿方案的制定提供科学依据。为处理好生态保护与建设的效果检查、生态补偿资金落实与发放等问题，建议聘任相关领域专家组成研究与评估小组，开展生态补偿机制建立有关问题的调查研究、生态补偿实施的效果评估、补偿基金使用评估以及其他相关政策实施效果的评估等。

（五）建立生态补偿的组织实施与协调体系

建立生态补偿组织与协调体系有助于顺利地推行区域生态补偿机制。为此，要成立相关组织机构，该机构负责制定生态补偿政策、量化生态补偿标准、管理生态补偿资金，确保生态补偿资金与政策落到实处，为区域生态补偿机制提供组织保障。

建立生态补偿机制作为一项非常复杂的系统工程，需要各利益相关方如政府、社会和公民等的积极参与，需要中央政府与地方政府、地方政府之间、政府与民众、生态保护者与受益者等多主体进行多方协调和利益博弈。如何加强各管理部门间的协调配合，建立有效的利益协调、社会参与与监督机制，构建信息共享与协作平台，确定合理可行的生态补偿标准，探讨、推动与实施生态补偿的市场化实现途径，是以后要继续深入研究的内容。

长江中游"中三角"城市经济增长、人口聚集与城市污染：1997~2013

钟无涯[①]

一、引言

城镇化是我国经济增长和人口聚集的节点与载体，也是工业化的重要推进器。目前，我国城镇化水平已超过56.10%，预期的城镇化目标是2020年接近80%，以此估计，未来有超过4亿人口迁入城市，城市数量和人口聚集程度必然进一步提高。城市化在扩大消费市场、优化资源配置、提高生活水平及促进经济发展等方面发挥重要作用；但城市规模不断扩大、城市设施高度集中、城市人口快速膨胀、城市负担日益增加，导致土地紧张、交通拥堵及环境污染等各种负面效应。城市化是工业化进程的必然阶段，也是一种资源消耗集约化的现代生活形态。城市化进程在资源优化配置过程产生不可避免的负外部性，因此资源硬约束与城市规模、城市发展阶段和城市发展方式等匹配状态对于城市发展具有重要影响。本文聚焦城市化进程背景下城市经济增长与人口聚集，以及人口聚集导致的城市环境污染等相关问题，并就武汉、南昌和长沙三个具体的长江中游城市群"中三角"城市展开探讨。

"中三角"城市武汉、南昌和长沙分别是湖北、江西和湖南的省会城市，是长江中游城市群的核心城市与节点城市。作为区域行政中心与经济中心，"中三角"经济发展程度、人口聚集程度最高，同时城市污染相对严重。选取这三个核心城市展开经济增长、人口聚集与城市污染的研究，具有个体与一般和具体与抽象的研究意义。

本文余下内容结构安排如下：第二部分为文献评述；第三部分简要说明研究方法选择、研究模型设定以及相关变量和数据选取；第四部分基于方法、模型和数据展开实证检验，并对检验数据进行分析；最后部

---

① 钟无涯，南昌大学中国中部经济社会发展研究中心助理研究员。

分是结论与启示。

二、文献评述

Grossman &. Krueger（1992）和 Shafik &. Bandyopadhyay（1992）提出环境库兹涅茨曲线（Environmental Kuznets Curve，EKC），用以描述城市经济增长与城市环境之间的相应关系变化状态。我国工业化和城市化起步晚于发达国家，对人口聚集与城市环境污染等问题的研究相对滞后。梁星（2004）以长三角为研究对象，将倒"U"型曲线理论应用到城市增长和城市环境关系研究，发现长三角经济发展与环境变化情况完全符合倒"U"型曲线；刘驰和钟水映（2012）对工业"三废"建模，发现武汉的废水排放量随经济增长呈"N"型变化、废气排放量和工业固体废弃物排放量呈正"U"型。后续城市经济增长与污染问题研究涉及 31 个省级行政区，如李鹏飞、吴利学和田野（2014）等，方法多元化但结论具有一致性。

现有研究对于城市经济增长与环境污染形态存在分歧，根本原因在于城市类型、阶段、规模和地理位置的异质性。杨芳（2015）和李平星（2014）分别以长三角和无锡为对象，从不同空间维度对城市化进程中人口聚集与生态环境，尤其是土地资源问题开展研究。刘聚涛（2014）基于 1991～2011 年数据发现鄱阳湖流域农村人口、生活污染、生活垃圾和固体废弃物污染排放量 20 年间增加了 12.68%；方铭（2009）对 1997～2007 年广州人口城市化和城市环境研究发现，广州人口城市化强度系数不断增强，城市环境污染强度系数整体减小。上述研究认为城市的资源利用效率较高。王婷（2012）以城镇居民生活垃圾产生数量表征城市污染行为，通过比较居民与政府目标函数，确认我国城市生活垃圾产生数量与城镇人口增长、居民收入水平间存在长期正向协整，即在我国城镇化水平和居民生活质量不断提升背景下，城市生活垃圾数量增长和对城市环境的污染逐渐下降。这些研究从实证角度支持城市化的推进有利于城市整体污染强度的降低。

长江中游城市群是长江经济带的重要组成，其中武汉、长沙和南昌三个省会城市构筑起《长江中游城市群发展规划》的"中三角"。随着工业化和城市化的推进，长江中游城市群的经济增长也伴随人口集聚与城市环境污染。本文基于"中三角"城市武汉、长沙和南昌 1997～2013 年数据，针对经济增长、人口聚集与城市环境污染问题，采用主流的人口、资源和环境研究范式探析其作用机制、影响程度以及城市发展状态差异，尝试从经济学和社会学视角解释并给出相应对策建议，以此为相关部门决策提供富有价值的参考。

三、研究方法与数据来源

Ushifusa & Tomohara（2013）将经济集聚的负外部性环境污染纳入模型，从产出末端和生产的投入端来构建污染强度和产出密度之间的理论模型。张可（2014）以此为基础验证了经济集聚和环境污染之间的双向作用机制，王家庭（2011）根据 2003～2008 年我国的 79 个中等城市、29 个大城市和 20 个特大城市的面板数据，对城市经济增长、人口密度、金融发展和城市规模与环境污染关系进行计量分析，上述研究在指标选择与实证方法等方面为本文提供参考。本文聚焦于"中三角"城市经济增长、人口聚集及由此衍生的城市环境污染，试图厘清变量间作用机制与交互关系。根据研究目的及数据的可获得性与有效性，在简化公式的同时，对公式线性化并略去城市产出、就业密度等无关外生变量后建立计量模型，见公式：

$$LnP_{i,t} = \alpha_{i,t} + \beta_{i,t}LnIncome_{i,t} + \gamma_{i,t}LnPeople_{i,t} + \mu_{i,t}$$

其中，$P_{i,t}$ 代表城市环境污染，$Income_{i,t}$ 是反映城市经济增长状况的收入指标；$People_{i,t}$ 反映城市化水平变化过程中的人口聚集程度，$\alpha_{i,t}$ 是计量方程的截距项，$\mu_{i,t}$ 是包含其他若干外生变量以及随机扰动项部分，$\beta_{i,t}$ 和 $\gamma_{i,t}$ 分别对应经济增长水平和人口聚集程度变化所导致的城市环境污染变化，i 和 t 分别代表城市环境污染的类别与数据时期。变量采用自然对数形式进入模型，一方面为了数据相对平稳；另一方面也可消除异方差等现象。

本文研究经济增长、人口聚集与城市环境污染关系，代表个体经济状态变化的个人可支配收入相比 GDP 等总量数据更有说服力。经济学视阈下的个体收入水平变化具有较强的就业示范效应，从而形成就业聚集和人口聚集，这一逻辑是选择个人可支配收入表征经济增长的效度支撑。本文选择三个城市的年末常住人口规模变量表征人口聚集程度理由在于，其一，与一线城市相比，武汉、长沙和南昌的人口流动性较弱，但户籍人口与常住人口仍存在偏离。无疑，城市的常住人口才是城市资源消耗主体。其二，省会城市常住人口与流动人口形成的主要原因，在于就业流动与经济逐利，显然这一动机契合人口聚集的研究目标。参考钟无涯（2014）的方法，选择"中三角"三个省会城市 1997～2013 年末常住人口数量作为人口聚集程度指标。对于城市环境污染变化，参考现有文献的主流做法，计量方程中城市环境污染变量 $P_{i,t}$ 分别选择一般工业固体废物产生量（LnSwasted）、工业废气排放量（LnGas）城市生活污水排放量（LnLWwater）和生活垃圾总量（LnLgarbage）进行反映。本文后续研究中分别以个人可支配收入（LnDPI）和年末常住人口规模（LnPEOPLE）对三个城市环境污染变量进行匹配。

选择长江中游城市群"中三角"的三个省会城市作为研究载体，一方面缘于作为武汉作为国家中心城市，具有较强的经济增长、人口聚集、收入增加和城市环境变化的典型性与代表性，南昌和长沙也具有较强发展潜力；另一方面是三个省会城市数据的连续性、完整性和一致性。本研究数据具有较强信度与效度，相比前期研究而言，本文变量指标适度扩展了时间序列数据长度，这对于统计结论而言具有更确切的支撑。本文数据全部来源于相应年份的城市统计年鉴，部分缺失数据已采用插值法进行补充；对于生活污水排放量等相关年份指标，由于在不同年份年鉴中存在冲突，已进行加权平均校正。

四、实证检验与分析

（一）稳健性检验

随机过程中的变量，其时间序列数据均值、方差和变量间协方差等若干指标需满足"一致性"约束，否则易产生"虚假回归"，从而导致变量关系误判，因此多变量时间序列数据需检验其稳健性。本文对各变量序列数据进行对数化，通过预处理消除变量序列的异方差问题，随后进行稳定性检验。虽然样本数量、时间长度及自由度等方面具有良好统计性状，但不能忽视小样本统计的局限性，因此采用 ADF 检验、GLS－DF检验和 Phillips－Perron 检验强化检验结论，确保后续分析的可行性与可靠性。变量下标 W、N 和 C 分别代表武汉、南昌以及长沙，检验结果如表 1 所示。

表 1   **数据稳健性检验方法及结果**

变量	ADF 检验	PP 检验($Z(t)$)	GLS－DF 检验	检验形式
$LnDPI_W$	3.138	2.370	－ 1.755	(0, 1, 0)
$D2. LnDPI_W$	－ 3.600 **	－ 3.561 **	－ 2.887 *	(0, 1, 0)

续表

变量	ADF 检验	PP 检验（Z(t)）	GLS – DF 检验	检验形式
LnPEOPLE$_W$	– 2. 629	– 2. 081	– 1. 567	(0, 1, 0)
D2. LnPEOPLE$_W$	– 4. 034 **	– 4. 108 **	– 2. 498 *	(0, 1, 0)
LnLWwater$_W$	– 0. 838	– 0. 808	– 1. 581	(0, 0, 0)
D2. LnLWwater$_W$	– 6. 203 ***	– 6. 705 ***	– 1. 97 *	(0, 1, 0)
LnSwasted$_W$	– 0. 356	– 0. 258	– 1. 750	(0, 1, 0)
D2. LnSwastes$_W$	– 8. 047 ***	– 11. 427 ***	– 3. 363 *	(0, 1, 0)
LnGas$_W$	– 0. 456	– 0. 366	– 1. 419	(0, 0, 0)
D2. LnGas$_W$	– 6. 357 ***	– 7. 473 ***	– 3. 899 ***	(0, 1, 0)
LnLgarbage$_W$	– 1. 619	– 1. 809	– 3. 141 *	(0, 1, 0)
D2. LnLgarbage$_W$	– 4. 933 ***	– 5. 092 **	– 9. 952 ***	(0, 1, 0)
LnDPI$_N$	0. 918	1. 383	– 4. 118 ***	(0, 1, t)
D2. LnDPI$_N$	– 7. 943 ***	– 12. 944 ***	– 3. 935 ***	(0, 1, 0)
LnPEOPLE$_N$	– 3. 103 **	– 3. 176 **	– 1. 167	(0, 0, t)
D2. LnPEOPLE$_N$	– 7. 445 ***	– 8. 882 ***	– 2. 039 *	(0, 1, 0)
LnLWwater$_N$	– 1. 214	– 1. 174	– 2. 942 *	(0, 1, 0)
D2. LnLWwater$_N$	– 4. 812 ***	– 5. 080 ***	– 2. 911 **	(0, 1, 0)
LnSwasted$_N$	– 1. 473	– 1. 114	– 2. 459	(c, 1, 0)
D2. LnSwasted$_N$	– 7. 737 ***	– 12. 826 ***	– 4. 473 ***	(0, 1, 0)
LnGas$_N$	0. 686	1. 269	– 1. 997	(c, 1, t)
D2. LnGas$_N$	– 4. 696 ***	– 5. 722 ***	– 12. 795 ***	(0, 1, 0)
LnLgarbage$_N$	– 1. 184	– 1. 203	– 1. 020	(0, 1, 0)
D2. LnLgarbage$_N$	– 4. 979 ***	– 5. 808 ***	– 6. 278 ***	(0, 2, 0)
LnDPI$_C$	– 0. 443	– 0. 445	– 1. 306	(c, 2, 0)
D2. LnDPI$_C$	– 6. 424 ***	– 7. 424 ***	– 2. 553 *	(c, 1, t)
LnPEOPLE$_C$	0. 194	0. 368	– 1. 258	(0, 1, 0)
D2. LnPEOPLE$_C$	– 5. 990 ***	– 7. 346 ***	– 2. 868 *	(0, 1, 0)
LnLWwater$_C$	– 2. 295	– 2. 561	– 1. 709	(0, 3, t)
D2. LnLWwater$_C$	– 5. 289 ***	– 6. 906 ***	– 4. 797 ***	(c, 3, 0)
LnSwasted$_C$	– 2. 482	– 2. 510	– 1. 603	(0, 1, 0)
D2. LnSwasted$_C$	– 7. 388 ***	– 9. 811 ***	– 3. 943 ***	(0, 4, 0)
LnGas$_C$	– 1. 103	– 0. 899	– 1. 625	(c, 2, 0)
D2. LnGas$_C$	– 6. 816 ***	– 8. 941 ***	– 4. 700 **	(c, 2, 0)
LnLgarbage$_C$	0. 738	0. 738	– 0. 965	(0, 1, 0)
D2. LnLgarbage$_C$	– 3. 830 ***	– 3. 903 ***	– 3. 352 **	(c, 3, 0)

注： * 、 ** 和 *** 分别表示在 10% 、5% 与 1% 显著性水平拒绝原假设；（c，x，t）表示常数项、滞后阶数和趋势项，其中滞后阶数通过 SC 标准锁定。除特殊说明外，该注释全文通用。

表 1 分别对"中三角"城市武汉、南昌和长沙的三组变量展开 ADF、GLS – DF 和 Phillips – Perron 检验，结论具有总体一致性。几乎所有变量的原始序列都不稳健，一阶差分后仍有部分变量有单位根，但二阶差分后全部稳健。为保持行文简洁，表 1 仅提供原始序列和二阶差分序列检验结论。

（二）协整检验

虽然二阶差分后各变量序列稳健，但变量间是否存在长期稳定关系仍不确定，必须对变量序列进行协整检验，以确认其协整关系的存在性与稳定性。根据本文研究目的，分别对武汉、南昌和长沙三市变量 LnD-PI、LnPEOPLE 匹配 LnLWwater、LnSwasted、LnGas 和 LnLgarbage 展开 Johansen 检验，具体检验数据如表 2 所示。

表 2   **Johansen 协整检验结果**

模型	原假设	特征值	迹统计量	模型	原假设	特征值	迹统计量
$LnLWwater_W$	0	.	29.8381	$LnGas_N$	0	.	58.3323
	1	0.68806	12.3638 **		1	0.90281	23.3663
$LnSwasted_W$	0	.	36.3746	$LnLgarbage_N$	0	.	59.7923
	1	0.77169	14.2186 **		1	0.90615	24.3012
$LnGas_W$	0	.	33.4062	$LnLWwater_C$	0	.	61.8623
	1	0.78966	10.0207 **		1	0.94627	20.9295
$LnLgarbage_W$	0	.	30.6294	$LnSwasted_C$	0	.	76.0331
	1	0.74213	10.3001 **		1	0.93721	34.5143
$LnLWwater_N$	0	.	57.0410	$LnGas_C$	0	.	43.7249
	1	0.93104	16.9270		1	0.83868	16.3596
$LnSwasted_N$	0	.	48.3971	$LnLgarbage_C$	0	.	30.8979
	1	0.90258	13.4662 **		1	0.74837	10.2008 **

Johansen 检验结论说明，"中三角"三个城市数据中，LnDPI、Ln-PEOPLE 分别与 LnLWwater、LnGas、LnSwasted 和 LnLgarbage 存在稳定的长期关系，但变量间协整关系及其性质仍不明确，因此还需进一步测度其参数值和相互关系。协整系数及统计性状详见表 3。

表 3   协整系数及统计参数

变量	方程 1	方程 2	方程 3	方程 4
	LnLWwater	LnSwasted	Lngas	LnLgarbage
LnDPI$_W$	− 0. 2261887	0. 523538	0. 881434	− 0. 0662706
	0. 010 ***	0. 000 ***	0. 000 ***	0. 719
LnPEOPLE$_W$	− 3. 756438	1. 77525	− 1. 571459	0. 8482819
	0. 001 ***	0. 018 **	0. 160	0. 939
F 值	146. 68	346. 76	170. 73	1. 65
LnDPI$_N$	− 0. 5083532	0. 1544603	1. 336368	− 0. 4283459
	0. 042 **	0. 569	0. 000 ***	0. 065 **
LnPEOPLE$_N$	− 1. 501769	1. 427203	− 3. 777419	5. 775354
	0. 403	0. 495	0. 013 **	0. 003 ***
F 值	17. 37	13. 94	217. 94	23. 03
LnDPI$_C$	0. 6352188	0. 088939	0. 255845	0. 3382099
	0. 008 ***	0. 821	0. 542	0. 162
LnPEOPLE$_C$	2. 028445	0. 7910054	8. 197636	6. 821502
	0. 166	0. 768	0. 011 **	0. 001 ***
F 值	17. 34	0. 06	30. 38	49. 42

注：括号内数值是参数统计 P 值，＊、＊＊和＊＊＊分别表示 10%、5% 与 1% 的统计显著性。

表 3 提供变量间协整的统计结论。除了少数统计不显著的情况，如武汉、长沙两市的经济增长、人口聚集因素与城市生活垃圾增长关系，其他大都统计显著。比较发现，不同城市间个人可支配收入所表征的经济增长和人口聚集，对应不同的城市环境污染都具有统计显著性，但彼此作用机理与影响强弱存在差异。从城市经济增长的角度切入，城市经济水平的提高，伴随工业固体废物产生量（LnSwasted）增加，但城市生活污水排放量（LnLWwater）和生活垃圾总量（LnLgarbage）一定程度减少，武汉和南昌虽有程度差异但总体趋势一致。城市工业化带来经济增长，必然形成工业排污增加；而另一方面，城市人口聚集并不一定伴随生活污染同比增加。因为工业固体废物产生量总体来自于工业生产，收入水平的增加显然是来自于生产规模和经济效益的推动；而随着收入水平的上升，反映生活消耗的城市生活污水排放量（LnLWwater）和生活垃圾总量（LnLgarbage）呈集约化趋势，一定程度说明，武汉和南昌的城市化进程在人均资源消耗量维度具有更高效率。通过观察人口聚集指标（LnPEOPLE）能够发现，城市人口的增加，势必加重工业固

体废物产生量（LnSwasted）、废气排放量（Lngas）、城市生活污水排放量（LnLWwater）和生活垃圾总量（LnLgarbage）三种类型的城市污染。从协整系数来看，工业固体废物污染最大，其次是生活垃圾和生活污水排放。但长沙较为特殊，其收入增长伴随工业废水增加较为显著，人口聚集伴随生活废水和生活垃圾增长显著，这与武汉和南昌两市的情况有较大差异。

（三）VECM 模型分析

协整分析探讨变量间的长期稳定关系，未能测度变量间短期关系性质及状态。因此继续通过构建一阶滞后的 VECM 模型，对"中三角"城市武汉、南昌和长沙的经济增长、人口聚集和城市污染短期变化情况进行分析，以 LnSwasted 为例，其他略：

$$D. LnSwasted_t = \alpha + \beta_{1,i} D. LnDPI_t + \beta_{2,i} D. LnPEOPLE_t + \lambda ECM_{i,t} + \theta_i$$

其中，α 是截距，θ 为随机干扰，i 是下标，t 是时间轴，λ 是调整系数。限于篇幅不罗列相应 ECM 模型方程，以 LnSwasted 的对应 ECM 模型为例。

拟合的 ECM 参数详见表 4。

表4　　　　　　　　　　　VECM 模型参数估计

方程内容	短期弹性	误差修正方向	速度调整参数
$LnDPI_W$ 对 LnSwasted	0.2048902	不显著	0.1933264
$LnPEOPLE_W$ 对 LnSwasted	− .0492574	显著	2.511781
$LnDPI_W$ 对 LnLWwater	− 0.0387	反向修正	− 2.899278
$LnPEOPLE_W$ 对 LnLWwater	0.0108	反向修正	0.0477642
$LnDPI_W$ 对 Lngas	0.1420054	正向	1.131076
$LnPEOPLE_W$ 对 Lngas	− .0593664	正向	− 3.917373
$LnDPI_W$ 对 LnLgarbage	0.0273813	正向	0.1431057
$LnPEOPLE_W$ 对 LnLgarbage	0.0217274	正向	10.6549
$LnDPI_N$ 对 LnSwasted	0.0552242	反向修正	− 1.319682
$LnPEOPLE_N$ 对 LnSwasted	− .006666	反向修正	− 7.166607
$LnDPI_N$ 对 LnLWwater	0.1228495	不显著	1.32972
$LnPEOPLE_N$ 对 LnLWwater	− .0232317	正向	9.59185
$LnDPI_N$ 对 Lngas	0.117441	正向	0.089174

续表

方程内容	短期弹性	误差修正方向	速度调整参数
LnPEOPLE$_N$ 对 Lngas	−.014983	正向	−1.574931
LnDPI$_N$ 对 LnLgarbage	0.1320726	正向	0.1744977
LnPEOPLE$_N$ 对 LnLgarbage	−.0192724	反向修正	−8.958355
LnDPI$_C$ 对 LnSwasted	−.005273	不显著	−0.3335497
LnPEOPLE$_C$ 对 LnSwasted	−.0075166	反向修正	10.60036
LnDPI$_C$ 对 LnLWwater	−.3035806	反向修正	0.6786881
LnPEOPLE$_C$ 对 LnLWwater	0.0571054	反向修正	−0.1930591
LnDPI$_C$ 对 Lngas	−.0575832	反向修正	0.3849901
LnPEOPLE$_C$ 对 Lngas	0.0858781	正向	8.275383
LnDPI$_C$ 对 LnLgarbage	−.1633157	反向修正	0.2422799
LnPEOPLE$_C$ 对 LnLgarbage	0.0219217	不显著	1.391413

　　表 4 数据是武汉、南昌和长沙的经济增长、人口聚集和城市污染短期变化机制的反映。三个城市的总体变化情况与表 3 协整分析接近，但存在若干值的重视之处。其一，三个城市的 LnDPI 对 LnSwasted 的误差修正并不显著，协整分析的结论也与此保持一致。方程 2 中三地的 LnDPI 对 LnSwasted 的统计显著性仅有武汉显著。显然 LnDPI 对于工业固体废弃物的短期影响有限；与此相反，人口聚集变量 LnPEOPLE 对于环境污染的短期影响密切相关。这一现象的经济学逻辑在于，城市整体经济增长建立在微观个人收入增加，这一过程实现滞后于经济生产过程。因为生产、流通和再生产循环的末端才进行收入分配，通过这一环节劳动者、投资者及其他参与者获得其回报，实现收入增加。显然，LnDPI 完成之时当期环境污染已然形成。因此 LnDPI 对 LnSwasted 的 VECM 系数不显著，与经济运转现实较吻合；其二，LnDPI 和 LnPEOPLE 对 LnLWwater、Lngas、LnLgarbage 统计显著且修正明显。个人可支配收入和常住人口数量的增加，短期显著增加城市生活垃圾与生活用水消耗。显然，LnLWwater 和 LnLgarbage 比反映工业生产污染所带来的 LnSwasted、Lngas 更直接。基于"中三角"三个城市的 VECM 分析获得启示：处于快速城镇化的城市应对人口聚集关联度较大的环节，如城市生活用水、生活垃圾处理等进行合理安排、处理及中长期规制等，对城市生活设施布局应适度超前，提升城镇化的效率和品质。

（四）Granger 因果检验

基于协整分析与 VECM 工具，已分析"中三角"城市武汉、南昌和长沙表征经济增长和人口聚集的两个变量人均可支配收入和常住人口变量与四种重要的污染变量，工业固体废物产生量（LnSwasted）、废气排放量（Lngas）、城市生活污水排放量（LnLWwater）和生活垃圾总量（LnLgarbage）的长短期关系。在此基础上仍需进一步探讨城市经济增长、人口聚集和城市污染的因果关系。本文采用 Granger 因果关系检验对此问题进行展开。因为本文关注经济增、人口聚集与 LnSwasted、LnLWwater、Lngas 和 LnLgarbage 的关系，因此，分别将 LnDPI 和 LnPEOPLE 对应 LnSwasted、Lngas、LnLWwater 和 LnLgarbage 进行 Granger 因果关系检验，限于篇幅，表 5 只对核心因果检验结论列出。

表5   Granger 因果检验结果

变量	原假设	χ^2	P 值
	$LnDPI_W$ 不是 LnPEOPLE 的 Granger 原因	21.04	0.0021
	$LnDPI_W$ 不是 LnLWwater 的 Granger 原因	7.4498	0.2957
	$LnDPI_W$ 不是 LnSwasted 的 Granger 原因	14.247	0.0076
	$LnDPI_W$ 不是 Lngas 的 Granger 原因	81.234	0.0999
	$LnDPI_W$ 不是 LnLgarbage 的 Granger 原因	9.161	0.0001
	$LnDPI_N$ 不是 LnPEOPLE 的 Granger 原因	1.074	0.3795
	$LnDPI_N$ 不是 LnLWwater 的 Granger 原因	7.1445	0.1005
LnDPI	$LnDPI_N$ 不是 LnSwasted 的 Granger 原因	6.1541	0.0423
	$LnDPI_N$ 不是 Lngas 的 Granger 原因	11.982	0.0115
	$LnDPI_N$ 不是 LnLgarbage 的 Granger 原因	28.145	0.0001
	$LnDPI_C$ 不是 LnPEOPLE 的 Granger 原因	41.3253	0.1073
	$LnDPI_C$ 不是 LnLWwater 的 Granger 原因	31.052	0.2107
	$LnDPI_C$ 不是 LnSwasted 的 Granger 原因	10.054	0.0055
	$LnDPI_C$ 不是 Lngas 的 Granger 原因	7.212	0.0009
	$LnDPI_C$ 不是 LnLgarbage 的 Granger 原因	3.9812	0.4096

变量	原假设	χ²	P 值
LnPEOPLE	LnPEOPLE$_W$ 不是 LnDPI 的 Granger 原因	4.258	0.0005
	LnPEOPLE$_W$ 不是 LnLWwater 的 Granger 原因	12.0691	0.0552
	LnPEOPLE$_W$ 不是 LnSwasted 的 Granger 原因	19.425	0.5752
	LnPEOPLE$_W$ 不是 Lngas 的 Granger 原因	17.326	0.1768
	LnPEOPLE$_W$ 不是 LnLgarbage 的 Granger 原因	24.915	0.0499
	LnPEOPLE$_N$ 不是 LnDPI 的 Granger 原因	3.4510	0.1001
	LnPEOPLE$_N$ 不是 LnLWwater 的 Granger 原因	12.0691	0.4552
	LnPEOPLE$_N$ 不是 LnSwasted 的 Granger 原因	20.327	0.5751
	LnPEOPLE$_N$ 不是 Lngas 的 Granger 原因	8.1268	0.0161
	LnPEOPLE$_N$ 不是 LnLgarbage 的 Granger 原因	18.523	0.0764
	LnPEOPLE$_C$ 不是 LnDPI 的 Granger 原因	6.0917	0.000
	LnPEOPLE$_C$ 不是 LnLWwater 的 Granger 原因	9.6017	0.315
	LnPEOPLE$_C$ 不是 LnSwasted 的 Granger 原因	29.057	0.725
	LnPEOPLE$_C$ 不是 Lngas 的 Granger 原因	10.501	0.116
	LnPEOPLE$_C$ 不是 LnLgarbage 的 Granger 原因	3.421	0.007

表 5 由三个城市的经济增长和人口聚集分别对应四个相应环境指标进行的 Granger 因果关系检验数据构成，与协整检验、VECM 分析构成包含长期关系、短期关系和因果关系的分析体系。检验结论与协整检验和 VECM 分析具有总体统一性，但是武汉、南昌和长沙三个城市的发展异质性也很显著。其一，就城市环境污染而言，LnDPI 和 LnPEOPLE 的影响机制确切，但对不同污染形态的影响程度和作用机制存在地区差异。总体而言，武汉、南昌和长沙的经济增长与人口聚集对污水和垃圾的生活性污染，具有较为显著的 Granger 因果关系。此外，表 5 数据支持武汉的城市集聚效率较高的观点，南昌在人口聚集与生活污水排放这一环节，统计数据并不显著。其二，三个城市中武汉和长沙对于经济增长是人口聚集的 Granger 原因的统计显著性处于临界状态，南昌则认为因果关系不成立。这一结论与区域经济学逻辑相悖，有两个原因导致这一现象：首先是三个城市的人口聚集速度相比经济增长而言太快，其次是经济增长本身并未保持较快速度。这也正是人口聚集导致环境污染指标统计显著的

重要原因。其三，对于工业性污染 LnSwasted 和 Lngas，三个城市的统计数据认为人口聚集的影响不大。相反，武汉、长沙和南昌统计数据认为经济增长与 LnSwasted 和 Lngas 的 Granger 原因成立，这与协整检验结论一致。显然，这三个城市的经济增长对城市环境的污染不容忽视。

五、结论与启示

现有研究大都认为工业化和城镇化过程中，由于城市人口的聚集，在有限空间内经济活动和社会活动的增加必然造成环境资源消耗的增加。但从人均角度而言，城市人口聚集所带来的公共设施、自然资源供应的集约化又能够客观上降低污染。沿用主流的分析框架和研究方法，本文利用"中三角"城市武汉、南昌和长沙 1997～2013 年的统计数据，针对城市经济增长、人口聚集与城市环境关系的量化关系进行研究，得到一些具有应用价值的结论。

其一，城市经济增长、人口聚集与城市环境污染具有确切关系。这一关系分解成工业固体废弃物、废气排放、城市生活用水污染和城市生活垃圾四个代理变量之后，其相关性在长期、短期和城市具有差异性。总体而言，长期和短期视角下人口聚集对城市环境污染的途径都是生活性污染，这一结论通过人口聚集与城市生活用水污染和城市生活垃圾的长期稳定协整关系和显著短期修正关系得到支撑；但与工业固体废弃物和废气排放这些工业性污染变量的长期关系模糊，短期关系也不显著。但是，分别对武汉、南昌和长沙进行考察，工业性污染与城市经济增长的统计关系在南昌和武汉较为显著。从经济运行的全局考察，尤其是就业、生产、商品流通等环节的时序性与因果关系，经济增长与人口聚集显然存在相应的激励机制。鉴于本文研究目标，暂不对此展开实证。

其二，从短期关系分析，"中三角"三个城市在经济增长同时伴随人口聚集，这直接导致水资源消耗和生活垃圾增加。通过 Granger 因果检验发现，这一长期协整的关系同样存在较大的城市异质性。显然，城市管理效率、经济增长速度以及人口聚集状态下的经济增长与人均收入水平等因素，短期必然增加城市环境污染，同时伴随城市空间的资源承载效率。事实上合理的资源规划与政策规制，高效的城市生活方式能够从长期和总体角度平衡人均资源消耗与城市资源承载的约束，因而获得宏观视角下具有集约和节能性质的城市生活方式。武汉、南昌和长沙的统计数据显示，"中三角"在经济增长和人口聚集过程中提升了其城市资源使用效率，其实证数据支撑了集约化的城市生活方式更能够实现长期的环保型生活。

  武汉、南昌和长沙在长江中游城市群中具有一定的影响力和代表性，其人口聚集、收入水平与城市环境污染之间所存在的长期、短期关系，总体可以代表大部分中大型城市，因而本文的研究结论具有一定的普适性。经济增长与人口聚集不可回避，因此对于城市化进程而言，微观的生活用水、生活垃圾及工业固体废弃物处理，宏观的整体城市充规划、利用和协调，"中三角"的经验数据与本文的实证研究对于许多城市的规划具有一定参考价值。

我国粮食主产区生态系统与粮食产出空间自相关实证研究

罗海平　郑享清　彭津琳[①]

粮食生产与生态系统存在相互促进和制约的双重关系。一方面，粮食是生态系统尤其是农田生态系统服务价值的重要构成（何玲等，2016），同时生态系统提供的水源涵养、废物处理、土壤形成与保护以及生物多样性保护等服务功能为粮食生产活动提供了可靠的生态支撑；另一方面，粮食生产活动对土地生态服务价值存在较强反作用。农作物种植会带来 CH_4 等温室气体的排放（李晶等，2003），不合理土地利用加剧土壤退化（张桃林等，2006），以及农作物种植带来生态系统物种多样性不可逆破坏（姜俊红等，2005）等。而这些反作用都会造成生态系统服务价值的损失（芦蔚叶等，2012），进而影响粮食生态安全。

目前，进行粮食生产和生态环境关系的实证研究文献并不多，且主要集中在耕地变化对粮食生产的影响（刘彦随等，2009；金涛，2014）、粮食生产与生态可持续性问题（付恭华等，2013）以及粮食生产的资源环境成本问题（张应龙等，2011）等问题研究。而鲜见粮食生产与生态系统服务价值空间属性的研究。生态系统服务价值是衡量区域生态价值或生态产出的重要指标，特指人类通过生态系统的结构、过程和功能所能获得的生命支持产品和服务价值（Daily G. C et al.，2000；Egoh B，2007）。粮食生产能力是指一定区域、一定时期内，由当地的自然条件和当前的技术经济水平决定的粮食作物或粮食作物组合所能达到的最高产量，是粮食产量的本底值；而粮食产量可理解为耕地的现实粮食生产力（张晋科等，2006）。因此，分析研究粮食产能与生态系统服务价值之间的关系能够有效反映粮食生产和生态环境之间的关系。因此，本文以生态系统服务价值（ESV）为生态价值变量，实证分析粮食生产与生态产出的空间属性。

---

①　罗海平，南昌大学中国中部经济社会发展研究中心副研究员；郑享清，南昌大学经济管理学院教授；彭津琳，景德镇学院讲师。

2016 年中央一号文件提出"加强资源保护和生态修复，推动农业绿色发展"。而推动"农业绿色发展"核心是实现粮食生产与农田生态系统的协调与可持续，实质是确保生态系统安全，尤其是粮食主产区的粮食生态安全。而要确保粮食生态安全，首先需要对粮食生产与生态环境关系进行实证评估和研究。粮食产能与生态服务价值的空间自相关性研究，能为粮食安全和生态安全保护提供科学依据。因此，选取粮食产量长期占全国 70% 左右的内蒙古、辽宁、吉林、黑龙江、江苏、河南、山东、湖北、湖南、江西、安徽、四川、河北 13 个粮食主产省（区）进行生态价值以及粮食产能的空间自相关性分析意义重大。

一、研究方法与模型构建

（一）生态产出变量：ESV

采取 Costanza 生态服务价值测算模型（Costanza et al., 1997；谢高地等，2003）对我国 13 个粮食主产省（区）生态服务价值进行测算。根据模型以 1 公顷全国平均产量的农田每年自然粮食产量的经济价值设定为当量"1"，其他生态类型根据生态服务价值与当量经济价值的比值计算出当量因子：

$$Ea = \frac{1}{7} \sum_{i=1}^{n} \frac{m_i p_i q_i}{M} \quad (i = 1, 2, 3, \cdots, n) \tag{1}$$

其中 i 为作物种类（主要包括稻谷、小麦、玉米），P_i 为 i 作物的全国平均价格（元/吨），q_i 为 i 种作物单产（吨/公顷），m_i 为 i 种作物的粮食播种面积（公顷）；M 为粮食作物播种总面积（公顷）。根据（1）式结合不同地区每个当量的经济价值和当量因子表 e_{ij}（肖玉、谢高地，2003）能够得出各省其他生态系统或其他服务功能的单价，进而根据 Costanza 模型计算出各类生态系统的服务价值、各项服务功能的价值和生态服务总价值：

$$E_{ij} = e_{ij} E_a (i = 1, 2, \cdots, 9, j = 1, 2, \cdots, 6) \tag{2}$$

$$V_j = \sum_{i=1}^{9} A_j E_{ij} (i = 1, 2, \cdots, 9; j = 1, 2, \cdots, 6) \tag{3}$$

$$V_i = \sum_{j=1}^{6} A_j E_{ij} (i = 1, 2, \cdots, 9; j = 1, 2, \cdots, 6) \tag{4}$$

$$V = \sum_{i=1}^{9} \sum_{j=1}^{6} A_j E_{ij} (i = 1, 2, \cdots, 9; j = 1, 2, \cdots, 6) \tag{5}$$

其中，E_{ij} 为 j 种生态系统 i 种生态服务功能的单价（元/公顷）；e_{ij} 为 j 种生态系统 i 种生态服务功能相对于农田生态系统提供生态服务单价的当量因子；i 为生态系统服务功能；j 为生态系统类型。V_j、V_i、V 分别为 j 类生态系统的生态系统服务价值、i 项服务功能的价值和生态系统服务的总价值，A_j 为 j 类生态系统的面积。

（二）空间自相关模型

空间自相关是指空间中某空间单元与其周围单元就某种空间属性而言潜在的相互依赖性，即 Tobler 提出的地理学第一定律，事物彼此关联，但较近的事物比较远的关联性更强（吕韬等，2010）。空间自相关分析包括全局空间自相关和局部空间自相关。

（1）全局空间自相关。全局空间自相关用来检验整个研究域某一空间属性是否存在空间依赖性，分析所有对象之间的平均空间关联、空间分布模式及其显著性。一般用 Moran's I 指数表示，其中 Moran's I 指数计算公式为：

$$I = \frac{\sum_{i=1}^{n} \sum_{j=1, j \neq i}^{n} W_{ij}(Y_i - \bar{Y})(Y_j - \bar{Y})}{S^2 \sum_{i=1}^{n} \sum_{j=1, j \neq i}^{n} w_{ij}} \tag{6}$$

Moran's I 指数取值范围是 $[-1, 1]$，计算完成之后须对结果进行统计检验，一般采用 z 检验（孟斌等，2005）。当 $z_I > 1.96$ 时，表示观测值之间存在显著空间正相关，即高观测值与高观测值空间聚集（H－H 聚集，高属性—高空间滞后聚集），低观测值与低观测值空间聚集（L－L 聚集，低属性—低空间滞后聚集），呈现空间聚集格局；当 $z_I < -1.96$ 时，表示观测值之间存在显著负相关，高观测值与低观测值聚集（H－L 异常，高属性—低空间滞后异常），低观测值与高观测值聚集（L－H 异常，低属性—高空间滞后异常），呈现空间异常格局。

$$z_I = \frac{I - E(I)}{\sqrt{Var(I)}} \tag{7}$$

（2）局部空间自相关。局部空间自相关性可以研究不同地理位置上可能存在的空间关联模式，从而发现局部区域的空间聚集性和分异性（Anselin L，1995）。局部空间自相关一般用 Local Moran's I 指数表示，计算公式为：

$$I_i = \frac{Y_i - \bar{Y}}{S^2} \sum_{j=1, j \neq i}^{n} W_{ij}(Y_j - \bar{Y}) \tag{8}$$

（6）式、（7）式、（8）式中，$S^2 = \frac{1}{n} \sum_{i=1}^{n} (Y_i - \bar{Y})^2$；$\bar{Y} = \frac{1}{n} \sum_{i=1}^{n} Y_i$；$Y_i$ 和 Y_j 分别表示第 i 个第 j 个地区的属性值，I_i 是第 i 个区域 Local Moran's I 指数，n 为地区总数（本文中地区划分为 13 个），W_{ij} 是基于地区 ij 空间邻接关系建立的权重矩阵，$E(I)$ 是 Moran's I 指数期望，$Var(I)$ 是 Moran's I 指数方差。

（3）双变量空间自相关分析。为了分析多个变量之间的空间关联性，Anselin L 等人提出双变量空间自相关分析方法（Anselin L，2002）。双变量空间自相关分析所产生的 Moran's I 值是用所有相邻位置的加权平均值评估一个位置的变 x 量值与其他变量的相关程度。其定义为：

$$I_{lm}^i = z_l^i \sum_{j=1}^{n} w_{ij} z_m^j \tag{9}$$

式中，w_{ij} 是基于地区 ij 空间邻接关系建立的权重矩阵，$z_l^i = \frac{X_l^i - \bar{X}_l}{\sigma_l}$，$z_m^j = \frac{X_m^j - \bar{X}_m}{\sigma_m}$，$X_l^i$ 是空间单元 i 属性 l 的值、X_m^j 是空间单元 j 属性 m 的值，$\bar{X}_l$、$\bar{X}_m$ 是属性 l、m 的平均值，σ_l、σ_m 是属性 l、m 的方差。

（三）数据来源与处理

本文土地利用数据、粮食产量相关数据均来源于 2015 年《中国统计年鉴》，粮食价格数据来源于 Wind 数据库。将我国 13 个粮食主产区土地利用划分为林地、草地、耕地、湿地、水体和未利用土地。采用粮食总产量、粮食单产作为反映粮食主产区各省（区）粮食产能的变量。生态产出价值选择根据 Costanza 模型计算的生态服务价值。

由（1）式可得内蒙古、辽宁、吉林、黑龙江、江苏、河南、山东、湖北、湖南、江西、安徽、四川、河北每个当量的生态服务价值分别为 1 367.36 元/公顷、1 720.00 元/公顷、2 219.05 元/公顷、1 700.49 元/公顷、2 314.74 元/公顷、1 873.60 元/公顷、1 956.94 元/公顷、2 137.17 元/公顷、2 255.55 元/公顷、2 213.92 元/公顷、1 794.06 元/公顷、1 545.36 元/公顷、1 655.25 元/公顷。根据公式（2）构建粮食主产区各省份单位面积陆地生态系统的服务价值表，然后分别代入（3）式、（4）式和（5）式，可计算出不同生态系统的服务价值，结果如表 1。

表1 13个粮食主产省（区）的生态服务价值（10^7元）

陆地生态系统	林地	草地	耕地	湿地	水体	未利用地	V
河北	21 130. 69	9 102. 28	8 566. 68	6 371. 45	1 794. 82	742. 35	47 708. 27
内蒙古	95 660. 30	125 619. 73	9 936. 86	37 300. 01	6 386. 37	6 427. 26	281 330. 54
辽宁	20 724. 78	15 818. 92	6 780. 02	10 743. 14	1 984. 52	394. 25	56 445. 61
吉林	47 665. 37	15 129. 12	12 282. 76	8 047. 05	3 376. 31	404. 06	86 904. 67
黑龙江	93 824. 40	14 946. 63	21 311. 59	37 755. 64	8 401. 90	913. 33	177 153. 51
江苏	10 551. 10	1 114. 82	8 378. 12	25 222. 68	8 747. 56	632. 81	54 647. 10
河南	18 917. 90	9 694. 49	12 049. 40	2 586. 95	3 193. 09	379. 16	46 821. 00
山东	14 010. 42	3 740. 82	11 801. 26	15 188. 82	2 843. 45	151. 24	47 736. 01
湖北	42 898. 80	15 842. 14	8 917. 20	8 400. 62	7 048. 75	448. 24	83 555. 76
湖南	64 183. 34	16 774. 46	7 393. 93	2 909. 38	8 021. 51	430. 46	99 713. 07
江西	62 367. 80	11 477. 37	5 399. 67	2 730. 67	6 879. 41	305. 90	89 160. 83
安徽	19 191. 82	3 482. 21	8 338. 13	3 646. 42	5 456. 83	207. 47	40 322. 88
四川	74 037. 15	36 754. 43	8 222. 08	10 648. 44	3 431. 91	991. 85	134 085. 85
合计	585 163. 87	279 497. 43	129 377. 70	171 551. 08	67 566. 42	12 428. 38	1 245 585. 09

二、生态服务价值与粮食产能的单变量空间自相关及分异

（一）单变量全局空间自相关

传统的空间权重矩阵可按照空间边界邻近关系来分析，或者从地方区域中心出发，依照一定距离设置空间关系矩阵，探索在不同空间范围内所形成的空间组织关系（刘旭华等，2002）。由于四川与湖北、湖南间隔重庆市，所以本文采用基于距离标准的方法建立空间权重矩阵，运用Arcgis软件建立含有主产区各省份质心经纬度、各指标属性的shp文件，然后导入到Geoda中进行单变量全局空间自相关与局部空间自相关分析。得到全局空间自相关指数Moran's I（见表2）。

表2 单变量全局空间自相关结果

	生态系统服务总价值	粮食总产量	粮食单产
Moran's I	0.1786	0.9278	0.6055
P Value	<0.001	<0.001	<0.001
Z(I)	22.95	72.88	48.45

注：p表示概率，z（I）为检验值，z < −1.96或z >1.96时，p<0.05，置信度大于95%。

由表 2 知，主产区生态服务价值、粮食总产量、粮食单产的全局空间自相关 Moran' I 指数均为正且 P 值小于 0.01，说明主产区这 3 个属性的分布不是随机的，而表现出非常强的空间正相关性，呈空间聚集格局。

（二）生态服务价值的空间分异

2014 年我国粮食主产区生态服务总价值为 133 643.60 亿元，是主产区总 GDP 的 37.47%。由于土地利用配置和地域面积不同，主产区生态服务价值差距明显，空间分异显著。生态服务价值从高到低依次为：内蒙古＞黑龙江＞四川＞湖南＞江西＞吉林＞湖北＞辽宁＞江苏＞山东＞河北＞河南＞安徽。从粮食主产区生态服务价值的空间属性及空间演变来看，生态服务价值最高的省份集中分布在我国北方和长江流域，分别形成了内蒙古、黑龙江、吉林、四川、湖南、湖北、江西高价值聚集区，而山东、河南、河北、安徽生态服务价值则较低，形成了低价值组团。

为了消除生态服务价值对区域面积的依赖性，本文进一步分析粮食主产区单位面积生态服务价值的空间分异。单位面积生态服务价值从高到低空间排序依次为：江西＞江苏＞湖南＞吉林＞湖北＞黑龙江＞辽宁＞山东＞安徽＞河南＞四川＞河北＞内蒙古。处于中、东部的山东、河南、河北、安徽无论生态服务总价值还是单位面积生态服务价值均严重偏低，生态安全问题较为突出。从主产区地域空间的土地利用情况来看，东北三省、内蒙古以及长江流域各省，森林、湿地、草原、水体面积总体和比例较大，而河北、河南、安徽、山东四省因耕地面积较大，林地、草地、湿地面积相对较小，生态服务价值较小，呈现较为突出的耕地侵占生态用地现象。单位面积生态服务价值最高的省份集中分布在我国东北和长江流域，分别形成了黑龙江、吉林、辽宁和湖南、湖北、江西高价值聚集区，而中、东部的山东、河南、河北、安徽生态系统服务价值则较低，形成了低价值组团。

综上，13 个粮食主产省（区）生态产出和价值存在较强的同向溢出效应。北方四省以及长江流域各省生态服务价值和单位面积生态服务价值高，形成了生态服务高价值聚集区。中、东部四省生态服务价值和单位面积生态服务价值都低，形成生态服务低价值聚集区。

（三）粮食产能的空间分异特征

2014 年，主产区粮食总产量从高到低排序依次为：黑龙江＞河南＞

山东 > 吉林 > 江苏 > 安徽 > 四川 > 河北 > 湖南 > 内蒙古 > 湖北 > 江西 > 辽宁。从主产区粮食总产量空间属性演变来看，主产区粮食总产量较高的省份集中分布在东北两省以及中、东部四省，形成了黑龙江、吉林以及河南、山东、江苏、安徽高价值聚集区，其中黑龙江、河南的粮食总产量分别为 6 242.2 万吨和 5 772.3 万吨，远远高于周边各省的粮食总产量。从粮食单产方面来看，2014 年主产区粮食单产从高到低排序依次为：吉林 > 江苏 > 山东 > 湖南 > 湖北 > 江西 > 河南 > 辽宁 > 黑龙江 > 河北 > 四川 > 安徽 > 内蒙古。粮食总产量最高的黑龙江和河南在粮食单产排名仅位于中游，表明粮食产量和产能存在明显的错配现象。粮食单产高的省份集中分布在中、东部四省、长江流域三省和吉林，而北方三省，黑龙江、内蒙古、辽宁则形成低价值聚集区。

综合来看，粮食主产区粮食生产力存在明显的空间分异特征。东北的黑龙江、吉林以及中、东部的山东、江苏、河南粮食生产力强，成为我国粮食安全的最重要保障地区。北方的内蒙古、辽宁由于资源环境结构限制，粮食生产力弱，长江中游各省无论粮食单产还是粮食总产量均稳定，是粮食安全的重要保障地区。中、东部的河南、山东、安徽粮食总产量很大，但是粮食单产低，粮食生产错配明显。

三、生态服务价值与粮食产能双变量空间自相关

（一）双变量全局空间自相关

运用 Geoda 软件，采用基于距离标准的方法建立空间权重矩阵，计算粮食产能与生态服务价值的全局空间自相关 Moran's I 值数（见表 3）。双变量空间自相关分析所产生的 Moran's I 值是用所有相邻位置的加权平均值评估一个位置的变 x 量值与其他变量的相关程度。由表 3 知，粮食总产量、粮食单产与生态服务价值的双变量 Moran's I 值数均小于 0，且均通过了显著性检验，说明粮食总产量、粮食单产与生态服务价值存在显著的空间负相关。其中粮食总产量与生态服务价值的负相关性较强，Moran's I 值数为 − 0.2592，表明粮食总产量增加对区域生态环境的负影响较粮食单产提升对区域生态环境的空间负影响更大。就粮食产能与不同类型生态服务价值量的双变量空间自相关性上看，粮食总产量、粮食单产与食物生产功能、废物处理功能呈空间正相关，与其他服务功能均呈空间负相关。

表 3   **粮食生产力与生态服务价值的双变量空间自相关结果**

粮食生产	食物生产	原材料	气体调节	气候调节	水源涵养
粮食总产量	0.0613 **	− 0.3152 **	− 0.3780 **	− 0.2041 **	− 0.1583 **
粮食单产	0.1448 **	− 0.1413 **	− 0.2150 **	− 0.0572 **	− 0.0097

粮食生产	废物处理	土壤形成与保护	生物多样性保护	娱乐文化	生态服务价值
粮食总产量	0.0175 *	− 0.3750 **	− 0.3516 **	− 0.3091 **	− 0.2592 **
粮食单产	0.1266 **	− 0.2243 **	− 0.1950 **	− 0.1527 **	− 0.1068 **

注：** 和 * 分别表示在置信度为 99% 和 95% 时，相关性是显著的。

粮食总产量与粮食单产的提升对区域食物生产功能产生空间正影响。其中粮食单产的提升对食物生产功能的空间正影响大于粮食总产量的提升对食物生产功能的影响，说明粮食生产效率的提升对保障区域粮食安全更为重要。粮食产能与生态服务价值中的废物处理功能呈空间正相关，说明高质量农田生态系统较其他土地类型有更好的废物处理能力。粮食总产量与生态的气体调节价值呈现空间负相关，说明大气环境对区域土地转变为耕地和化肥农药滥用造成的生态影响更敏感。粮食单产的提升对土壤的形成与保护功能的空间负影响最大，说明改善耕地、提高粮食单产不利于土壤生态的形成与保护。总体来看，我国粮食主产区粮食总产量的提升对生态服务功能的空间负影响均大于粮食单产的提升对生态服务功能的空间负影响。为此，强调粮食生产规模而不关心粮食生产效率，会对区域生态环境造成严重负影响，区域粮食安全和生态安全将得不到保障。

（二）双变量局部空间自相关

生态服务价值与粮食总产量呈高—低空间负相关的地区有内蒙古、吉林和辽宁，呈低—高空间负相关的地区有河北、河南和山东，这些空间负相关均达到 99% 置信水平。由此可见，高生态服务价值的北方三省被粮食总产量低的省份围绕，低生态服务价值的中、东部三省被粮食总产量低的省份围绕，生态服务价值与粮食总产量有很强的空间异质性。粮食单产与生态服务价值呈高—高空间聚集的地区有黑龙江、四川和湖北，呈高—低空间负相关的地区有内蒙古、吉林和辽宁，呈低—高空间负相关的地区有河北、河南、山东和安徽，这些空间相关性均达到 95% 置信水平。

低—高聚集区集中分布在我国中部四省，河北、河南、山东和安徽，四省生态服务价值较邻近省低，粮食产能较邻近省份高，表明中、东部四省林地、草地、耕地、湿地、水体、未利用地等生态类型结构不利于整个生态服务价值的提升，耕地侵占其他土地生态系统现象严重，粮食生产活动受到资源环境约束，生态安全得不到保障。高—低聚集区集中分布在我国北方的内蒙古、吉林和辽宁，生态服务价值较邻近省份高、粮食产能较邻近省份低，表明北方各省由于生态资源结构和生态脆弱性限制，粮食产能不高。高－高聚集区集中分布在长江流域各省和黑龙江，表明长江流域各省以及黑龙江生态环境良好，基本保持了与生态资源地位相匹配的生态服务价值，同时粮食生产能力强。

四、研究结论：问题与对策

（1）粮食主产区生态服务价值、粮食产能空间聚集效应明显。生态服务价值、粮食总产量、粮食单产全局空间自相关 Moran's I 指数分别为 0.1786、0.9278、0.6055，局部空间分异图聚集现象明显。生态服务价值、粮食产能空间属性相同的区域会趋向聚集到一起，呈现"俱乐部效应"，即会对周边邻近区域产生同向外溢作用。

（2）生态服务价值、粮食产能空间分异明显，粮食安全主体功能受到严重威胁。虽然主产区生态服务价值、粮食产能都呈空间聚集格局，但是粮食产能与生态服务价值存在明显的偏离。中、东部的河南、河北、安徽、山东粮食产能高，形成高粮食产能聚集区，但其生态环境质量差，同时形成低生态服务价值聚集区，在粮食安全保障中，存在严重的生态"短板"；内蒙古、辽宁生态服务价值高，但由于生态脆弱性限制，粮食产能不足，存在严重的粮食产能"短板"。中、东部的河南、山东、安徽，粮食总产量与粮食单产存在明显的错配问题。

（3）粮食主产区粮食总产量、粮食单产与生态服务价值 Moran's I 指数分别为 -0.2592、-0.1068，粮食产能与生态服务价值存在明显的空间负关系，主产区粮食生产活动与资源环境保护的矛盾日益剧增。粮食生产活动与食物生产功能、废物处理功能呈空间正相关，与其他服务功能均呈空间负相关。粮食单产的提升对生态服务价值的空间负影响较小，因此提升粮食生产的效率是强化主产区粮食安全与生态安全的有效途径。

鉴于实证研究反映的粮食安全生态问题，我国在粮食安全保障战略中需要：（1）合理调配生态资源，生态资源丰裕地应适当多地承担粮食安全主体功能。生态承载压力大、生态脆弱区的粮食主产区应适当退耕还林和休耕。逐步实现粮食安全保障主体力量由北向南转移，增强南方粮食主产区的粮食产能和产量；（2）加强生态资源保护和修复，通过农业和生态的科技进步推动提高耕地产粮效率，确保区域生态安全和粮食安全；（3）在粮食主产区强化生态红线管理，加强生态安全主体功能责任，建立生态安全和粮食安全保障双重目标考核机制；（4）增强区域生态保护合作，培养跨省（区）协同发展意识。

南昌融入长江中游城市群
主导产业选择研究

李　晶　王敏成①

一、背景介绍

为促使中部地区能快速地发展崛起、将富有活力的长江流域打造成支撑我国经济持续稳定增长新的增长极，国务院先后下发《国务院关于大力实施促进中部地区崛起战略的若干意见》、《国务院关于依托黄金水道推动长江经济带发展的指导意见》（国发）、《国家新型城镇化规划（2014～2020年)》等重要指导文件，国家发改委出台了《长江中游城市群发展规划（2015)》。这充分体现国家对长江中游城市群发展的重视，也为长江中游城市群发展提供了重要的政策保障。

长江中游城市群在我国中部六省中占了3个省份，是中部地区的重要组成部分。中部是我国区域关联度最高地区，是区域经济格局重要枢纽。这一核心地带发展、崛起、稳定，才意味全国的发展、中国的崛起、国家的稳定。2006年，国家提出了促进中部崛起战略，覆盖中部六省，包括山西、河南、湖北、湖南、江西、安徽。2014年，为进一步的发掘长江作为黄金水道的优势，提升国家的综合实力，培育出经济新的增长极，国家提出打造长江经济带，打造成为具有全球影响力的内河经济带。长江经济带共涵盖长江沿线11个省市，覆盖了长江中游城市群所在的3个中部省份，即江西、湖北、湖南。如何培育发展长江中游城市群，增强武汉、长沙、南昌中心城市功能，促进南昌及环鄱阳湖生态圈快速融入长江中游城市群，实现南昌与周边城市的资源优势互补、产业分工协作、城市互动合作，选择出南昌应着重发展的主导产业及南昌主导产业的发展方向，是本文的研究内容之一，该问题的研究有着重要的战略意义。

---

① 李晶，南昌大学中国中部经济社会发展研究中心专职研究员；王敏成，硕士，南昌市工业与信息化委员会经济师。主要从事产业经济研究。

南昌紧邻长三角、珠三角和闽三角，处在三个经济最具活力、最富饶的核心区的辐射交叉点上，具有明显的区位优势。作为全国唯一生态文明示范省江西的省会，优良的自然生态环境成为南昌参与长江中游城市群建设的独特优势。但是南昌也存在城市经济实力薄弱、现代产业发展滞后和生产要素集聚能力低等不足之处，很多经济、社会指标严重落后于其他城市。同时，三个城市产业发展之间的竞争性大于互补性，产业结构同质化较为严重。在这样的背景下，探索南昌产业发展的比较优势从而科学的选择主导产业，实现与其他城市互补性发展，积极地融入长江中游城市群，对南昌的跨越式发展有着重要的实践意义。

作为江西省的省会，南昌是一座以制造业为主导的工业城市，现已形成30多个大类、130多个中类、500多个小类门类较为齐全的工业体系。全市现有省级工业园区8个，其中国家级开发区3个，均迈入千亿园区；现有1个超千亿产业（食品）和3个超五百亿产业（汽车、新材料、机电）；规模以上工业企业1 300户，百亿企业集团8家，2015年规模以上工业增加值达到1 451.8亿元，实现主营业务收入5 472.4亿元，工业利税585.3亿元。

二、长江中游主要城市发展现状及南昌产业发展特征

通过多年努力，南昌的制造业形成了产业特色鲜明、结构较为合理、链条较为完整的特点。南昌市以电子信息、汽车及零部件、食品、新材料、航空制造、纺织服装、生物医药、机电、新能源九大重点产业为核心，推动传统产业优化升级，战略性新兴产业支柱化发展。一是深耕传统优势产业。新型建材、医疗器械、纺织服装是南昌的传统产业"金字招牌"。安义铝合金塑钢型材产业集群是全国门窗型材三大基地之一；进贤医疗器械产业集群一次性输液器等医用耗材占国内市场份额的31%，拥有国内乃至国际市场定价话语权；青山湖针织服装产业规模全国第四，中部省会第一，占全省60%。食品产业也是南昌市传统优势产业。现已建成了南昌小蓝食品产业基地、新建长埠工业园食品产业基地和青山湖区食品饮料产业基地三大省级食品产业基地，拥有江西正邦科技股份有限公司、双胞胎（集团）股份有限公司、江西中烟工业有限公司等一批大型食品企业，也是南昌市首个千亿产业。二是战略性新兴产业支柱化发展。电子信息产业近几年以30%左右的速度爆发式增长，成为我市主导优势产业之一。以欧菲光、兴飞科技、联创电子、正星光电等为龙头

的通信设备制造业；以晶能光电、晶和照明、联创光电等为龙头的半导体照明（LED）产业；以菱光科技、一元数码、广盛电子等为龙头的电子元器件制造业相继落户南昌，2015 年实现主营业收入 393.6 亿元，占全省比重 29.2%；汽车产业作为南昌市"十二五"期间重点打造的产业，2015 年主营业务收入 723.6 亿元，占全省比重 61.8%。同时南昌市紧紧抓住国家开展新能源汽车推广有利契机，积极推动新能源汽车产业快速发展。目前新能源整车生产企业共有 5 家，年产能达 1.5 万台，主要分布在经开区、小蓝经开区等地。2014～2015 年全市产新能源汽车产销 6 016 辆，总产值 11.3 亿元；生物医药产业是南昌市特色优势产业和重点打造的战略性新兴产业，也是税收贡献大、发展前景广阔的朝阳产业。全市药品产量占全省总量的 50% 以上，医疗器械产量占全省总量的 80%，一次性医疗器械制造规模居全国首位，医疗检测仪器制造规模和中成药生产规模均居全国第三位。2015 年主营业务收 449.9 亿元，占全省比重 35.74%；航空制造产业在南昌拥有良好的基础和传统，南昌也是我国重要的航空产业研发和生产基地。龙头企业洪都集团是国家重点航空制造企业，是我国唯一一家可提供初级、中级、高级教练机等全系列教练机的专业制造生产企业，其中 K8 飞机出口占全球中高级教练机市场份额的 70%，并且在 C919 项目中成功占位，成为 C919 前机身、中后机身的唯一供应商，工作量占机身制造的 25%，提升了行业地位和发展起点，也给南昌的航空产业带来了新的发展机遇。

但是，与其他长江中游中心城市相比，南昌依然存在不足之处。表 1 展示了 2014 年长江中游城市群主导城市的经济发展水平。

表 1　　　　2014 年长江中游城市群主导城市经济发展水平

城市	地区生产总值（当年价格）（亿元）	人均地区生产总值（元）	地区生产总值增长率（%）	限额以上批发零售贸易业商品销售总额（亿元）	社会消费品零售总额（亿元）
江西省	14 341.15	29 760	10.77	3 405.366	4 416.533
南昌市	3 336.027	65 412	11.18	1 738.88	1 132.769
湖北省	24 179.99	45 340	12.45	14 585.45	9 846.692
武汉市	9 051.27	110 113	13.09	10 455.29	3 916.6
湖南省	25 131.14	36 672	11.16	7 906.079	8 076.278
长沙市	7 153.135	107 890	11.77	3 488.429	2 801.974

资料来源：《国家统计年鉴（2015）》。

南昌的各项经济指标均落后于长江中游城市群其他两个中心城市，有些指标（地区生产总值、人均地区生产总值等）差距极为明显，经济总量相对较小、竞争力较弱，但是从地区生产总值增长率上可以看出近些年南昌的发展速度较快，潜力很大。

一个地区的产业结构决定当地的产业属性，产业结构的高级化程度决定产业升级状况。目前，我国已进入工业化的后期，第三产业的增加值自2012年开始已超过第二产业，2013年三产结构达到9.40∶43.87∶47.13。表2展示长江中游城市群主导城市的产业结构情况。

表2   **2014年长江中游城市群主导城市的产业结构**   单位：%

	第一产业占GDP的比重	第二产业占GDP的比重	第三产业占GDP的比重		第一产业占GDP的比重	第二产业占GDP的比重	第三产业占GDP的比重
江西省	10.67	54.10	35.23	南昌市	4.71	55.47	39.82
湖北省	11.46	51.44	37.10	武汉市	3.71	48.57	47.72
湖南省	11.03	51.72	37.25	长沙市	4.12	55.18	40.70

资料来源：《国家统计年鉴（2015）》。

一般而言，发达国家的第一产业比重要远低于10%，第二产业约占到40%左右，第三产业为50%。我国处于经济发展的上升阶段，全国乃至各个省份、地区都是第一、第二产业比重较高，而第三产业比重偏低。从表2中可以分析得出，三省是的产业结构均优于全国平均水平，差距不是很明显。从长江中游城市群主导城市的数据上看，武汉的产业结构最优，第一产业占比不断缩小，第三产业占比与第二产业接近并趋于超过第二产业，而长沙与南昌的产业结构相差不大。南昌第二产业占比依然是最大，反映出工业依然是当前促进南昌经济发展的最为重要的突破口。

企业是区域经济发展最重要主体，一个地区企业发展状况、发展绩效往往与该地区经济社会发展直接关联。为此，一个地区企业整体发展状况可分别从企业数、企业工业增加值等指标获得企业经济绩效的初步判断。表3反映了长江中游城市群企业发展情况。

表3　　　　　　　　　2014 年长江中游城市群企业发展情况

	工业企业数	内资企业数	港澳台商投资企业数	外商投资企业数	工业总产值（亿元）	内资企业产值（亿元）	港澳台商投资企业产值（亿元）	外商投资企业产值（亿元）
江西省	7 860	7 024	520	316	24 710.57	20 988.78	1 998.711	1 723.08
南昌市	1 078	933	62	83	4 437.52	3 552.837	304.8519	579.8312
湖北省	13 166	12 391	335	440	36 808.35	30 538.96	1 841.807	4 427.583
武汉市	2 340	2 020	79	241	11 188.31	7 943.519	702.4284	2 542.362
湖南省	13 417	12 817	338	262	32 233.35	29 691.09	1 209.005	1 333.263
长沙市	2 540	2 391	62	87	7 777.64	6 969.59	371.6959	436.3545

资料来源：《国家统计年鉴（2015）》。

　　企业是经济发展的重要驱动力。从表3中可以分析得出，在工业企业数上，武汉拥有工业企业 2 340 家，占湖北省全省的 17.8%；长沙拥有 2 540 家企业，占全省的 18.9%；南昌拥有工业企业 1 078，占全省的 13.7%。在工业总产值对比上，武汉 11 188.31 亿元，占全省的 30.4%；长沙 7 777.64 亿元，占湖南省工业总产的 24.1%；南昌 4 437.52 亿元，占全省的 17.9%。可以看出，无论是在绝对值还是占比上，南昌的工业企业数量和工业总产值等指标上，与武汉、长沙之间存在着很大的差距。

　　虽然经过多年的努力，南昌制造业的取得了显著的发展。但是放到全国乃至中部省会城市对比，存在的问题就立马显现，主要是：

　　第一，经济总量小。面对经济下行的复杂的经济形势，长江中游城市群各省省会城市都积极采取了有力措施，取得了很好的成绩。武汉市通过强调工业强基、两业并举，加快产业结构优化升级，促进改革创新、开放转型，2014 年完成地区生产总值 9 051.27 亿元，增长 13.09%；固定资产投资 7 002.85 亿元，增长 16.7%；规模以上工业增加值 3 453.35 亿元，增长 10.9%。长沙通过主动适应新常态 2014 年完成地区生产总值 7 153.135 亿元，增长 11.77%；固定资产投资 5 435.8 亿元，增长 18.3%；规模以上工业增加值 3 042.1 亿元，增长 12%。而南昌 2014 年地区生产总值为 3 336.027 亿元，是长沙的 1/2 左右，武汉的 3/8。南昌 2014 年的规模以上工业增加值是 1 380.6 亿元，是长沙的 4/9，武汉的 2/5，由此可见南昌的经济总量是偏小的。

第二，优势产业不突出，缺乏影响力。虽然在全省来说，南昌近年来着力打造九大产业，取得了很大的成效，特别是汽车制造业、生物医药、食品以及电子信息产业有明显的优势。但是在与长沙和武汉等城市对比可以看到，总量上还是有差距的。如果放到全国来看，各优势产业的总体表现就明显不具有代表性，竞争力也不够，缺乏行业的影响力。

第三，龙头企业少，产业链不完备，引领和带动作用不足。当前南昌拥有 21 家上市公司。而长沙拥有 36 家，武汉有 60 家左右。光从数量上来看，南昌的就存在不小的差距。而且从企业知名度来看，相对于长沙的三一重工、中联重科与武汉的武钢等企业，南昌的龙头企业不仅数量少，而且在全国所处行业中的地位与武汉、长沙相较也是偏低的。与此同时，南昌市的产业集群的发展水平还不高，上下游的整个产业链未能完全建立。

三、南昌主导产业选择指标体系及主导产业探析

（一）南昌主导产业选择指标体系建立

面对经济下行的国内外经济大环境，身处前有强劲对手后有省内兄弟市的激烈追赶的现实状况。科学合理地选择主导产业，对于南昌这样的一个欠发达的中部省会城市具有重要的战略和现实意义。通过集中有限资源培育主导产业，从而发挥出主导产业的集聚和带动效应。拉动整个地区的经济发展以及社会进步，提升南昌作为一个省会以及长江中游城市群重要城市对周边的吸引力和影响力，才能真正地做到"龙头昂起"。

本文采用美国学者罗斯托提出的主导产业概念，它是指在经济发展某一特定阶段的产业结构中客观地居于主导地位，起着前波后及、带动一大批产业发展作用的产业。罗斯托在研究经济起飞问题时指出，作为主导产业应有以下特性：（1）依靠科学技术进步获得新的生产函数；（2）形成持续高速增长的增长率；（3）具有较强的扩散效应，对其他产业乃至所有产业的增长起着决定性的影响。这三个特性反映了主导产业的素质和特有的作用，它们是有机整体，缺一就不成其为主导产业。主导产业从量的方面看，应是在国民生产总值或国民收入中占有较大比重或者将来有可能占有较大比重的产业部门；从质的方面看，应是在整个国民中占

有举足轻重的地位，能够对经济增长的速度与质量产生决定性影响，其较小的发展变化足以带动其他产业和整个国民经济变化，从而引起经济高涨的产业部门。

南昌主导产业选择要着重考虑三个方面的因素：第一，考虑产业发展特征，结合南昌绿色发展目标，主导产业要选择产业需求广、发展前景好的产业，突出绿色发展和智能化；第二，南昌主导产业选择是一个地区性和区域性的问题，要充分考虑南昌的资源优势、地域交通优势和发展基础；第三，南昌作为环鄱阳湖城市群的主要城市和长江中游城市群的重要城市，在主导产业选择上要注重比较优势以及与周边城市的融合性，减少重复建设和资源浪费。

本着以上三个原则本文设立了南昌主导产业选择的指标体系，包含 3 个二级指标和 9 个一级指标。具体设定如下。

1. 反映产业潜力指标

（1）需求收入弹性系数（X_1）。主导产业需要具备很高的市场需求量以及较好的发展前景。需求收入弹性被用来表示消费者对某种商品需求量的变动对收入变动的反应程度，用公式可以表示为：

$$X_{1i} = \frac{\Delta Q_i}{Q_i} \bigg/ \frac{\Delta I_i}{I_i}$$

其中，ΔQ 为产品需求变化量，Q 为产品需求量，ΔI 为收入水平变化，I 为收入水平。i 表示第 i 个行业。需求收入弹性系数测度的是某种商品的需求量对收入水平的变化作出反应的敏感程度。需求收入弹性可以测度产业的发展潜力。

（2）工业生产总值增长率（X_2）。工业生产总值可以反映行业的规模和发展潜力，用公式可以表示为：

$$X_{2i} = e_{it} - e_{it-1}/e_{it-1}$$

（3）产业利润增长率（X_3）。产品的利润增长率可以表示为产业利润增长率＝某产业利润增长额/某产业上期利润，即

$$X_{3i} = r_{it} - r_{it-1}/r_{it-1}$$

该指标反映了该产业的盈利效果和增长能力。

2. 反映地区比较优势指标

（1）区位商（X_4）。区位商是指一个地区某种产业或产品生产在全国（全省）的产业或产品生产中所占的比重与该地区某项指标（产品、产业、人口等）占全国（全省）该项指标比重之比，用公式可以表示为：

$$X_{4i} = \frac{e_i}{e} \bigg/ \frac{E_i}{E}$$

（2）比较劳动生产率（X_5）。比较劳动生产率是指区域中该产业与各产业平均劳动生产率之比，表明该产业的生产效率。计算公式为：

$$X_{5i} = l_i / \overline{L}$$

（3）比较资金利税率（X_6）。比较资金利税率是考察和评价部门或产业资金运用的经济效益，分析资金投入效果的主要分析指标。用公式可以表示为：

$$X_{6i} = t_i / \overline{T}$$

（4）产业规模效应（X_7）。该指标反映某产业的规模化程度以及规模经济的成效问题，以及对于体现该行业的准入门槛标准。故产业规模效应相对状况是衡量一个区域内产业竞争力强弱的一个重要方面。用公式可以表示为：

$$X_{5i} = e_i / E$$

3. 反映收益与市场水平指标

（1）就业吸纳率（X_8）。就业吸纳率指标体现了某一产业解决就业压力的能力程度，反映产业有效利用劳动力资源的能力。用公式可以表示为：

$$X_{6i} = l_i / \sum l_i$$

（2）利税规模率（X_9）。利税规模系数指标反映了产业发展对于地区经济的重要程度，是区域经济增长的重要的衡量标准。

$$X_{9i} = t_i / \sum t_i$$

根据上一部分构造的主导产业选择的指标体系，本文选取南昌市统计年鉴收录的工业体系中的 22 产业分类作为主导产业备选产业，具体如表 4。

表4   主导产业行业分布表

序号	主导产业备选产业
S1	农副食品加工业
S2	食品制造业
S3	酒饮料、茶叶制造业
S4	烟草制造业
S5	纺织业
S6	服装皮革羽绒及其制品业
S7	造纸业
S8	印刷及文教用品制造
S9	化学原料与化学制品
S10	医药制造业
S11	橡胶和塑料制品业
S12	非金属矿物制品业
S13	黑色金属冶炼及压延加工业
S14	有色金属冶炼及压延加工业
S15	通用设备制造业
S16	专用设备制造业
S17	汽车制造业
S18	铁路、船舶、航空航天和其他运输设备制造业
S19	电气、机械及器材制造业
S20	计算机、通信和其他电子设备制造业
S21	电力、热力生产供应业
S22	水的生产和供应业

资料来源：《南昌市统计年鉴（2015）》。

备选产业的选取上，本文罗列了第二产业包括 22 个制造业的所有产业类型，但是由于作为基础产业的农业对产业的拉动有限等原因，一般都不作为主导产业考虑，因此不做考虑。

（二）分析方法

1. 评价指标的无量纲化处理

本文将南昌产业发展态势的各项指标进行量化，指标数据多根据《南昌统计年鉴（2015）》直接查阅或间接计算而得出。由于这些指标中既有总量指标，也有比率指标，其量纲不尽相同。因此，为了使各项指标具有可比性，必须对其进行无量纲化处理，即数据的标准化。为避免出现0等标准化极值数据，采用比值法对数据进行标准化处理。具体计算公式为：

$$\text{正向指标：} X_i = \frac{x_i}{x_{max}} \quad \text{逆向指标：} X_i = \frac{x_{min}}{x_i}$$

上式中，X_i 为某一指标的标准化值，x_i 为指标原始值，x_{max} 为该指标最大原始值，x_{min} 为该指标的最小原始值。

2. 评价指标权重选择

应用评价指标体系进行评估，关键是指标权重的选取。一个评价结果是否切合实际，即与所构造的评价指标系统的内在关系、合理可行的层次结构以及各指标权重的选取密切相关。指标权重确定的方法比较多，主要有主观法和客观法两类。主观赋权法客观性相对差一些，易受人为主观因素影响；客观赋权法可减轻主观因素的影响，但权重通常会随指标数据变动而发生变化，稳定性不好，有时不能充分体现指标的相对重要程度，甚至还会与指标的实际重要程度相悖，解释性较差。鉴于产业特点，决定采用专家调查法（德尔菲法），专家主要来自于高等院校、工业管理部门和工业科研部门。首先，按照赋权要求对三大类指标分别赋予权重，其次对各分项指标分别赋予权重，最终得到如下指标权重，见表5。

表5　　　　　　　　　　　**南昌主导产业指标权重**

	二级指标	三级指标
南昌主导产业选择指标体系	产业潜力基准（0.3）	需求收入弹性系数（0.1）
		产业增加值增长率（0.1）
		产业利润增长率（0.1）
	比较优势基准（0.5）	区位商（0.125）
		比较劳动生产率（0.125）
		比较资金利税率（0.125）
		产业规模效应（0.125）
	收益和市场基准（0.2）	就业吸纳率（0.1）
		利税规模率（0.1）

3. 计算方法

主导产业评价指标体系包括三个层次，则从指标层开始汇总并递阶，就能最终得到评价结果。公式如下

$$F = \sum_{k=1}^{n} \left\{ \sum_{i=1}^{m} w_i \left(\sum_{j=1}^{l} a_{ij} X_{ij} \right) \right\}$$

其中，上式中 F 为粮食产业竞争力综合评价指数，F 越大说明产业竞争力越强。w_i 为第 i 个二级指标的权重。a_{ij} 为第 i 个二级指标中第 j 个三级指标的权重，X_{ij} 第 i 个二级指标中第 j 个三级指标的标准化值。

（三）实证结果分析

1. 数据分析

（1）产业潜能指标分析。从表6中可分析得出，需求收入弹性排名前列的为印刷及文教用品制造、医药制造业、非金属矿物制品业、汽车制造业；产业增加值增长率排前列的是化学原料与化学制品、计算机、通信和其他电子设备制造业、汽车制造业、农副食品加工业；产业利润增长率排前列的为水的生产和供应业、印刷及文教用品制造、汽车制造业、计算机、通信和其他电子设备制造业。这表明，从产业发展趋势和潜力而言，印刷及文教用品制造、汽车制造业、计算机、通信和其他电子设备制造业、医药制造等行业的发展趋势较好且发展潜力较大，从发展潜力的角度有望成为主导产业。

表6　　　　　　　　　　产业潜能指标和市场收益指标

	需求收入弹性系数	产业增加值增长率（%）	产业利润增长率（%）	就业吸纳率（%）	利税规模率（%）
S1	1.545	8.34	5.10	0.41	7.58
S2	1.570	2.56	12.56	0.81	2.29
S3	1.436	1.99	1.04	1.16	0.90
S4	0.977	0.81	-0.08	0.28	20.24
S5	1.145	3.81	7.18	1.77	0.70
S6	1.258	2.26	17.07	1.44	5.61
S7	0.330	0.43	-3.02	0.49	1.50
S8	2.815	4.30	32.80	0.83	2.34

续表

	需求收入弹性系数	产业增加值增长率（%）	产业利润增长率（%）	就业吸纳率（%）	利税规模率（%）
S9	1.394	9.68	8.19	0.80	2.63
S10	1.870	3.31	15.00	0.97	5.48
S11	1.363	3.46	10.08	0.67	1.75
S12	1.818	8.40	9.95	0.68	5.10
S13	0.585	4.17	8.13	0.80	2.34
S14	1.351	5.31	14.60	0.67	0.71
S15	1.443	5.71	9.85	0.97	2.62
S16	1.412	4.20	5.32	1.25	2.71
S17	1.699	8.88	20.57	0.76	15.54
S18	0.391	0.66	16.59	0.97	0.27
S19	1.326	7.52	20.61	0.67	3.60
S20	1.261	9.17	29.45	1.44	3.19
S21	0.902	4.84	20.24	1.31	6.22
S22	1.516	0.20	31.40	1.77	0.92

（2）比较优势指标分析。

比较优势的分析，能进一步突出南昌产业发展特色，是判断南昌主导产业的重要指标。通过表7可以看出，南昌市农副食品加工业、汽车制造业、电力热力生产供应业、计算机、通信和其他电子设备制造业工业总产值占比较高；从比较劳动生产率的比较可以看出：烟草制造业、农副食品加工业、造纸业、电气、机械及器材制造业的劳动生产率较高，而水的生产和供应业、纺织业等传统劳动密集型产业劳动生产率较低。从比较资金利税率比较可以看出：烟草制造业、水的生产和供应业、汽车制造业等产业利税贡献率较高。从比较产业优势分析我们看出，南昌的主导产业存在垄断行业发展较好，如烟草制造、电力热力供应、水的生产和供应等行业，但是这些行业难以发展成为南昌主导产业，并不是南昌建设绿色城市、智慧城市的首选产业。而发展相对较好的汽车制造业、农副食品加工业、计算机、通信和其他电子设备制造业具备成为主导产业的比较优势。

表7   比较优势指标

	区位商	比较劳动生产率	比较资金利税率	产业规模效应（％）
S1	1.879089	0.470	0.559	13.55
S2	1.053442	0.915	0.996	2.30
S3	0.742188	1.319	0.666	1.36
S4	3.243256	0.313	5.916	3.42
S5	0.245255	2.011	0.663	1.05
S6	2.545826	1.637	0.940	5.97
S7	0.999174	0.562	0.956	1.57
S8	0.96176	0.947	1.073	2.18
S9	0.312164	0.906	0.921	2.86
S10	2.34968	1.099	0.958	5.72
S11	0.604933	0.762	0.866	2.02
S12	0.730264	0.776	1.105	4.61
S13	0.291161	0.905	0.921	2.54
S14	0.561256	0.762	0.245	2.90
S15	0.475822	1.098	1.053	2.49
S16	0.820714	1.422	0.840	3.22
S17	1.677472	0.863	1.309	11.88
S18	0.199506	1.098	0.664	0.41
S19	0.806029	0.764	0.601	5.99
S20	0.714355	1.640	0.472	6.76
S21	1.411906	1.484	0.651	9.55
S22	2.688423	2.011	1.919	0.48

（3）收益和市场基准指标分析。收益和市场基准指标具体可见表6，从表中可以发现就业吸纳率较高的为计算机、通信和其他电子设备制造业、水的生产和供应业、服装皮革羽绒及其制品业、纺织业；利税规模率较高的为农副食品加工业、烟草制造业、汽车产业、医药制造业等。收益和市场指标得到的结论与前面两项基本一致。

鉴于原始数据即有数值又有比率，对比结果直观但是各指标间的可比性较弱。接下来，本文通过数据标准化与菲尔德法对数据进行标准化处理和实证分析。

2. 数据标准化与结论分析

通过对22个行业，9个指标的数据标准化，得到表8。

表 8   指标标准化结果

	X1	X2	X3	X4	X5	X6	X7	X8	X9
S1	0.549	0.861	0.155	0.579	0.666	0.095	1.000	0.234	0.375
S2	0.558	0.264	0.383	0.325	0.342	0.168	0.170	0.455	0.113
S3	0.510	0.205	0.032	0.229	0.237	0.112	0.100	0.656	0.045
S4	0.347	0.084	-0.002	1.000	1.000	1.000	0.252	0.155	1.000
S5	0.407	0.393	0.219	0.076	0.155	0.112	0.078	1.000	0.034
S6	0.447	0.234	0.520	0.785	0.191	0.159	0.440	0.814	0.277
S7	0.117	0.045	-0.092	0.308	0.556	0.162	0.116	0.279	0.074
S8	1.000	0.444	1.000	0.297	0.330	0.181	0.161	0.471	0.116
S9	0.495	1.000	0.250	0.096	0.345	0.156	0.211	0.450	0.130
S10	0.664	0.342	0.457	0.724	0.285	0.162	0.422	0.546	0.271
S11	0.484	0.358	0.307	0.187	0.411	0.146	0.149	0.379	0.087
S12	0.646	0.867	0.303	0.225	0.403	0.187	0.340	0.386	0.252
S13	0.208	0.431	0.248	0.090	0.346	0.156	0.188	0.450	0.116
S14	0.480	0.548	0.445	0.173	0.410	0.041	0.214	0.379	0.035
S15	0.513	0.589	0.300	0.147	0.285	0.178	0.184	0.546	0.130
S16	0.502	0.433	0.162	0.253	0.220	0.142	0.238	0.707	0.134
S17	0.604	0.917	0.627	0.517	0.362	0.221	0.876	0.429	0.768
S18	0.139	0.068	0.506	0.062	0.285	0.112	0.030	0.546	0.013
S19	0.471	0.776	0.628	0.249	0.409	0.102	0.442	0.380	0.178
S20	0.448	0.946	0.898	0.220	0.191	0.080	0.499	0.815	0.158
S21	0.321	0.500	0.617	0.435	0.211	0.110	0.705	0.738	0.307
S22	0.538	0.021	0.957	0.829	0.155	0.324	0.035	1.000	0.045

通过标准化后的结果，可以看出：农副食品制造业（S1）、烟草加工业（S4）、印刷及文教用品制造（S8）、化学原料与化学制品（S9）标准化后单项得分最高，但是这与之前的指标分析并不十分一致，因此，我们进一步进行计算，得到全面的行业得分表。

通过系数加权，本文得到表 9。

表 9   实证结果

	X1	X2	X3	X4	X5	X6	X7	X8	X9	SUM
S1	0.055	0.086	0.016	0.072	0.083	0.012	0.125	0.023	0.037	0.510
S2	0.056	0.026	0.038	0.041	0.043	0.021	0.021	0.046	0.011	0.303
S3	0.051	0.021	0.003	0.029	0.030	0.014	0.013	0.066	0.004	0.230

	X1	X2	X3	X4	X5	X6	X7	X8	X9	SUM
S4	0.035	0.008	0.000	0.125	0.125	0.125	0.032	0.016	0.100	0.565
S5	0.041	0.039	0.022	0.009	0.019	0.014	0.010	0.100	0.003	0.258
S6	0.045	0.023	0.052	0.098	0.024	0.020	0.055	0.081	0.028	0.426
S7	0.012	0.004	-0.009	0.039	0.070	0.020	0.014	0.028	0.007	0.185
S8	0.100	0.044	0.100	0.037	0.041	0.023	0.020	0.047	0.012	0.424
S9	0.050	0.100	0.025	0.012	0.043	0.019	0.026	0.045	0.013	0.334
S10	0.066	0.034	0.046	0.091	0.036	0.020	0.053	0.055	0.027	0.427
S11	0.048	0.036	0.031	0.023	0.051	0.018	0.019	0.038	0.009	0.273
S12	0.065	0.087	0.030	0.028	0.050	0.023	0.043	0.039	0.025	0.390
S13	0.021	0.043	0.025	0.011	0.043	0.019	0.023	0.045	0.012	0.243
S14	0.048	0.055	0.045	0.022	0.051	0.005	0.027	0.038	0.004	0.294
S15	0.051	0.059	0.030	0.018	0.036	0.022	0.023	0.055	0.013	0.307
S16	0.050	0.043	0.016	0.032	0.027	0.018	0.030	0.071	0.013	0.300
S17	0.060	0.092	0.063	0.065	0.045	0.028	0.110	0.043	0.077	0.582
S18	0.014	0.007	0.051	0.008	0.036	0.014	0.004	0.055	0.001	0.188
S19	0.047	0.078	0.063	0.031	0.051	0.013	0.055	0.038	0.018	0.393
S20	0.045	0.095	0.090	0.028	0.024	0.010	0.062	0.082	0.016	0.450
S21	0.032	0.050	0.062	0.054	0.026	0.014	0.088	0.074	0.031	0.431
S22	0.054	0.002	0.096	0.104	0.019	0.041	0.004	0.100	0.005	0.424

通过数据标准化和系数加权。加总可得出医药制造业（S1）是 0.427、汽车制造业（S17）是 0.582、计算机、通信和其他电子设备制造业（S20）是 0.450、农副食品加工业（S1）是 0.510、电力、热力生产供应业（S21）是 0.431、烟草制造业（S4）是 0.565。这 6 个产业是南昌发展优秀较为明显的产业，由于烟草产业和电力、热力生产供应有其特殊性，属于垄断性行业，对其他产业的带动力有限。一般不作为主导产业的选择对象。因此，通过定量分析得出南昌适合以汽车制造业、医药制造业、食品产业、计算机、通信和其他电子设备制造业作为主导产业加以着重发展。

四、南昌主导产业发展的对策建议

通过运用数量统计方法，我们分析得出南昌应该以电子信息、汽车制造、生物医药、食品产业作为南昌的主导产业。而这几个产业也是南昌市一直关注的，目前，南昌市正全力打造"南昌光谷"、"南昌慧谷"、"南昌汽车城"、"南昌生物医药城"和"南昌航空城"，这与我们的分析结果基本相吻合，也印证了我们的分析结果。

电子信息制造业的发展是南昌打造"光谷"的关键所在。2014年，全市电子信息制造业的主营业务收入为307.7亿元，比去年增长了28.7%；实现利税18.6亿元，增长幅度为26.8%。南昌可依托LED国家重点实验室推进LED产业化进程。通过制定相关产业政策以及配套政策，引导南昌半导体照明产业的规模化，特别是推动原创技术硅衬底LED的产业化进程，实现由技术向产业优势的转变。

汽车及零部件产业是南昌市"十二五"期间重点打造的产业。目前，已呈现出以小蓝经济技术开发区为核心聚集区，新建区、南昌经开区、青云谱区为相对集中区的产业空间布局，形成了以江铃集团、凯马百路佳客车为龙头，格特拉克、远成汽配、南齿等骨干企业为配套的比较完整的产业体系。2014年，全市汽车及零部件产业累计实现主营业务收入674.79亿元，同比增长20.1%；实现利税89.63亿元，同比增长30.8%。在此基础上，坚持强强联合，支持江铃集团加强与美国福特、日本五十铃等知名企业的合资合作，在保持全顺商用车、轻卡市场优势的基础上，着力扩大乘用车生产规模，提高本地零部件配套率。支持百路佳客车等企业抓住国家加快发展新能源汽车推广应用的机遇，积极争取订单、扩大生产、拓展市场。同时，坚持做大做强新能源汽车产业。政府应进一步加大帮扶力度，积极帮助江铃股份、江铃晶马等企业争取国家新能源汽车生产资质。做好新能源汽车推广应用工作，鼓励试点城市加大力度采购新能源汽车。

生物医药产业是南昌市特色优势产业和重点打造的战略性新兴产业，也是税收贡献大、发展前景广阔的朝阳产业。全市药品生产占全省总量的50%以上，医疗器械产量占全省总量的80%，一次性医疗器械制造规模居全国首位，医疗检测仪器制造规模和中成药生产规模均居全国第三位。2014年，全市生物医药产业累计实现主营业务收入401.6亿元，同比增长9.7%；实现利税40亿元，增长25.3%。为了进一步壮大南昌医药制造产业，使之成为推进南昌快速发展的主导产业，应深化改革形成助推产业发展的合理和机制。推动建立和完善有利于南昌市医药产业发展的药品注册管理、药品价格管理、药品流通管理、药品招标采购管理等体系的改革，为产业发展、企业生存创造良好和宽松的市场环境；加强部门合作、形成共识合力。

食品产业是南昌市工业经济九大主导产业之一。经过多年发展，已经形成了以烟草制造、酒类酿造、粮食及油脂加工、茶叶、养殖、屠宰及肉类加工、乳制品、味品、方便食品、冷饮为主的门类齐全的食品工业产业体系。目前，全市食品工业企业共有 157 家。2014 年，全市食品工业实现主营业务收入 1 019.84 亿元，同比增长 17.5%，食品产业主营业务收入在全市率先突破 1 000 亿元，成为南昌首个千亿产业。在此基础上，南昌可以优选发展一批特色食品产业集群，积极培育小蓝、青山湖、长堎工业园等产业集群。依托各自集群的发展优势，积极承接转移，吸引国内外知名食品企业在南昌投资，引进长三角都市化食品企业、珠三角饮料及调味品企业和福建沿海休闲食品企业落户。

这四个产业近几年的发展迅速，但面对经济下行以及国内外复杂多变的经济形势，未来发展的挑战依然很大。因此要研究分析各产业的优劣势，从产业链的完善，产业集群的进一步壮大，科学技术的开拓创新，产业结构深度优化、政策体制的健全等方面继续苦练内功。

第一，优化投资、营商环境。产业的发展壮大需要企业的引进的和发展培育，良好的营商环境是吸引企业投资兴业的基础。政府一是要进一步简政放权，优化服务。进一步清理和规范各类审批及行政许可等制度，通过"三单一网"改革以及企业事中事后监管的落实进一步放宽行业准入，真正的支持和培育企业，让市场真正发挥资源配的决定性作用。政府要做好服务工作，深入了解企业需求，解决企业发展难题，完善企业发展需要的基础条件，破除现行不利于企业发展的体制机制，帮扶企业发展壮大。二是要加强各类平台建设，为企业发展提供全要素支持。政府应该健全完善各类服务平台，特别是现有融资平台，有倾斜的为各主导产业设立扶持发展基金，通过真金白银的引导和帮扶使主导产业企业发展成本风险进一步降低。还要建设制造业创新公共服务平台。围绕信息咨询、检验检测、计量认证、标准专利、投资融资、人才培训等多产业发展的关键核心环节，构建若干具有专业特色的科技创新公共服务平台。与此同时，还要构建好部门之间、市县之间服务企业的沟通协调平台，产业发展是一个整体性工作，不能单靠一个部门的努力，应该集合各部门的配合协作，才能使各类要素充分调动起来，防止服务当中出现短板以及"肠梗阻"。三是精准施策，一产一策。要发挥政策引导作用，对于主攻的战略性新兴产业，实行"一产一策"，重点支持。政策的制定应该对标国内同产业其他优秀城市的做法，借鉴创新，使各项政策的制定能遵循产业发展规律、符合自身发展现实、满足企业发展需求，真真正正的落到实处，具有操作和引导性。

第二，找准定位，补齐和完善产业链条。产业链条的完善有利于降低产业的发展成本，增强产业竞争力，从而使产业发展壮大。一是摸清需求，精准招商。对外招商是补齐产业链条最迅速快捷的方式，但是，如果漫无目的的招商，引进来的可能就是过剩产能，浪费了有限资源的同时可能也会伤害到现有的产业发展。因此，摸清家底，了解产业发展规律以及国内外发展形势，是招商的基础。按需招商，高位招商才能有效招商。对于南昌的汽车产业，江铃一枝独秀，各类零配件基本都实现了内循环，这一方面有利于降低成本，但同时也制约了南昌汽车产业的发展，因此在招商的时候就应该考虑这些，新能源汽车的发展是未来趋势，因根据发展的核心需求精准招商，推进产业发展。二是培育龙头企业，帮扶重大项目。龙头企业和重大项目因其所处的地位特殊，对产业的具有引领作用，可以带动一个产业的爆发式发展。所以要给予重视，而且龙头企业的扶持不应内外有别，对于本土的龙头企业更应给予支持。对于本地主导产业急需的龙头企业和重大项目应该倾力引进，积极培育。例如：电子新兴产业是一个高技术、迭代迅速的产业，排他性强，对于这类产业就应该针对细分门类高位招商，引进在国内外顶尖的企业项目，通过招大引强带动一个细分产业链条的完善。三是产业聚集、差异发展。产业的发展壮大需要规模作为支撑，但是资源具有稀缺性，越分散则越缺乏竞争力。因此应该根据各地产业发展的基础和优势错位差异发展，主攻主导优势产业，形成产业聚集。例如南昌的食品产业，应该优选发展一批特色食品产业集群，积极培育小蓝、青山湖、长堎工业园等产业集群。依托各自集群的发展优势，积极承接转移，吸引国内外知名食品企业在南昌投资，引进长三角都市化食品企业、珠三角饮料及调味品企业和福建沿海休闲食品企业落户。

第三，构建区域协同创新体系。创新发展以及科技进步是推动产业发展的核心要素，构建协同创新体系是南昌制造业实现弯道超车，跨越发展的关键一招。一是要突出企业创新主体地位，着力提升制造业企业创新能力。鼓励企业加大研发投入、充实研发队伍、提高研发水平，提升企业技术创新、管理创新、商业模式创新能力，积极推进企业真正成为技术创新决策主体、科研组织主体、科研成果转发主体和研发投入主体，支持设立企业技术中心。支持企业推进重大科技成果产业化、加大科技奖补政策对企业技术创新的引导激励力度。例如：鼓励汽车企业加大省级、国家级技术中心等创新平台建设力度，支持以江铃等龙头企业为核心，建设汽车产业协同创新体，推进创新成果产业化。二是要推动校地合作，发挥高校的智力支撑作用。应该积极的发挥南昌高校众多的优势，实现校地、校企合作。政府应指导食品企业、电子信息企业在建立国家和省级企业技术中心、院士工作站的同时，引导企业和科研院所、高校开展"产学研"合作，加快企业创新链体系建设。同时也应该支持高校科研院所的科技人员创新创业，对高校科技人员创办科技型企业、对科技成果进行转化开发，申报科技计划项目给予支持。

第四，深入两化融合，强化人才培养。现在工业发展已经进入中后期，对于制造业的转型升级离不开信息化，对于信息化和产业的进步更离不开人才的培养。所以助力主导产业发展一是要两化融合，借风远航。两化融合指的是工业化和信息化深度融合。信息化是实现传统产业转型升级的重要途径。通过"互联网＋"各类新业态应运而生，特别是对于食品这一南昌传统优势产业。通过信息化，可以转变食品产业的生产、运营、管理，派生出更多的产业形态。通过信息化技术的进步实现主导产业技术的迭代更新。二是要强化人才培养。应该大力实施人才强市、科教兴市和"引进国外智力计划"、"洪城特聘专家"计划、"洪城计划"、"百千万人才工程"、"赣鄱英才555工程"战略。通过一系列计划的落实、体制机制的建立，营造良好的人才成长和发展环境。真正做到高端人才聚集、管理人才成长、工人整体素质提高的良好局面，为制造业的发展提供智力保障。

调查研究与决策咨询

打造美丽中国"江西样板"的指标体系构建及实现程度评估

傅 春[①]

一、美丽中国"江西样板"指标体系

生态文明是一个非常复杂的概念，涵盖内容十分广泛。在国家生态城市建设指标总体框架下，参考绿色城市指标体系、宜居型城市指标体系、森林城市指标体系、可持续发展城市指标体系，以及国内外有关研究成果，结合江西省"十三五"环境保护和生态建设规划及其相应的环境保护指标，我们提出美丽中国"江西样板"建设指标体系。共分为环境、经济、文化、社会、制度五项二级指标，包含40项三级指标，具体见表1。其中，标准值主要参照国家生态城市建设标准、国家生态城市经济发达区标准、国际标准、国家环保部标准、发达国家生态制度标准等。

表1   美丽中国"江西样板"建设标准指标体系

		单位	标准值
环境	污染控制综合得分	50分满分	50
	水土流失治理率	%	≥90
	旅游区环境达标率	%	100
	城镇生活垃圾无害化处理率	%	100
	环保投资占GDP比例	%	≥3
	废水处理率	%	100
	工业废气处理率	%	100
	工业固废无害处理率	%	100
	城镇人均公共绿地面积	m²	≥14
	秸秆回收率	%	100
	集中式饮用水源水质达标率	%	100

---

① 傅春，南昌大学中国中部经济社会发展研究常务副主任。本文为《打造美丽中国江西样板的战略重点及评价体系研究》调研报告独立组成部分。

		单位	标准值
经济	人均 GDP	万元	≥3.8
	年人均财政收入	元	≥6 600
	农民年人均纯收入	元	≥11 000
	城镇居民年人均可支配收入	元	≥24 000
	规模化企业通过 ISO14000 认证率	%	≥20
	城镇化率	%	≥55
	第三产业占 GDP 的比重	%	≥40
	高新技术产业产值占规模以上工业比重	%	≥35
	单位 GDP 能耗	t/万元	<0.5
文化	文化产业增加值占 GDP 比重	%	≥4.0
	科技、教育经费占 GDP 比重	%	≥6.5
	旅游收入占 GDP 比重	%	≥11
	非物质文化遗产保护	—	安全
	社会公益占财政支出比例	%	≥40
	文明生态村比例	%	≥60
	每月每人旅游时间	天	≥4
	自然景观所占比例	%	≥66
	万人公共图书藏书量	册/万人	6 000
社会	环保宣传教育普及率	%	≥90
	失业率	%	≤3.3
	基尼系数	%	0.3～0.4
	恩格尔系数	%	≤40
	人均预期寿命	岁	≥78
	公众对环境的满意率	%	≥95

为了指导全省各地建设美丽中国"江西样板"的实践，需要结合建设标准设定一些定量指标。我们采用定性筛选法中的专家咨询法以及定量筛选法中的频度统计法，结合指标体系筛选的原则及数据的可获取性，形成以下指标体系（见表2）。

表2　　　　江西省设区市美丽中国"江西样板"建设指标与权重

目标层	准则层	指标层	符号	权重	指标属性
"江西样板"建设实践评价	经济0.3	人均GDP（万元）	X1	0.047	正向指标
		年人均财政收入（元）	X2	0.043	正向指标
		农民年人均纯收入（元）	X3	0.039	正向指标
		城镇居民年人均可支配收入（元）	X4	0.04	正向指标
		城镇化率（%）	X5	0.057	正向指标
		第三产业占GDP的比重（%）	X6	0.038	正向指标
		单位GDP能耗（t/万元）	X7	0.036	负向指标
	生态环境0.25	城镇生活垃圾无害化处理率（%）	X8	0.026	正向指标
		环保投资占GDP比例（%）	X9	0.019	正向指标
		废水处理率（%）	X10	0.029	正向指标
		工业废气处理率（%）	X11	0.028	正向指标
		工业固废无害处理率（%）	X12	0.028	正向指标
		城镇人均公共绿地面积（平方米）	X13	0.085	正向指标
		集中式饮用水源水质达标率（%）	X14	0.035	正向指标
	生态社会0.2	失业率（%）	X15	0.044	负向指标
		恩格尔系数（%）	X16	0.053	负向指标
		环保宣传教育普及率（%）	X17	0.048	正向指标
		公众对环境的满意率（%）	X18	0.055	正向指标
	生态文化0.15	科技、教育经费占GDP比重（%）	X19	0.034	正向指标
		旅游收入占GDP比重（%）	X20	0.018	正向指标
		社会公益占财政支出比例（%）	X21	0.024	正向指标
		文明生态村比例（%）	X22	0.05	正向指标
		万人公共图书藏书量（册/万人）	X23	0.024	正向指标
	生态制度0.1	包括制度条件、规范制度、激励制度、考核制度、体制安排	X24	0.1	正向指标

注：由于生态制度的评价没有统一标准，存在强烈的主观性，因此假定地区的生态制度相对完善，赋予权重为0.1。

二、美丽中国"江西样板"实现程度评价

根据美丽中国"江西样板"建设标准的体系设置和指标层次，为了评判全省各地在建设美丽中国"江西样板"的实现程度，我们构建以下评价模型：

$$F = \sum_{k=1}^{n} f_k \left(\sum_{j=1}^{i} \alpha_{ij} X_{ij} \right)$$

上式中 F 为美丽中国"江西样板"综合评价指数，F 越大说明"样板"实践程度越高。f_k 为一级准则层指标（生态经济、生态环境、生态社会、生态文化和生态制度）的权重。a_{ij} 为第 i 个一级指标中第 j 个二级指标的权重，X_{ij} 第 i 个一级指标中第 j 个二级指标的标准化值。

对各指标数据进行标准化处理，得到标准化数据。并根据专家调查法得到的指标权重和竞争力评价模型，最终得到 2014 年江西省 11 个设区市美丽中国"江西样板"建设实践得分情况，根据表 1 相关指标的标准值，以其临界值为基数作为参照标准，并根据 2014 年的统计数据进行计算，得出以下结论。

（1）2014 年江西省 11 个设区市建设美丽中国"江西样板"的平均实现程度为 51.24%，这一数值表明，我省生态文明建设在"十二五"时期取得重要进展，但距"江西样板"的标准尚有较大差距。"十三五"时期生态文明建设任务依然艰巨繁重。

（2）从各设区市实现程度来看，发展很不平衡，南昌市 71.13%，实现程度最高，其次是九江为 67.79%，景德镇、吉安、上饶、抚州市超过全省平均水平，有 5 个设区市实现程度在平均数以下。推进生态文明建设区域间的协调发展问题十分突出。

（3）打造美丽中国"江西样板"的主要差距集中在生态经济发展与生态文化建设两方面。凡是没有达到平均水平的设区市，均是在这两方面存在较大差距。这表明，加快产业转型升级，实现产业发展绿色化、生态化，加大科技创新力度，减少经济增长对资源投资的依赖，是打造"江西样板"的重点。

（4）培育新兴产业，走投资较小、污染较低、资源消耗较少的产业发展道路，大力推动生态优势向经济优势的转变，是"江西样板"实现程度靠前的设区市最重要的竞争力，具有普遍的示范意义。

（5）在生态环境保护方面，要着力解决城市污水处理配套管网不完善、设施运行效果不理想，农村生活污水处理滞后、垃圾无害化处理能力不足，区域性大气灰霾污染尚未得到有效控制，森林质量不高等问题。正是这些问题的存在，拖累了打造"江西样板"的发展进程。

江西 25 个贫困县发展水平
比较与"摘帽"排序建议

郑克强[①] 李 晶 徐丽媛

"脱贫摘帽"问题是我国现代化进程中必须跨过的一道重要门槛，也是坚持中国社会主义方向的本质要求。党的十八届五中全会决定：到 2020 年，"我国现行标准下农村贫困人口实现脱贫，贫困县全部摘帽，解决区域性整体贫困"；江西省在 2015 年 12 月相应地制定了《关于全力打好精准扶贫攻坚战的决定》，提出力争提前两年实现精准扶贫攻坚的工作目标。那么，应该如何确定江西贫困县的"摘帽"顺序呢？本课题组在教育部人文社科基地重点课题"中部贫困地区（革命老区）经济社会发展竞争力比较研究"基础上，提出以下方案，供领导参考。

一、我国贫困县划分标准及江西贫困县现状

根据 2012 年国务院扶贫开发领导小组办公室网站公布的有关数据显示，中国目前贫困县总数是 592 个，其中部省份 217 个县，西部省份 375 个县。按照《国家扶贫开发工作重点县管理办法》（2002）规定，确定重点县的主要依据是：贫困人口数量、农民人均纯收入、基本生产生活条件以及扶贫开发工作情况，适当兼顾人均国内生产总值、人均财政收入等综合指标，即人们所称的"631 指数法"，其中，贫困人口占全国贫困人口的比例、农民人均纯收入水平、人均 GDP 和人均财政收入这三项，分别占六成、三成和一成的权重。2011 年年末，中央扶贫工作会议颁布《中国农村扶贫开发纲要（2011～2020 年）》，决定将扶贫标准定为"农民人均纯收入 2 300 元（2010 年不变价）"，按当前价格计算，最新的扶贫标准为 2 736 元。

根据国家对贫困县的划分标准，江西有 21 个"国家重点扶持贫困县"，加上与"罗霄山集中连片特困地区县"未重合的 3 个县，以及虽不

---

① 郑克强，南昌大学中国中部经济社会发展研究中心教授。

是国家级贫困县和集中连片特殊困难地区，但享有与国家级贫困县一样的扶贫补助资金与政策优惠的都昌县，江西省共有 25 个贫困县。做好这些县的精准扶贫工作，在 2020 年前分步"脱贫摘帽"，是江西实现全面小康目标的重中之重。

2014 年底，国家核定江西省存在 276 万贫困人口，170 万贫困人口集中在 25 个贫困县区，另外 100 余万贫困人口分布在全省其他市县。其中，赣州市 11 个贫困县 2014 年的登记贫困人口 97.20 万人，占全省贫困人口的 35.22%，是江西脱贫攻坚的主战场；吉安市 5 个贫困县目前的贫困人口为 37.19 万人，是罗霄山集中连片扶贫攻坚的主阵地；上饶市 4 个贫困县的贫困人口 50.87 万人，九江市 2 个贫困县的贫困人口 30.34 万人，基数也都比较大；其他还有抚州市 2 个贫困县的贫困人口 18.90 万人，萍乡市 1 个贫困县的贫困人口约 6.47 万人，见表 1。南昌、景德镇、宜春、新余和鹰潭 5 市全部实现了"脱贫摘帽"，但仍存在 35 万贫困人口，这些人口分布相对零散，在扶贫工作中容易被忽视，也是精准扶贫攻坚战中需要加以关注的对象。

表1　　　　　　　　　江西 25 个贫困县及贫困人口分布状况　　　　　　　单位：万人

九江市	修水县（10.59）、都昌县（7.44）
萍乡市	莲花县（2.88）
抚州市	乐安县（4.37）、广昌县（3.02）
上饶市	上饶县（9.55）、横峰县（2.41）、余干县（10.95）、鄱阳县（13.89）
吉安市	吉安县（5.05）、遂川县（7.21）、万安县（3.38）、永新县（6.13）、井冈山市（1.53）
赣州市	赣县（7.82）、上犹县（3.98）、安远县（4.48）、宁都县（10.42）、于都县（11.99）、兴国县（9.86）、会昌县（6.66）、寻乌县（4.09）、石城县（3.89）、瑞金县（8.04）、南康区（11.19）

二、江西 25 个贫困县发展水平的比较分析说明

为客观分析江西 25 个贫困县经济社会发展现状和发展能力，判断影响其发展的关键因素，确定"脱贫摘帽"的步骤，本课题组通过两轮"德尔菲法"专家咨询及相关部门单位（民政、财政、教育、卫生、农业、扶贫、党史、农信社等）座谈会讨论、问卷调查，建立了江西省 25 个贫困县的经济社会发展发展水平比较指标体系：在此一级指标下，设

置"发展实力"、"发展活力"、"发展推动力"和"发展保障力"4 个二级指标，以及更能具体反映经济社会发展数据的 18 个三级指标。采用2011～2014 年《统计年鉴》已公布的江西 25 个贫困县相关数据，对它们的发展现状及发展潜力等进行分析，得出 25 个贫困县的经济社会发展指标及排名。

本课题所选择的六个"脱贫摘帽"的核心指标分别为：作为衡量贫困最重要标准的"农村居民人均纯收入"、"人均 GDP"与"人均地方财政一般预算收入"，反映脱贫攻坚基本任务的"贫困人口数量"，体现地方经济社会发展动力的"GDP 增长速度"及反映人力资源状况的"万人中小学生人数"。同时，选择"综合发展指标地区生产总值 GDP"、"固定资产投资额"、"农林牧渔业生产总值"、"非农产业产值占 GDP 比重"、"城镇化率"作为发展潜力指标；选择"城乡收入比"、"居民储蓄存款余额"、"医疗卫生支出占 GDP 比重"等指标作为发展推动力和发展保障指标。

课题从静态和动态两个层面进行了分析。静态分析以核心指标为主，描述 25 个县区的发展现状、发展水平；动态分析采用 2011～2014 年的综合发展数据，通过指标数据标准化、因子分析、指标专家得分等计算方法为 25 个县区的发展潜力、发展速度、发展持续性排名。排名按照综合指标排名和人均指标排名分别计算，综合指标排名侧重考虑了经济发展总量指标，突出反映经济发展势头和潜力，人均指标排名侧重考虑了人均因素，重点反映脱贫的核心经济指标。结合静态与动态两类数据分析可以看到，我省赣南的 11 个县、赣中的万安县、遂川县、广昌县及赣北的都昌县，发展基础相对薄弱、摘帽难度相对较大，这些县（市）应为江西省"脱贫摘帽"攻坚战的重点地区。

需要提及的是，"脱贫摘帽"的目标对象不仅包括贫困县，还包括非贫困县的贫困人口问题。课题组注意到，江西的贫困人口在 2011 年为438 万，最新统计的 2014 年江西贫困人口为 276 万，也就是说，江西近年来以年均 54 万人口的速度进行了"脱贫摘帽"。根据以上速度计算，2015 年脱贫人口应达到 50 万人以上。这样，在"十三五"时期（2016～2020 年）江西省实际需要脱贫的人口大约为 220 万～230 万人。结合经济发展规律与江西省发展指标，江西在今后几年拟集中力量、加大工作力度，以每年 70 万～80 万人的速度推进完成目标任务，至 2018 年解决绝大多数人口（98% 以上）的"脱贫摘帽"问题，2019 年完成剩余约 3

万人的"脱贫摘帽"扫尾工作。

三、江西25个贫困县实现"脱贫摘帽"排序建议

为确保实现贫困地区和贫困群众共奔小康不掉队的工作目标,力争25个贫困县全部按时"脱贫摘帽",276万贫困人口全部实现小康,我们提出了一个江西25个贫困县"分梯队、分步骤脱贫摘帽"的排序建议(详见表2),并略作说明如下。

表2　　　　　　　江西省25个贫困县"脱贫摘帽"排序建议

时间	完全脱贫摘帽（100%）	基本脱贫摘帽（50%~80%）	部分脱贫摘帽（20%~50%）
2016	吉安县、井冈山市	横峰县、莲花县、南康区、上饶县、赣县、万安县、广昌县、上犹县	上饶县、于都县、赣县、兴国县、修水县、永新县、安远县、宁都县、鄱阳县、遂川县、会昌县、寻乌县、余干县、都昌县、石城县、乐安县
2017	横峰县、莲花县、南康区、上饶县、赣县、上犹县、万安县、广昌县	于都县、兴国县、修水县、瑞金市、遂川县、永新县、安远县、宁都县、鄱阳县、会昌县、寻乌县	余干县、都昌县、石城县、乐安县
2018	于都县、兴国县、修水县、瑞金市、遂川县、永新县、安远县、宁都县、鄱阳县、会昌县、寻乌县、余干县	都昌县、石城县、乐安县	
2019	都昌县、石城县、乐安县		

1. 分梯队

第一梯队。根据综合实力静态数据分析,排序前六名是吉安县、上饶县、井冈山市、横峰县、南康区、赣县,它们2014年人均GDP在19 000元以上,人均财政除上饶县略低外其他五县均超过2 200元,农民年人均纯收入达到6 700元以上,都远超国家最新扶贫标准。根据贫困人口规模和近两年脱贫速度动态数据分析,排序居于前2名的是吉安县、井冈山市,它们发展基础较好,发展动力较强,应可于2016年圆满完成"脱贫摘帽"的目标。上饶县、南康区、赣县虽然发展基础较好,但贫困

人口较多（均在7万人以上）；横峰县农民人均纯收入比其他五县相对低一些，这四个县可争取在2017年完成"脱贫摘帽"。

第二梯队。按照以上分析方法，瑞金县、鄱阳县、莲花县、于都县、兴国县、上犹县六个县的农民人均纯收入水平较好，均在6 800元以上；但人均GDP较低，大体在15 000元左右；财政收入水平未超过人均2 000元，需在拉动经济增长上继续下功夫，带动实现全面小康。对于贫困人口较少的莲花县、上犹县可着力推进，争取在2017年实现"脱贫摘帽"；对于其他4个贫困人口相对较多的县，力争在2018年完成"脱贫摘帽"。

第三梯队。对于发展现状与发展动力存在相对差距的会昌县、余干县、修水县、广昌县、安远县、宁都县、寻乌县、遂川县、万安县、永新县等十个县，可以在2018年以前完成"脱贫摘帽"；乐安县、石城县、都昌县的发展指标综合衡量还比较落后，拟分若干阶段逐步脱贫，在2018年有望实现80%以上人口的"脱贫摘帽"；2019年上半年，对于尚未脱贫、脱贫难度较大的人口加强帮扶，完善政府兜底工作，实现全部摘帽。

2. 分步骤

对于"脱贫摘帽"的目标任务可考虑按"完全"（100%）、"基本"（50%~80%）、"部分"（20%~30%）三个层次来安排。对于发展基础好，贫困人口少的县区可率先"完全摘帽"；对有一定发展基础，但贫困人口相对较多的县可分两年实现由"基本摘帽"到"完全摘帽"；对于发展基础一般、贫困人口较多的贫困县，在三年时间里分步骤实现，从20%~30%的贫困人口"部分摘帽"到50%~80%贫困人口"基本摘帽"再到100%贫困人口"完全摘帽"。同时，加强非贫困县贫困人口的脱贫工作，保证非贫困县贫困人口实现每年不少于20万人口的脱贫工作。为此建议：

——2016年年底，吉安县和井冈山市首先完成"完全脱贫摘帽"；横峰县、莲花县、南康区、上饶县、赣县、上犹县、万安县、广昌县完成50%~60%人口的"基本脱贫摘帽"；其余县区实现不少于20%人口的脱贫。全省2016年摘帽人口应不少于85万人，贫困县脱贫人口不少于65万人。

——2017年年底，力争实现8个贫困县的"完全脱贫摘帽"，11个贫困县完成不少于60%人口的脱贫，其余县区实现40%人口的脱贫。

2017 年全年力争完成贫困县"摘帽"人口不少于 58 万，总体摘帽人口不少于 85 万。

——2018 年年底，力争实现 12 个贫困县的"完全脱贫摘帽"，剩余 3 个贫困县实现 80% 以上人口的"基本脱贫摘帽"，完成贫困县"脱贫摘帽"人口不少于 44 万，把贫困县贫困人口控制在 3 万以内。同时，实现非贫困县贫困人口"摘帽"人数不少于 40 万，基本消除非贫困县贫困人口。

——2019 年上半年，力争 25 个贫困县全部退出。同时进一步做好重点帮扶，解决好贫困人口的住房、医疗、教育等问题。对因灾返贫、因病返贫、失去劳动能力的贫困人口做好政府兜底工作。2020 年，进行"扶贫摘帽"扫尾工作，实现全面小康建设。

四、"脱贫摘帽"排序中应注意的几个问题

1. 按"摘帽"排序难易度统筹运作公共扶持资源

一是要完善扶贫档案卡制度，详细统计贫困人口、贫困程度、致贫原因及贫困人口的居住条件、就业状况、收入来源、收入水平，坚持具体问题具体分析，根据不同的贫困情况制定脱贫政策。二是要对财政、农业、林业、水利、卫生、教育等各部门的对应资金进行统筹、合理分配，继续做好对口帮扶工作。三是要积极宣传并制定相关政策，鼓励社会力量积极投入到扶贫工作中来，使社会爱心人士和企业家捐赠的资金用得安心，用到实处，最大限度地发挥社会合力。

2. 根据扶贫攻坚阶段成绩滚动及时调整排序

省里在三年时间中，对 25 个贫困县按照"完全"、"基本"和"部分"几个层次实行"脱贫摘帽"顺序的"滚动调整"，根据任务需要，重点、及时给予相应的政策支持，并对提前完成目标的县（市区）政府给予适当奖励。例如，莲花县作为萍乡市唯一的贫困县，横峰县作为综合指标前列的县，都可通过努力争取在 2017 年实现"摘帽"；于都县总量指标较好，但是人均指标相对落后，且贫困人口超过 10 万，可在 2018 年实现"摘帽"；等等。

3. 贫困户危房普查改造应列为重要排序因子

危房问题理应列入"脱贫摘帽"的重要指标，但由于缺乏系统的基

础统计工作，江西省农村贫困户危房数据阙如，这不仅会影响到各县"脱贫摘帽"的合理排序，而且不利于下一步争取国家相关资金和危房改造工作。借鉴 2005 年 11 月 26 日九江瑞昌抗震救灾的经验，建议立即从各地市抽调专业工程技术人员组成若干工作队，集中一段时间下到相关县（市区），先行对贫困户危房状况进行普查，按一定标准鉴定，分类别、分等级汇集相关数据，为危房改造工程打好基础。

4. 偏远地区贫困人口移民因素对排序有影响

对于地处偏远、生产生活条件恶劣、生态保护核心地区的贫困人口，就地脱贫摘帽可能会有一定难度，可以按国家要求有计划地实行移民。要妥善考虑安排移民的安置资金、配套项目与设施等相关问题，切实帮助他们在新的环境中安家落户，引导建设新家园。有移民任务、特别是移入贫困人口较多的县（市区），由于任务繁重、资源投入较大，或将影响到个别县"脱贫摘帽"排序的一些变化。

5. 重视培训农民新技能与大病救助防止返贫

"脱贫摘帽"的排序只是攻坚时期阶段性工作安排，我们的根本目标是要使贫困人口永远摆脱贫困，这需要特别注意做好两项工作：一是免费帮助培训贫困人口新的生产技能，提高他们的"造血功能"，建议在省里统一部署下，组织各高校、高职、中职应用类学科老师（含部分学生），涉农科研院所、企业技术人员和机关干部，深入目标地区对贫困人口进行针对性专业技术培训。二是加强大病救助机制建设，对特别困难的贫困户由政府托底，防止"脱贫摘帽"后因病返贫。

6. 建立数据库做好"脱贫摘帽"以后的实情监管

全省应在这次扶贫攻坚战中充分注重配合互联网建设，乘势建立起江西这批社会最底层人群的电子数据档案，统一平台收集、整理、应用信息，通过有效的反馈机制，进行后续实情监测：关注贫困地区发展状况，监督扶贫资金运行，提高扶贫政策效果。

江西智库建设刍议

郑克强[①] **钟无涯 李 晶**

  社会是一个多维的精密有机体，社会治理的复杂性、系统性和协同性，决定了政府依靠自身力量决策常常要承担相当高的社会成本、时间成本、试错成本。习近平强调，"治国理政必须善于集中各方面智慧、凝聚最广泛力量"，"改革发展任务越是艰巨繁重，越需要强大的智力支持"。2015 年 1 月 20 日中共中央办公厅、国务院办公厅印发《关于加强中国特色新型智库建设的意见》，要求各地区各部门结合实际认真贯彻执行；11 月 9 日，中央全面深化改革领导小组第十八次会议审议通过了《国家高端智库建设试点工作方案》；江苏、山东、湖南、河南、云南、贵州、天津、江西、山西、安徽等地纷纷跟进，以党委和政府的名义出台贯彻意见，提供相关政策支持。

  实际上，江西的党政领导一直很重视发挥各方面智慧的咨询参谋作用：1988 年吴官正同志担任省长时，亲自动员并积极支持省社联等单位开展"兴赣《隆中对》"活动，对于归纳总结的"6 策 27 说"给予高度评价，认为"省委省政府的许多决策吸收了大家有价值的意见"；孟建柱同志担任省委书记时，热情鼓励"泰豪论坛"等思想活跃的社会活动，多次号召"有识之士"积极为江西的发展战略和工作思路出谋划策；强卫、鹿心社同志及许多省领导认真践行决策科学化、民主化精神，经常在《内部论坛》等刊物上作出批示，指导工作。2015 年 4 月 12 日，省委办公厅、省政府办公厅印发《关于加强江西特色新型智库建设的意见》，全面部署江西特色新型智库建设工作。应当说，江西的智库建设有传统也有基础，对江西经济社会发展起到了积极的推进作用。在新的形势下，江西智库建设面对更宏伟的目标、更复杂的局面、更艰巨的任务，需要百尺竿头更进一步。为此，我们收集了一些资料，并针对江西智库建设

[①] 郑克强，南昌大学中国中部经济社会发展研究中心教授。

的存在的问题提出相关建议，供领导参考。

一、国内外智库情况简介

智库能够有效弥合知识和政策之间的鸿沟，在发展相对成熟的国家，已成为政治、军事、社会、经济和教育等诸领域的问题发现者、决策建议者与政策评估者，被形容为"国家智商"、"政府外脑"，是立法、行政、司法、媒体之外的"第五种权力"，对政府决策和企业战略影响巨大。美国宾夕法尼亚大学的智库研究项目（TTCSP）每年发布《全球智库报告》，2015 年的数据显示，全球共有智库 6 846 家，其中北美拥有 1 931 家，欧洲 1 770 家，亚洲 1 262 家；美国以 1 835 家成为世界上拥有智库数量最多的国家，且在全球顶级智库前十排名中占据了 6 家；中国是世界第二智库大国，拥有智库 435 家；英国和印度智库数量位列中国之后，分别拥有 288 家和 280 家。这些智库人才集中、经费充足、实力雄厚、成果显著。

中国的现代智库由于多种因素起步较晚，在研究深度、广度、信度及知名度方面还有一些不足。我国智库目前可大致分为四类：第一类是中共中央、国务院及军队的直属智库机构，如中央政策研究室、国务院发展研究中心、军事科学院等机构；第二类是中央和国务院各部委下设的研究机构；如国家发改委宏观经济研究院、财政部财政科学研究所、国家信息中心等；第三类是高校系统相关单位，如北京大学中国经济研究中心、清华大学国情研究中心等；第四类主要包括一些民间智库，比如天则经济研究所、中国世界与政治研究所、安邦集团等民间知名智库。中国智库目前面临诸多困境，存在不少问题，不过，这些问题正逐渐得到改善，近年来中国智库的发展取得了长足进步。《全球智库报告 2015》的全球智库 175 强榜单中，有 9 家中国智库上榜；同时该《报告》还评定公布了中国 35 家顶级智库名录。

二、江西智库发展的现状与问题

江西省智库与国内智库发展情况类似，其中包括各级党委、政府的政研室、研究中心等直属机构，各级发展改革、财政、统计等部门职能处室，以及省社科院、南昌大学中部经济社会发展研究中心等科研教学单位；如果扩充一下，各级人大、政协、政府参事室及各民主党派等，也可纳入智库范围。在这些机构和单位的有关人员中，有的人比较熟悉政策制定与演进的背景内涵，有的人具有比较丰富的从政经验，有的人接受过比较扎实的学术训练，他们渴望和积极为江西改革、开放、发展献言献策，通过一些内部刊物提交的咨询建议，也受到决策层一定程度的关注和重视。但严格地说，江西省尚缺乏现代意义上的智库，存在一些亟待解决的问题，需要在新的层面上加以认识：

（一）政府职能部门的阐释功能相对较大，问题导向一般较弱

因其体制内的生存模式，决定了它们的工作任务更多的是承担起草领导讲话及阐释政策文件，而对现实中存在的问题、发展的走向以及相对负面的后果思考较少，独立性、客观性、前瞻性都有一定局限。发现问题、咨询建议和政策评估，是"智囊"的三项重要职能，也是帮助领导完善理政思路的重要"外脑"，科学决策的过程应该是允许和鼓励批判性思维的过程，这样才可能使决策更加符合实际情况，取得较好的效果。

（二）科研教学单位研究成果缺乏实际操作性，也未形成合力

江西省教育科研单位近年来纷纷推出引导对策性研究的鼓励措施，取得一定效果，但由于相关人员缺乏政府运作视角，普遍推崇学术性导向，使得许多咨询建议与社会实践脱节，难以进入决策；同时，存在山头分隔、力量分散等问题，研究机构和研究人员之间成果交流及问题讨论较少，课题立项重复、信息资源封闭、研究成果闲置等情况较为常见，不利于形成对策研究的专业性、深入性、合作性和持续性，也不利于智库质量的提升。

（三）对策研究信息沟通渠道不够完善，考评激励机制有待健全

目前江西省政策咨询建议类课题直接由领导或上级机关"下达"的较少，各有关单位自选研究课题之间缺乏必要的信息沟通，基本上处于各自为战的状态；相关成果通过内部刊物上传方式呈送领导参阅，但尚未建立起规范的公文运行程序；"以领导批示或部门采纳为导向"的对策性研究，缺少成果价值判断的公认标准，存在"找门路、拉关系"等不良风气；经费保障及对研究人员的考评激励机制，还有待于进一步完善，等等。

三、发展江西智库的对策建议

智库的建设质量、发展规模与贡献效率，不仅是衡量一个地区社会治理效率与社会发展质量的重要参考，也是评价其发展潜力、区域辐射力以及人才储备深度的核心指标。江西的经济社会发展，需要充分发挥"外脑"作用、群策群力的重要事项很多，大到宏观的城市战略定位、中观的区域规划、产业转型、人口政策，小到微观的某街道小区建设、某公交线路选点，都应吸纳各类"智囊性团队"参与调研论证。为深入贯彻习近平总书记和中央的指示精神，使江西的决策科学化、民主化水平再上新的台阶，我们对江西智库建设与发展问题提出以下建议：

（一）推进决策科学化民主化基础建设

作为智库发展的重要外因，管理体制改革与制度保障体系不可或缺。应把决策咨询纳入江西省重大决策的规范程序，明确政府的哪些决策须经专家咨询，实现项目论证、运行运作、绩效评估等各个环节都有咨询报告作为参考；把政策咨询工作纳入各级政府的目标管理考核体系，通过制度保障政府对智库思想产品的需求；建立健全决策咨询政策法规，将听取智库的意见和建议纳入决策的法定环节，为智库发展提供法律支持。

（二）建立智库联席会议制度

智库建设的本质是高质量信息的获取、挖掘、交流和共享。建议由省委政研室、省政府研究室牵头，推进基于问题导向的"双周联席会议制度"：传达领导对研究重点的需求指示，组织专题讨论，进行信息交流和多元化思路沟通，评定优秀智库及成果等；探索在全省相关智库设立"工作室""联络员"制度，建立重大课题项目招标制度，通过竞争择优的方式催生智库产品，加强课题组织跨部门、跨领域协同力度；优选重要内部刊物，纳入省委省政府公文运转程序。

（三）充实完善智库专家队伍

人才的数量和质量是智库发展的基础。省委政研室、省政府研究室应成为江西智库主力军，更好发挥综合研判、战略谋划等宏观决策咨询作用；整合行业优势资源，关注区域发展研究机构，保证研究的专业性与持续性，形成江西智库方面军的特色与品牌；协同省内各科研教学单位相关力量，充分调动知识分子参政议政积极性，打造江西智库排头兵阵营；重视阅历经验比较丰富的退休干部智力价值，鼓励他们继续发挥余热、献计献策；面向海内外选拔高端人才并纳入储备库，分领域遴选若干首席专家，打造一批熟悉省情民情、善于政策研究、具有专业素养的智库高端人才团队。

（四）优化对策研究考评激励机制

江西省科研教学人员大多集中于体制内，职称晋升制度、人才考核制度等导致一些人偏重学术取向，对实践问题研究动机不强，难以发挥"外脑"作用。需要针对性建立对策研究成果良性产出机制，激励智库产品的有效供给：设立"江西省决策咨询研究专项基金"，鼓励咨询研究的材料真实性、问题导向性、见解创新性及地方特色性；对优秀成果实行进入决策后的奖励性立项办法，提高科研经费中的人力资源构成比重，并将其纳入教学科研成果工作量统计范围；建立健全智库发展内部治理机制、行业内监督机制、第三方评估与认证机制等。

（五）增强公共信息整合公开力度

数据信息的质量是公共政策研究价值的形成基础。为此，需要进一步汇总基础数据，延伸相关统计数据时长，完善丰富指标内容，提高江西省经济社会发展统计信息的广度、深度和效度。建议由省统计局牵头，整合不同部门单位的信息数据，建立江西经济社会发展开放式新型数据库：分经济、社会、行业、城乡等类别，形成相互支撑服务的专题性数据子库；将与公共政策相关的统计数据和信息统一对外公开，拓展政府信息共享范围，为高水平的政策研究提供分析基础。

（六）鼓励智库独立研究与思路创新

智库研究的重心在于对公共政策的咨询，有时不可避免地会与政府观点产生差异或矛盾。从公共政策科学化、政府决策民主化及智库建设长远发展等角度出发，应该认识到，具有独立性的多元思考，能够提出基于不同视角的观点与建议，使政府决策在不同利益、不同意见与不同约束背景下权衡取舍，从而降低社会和政策的试错成本。因此，需要赋予智库研究人员思想上更多的自由空间，鼓励他们积极贡献创新思路和理念，并有制度安排给予保障。

　　江西智库的建设与发展，涉及管理模式、行政规则和人力资本的调整及对社会治理多维度的重构，是一个较大的系统工程，需要省委省政府统一运筹，也需要各机构单位以改革的精神多方协作。其中，"创新管理方式，形成既能把握正确方向、又有利于激发智库活力的管理体制"至关重要。期待各级政府及相关部门积极推进智库建设的体制机制改革，为江西社会治理现代化探索新路子，总结新经验。

"绿色崛起"的几个认识误区与释答

罗海平①　郑克强　傅　春

良好的生态环境是江西发展的最大优势，如何在保持"青山绿水"的情况下，实现江西进位赶超和跨越式发展，是江西人民孜孜以求的目标。20世纪80年代中期，针对生态环境恶化的严重问题，江西省启动并成功实施"治山、治水、治贫"的"山江湖工程"，生态优势逐渐成为江西的独特品牌，赢得了联合国有关组织的高度赞誉；从21世纪初开始，江西进一步推出"既要金山银山，更要绿水青山"的发展任务，探索生态与经济协调发展的路径；2014年江西省全境列入全国生态文明先行示范区，根据国务院批复的《江西省生态文明实施方案》，要把江西建设成为中部地区绿色崛起先行区、大湖流域生态保护与科学开发典范区、生态文明体制机制创新区，走出一条具有江西优势和特色的生态文明建设新路，江西省委在十三届七次全会将"发展升级、小康提速、绿色崛起、实干兴赣"列入战略目标。

三十多年来，江西坚持可持续发展，生态环境得到较好保护，促进了经济社会的全面发展。但是，对江西"绿色崛起"的战略任务，部分同志还存在一些模糊认识，并影响到推进相关工作的决策、部署和实施，有必要加以匡正。我们对"绿色崛起"的若干认识误区进行一些归纳分析，并试作释答如下。

一、绿色发展对拉动当地 GDP 增长有限

江西为实现发展升级、进位赶超的目标，学习和效仿发达国家及沿海先发展地区的成功经验，优先对产业链完整和上下游产业拉动大的工业项目进行重点建设，是必要的选择；在各级地方政府及其官员的各类考核测评体系中，GDP 增长速度作为最重要的"政绩"指标之一，不能

---

①　罗海平，南昌大学中国中部经济社会发展研究中心副研究员。

不高度重视。上述认识导致部分领导干部在布局产业时片面看重对 GDP 贡献大、增长见效快的产业，而对绿色产业发展积极性不高，兴趣不大，只是在出现严重生态环境事件或受到舆论关注时，才会被动地加以应对。

生态环境恶化是伴随工业化出现的特定阶段产物，人类社会为此付出过惨重代价。20 世纪下半叶，发达国家陆续进入后工业化时代，曾经被他们视作经济社会发展首要指标——GDP 增长，逐渐被更加重要的发展目标——生态文明所替代。近三十年来，中国的经济发展成绩举世瞩目，再经过几个"五年计划"的建设，中国也将开始全面进入后工业化时代。在当前生态环境全球治理的背景下，中国已与国际社会达成碳排放目标共识，正式签署了 2030 年碳排放达到峰值的碳排放协议。根据估测，按照中国碳排放协议承诺，可以预见未来三十年，由于受能源结构调整这个经济发展最重要因素的制约影响，我国的 GDP 温和减速将成为一种新常态，盲目追求 GDP 增速已不再合时宜也不可行。只有顺应世界现代化发展的大趋势，及早对未来三十年新型发展模式谋篇布局，才能抓住机遇，扬长避短，牢牢把握工作主动权，成功实现江西的绿色崛起。应该清醒地认识到，倡导绿色发展既是省委省政府对发展战略的主动调整，也是对各级领导干部拓宽全球视野、提高执政能力与水平的重大考验。

二、绿色产业效益难以体现在财政收入中

财政收入是各级政府正常运转和行使公共权力的重要保障，有的同志常常因此在产业选择和布局时，将能否带来财政收入增加作为考核政府业绩最重要的标准；江西省的绿色产业目前还处在起步阶段，许多"绿色产品"附加值比较低，有的产品甚至很难用货币衡量产值，不能直接带来财政收入的增加；大量公共财政投入到环境治理、生态修复等工程，往往带来较重的财政负担（如赣州地区整体稀土治污费用高达 380 亿元，其费用是整个江西稀土行业年利润的 6 倍）。在此情况下，即便绿色经济符合未来发展趋势，也受到老百姓欢迎，但从政府自身利益为本位来考虑问题，认为绿色产业效益难以体现在财政收入中，以致对发展绿色经济的动力和积极性大打折扣。

一般认为，现代政府具有四项职能：经济调节、市场监管、社会管理和公共服务，以财政收入情况作为评判地方政府工作业绩的首选标准，其实是对现代政府职能的一种片面误读。从 2000 ~ 2015 年全国财政收入

增长率和 GDP 增长指数对比可以发现，我国财政收入每年的增长均严重偏离 GDP 的增长：2000～2015 年我国 GDP 年均增长 9.5%，而同期财政收入则年均增长 17.73%，在 2008 年金融危机的情况下，甚至实现了 19.5% 的增长。这种不合理状况的出现，除因我国财税制度本身存在的问题外，更与当前存在的"政府本位"政绩观密切相关。长此以往难免导致与民争利，影响居民收入和内需扩张，甚至出现产品过剩危机。不断提高公共财政收入是政府工作的重要手段，但不是现代政府最根本的目标。应该认识到，政府对社会财富"二次分配"的权力是一把双刃剑：它可以是帮助社会财富合理配置的调节器，也可能成为一些官员以权谋私的工具。因此，从现代社会治理角度而言，不宜单纯强调政府集聚、分配社会财富的强势作用，而应努力转变政府职能，使之成为保障经济可持续运行和促进社会全面协调发展的规则设计者与制度监督者，从这一执政理念出发延伸的推论必然是——"提高劳动收入在初次分配中的比重"，将社会财富更多地还于民、藏于民。发展绿色产业，需要摈弃以眼前经济利益和政府财政收入为衡量标准的思维定式，坚持人民政府为人民服务的宗旨，推进社会全面、协调、可持续发展，使老百姓和政府在绿色发展中都获得最佳收益与回报，这也是实现"中国梦"的题中应有之义。

三、绿色行业不容易吸纳新增劳动力就业

在江西省 30 多年的快速发展过程中，各类制造加工类工业企业一直是吸纳新增劳动力就业的主体，而许多环境友好、相对自由的绿色行业反不受青睐；特别是近年来，应届大学毕业生就业问题越来越引起社会广泛关注，但生态农业及旅游、养老等服务业普遍对他们缺乏吸引力。这种情况不仅与传统的就业观有关，也与各级政府对产业结构演进规律的把握和绿色发展的科学认识有关，绿色行业常常被认为单位生产要素聚集水平低、直接产出相对少，不易吸纳新的劳动力就业，因而缺乏主动引导，更缺乏制度性安排。

注重绿色经济的发展是对传统经济发展观的重大变革，认为绿色行业对就业带动不大的观点有一定的片面性：首先，绿色行业并不指其一定与非工业化环境相关，而是涵盖于第一、二、三产业的各个领域；其次，绿色产品之所以被冠以"绿色"，本质上在于它更强调追求产品的"品质"和"品位"，以满足人们个性化、高端化需求；最后，新的多样

化消费需求会产生更多新的对高科技人才、个性化人才和专业化人才的就业岗位。随着信息化社会的到来和"大众创业、万众创新"热潮的兴起，电商、众筹等新型"互联网＋"业态不断涌现，绿色经济不仅会改变人们的就业形式，更使就业与创业有机结合在一起，由此而引发深刻的观念更新和社会变革。可以预见，绿色行业将为就业者的能力素质、健康认知带来极好的提升与增益，也将成为解决就业问题最有前途的行业。

四、绿色崛起中注重技术创新而忽视制度创新

技术创新是绿色发展的重要驱动力，绿色发展相对于传统发展模式需要更多的新技术引领。但现实中存在一个较普遍的模糊认识，即能意识到也比较重视绿色发展的技术创新问题，却忽视相关的制度创新问题，认为绿色发展主要靠技术创新而与制度创新关系不大，只要有了技术创新就能确保绿色产业越做越大。这种"唯技术论"有可能使我们在绿色产业发展中达不到预期效果，甚至导致大量的投入、产能和绿色资源的浪费。

按照马克思的历史唯物主义观点，技术创新是提高生产力的关键要素，而先进的生产力要有相应的生产关系作为保障。发展绿色产业和绿色经济，必须及时把制度创新放在十分重要的位置。举例加以说明：当前，我国在风电、光电及核电等绿色能源技术上已不存在什么大的问题，但这些清洁能源占我国能源利用比重却仅有 10% 左右，完全不足以扭转依赖火电、水电为主的能源结构；更为严重的问题是，我国风电、光电还存在大量的过剩产能，特别是风电行业"弃风限风"现象十分普遍，根据估算约 1/3 的风电被白白浪费掉，与之相对应的是我国不少城市长期面临拉闸限电的困境，造成这种严重浪费现象的根本原因在于我国电网管理制度创新不足；又比如，为了减少汽车尾气排放国家对新能源电动汽车给予补贴，为了缓减城市交通问题政府倡导人们绿色出行，但减排效果都不尽如人意，为什么不能先将对新能源汽车补贴转为对自行车或电动自行车的补贴呢？这种花钱少、见效快的做法其实也是许多国家解决城市交通拥堵问题的成功经验。相比较而言，技术创新易而制度创新难，这是因为制度创新会涉及许多传统思维模式影响、固有体制羁绊和部门既得利益纠缠等问题。各级政府在推动江西绿色崛起过程中，需要坚持全面改革的精神，努力营造制度创新的良好外部环境，推进技术

创新作为源源不断的内生动力健康发展。

五、绿色经济发展不需要与子孙后代挂钩

有些同志片面理解"发展是硬道理",认为解决眼前老百姓的致富问题是"功在当代"最主要的事情,至于生态环境保护、修复和改造等"利在千秋"的事情则远水解不了近渴,因而主动抓绿色经济的意愿不强;有的领导同志认为发展绿色经济对当代人贡献不如对子孙后代贡献大,不易显出个人在岗工作的政绩,因而在制定产业规划和布局产业时,除了由中央或上级政府出资的项目,对推动绿色项目和绿色工程的积极性不高。

罗马俱乐部1972年在《增长的极限》报告中曾指出,石油等自然资源的供给是有限的,经济增长不可能无限持续下去,并提出了"零增长"发展对策。未来社会当然不会像罗马俱乐部所预测的那么悲观,事实上他们的预测也在不断为技术创新的突破所否定,但不可再生资源的过度使用、石化能源带来的全球性环境问题,必然影响发展的可持续性。人们都懂得"前人栽树,后人乘凉"的道理,每一代人其实都是后代人的受托人,在后代人的委托之下,当代人有责任保护地球环境并将它完好地交给后代人,每一代人应该为后代人保存自然和文化资源的多样性,保证下一代人能接触到隔代遗留下来的东西,保证下一代人能从前一代人手里接过来质量更好的地球。邓小平同志在谈到中国社会主义现代化发展问题时曾说过,这是一个"需要几代人、十几代人、几十代人"持续不断努力长期过程,按他的说法,一代人算25年,就算20代人,也要达到500年以上的时间。在这样一个相当长的发展过程中,我们不仅需要努力追求当代人的利益,切实解决当代人的"代内公平"问题,也必须考虑我们的后代有可资利用的各种资源、良好的生存环境和继续发展的自然空间,统筹解决"代际公平"的长远问题。中国共产党的执政使命要求每一个党员领导干部都应该有这样的全球视野、长远目光和胸怀气度,在江西的绿色崛起伟大事业中,牢牢把握发展大势,为人民群众和社会发展的长远利益,从小事做起,从自己做起,从现在做起,努力奉献聪明才智。

江西"旅游收入倍增计划"及其关键性举措

——着力提高"过夜游客"的建议

郑克强[①]　　王圣云　　吕　晞

习近平总书记高度重视江西旅游业发展，以"庐山天下悠、三清天下秀、龙虎天下绝"盛赞江西，这三句话是提振江西发展现代旅游业的极为有效的广告。抓住机遇，做好旅游产业发展的大文章，对江西绿色崛起意义重大。

一、"江西旅游收入倍增计划"的可行性分析

中国旅游业正值发展的黄金时期，江西旅游资源丰富，旅游潜力巨大，旅游市场广阔，及时推出富民、利民、惠民的"旅游收入倍增计划"，符合江西发展的实际，可以发挥优结构、扩消费、增就业、惠民生等综合功效，促进旅游与相关产业更好更快发展，是实现江西省 2020 年与全国同步建成全面小康社会十分重要的抓手。

(一) 旅游业面临大发展的黄金时期

游客闲暇时间明显增多。随着国家法定节假日的调整及亲民化，中国目前一年中约有 116 天节假日，差不多三天就有一天休假，基本达到发达国家的社会闲暇时间平均水平，逐渐使旅游成为中国人体验异地短期生活的一种现代生活方式。

人民收入水平整体提高。据国家统计局公布数据显示，2015 年中国居民人均可支配收入 21 966 元，比上年名义增长 8.9%，高于同期中国 GDP 的增速（6.9%）。其中，城镇居民人均可支配收入 31 195 元，比上年增长 8.2%，农村居民人均可支配收入 11 422 元，比上年增长 8.9%。

居民旅游消费需求日益增长。2015 年中国全国居民人均消费支出 15 712 元，城镇居民人均消费支出 21 392 元，农村居民人均消费支出

---

① 郑克强，南昌大学中国中部经济社会发展研究中心教授。

9 223 元。社会生活水平的提高使人们对旅游消费的需求日益增长，用于旅游消费的支出平均约占消费总支出的 10%；居民旅游消费品位越来越高，并逐步向享受型、多样化、高层次转变。

（二）江西旅游业提升潜力巨大

江西是旅游资源大省，近年来，江西旅游业发展呈现出激昂奋进、提力加速、大步跨越的赶超态势，旅游总收入呈指数增长，主要指标在全国稳步前移，旅游经济增速高于全国平均水平。2015 年，江西省旅游业持续保持快速发展的增长势头，接待旅游总人数 38 569.1 万人次，共实现旅游总收入 3 637.7 亿元；旅游业对江西 GDP 的贡献率为 21.75%，远高于全球范围 9.8% 的平均比例。可以预见，江西的旅游业在"十三五"时期将会有更为广阔的发展空间。

需要提及的是，江西旅游业还有新的发展契机：一是随着观光游向度假游以及团队游向散客游、自助游的转型发展，加上户外、体育等特殊旅游市场的兴起，2014 年江西游客的"团散比"为 2∶8，自由行、自驾游的旅游占总接待游客的比重超过了 50%，其中一些旅游景区的散客比例超过 90%，自驾游等旅游新业态发展迅速；二是江西高铁网络的逐步完善拓展了新的旅游市场。沪昆高铁长杭段全线通车及 2015 年京福高铁贯通后，江西有 7 个 5A 景区进入高铁沿线区域，瑞金"共和国摇篮"景区、宜春明月山景区升格为 5A 景区，鹰潭获批首批国家级旅游业改革创新先行区，以明月山—武功山—仙女湖为核心的赣西旅游板块大有形成与昌九旅游板块比肩的发展态势。旅游新业态的发展及高铁时代的到来，必然重塑江西旅游格局，旅游总人数和旅游综合收入将有更大幅度的提升。

（三）江西"旅游收入倍增计划"及其含义

根据上述分析，我们提出"江西旅游收入倍增计划"也可表述为："三年内倍增、四年过万亿、五年双翻番"。具体包括以下三层含义。

（1）计划 3 年内，即到 2018 年实现江西旅游收入倍增目标，届时旅游总收入将达到 7 500 亿元，相当于 2009 年江西全省的经济总量。

（2）争取 4 年内，即到 2019 年实现江西旅游总收入过万亿。

（3）力争 5 年内，即到 2020 年实现江西旅游总收入"双翻番"。届时，江西旅游总收入有望突破 13 000 亿元，相当于 2012 年江西全省的经济总量;江西旅游产业占 GDP 的比重将超出江西省"十三五"规划设定的三产比重预期值。

旅游总收入是指旅游接待部门(或国家、地区)在一定时期内通过销售旅游商品而获取的全部货币收入。按旅游收入的构成,可分为商品性收入和劳务性收入。商品性收入是指向旅游者提供实物形式的商品而得到的收入,包括商品销售收入(如销售各种旅游商品、生活用品、工艺品、药品、书报等)和饮食销售收入。劳务性收入是指向旅游者提供劳务服务而得到的收入,包括旅行社旅游业务费收入、住宿、交通、邮电、文娱、医疗及其他服务而得到的收入。此外,也有一些应用门票、用电量、移动用户数及周边农副产品增加值抽样调查等对旅游总收入数据进行统计校正的指标。鉴于以上估算容易造成误差,本文采用江西省统计局公布的历年旅游总收入数据进行测算。

旅游业门类复杂,涵盖第一、二、三产业,是一个全面渗透到区域经济、社会、文化、生态、政治建设的无边界的产业。尤其是通过"旅游业+",渗透各行业并与各行业融合发展,催生各种新业态,推进旅游产业转型升级。旅游业的这种综合性特征,决定了江西旅游业的规模将越来越大、作用越来越重要、前景越来越广阔。

据我们前期的研究,江西将在 2015~2020 年迎来三次产业结构优化调整的拐点,第三产业比重有望超过第二产业比重。2015 年,江西第一产业中约有 5% 左右的产值与旅游相关联,第二产业中约有 10%~20% 的产值与旅游业有直接关联,旅游业对江西第三产业的贡献率高达 56.35%。旅游业在江西现代服务业中将率先崛起,成为拉动江西经济跨越发展和提质增效的重要动力。

此外,根据旅游总人数和总收入历史数据的增幅测算可知,游客总人数每增加 1 个百分点能带动大约 1.8 个百分点的旅游收入增长。旅游业的这种乘数效应,使江西实现三年内旅游收入倍增、4 年内旅游总收入过万亿、五年内旅游总收入双翻番的"保三争四创五"计划完全可行。

二、发展"过夜游客"是实现"旅游收入倍增计划"的关键性举措

实现江西"旅游收入倍增计划"不仅需要加大硬件投入强度,完善相关政策,更需要拓宽新的发展思路。目前,江西游客存在人均消费水平低、逗留时间短等问题,是制约江西旅游发展的重要瓶颈因素。2015

年，江西旅游人均消费额为 943.16 元/人，总体低于全国均值；根据江西省公安厅治安总队对全省旅客入住登记信息的精确统计，2014 年全省旅游住宿单位共上传旅客住宿登记信息 6 763 万条，同比增长 22.45%，上升幅度较大，继续成长的空间也比较大。

旅游的本质是一种对自然景观和文化景观的体验，客人只有住下来才能挖掘附加在旅游中的文化意蕴，获得对当地生活方式的亲身感受。尤其是现在 80 后、90 后、00 后的年轻人具有自主意识，追求"说走就走的旅行"，他们到一个地方旅行不仅是要走马观花看景，还要了解当地生活和文化；不仅要自己深度体验，还要在网上与朋友家人分享。因此，我们在旅游发展的观念上需有创新，作为旅游大省，江西理应建设全国一流的旅游目的地，努力吸引更多的游客慢下来，静下来，住下来，让其身临其境，仔细考量，咀嚼品味，使他们能更深入地体味赣文化的特质，获得异地过夜的不同体验和乐趣。

2014 年，国家旅游局针对旅游统计存在的弊端和问题，发布了《关于改革完善国内旅游接待统计体系试点工作情况的通报》，形成了以住宿过夜人（天）数为核心的指标，包括"接待国内过夜游客人数""住宿单位接待国内过夜游客人数""住宿单位接待人数占国内游客人数比重""住宿单位接待国内过夜游客平均停留时间""常住居民人均接待住宿单位国内过夜游客数"以及"旅行社接待人数占国内游客人数比重"等六项主要指标的旅游评价指标体系。按新评价体系标准，"过夜游客"不再包括以往游客统计中逛庙会、游公园等"国内一日游"游客。

异地过夜的旅游才算实质意义的旅游，以住宿过夜人天数为核心基础指标，是最符合旅游实情和最合理的旅游存在。我们知道，旅游总收入＝游客人次×游客人均消费，若以"过夜游客"为核心指标，只计算在各类旅游住宿设施中过夜的游客，把"接待人天数"除以"接待人数"，就能得出游客"平均停留时间（天）"。通过游客抽样调查，得到游客人均消费的数据，便可以推测出旅游消费总量，即旅游总收入。

"过夜游客人数"和"旅游总收入"，通常被看作旅游经济发展的"晴雨表"。通过增加过夜游客平均停留时间和平均消费水平，不仅能从吃、住、行、娱、购等方面创收，而且能大大挖掘接待潜力，带动相关产业发展，促进旅游提质增效，进而促进景区周边老百姓就业，带动他们致富。目前，游客住宿虽然只占国内旅游消费 1/5 左右，但其对餐饮、文化娱乐、购物、交通、通讯等消费的带动往往是住宿费的数倍。游客的夜间消费又明显高于白天，接待 1 个过夜游客的旅游总收入约是接待"一日游"游客的 3~4 倍。

由此可见，增加过夜游客不仅可以拉动人均消费，而且能够提高以过夜游客统计的旅游人数及旅游总收入。发展江西省"过夜游客"比重，提高游客人均消费水平，成为挖掘江西省深度旅游潜力、推动江西旅游收入倍增的重要突破口。

三、发展"过夜游客"的若干对策建议

江西省很多旅游景区已逐步走过"走马观花、上车睡觉、下车拍照、停车看庙"的初级发展阶段，旅游市场正从观光型向深度行、过夜游、高端化转型，并日益与电子商务、网络营销、品牌经营、文化创意以及金融、保险等现代服务业融合。发展"过夜游客"，应该认识江西省旅游业已出现的新变化，号准其新特征、新业态、新功能的脉搏，以解决接待游客过夜住宿设施为抓手对症下药，在对现有景区宾馆客房适度扩建基础上，重点推进景区周边适用农舍的标配化建设，有计划地推出标准化过夜露营或房车集散地点，使发展过夜游客的措施更有针对性和产出效益。

1. 明确政府职责，推动群众积极投入新增条件建设

景区所在地政府要进一步转变观念和职能，少当或不直接当"运动员"，认真履行好发展过夜游客的规划设计、环境保护规则制定及日常管理监督的职责；借鉴北欧的"国家风景建设者资助法令"经验，用法律保障公共财政对农舍改造、环境绿化、管网及露营地建设的专项支出，并引导更多的民间资金投入；坚持走旅游发展的"群众路线"，积极动员组织景区周边老百姓投身发展过夜游客新增条件建设，制定相关税费减免或资金补贴政策，支持农户转型发展。

2. 进行适用房屋普查，统一制定和落实配制标准

建议由省旅发委统筹规划、由当地政府统一组织，对景区周边农舍进行一次普查工作，了解有多少闲屋可用于改造成过夜游客的住房，以摸清家底，掌握景区周边新增条件的潜力；按照国内三星级酒店标准间的住宿标准，制定统一的适用农舍改造方案，推行和落实接待用房内部设施标配化，使其具备洗浴、早餐、电视、网络服务等基本功能。对景

区周边居民房屋进行普查、评估、规划和综合改造，可学习京沪深城郊的一些成功做法，先行试点，逐步推开。

3. 加强培训，提高当地转型农户的旅游服务素质

旅游接待人员素质是表征一个地方旅游文明程度的重要窗口，引导景区老百姓通过旅游服务打通致富之路，特别是从发展过夜游客中受益，需要着力加强对景区周边转型农户旅游服务素质的培养提高。建议由省教育厅牵头、会同旅发委及各有关市县，统一部署和完善全省高职院校旅游培训基地网络，有重点、分批次培训提高景区农户的旅游服务意识、文化知识和接待技能；对转型农户的培训原则实行免费，相关学费由当地公共财政予以补贴或贷款贴息。

4. 加强管理，做好"过夜游客"安全防范等工作

发展"过夜游客"，对安全防范工作提出了新的更高要求。要发动和依靠群众，提高综合治理能力，做好风险防控：公安、气象部门要加强治安、防火、防灾及气象预报预警工作；卫生部门要做好过夜游客的健康、卫生、饮食监管；旅游部门要规划好专用露营地的配套生活设施，实现露营管理规范化；环保部门要严格垃圾处理和环境保护相关措施等等。只有做好游客过夜的安全服务和环境保护工作，江西的过夜旅游才会有口碑，并带动更多的潜在游客和回头游客。

5. 突破景区季节性限制，发展夏季和冬季过夜游

江西省东、南、西三面环山、北面敞开的地理环境，造成夏天热、冬天冷的气候特点，使江西的大多数旅游景点存在夏季与冬季游客不振的问题。延长旅游时长，打破旅游季节性瓶颈，应深度挖掘景区旅游的季节性潜力，有针对性地在夏季发展避暑、疗养旅游，冬季发展温泉、冰雪旅游，以及健身、摄影旅游等反季节项目；设计"江西历史名村游"、"江西禅宗祖庭游"、"江西民俗风情游"等有地方文化、宗教特色的过夜旅游项目和线路，弱化江西旅游发展的季节性约束。

6. 充分发挥新媒体作用，深入实施"旅游＋"战略

全力打造"旅游＋"新模式，充分发挥微博、微信等新媒体作用，做好江西省旅游网上营销，促进江西景区在社交媒体中知名度迅速提升，

争当景区中的网络"红人";建设集旅游推介、导引、展示、教育四大功能于一体的综合性旅游展示平台,凸显江西生态优势,打好"旅游 + 生态"牌,实现江西旅游资源的传播最大化,促进"旅游 + VR"发展;推动江西旅游业"大众创业,万众创新",加强与中青旅"遨游网 +",阿里巴巴"未来酒店"以及携程(去哪儿)、同程网、Uber 专车、滴滴(快的)、美团(大众点评)等合作。

"好风凭借力,送我上青云"。江西要乘习近平总书记"庐山天下悠、三清天下秀、龙虎天下绝"赞誉的东风,借力扩大"江西风景独好"的品牌影响,加快推动旅游业发展升级,争取在 3 ~ 5 年内使江西旅游业取得突破性进步,推进到一个新的高度。

江西人口老龄化特点分析与
推进老年教育的建议

郑克强① 陈 千 张 蓉

应对人口老龄化是全社会的共同责任,也是一项涉及多领域、多层面的系统工程。"十三五"时期是全面建成小康社会的决胜阶段,也是应对人口老龄化的关键时期。积极开展应对人口老龄化的行动,对于顺应今后一个时期经济社会发展形势,贯彻落实十八届六中全会精神以及国家和省委省政府的战略部署,具有十分重要的意义。根据中办、国办最近颁发的《老年教育发展规划(2016~2020年)》,本文在分析江西人口老龄化特点的基础上,提出推进江西省老年教育的若干思路及建议,供领导参考。

一、江西人口老龄化的主要特点

随着科技的发展,社会经济水平的提高,人口老龄化已成为当今社会不容忽视的课题。据统计,2015年我国60岁及以上人口达到2.22亿,占总人口的16.15%;65岁及以上人口为1.44亿人,占总人口的10.49%,预计到2020年我国60岁及以上人口将达到2.43亿。按照国际社会通行标准,一个国家或地区60周岁以上人口比重达到10%,或65周岁以上人口比重达到7%,表明这个国家或地区开始进入老龄化社会。2004年,江西省60周岁以上老年人口43 992万人,占总人口数10.27%,开始进入人口老龄化,到2013年底,全省60周岁以上老年人口达到586.52万人,占总人口数12.97%,预计到2020年全省老龄人口将超过700万人。江西的人口老龄化有着以下特点。

一是老龄化程度农村高于城市。江西系劳动力输出大省,从20世纪90年代开始,每年都有数百万农村青壮年劳动力外出打工,导致农村实际老龄人口比重相对偏高,据2010年第六次人口普查统计,全省农村60

---

① 郑克强,南昌大学中国中部经济社会发展研究中心教授。

周岁以上老年人口占农村总人口 12.49%，比城镇高出 1.51 个百分点。

二是江西老年人参保率较低。由于江西的工资水平长期处在全国后列，连带社会保障水平也相对较低，从 2010 年省人力资源和社会保障厅对全省工业园区职工参保调查情况看，养老保险参保率低于 36.5%，表明现有劳动人口参加养老保险尚未达到全省全覆盖，并可推导出已退出劳动一线的老年人参保率更低。

三是区域之间老龄化存在差异，"空巢"问题突出。南昌、萍乡、新余、鹰潭、赣州、上饶 6 个设区市的老年人口比例高于全省平均水平，最高的萍乡市与最低的景德镇市相差 1.85 个百分点。江西城镇"空巢化"现象严重，全省 60 周岁以上老年人口中，单身老人户或老年夫妇单独生活的"空巢"家庭比例为 10.17% 和 11.71%，其中城镇高出农村 4.75 个百分点，问题突出。

四是人口老龄化快于经济发展水平。发达国家进入人口老龄化社会时，人均 GDP 一般都在 5 000~10 000 美元，2004 年江西省进入老龄化社会时，人均 GDP 刚刚突破 1 000 美元，2010 年江西人均 GDP 达到 3 133 美元，经济发展仍处于较低水平，属于典型的"未富先老"。

上述情况是江西省人口老龄化的基本特征，只有认识人口老龄化这个"社会新常态"的新特征，才能寻求"十三五"期间破解难题的新动力，从而把握这一最佳时机，加快江西社会经济发展。

二、提高老年人精神生活质量的重要意义

随着养老覆盖面的拓宽和养老服务质量的提高，老年群体在物质生活有保障的前提下，精神生活需求日益增强，尤其是"失独"老人、老退伍军人、残疾老人、鳏寡老人等老年群体，他们往往拥有大量空闲时间，却很难适应并融入社会生活，因此，关注老年群体精神生活，提高老年人精神生活质量有着重要意义。

一是提高生命质量。近年来，农村老年人精神生活需求向高层次发展的趋势非常明显，特别是参与文体活动的愿望较高。江西农村实际老龄人口比重相对偏高，对老年人而言，重返社会，积极参与社会生活，能够获得新的集体生活和社会认同。老年教育可以使老年人获得愉悦的心理体验，保持乐观的情绪状态，时刻体验着"老有所乐"。因而，提高老年人精神生活质量可以陶冶老年人的情操，丰富老年人的晚年生活，焕发新的生命活力，从而提高老年人的生命质量。

二是推进基层社会治理。老年人在退休后，与社会群体逐渐疏远甚至隔离，极易产生失落感、孤独感和抑郁感。特别是一些"空巢"老人，每天封闭在自己的世界中，寂寞交织着恐惧，有的可能去世数日无人知晓，有的甚至会选择极端方式来结束生命。英国人安德鲁·斯特普托对年过 52 岁男女的社交情况、健康状况和孤独感调查研究表明，社交孤独者死亡率高出 26%。这给基层社会治理带来了严峻的压力与挑战。老年人精神生活质量的提高不仅可以丰富老年人的晚年生活，而且可以使老年群体有序地参与社会生活，从而有效疏导其障碍性心理，创建和谐社区的同时，推进基层社会治理。

三是推动文化发展。党的十八大提出了"扎实推进社会主义文化强国建设"的任务。老年人是国家文化发展的活的资源。在社会主义文化强国的发展背景之下，活到老学到老的老年人聚集在一起，组成一个团体性的学习组织，紧跟潮流，与时代同行。在这样的环境氛围中，搭建老年人娱乐、休闲、锻炼的平台，让其有参与文体活动的好处所，在提高老年人精神生活质量的同时，潜移默化地对老年人进行着教育，从而使老年人成为新文化诞生的有效力量，推动文化发展。

三、推进老年教育的几点建议

如何让老年人精神生活充实多彩，已成为一个重要的社会问题。国际上很多老年教育理论研究和实践经验表明：发展老年教育是应对人口老龄化挑战，实现健康老龄化目标的重要途径。按照中办、国办颁发的《老年教育发展规划（2016～2020 年）》要求，以各种形式经常性参与教育活动的老年人占老年人口总数的比例应达到 20% 以上。据统计，南昌市现有老年人口 80 万，但南昌目前不足 4%。因此，积极开展应对人口老龄化的行动，加快发展老年教育，是江西省当前乃至很长时间有待解决的现实问题。笔者认为，在坚持"政府主导、市场调节、优化布局、面向基层"等原则下，推进老年教育需要重点解决好以下几个问题。

一是建立健全老年人口信息库。老年教育是一项公益性的朝阳事业，要健康、稳定、持续的发展，必须走规范化建设的道路，这就需要党政重视，加强老年人信息数据库建设，建立科学的管理体制和保障机制。通过对全省老龄人口基本情况摸底排查，组成省、市两级数据齐全的老年人服务信息库，实现业务数据统一存储和相互调用，并覆盖社保、财政、卫生、住建、教育等有关部门，实现各级民政部门与同级有关单位的连线。从而在科学规划，合理布局的前提下，设立老年大学分校或辅导站，并对参加老年大学的老年人视不同情况给予一定的学费减免，以鼓励更多的老年人参加老年教育。

二是全方位搭建老年学习平台。老年教育是一项利国利民的公益事业，是老年人享受终身教育的权利，是落实"老有所为"的重要途径。不同于年轻人考试、出国、升职加薪等学习目的，老年人的学习动机主要是兴趣所致。可以设置健身广场、书画室、阅览室等老年文体活动场所，让老年因为同样兴趣和共同话题而相识相交；与此同时，还可以组织力量打造更加便捷的为老年人服务的网上平台，如适宜老龄人群使用的微信公众号等新媒体的建设和应用。随着以智能手机、Pad 为代表的移动互联设备的迅速普及，尤其是随着使用手机微信功能的老年人数迅速增加，可以培养培养一支有爱心、懂网络、负责任的高效技术队伍，专司老年人信息服务平台维护营运之职。让老年人能够和年轻人一样适应新时代的交流与学习方式，同时老年人还可根据个人兴趣、爱好和需求个性化定制学习资源，以满足不同老年人的学习需求。

三是构建多层次老年教育服务体系。围绕"老有所学"目标，为老年人提供多层次、多内容、多形式的终身学习资源和学习活动支持服务构建以社区教育、远程教育和多样化自主学习相结合的老年教育服务体系，充分发挥开放大学的系统优势，形成覆盖城乡社区的老年教育网络，利用网络学习平台为老年群体提供丰富多样的学习资源。鼓励和支持开放大学系统和社区老年学校、各级老年活动站（中心、室）结合区域内老年人口的实际需求开展面授、体验学习和自主网络学习相结合的多种学习服务。鼓励和支持社会文化教育机构以及各类老年社团依托其已经形成的组织网络，更大范围地开展内容丰富、形式多样的老年教育活动。鼓励和支持社区老年活动站（中心、室）组织老年人社区活动、邻里活动、短期学习活动等。鼓励和支持老年人居家自学。

中部大事记

(2016. 1 ~ 2016. 12)

1. 1月4~5日，新年伊始，中共中央政治局常委、国务院总理李克强在山西省委书记王儒林、省长李小鹏陪同下，在太原考察。

李克强希望山西全面贯彻落实中央经济工作会议精神，以新的发展理念和良好的工作状态，攻坚克难，顶住压力促调整，在加快结构性改革中实现升级发展。

2. 1月7日，中共中央总书记、国家主席、中央军委主席习近平5日在重庆召开推动长江经济带发展座谈会，听取有关省市和国务院有关部门对推动长江经济带发展的意见和建议。他强调，长江是中华民族的母亲河，也是中华民族发展的重要支撑。推动长江经济带发展必须从中华民族长远利益考虑，走生态优先、绿色发展之路，使绿水青山产生巨大生态效益、经济效益、社会效益，使母亲河永葆生机活力。中共中央政治局常委、国务院副总理、推动长江经济带发展领导小组组长张高丽出席座谈会并讲话。

习近平在重庆调研期间召开这次座谈会，就推动长江经济带发展听取上海、江苏、浙江、安徽、江西、湖北、湖南、重庆、四川、贵州、云南党委主要负责同志和国务院有关部门负责同志的意见和建议。座谈会上，重庆市委书记孙政才、上海市委书记韩正、湖北省委书记李鸿忠、国家发展改革委主任徐绍史、环境保护部部长陈吉宁等5位同志发言。在听取大家发言后，习近平发表重要讲话。

3. 1月31日，作为一个国际性、专业性的汤显祖学术研究高端平台及全员聘任制学术研究机构，抚州汤显祖国际研究中心正式成立。汤显祖（1550~1616），明代著名戏曲家、文学家，江西临川（今抚州）人，有"东方的莎士比亚"之称，其戏剧作品《牡丹亭》《紫钗记》《南柯记》和《邯郸记》合称"临川四梦"，被视为世界戏剧艺术的珍品，至今在中外舞台上盛演不衰。他也成为中外文学界和戏剧史界重要的研究对象。

抚州市委书记肖毅说，创建抚州汤显祖国际研究中心的目的，是聚国内外相关研究机构和专家学者及各界人士之智，加强对汤显祖的纪念、研究和宣传工作，把抚州打造成国际性的汤显祖研究中心、文献资料中心，进一步推动汤显祖影响全国，走向世界，推动中西方文化的互动交流与发展繁荣，提升临川文化和"汤翁故里"抚州的国际知名度和影响力。他介绍，2016年是汤显祖逝世400周年，该市将举办中国（抚州）汤显祖艺术节、汤显祖研究国际高峰学术论坛等一系列活动，并将出版《20世纪汤显祖研究史》《20世纪汤显祖研究论文精粹》等文化著作。

据悉，此次成立的抚州汤显祖国际研究中心，主要任务是开展课题研究和学术研讨活动，创办汤学刊物、网站，加强对外交流合作，收集整理汤学史料，出版专著译著等。中国戏曲学会汤显祖研究分会会长周育德表示，这将意味着"汤学"研究踏上了新的起点。

4. 2月1~3日，习近平总书记赴江西考察调研。人们看到，总书记的行程中有一项重要内容是走进贫困村、了解扶贫开发工作。在一个贫困户家里，他说："我们国家是人民当家做主，包括我在内，所有领导干部都是人民勤务员。"简单一句话，温暖无数人。

2016年，是全面建成小康社会决胜阶段的开局之年。临近春节，扶贫加力。2月1日，支持革命老区开发建设的指导意见发布，对今后5年老区脱贫攻坚提出要求、明确任务并作出部署。同一天，总书记来到井冈山革命老区。革命老区很多都是贫困地区，是扶贫工作的短板。把这两件事放在一起，人们更加可以感到中国共产党鲜明的为民立场，感受到习近平总书记真挚的爱民情怀。

考察期间，习近平在南昌亲切接见驻赣部队师以上领导干部和建制团单位主官，同大家合影留念，并发表重要讲话。习近平代表党中央和中央军委，向驻赣部队全体官兵致以诚挚问候。他强调，要以党在新形势下的强军目标为引领，深入推进政治建军、改革强军、依法治军，坚持用井冈山精神等革命传统铸魂育人，教育引导广大官兵坚决听党的话、跟党走，坚决听从党中央、中央军委指挥。要积极支持老区脱贫攻坚，推动军民融合深度发展，为全面建成小康社会、推进强军兴军伟大事业作出新的更大贡献。

王沪宁、范长龙、栗战书和中央有关部门负责同志陪同考察，分别参加有关活动。

5. 2月1日，湖北省博物馆进驻百度百科数字博物馆，提供100件数字化藏品，分别在馆藏精品、青铜器、金玉器、漆木器四个线上分馆展出，全年免费开放。

观众可以通过线上的图文展示、音频讲解、实境模拟等对藏品进行细致了解。以曾侯乙编钟为例，观众可以在电脑前360度全方位欣赏钟体结构，品鉴铭文，比对每件合瓦形钟的音色，以及聆听由此套编钟演奏的《楚商》《春江花月夜》《东方红》等名曲。

6. 2月21日，江西完成全省湿地一张图绘制，并划定了省内各地湿地面积保有量和全省湿地生态保护红线，成为全国首个建立全省湿地资源综合数据库省份。

据了解，江西是长江中下游地区湿地资源较为丰富的省份之一，按照相关规定，江西湿地主要包括湖泊、河流、库塘、沼泽和泥炭湿地，总面积达91.01万公顷（不含水稻田），占全省国土面积的5.45%。目前，江西在对全省13 495块湿地斑块调查的基础上，完成全省湿地规划一张图的绘制工作。

7. 2月26日，国务院副总理汪洋近日在湖北专题调研易地扶贫搬迁工作。他强调，易地扶贫搬迁是解决一方水土养不了一方人问题的根本之策，是脱贫攻坚的重点和难点所在。要认真贯彻落实党中央、国务院决策部署，坚持因地制宜，科学规划，创新机制，精准实施，保质保量做好搬迁脱贫工作，确保贫困群众"搬得出、稳得住、能致富"，为打赢脱贫攻坚战奠定坚实基础。

湖北省十堰市地处秦巴山集中连片特困地区，集老、少、山、穷、库于一体，因生存条件恶劣、生态环境脆弱需要搬迁的贫困人口较多。24～26日，汪洋来到郧西县丁家湾、唐家坪等扶贫搬迁工程建设现场，深入安置小区和搬迁贫困户家中，详细询问群众生产生活情况和搬迁工作进展，并召开座谈会听取进一步做好易地扶贫搬迁工作的意见和建议。

汪洋充分肯定湖北省推进脱贫攻坚、特别是易地扶贫搬迁取得的进展。他强调，易地扶贫搬迁时间紧、任务重、难点多，是一项复杂的系统工程，各地要吃透政策，主动作为，抓紧抓早，扎实推进。要制定完善工作规划，瞄准建档立卡贫困户，明确搬迁对象，科学选择安置方式，妥善解决好贫困群众后续生产生活问题。要尽快建好易地扶贫搬迁工作平台，健全工作机制，落实项目资金来源和信贷资金还款渠道，统筹考虑建房投资、基础设施和公共服务配套以及后续产业支持的需要，管好用好资金。要量力而行，因户施策，合理确定建设标准，坚决防止贫困户因搬迁大量举债，防止因搬迁拖延脱贫进程，做到搬迁一户脱贫一户。要重视搬迁后的帮扶措施，做到"挪穷窝"与"换穷业"并举、安居与乐业并重、搬迁与脱贫同步。各地区要积极探索创新，着力破解工作中遇到的各种难题，确保易地扶贫搬迁有力有序推进。

8. 3月23~26日，中国中部（郑州）国际装备制造业博览会暨第18届中原国际装备制造业博览会（CCEME 2016郑州展）在郑州国际会展中心举行。

本届展会共吸引来自全球19个国家和地区的国内外知名企业踊跃参展，万余件各式设备亮相，展出总面积将超过42 000平方米。作为中国中部创办时间最早、规模最大的工业系列展，CCEME一直依据行业和市场变化不断创新，与中部工业共同成长。CCEME 2016郑州展全新启航，为您带来以下看点。

伴随《中国制造2025》的发布，智能制造成为中国工业的转型和升级的核心。《促进中部地区崛起规划（2016~2025年）》，"十三五"发展规划相继发布，使中部工业再度迎来政策利好，CCEME 2016郑州展紧跟国家政策、行业趋势，把握市场需求，细分产业板块，划分六大主题展区：机床及工模具、工业控制自动化及仪器仪表、动力传动与控制技术、工业机器人及智能装备、五金机电、焊接与切割技术设备，为中部工业提供一个商务合作平台。

在CCEME 2016郑州展上，千余家名企集中展示，其中具有代表性的企业包括乔阳、纽威、国盛、丽伟、凯柏、捷程、泽成等机床企业，大族、博奥、楚天激光、庆源等激光名企，日本三丰、德国普威特、中国台湾万事达、中国台湾正河源、珠硬、山特维克、京瓷等工量刃具名家，同时还有上银、索诺天工、三菱自动化、欧申、业之峰、捷豹空压机、阿尔泰、赛普电气、广原、图灵、金石、天源、乔扬等传动、自动化、机器人企业，堪称中部工业一年一度的盛事！

CCEME 2016郑州展与行业协会、高等院校、专家教授、国内外知名企业携手打造中原最具专业性的活动会议，主题为《河南省铸造学科及铸造行业发展报告》发布会、河南省特种加工技术报告会、河南省机械工程学会六届五次理事扩大会、"超硬材料工具先进制造技术＋供给侧创新"高端学术沙龙暨河南省机械工程学会超硬材料工具专业委员会，从国家政策和战略、全球市场到行业发展、技术创新，现场交流、研讨，共同促进中部工业发展。

9. 3月24日，安徽省当涂县"天子坟"东吴墓考古发掘近日取得阶段性成果，目前已出土包括大量金饰和龙形器物在内的众多文物。根据已掌握信息，基本可以定位为王侯级大墓。该墓的发掘和重要发现对于我国六朝考古学研究具有重要价值，目前，发掘工作仍在持续进行中。

据了解，该墓葬已发掘面积263平方米，墓道、墓门、甬道、前后室局部轮廓已基本暴露出来，出土文物有掐丝桃形金吊坠、十字形金饰、龙形金饰、龙戏金蟾金饰、蝉形金饰、掐丝蟾形金饰、掐丝狮形金饰、金质"飞天"人像、"大吉"人面形金饰、金叶、柳叶形金片、银质人面兽身像、鎏银辅首、铜质胡人骑兽、龙首形铜饰、琉璃串珠等，做工考究，形制精美。

安徽省文物考古研究所有关负责人表示，根据该墓葬的规模、出土文物等，推测"天子坟"东吴墓规格极高，墓主身份显赫，基本可以定位为王侯级大墓，不排除史料记载的吴太宗景皇帝孙休（孙权的第六子）墓的可能，最终确定尚需进一步考古发掘出土文物证据支撑。

"天子坟"东吴墓位于安徽省当涂县姑孰镇。1988年，马鞍山市政府公布其为市级文物保护单位。为防止该墓再次被盗掘，经报请国家文物局批准，2015年11月27日开始，安徽省文物考古研究所会同马鞍山市文物局、当涂县文物管理所对该墓进行抢救性考古发掘。

10. 3月31日~4月1日，中共中央政治局常委、国务院副总理张高丽在湖南调研，了解经济运行、棚户区改造、供给侧结构性改革、大众创业万众创新等情况。张高丽实地考察了株洲市南岳岭、上月塘棚户区改造项目；到清水塘老工业基地了解高污染高耗能企业关闭退出情况；到中车株洲电力机车有限公司和株洲电力机车研究所，调研湖南省帮助企业转型升级情况；到中南大学察看师生创新创业成果展示和医学大数据协同创新中心。1日上午，张高丽主持召开经济形势座谈会，湖南省和有关地（市）人民政府负责人及有关省直部门负责人、部分企业负责人参加会议。调研中，张高丽充分肯定了湖南经济社会发展取得的新成绩。

张高丽表示，今年是全面建成小康社会决胜阶段的开局之年，也是推进结构性改革的攻坚之年。当前，我国经济运行总体平稳、稳中有进、稳中有好，但经济下行压力较大，风险挑战较多。要深入学习贯彻习近平总书记系列重要讲话精神，按照中央经济工作会议和《政府工作报告》的部署，坚持以创新、协调、绿色、开放、共享的发展理念引领发展，实行宏观政策要稳、产业政策要准、微观政策要活、改革政策要实、社会政策要托底的总体思路，在适度扩大总需求的同时，着力加强供给侧结构性改革，促进经济平稳健康发展和社会和谐稳定，确保实现"十三五"良好开局。

张高丽强调，我国正处在工业化、城镇化进程中，改革动力强，内需空间大，发展有韧性，创新有手段，希望大于困难，必须坚定信心，主动作为，攻坚克难，狠抓落实。要着力保持经济运行在合理区间，推动经济实现中高速增长、迈向中高端水平。要着力推动供给侧结构性改革，积极稳妥化解产能过剩、处置"僵尸企业"。要着力实施创新驱动发展战略，推进大众创业万众创新，推动发展新经济、培育新动能。要着力采取精准有效措施，防范化解风险隐患，坚决守住不发生系统性区域性风险的底线。要着力推进以人民为中心的发展，想人民之所想，急人民之所急，切实做好保障改善民生工作。

张高丽希望湖南充分发挥处于东部沿海地区和中西部地区过渡带、长江开放经济带和沿海开放经济带结合部的区位优势，在全面融入国家发展战略中推动发展再上新台阶；大力推动创新发展和产业转型升级，加快从制造大省转向制造强省；统筹城乡区域协调发展，在加强薄弱环节中增强发展后劲；深入推进"两型社会"建设，推动绿色低碳发展；着力补齐民生短板，促进社会和谐稳定；坚决打好脱贫攻坚战，尽快改变贫困地区面貌，建设富饶美丽幸福新湖南。

11. 4月8日，由河南省人民政府、中国人民对外友好协会主办，河南省人民政府外事侨务办公室、河南省人民对外友好协会、海外交流协会共同承办的2016河南国际友好城市经贸合作洽谈会今天在郑州举行。

洽谈会以"城市连接友谊，产业推动合作"为主题，以专题推介、产业对接、项目洽谈签约为主要内容，邀请国际友好城市政府和企业界代表、外国驻华使领馆官员、国外知名商协会代表、华侨华人社团代表、部分跨国公司及境外知名企业高管等参会，涉及欧洲、美洲、中亚、西亚、非洲等地区30多个国家。

12. 4月15~16日，国务院副总理汪洋在河南省调研农业农村工作。他强调，农村天地广阔，农业潜力无限，是大众创业万众创新的新空间。要进一步完善政策，加大支持力度，鼓励各类人才到农村创新创业，推进农业结构调整，促进农业与二、三产业融合发展，不断推动农业稳定发展农民持续增收。

汪洋先后考察了洛阳市孟津县草莓种植合作社、农业观光休闲采摘一体化企业和伊川县"互联网＋农业"大学生返乡创业项目。他指出，大中专毕业生、农村外出务工经商人员等，文化水平较高，不少经受了市场的熏陶和工业化生产训练，要积极引导他们返乡发展现代农业，将先进科学技术和生产方式、现代经营理念和产业发展模式引入农业，推进农业结构优化调整，提高农业质量效益和竞争力。要大力发展农业产业化经营，增加市场紧缺、附加值高的农产品生产，延长产业链条，促进产加销紧密衔接，推动农业与旅游、教育、文化、健康养老等产业深度融合，打造繁荣农村、富裕农民的新兴支柱产业。要积极探索以订单农业、土地入股、股份合作等多种形式，建立和完善农民分享加工、销售环节增值收益的机制，国家相关支持政策要与之挂钩，多渠道增加农民收入。

汪洋还来到嵩县伊龙易地扶贫搬迁社区，详细了解搬迁群众生产生活情况。他强调，易地扶贫搬迁是贫困人口摆脱贫困的重大措施。要紧紧围绕脱贫目标，科学规划，精心组织，稳步推进。要严格控制搬迁住房建设面积和标准，防止贫困户因搬迁而增加负债。坚持住房搬迁与后续产业发展统筹考虑，确保搬得出、稳得住、能就业，做到搬迁一户脱贫一户。

13. 4月17日，江西省银监局、国税局、地税局近日组织全省21家银行机构签订"银税互动"战略合作协议，标志着江西实现了省级商业性银行机构"银税互动"的全覆盖。江西各市县4月底前将完成银税战略合作签约，届时将在全国率先完成"银税互动"机构和地区双覆盖。

通过"银税互动"，使纳税信用成为小微企业的信用资产，增加了纳税信用的"含金量"，既能提升小微企业贷款的可得性，又能彰显诚信纳税的示范作用和激励作用。目前江西已基本建立"银税互动"工作联系机制，先后有9家银行业金融机构与税务部门开展合作，累计发放银税合作贷款13.5亿元，惠及小微企业300多户，取得初步成效。

14. 4月17～20日，张德江率全国人大常委会执法检查组先后到襄阳、武汉开展执法检查。在蔬菜生产基地、育种研发机构，张德江同种植农户、技术人员亲切交谈。他指出，食品安全要关口前移，从源头抓起，严格控制农药、兽药、饲料、化肥等农业投入品使用，强化科技对保障安全的支撑作用，切实做好食用农产品的源头防控。在农贸市场、食品生产经营企业、餐饮经营单位，张德江深入了解食品安全责任制和全程监管制度落实情况。他强调，安全是食品企业的生命线，广大生产经营者要增强食品安全责任心，依法做事、诚信立足，认真履行食品安全法定义务，提供放心食品。在湖北省食品药品监督检验研究院、宜城市综合检验检测中心，张德江仔细询问食品添加剂、农药残留、微生物等食品检验情况。他指出，要提高食品检验能力，整合检验资源，规范检验活动，公正、客观开展检验，增强检验的时效性、准确性。

检查期间，张德江在襄阳召开基层贯彻落实食品安全法座谈会，在武汉主持湖北省贯彻实施食品安全法工作情况汇报会。他指出，新修订的食品安全法，创新食品安全治理理念，确立了预防为主、风险管理、全程控制、社会共治的基本原则，严格了食品安全监管制度，为做好食品安全工作构筑了坚实的法律基础。他强调，要贯彻好实施好新食品安全法，把法律规定的义务、职责和责任落实到位。要强化食品生产经营者主体责任，督促企业严格依法按标准从事食品生产经营活动，加强生产经营过程控制，努力实现源头能追溯、生产有记录、信息可查询、流向应跟踪、责任必追究。要依法履行监管职责，完善统一权威的食品安全监管体制，健全工作机制，密切部门协同，因地制宜推进基层监管队伍和监管能力建设，着力抓住突出问题和薄弱环节加大监管治理力度。要加强食品安全制度建设，进一步健全配套法规、规章和标准体系，强化食品安全工作保障，构建严密高效、社会共治的食品安全治理体系。

15. 4月23~26日，中共中央政治局委员、中央书记处书记、中宣部部长刘奇葆在河南调研时强调，要深入学习贯彻习近平总书记系列重要讲话精神，挖掘好、传承好、弘扬好优秀传统文化，推进创造性转化、创新性发展，推动文化资源优势向文化发展优势转变，增强文化整体实力和竞争力。

调研期间，刘奇葆来到郑州、安阳、许昌、南阳等地，深入农村、企业、社区和宣传文化单位，考察新闻宣传、文艺出版、基层公共文化服务、文物保护利用等工作，与基层干部群众座谈交流。

刘奇葆强调，要把学习宣传贯彻习近平总书记系列重要讲话精神作为重大政治任务，按照中央"两学一做"学习教育的安排部署抓好全体党员的学习，持续深入地开展面向基层的宣传宣讲。要切实做好党中央治国理政新理念新思想新战略重大主题宣传，更好地用党的理论创新成果武装全党、教育人民。

刘奇葆强调，要深入学习贯彻习近平总书记党的新闻舆论工作座谈会、网络安全和信息化工作座谈会重要讲话精神，坚持党管媒体原则，坚持正确政治方向，创新宣传手段，进一步做强主流舆论。要把经济宣传摆在更加突出的位置，准确宣传阐释经济发展新常态、新发展理念和供给侧结构性改革，有效引导经济社会热点，唱响中国经济光明论，为实现决胜全面小康良好开局提供有力舆论支持。要深入推进媒体融合发展，建好融媒体中心这个"中央厨房"，实现新闻信息一次采集、多种生成、多元传播，形成与之适应的运行和管理体制机制。

刘奇葆指出，河南是文化资源大省，要紧紧抓住优秀作品创作生产这个中心环节，以增强原创、提高质量为根本，推出更多精品力作，推动文艺创作由"高原"向"高峰"迈进。要把振兴戏曲艺术作为一项重要工作抓紧抓好，落实国家支持戏曲传承发展若干政策，通过政府购买服务等方式推动戏曲进校园进农村，推动戏曲的繁荣发展，满足群众的文化需求。要结合国家脱贫攻坚战略，统筹城乡文化设施建设，引导各种资源向贫困地区倾斜，推动实现基本公共文化服务标准化均等化。

16. 4月25日，中共中央总书记、国家主席、中央军委主席习近平在安徽凤阳县小岗村主持召开农村改革座谈会并发表重要讲话。他强调，中国要强农业必须强，中国要美农村必须美，中国要富农民必须富。要坚持把解决好"三农"问题作为全党工作重中之重，加大推进新形势下农村改革力度，加强城乡统筹，全面落实强农惠农富农政策，促进农业基础稳固、农村和谐稳定、农民安居乐业。

习近平强调，改革开放以来农村改革的伟大实践，推动我国农业生产、农民生活、农村面貌发生了巨大变化，为我国改革开放和社会主义现代化建设作出了重大贡献。这些巨大变化，使广大农民看到了走向富裕的光明前景，坚定了跟着我们党走中国特色社会主义道路的信心。对农村改革的成功实践和经验，要长期坚持、不断完善。

习近平指出，当前，农业还是现代化建设的短腿，农村还是全面建成小康社会的短板。全党必须始终高度重视农业、农村、农民问题，把"三农"工作牢牢抓住、紧紧抓好，不断抓出新的成效。解决农业农村发展面临的各种矛盾和问题，根本靠深化改革。新形势下深化农村改革，主线仍然是处理好农民和土地的关系。最大的政策，就是必须坚持和完善农村基本经营制度，坚持农村土地集体所有，坚持家庭经营基础性地位，坚持稳定土地承包关系。要抓紧落实土地承包经营权登记制度，真正让农民吃上"定心丸"。

习近平强调，完善农村基本经营制度，要顺应农民保留土地承包权、流转土地经营权的意愿，把农民土地承包经营权分为承包权和经营权，实现承包权和经营权分置并行。这是农村改革又一次重大制度创新。放活土地经营权，推动土地经营权有序流转，政策性很强，要把握好流转、集中、规模经营的度，要与城镇化进程和农村劳动力转移规模相适应，与农业科技进步和生产手段改进程度相适应，与农业社会化服务水平提高相适应。要尊重农民意愿和维护农民权益，把选择权交给农民，由农民选择而不是代替农民选择，可以示范和引导，但不搞强迫命令、不刮风、不一刀切。不管怎么改，都不能把农村土地集体所有制改垮了，不能把耕地改少了，不能把粮食生产能力改弱了，不能把农民利益损害了。

习近平指出，深化农村改革需要多要素联动。要在坚持和完善农村基本经营制度的同时，着力推进农村集体资产确权到户和股份合作制改革，加快构建新型农业经营体系，推进供销合作社综合改革，健全农业支持保护制度，促进农业转移人口有序实现市民化，健全城乡发展一体化体制机制。

习近平强调，加快农村发展，要紧紧扭住发展现代农业、增加农民收入、建设社会主义新农村三大任务。发展现代农业，要在稳定粮食生产、确保国家粮食安全基础上，着力构建现代农业产业体系、生产体系、经营体系，加快构建职业农民队伍，形成一支高素质农业生产经营者队伍。增加农民收入，要构建长效政策机制，通过发展农村经济、组织农民外出务工经商、增加农民财产性收入等多种途径，不断缩小城乡居民收入差距，让广大农民尽快富裕起来。在政策上，要考虑如何提高粮食生产效益、增加农民种粮收入，实现农民生产粮食和增加收入齐头并进，不让种粮农民在经济上吃亏，不让种粮大县在财政上吃亏。建设社会主义新农村，要规划先行，遵循乡村自身发展规律，补农村短板，扬农村长处，注意乡土味道，保留乡村风貌，留住田园乡愁。要因地制宜搞好农村人居环境综合整治，创造干净整洁的农村生活环境。

习近平指出，农村稳定是广大农民切身利益。农村地域辽阔，农民居住分散，乡情千差万别，加强和创新社会管理要以保障和改善民生为优先方向，树立系统治理、依法治理、综合治理、源头治理理念。要形成农村社会事业发展合力，努力让广大农民学有所教、病有所医、老有所养、住有所居。要推进平安乡镇、平安村庄建设，开展突出治安问题专项整治，引导广大农民自觉守法用法。

习近平强调，党管农村工作是我们的传统，这个传统不能丢。各级党委要加强对"三农"工作的领导，各级领导干部要多到农村走一走、多到农民家里看一看，了解农民诉求和期盼，化解农村社会矛盾，真心实意帮助农民解决生产生活中的实际问题，做广大农民贴心人。要把农村基层党组织建设成为落实党的政策、带领农民致富、密切联系群众、维护农村稳定的坚强领导核心。

17. 5月13日，为期三天的第六届中西部IT产品博览会在郑州国际会展中心拉开帷幕。2015年，展会以"聚志同道合，赢智慧中原"为主题，国内IT巨头纷纷亮相。2016年如期吸引了安防、智能家居、视听、多媒体、数码影像等各大行业知名品牌前来参展。作为无线呼叫行业首选品牌的迅铃，无疑成为众多品牌中的一大亮点。

中西部IT产品博览会自2011年创办以来，凭借多方的大力支持，迅速在行业展会中脱颖而出，为中西部地区IT行业搭建崭新高效的新产品发布、展示、采购、洽谈、合作平台，真正成为"中西部IT行业的风向标"。随着甲方乙方"立足中原，有效辐射全国"大方向的确定，中西部IT产品博览会也全面升级，成为行业人士进行渠道拓展与优化、品牌推广、交易达成、获取一手市场资讯及探讨行业发展契机的年度盛会。中西部IT产品博览会还将拓展中西部客户群体，以及利用甲方乙方18年专注IT行业的积累的客户资源，为参展商及买家提供卓越的商业价值。

18. 5月22~24日，中共中央政治局常委、全国政协主席俞正声先后来到南阳、郑州等地，深入市场、学校和宗教场所，并多次主持召开座谈会，考察了解基层宗教民族工作情况。俞正声强调，要认真学习贯彻习近平总书记系列重要讲话精神和全国宗教工作会议精神，深入贯彻落实党中央关于民族宗教工作的大政方针，全面提高新形势下民族宗教工作水平，切实促进民族团结宗教和谐，为实现"两个一百年"奋斗目标和中华民族伟大复兴的中国梦广泛凝心聚力。

19. 5月23~24日，中共中央政治局常委、国务院总理李克强在湖北省委书记李鸿忠、省长王国生陪同下，在十堰、武汉考察。

在十堰东风重卡车间，李克强仔细察看装配检测生产线和"双创工作室"，深入了解企业深化改革、调整结构、技术创新等情况。他说，要增强紧迫感，坚定不移深化国企改革，激发市场活力，让企业真正成为市场主体。着力推进"瘦身健体"，坚持有进有退、有所为有所不为，下决心解决产业分布过广、管理层级过多等结构性问题，提高资源配置效率。着力增强自主创新能力，进一步做优主业，下力气退出一批不具发展优势的非主营业务，提高全要素生产率和核心竞争力。他还看望了参加二汽初建的离退休老同志，叮嘱要保障好他们的生活。李克强对十堰市近几年在二汽总部搬迁后通过努力实现多元发展予以肯定。他说，老工业基地、资源型城市都要立足改革开放，跳出自己原有的"一亩三分地"，积极培育新经济、新动能，拓展新的发展空间，依靠创新走出一条转型升级的新路子。

在武汉钢铁集团公司，李克强详细了解企业生产经营情况，并与公司管理层和工人代表商议企业化解过剩产能和脱困发展对策。他说，化解过剩产能是供给侧结构性改革的重要任务，要坚决减去低效无效落后产能。这个月国务院有关部门已经与各地签订了新一轮化解过剩钢铁、煤炭产能责任书，要切实落实到位。探索多种方式有效降低企业杠杆率，减轻债务负担。特别是各级党委和政府要帮助企业做好富余人员安置工作，力争做到转岗不下岗、转业不失业，确有困难的由社保兜底。企业要发挥主体作用，敢于先行先试，顶住转型阵痛，赢得新的发展。

李克强来到武汉东湖自主创新示范区，了解光谷建设、新经济培育、支持创新政策落实等。得知武汉市高新技术产业、现代服务业等新动能占经济总量的比重已经超过60%，他说，培育新动能和改造提升传统动能可以融合发展，能够增加大量就业岗位，也为化解钢铁、煤炭过剩产能创造条件。要在简化审批、营造环境、贴心服务上多出实招，形成对人才、资本、技术等创新要素的磁吸效应，促进新经济加快成长。他还来到武汉新芯集成电路制造公司考察，鼓励他们加强技术研发和产品设计，不断完善高新技术企业有效管理模式，制造更多符合国人需求的产品，并努力在全球核心技术竞争中占领一席之地。

李克强走进十堰市民服务中心，询问"放管服"改革落实情况。他强调，要真正做到一个窗口办事、一站式办结，坚决杜绝群众和企业到窗口办理后还需再到部门"跑腿"。同时不断探索有效监管经验，为企业创造公平竞争环境。

李克强还来到十堰农村商业银行，了解营改增后金融企业税负变化。他说，营改增改革的出发点是为企业减负、让利于民、规范税制，要确保包括金融业在内的各行业税负整体只减不增。政府部门要主动服务金融企业，避免税负增加转嫁给实体经济特别是小微企业。

李克强还来到武汉CBD地下综合管廊施工现场，详细了解工程建设进展。他说，地下基础设施是开发和用好地下资源的重要载体，也是巨大内需潜力所在。要围绕提高新型城镇化质量，像地上工程一样，严格标准，精心建设地下设施等"里子"工程。要创新机制，更多吸引社会资金投入，在"补短板"中带动扩大有效投资，促进稳增长调结构惠民生。

李克强充分肯定湖北近年来经济社会发展取得的成绩。希望湖北发挥自身优势，在创新发展和动能转换上走在前列，挺起长江经济带的脊梁，打造内陆地区新一轮改革开放新高地，在全国发展大局中更好发挥战略支撑作用。

20. 6月5日，"中国华侨国际文化交流基地"揭牌仪式在位于河南省安阳市的中国文字博物馆举行。中国侨联副主席康晓萍出席仪式。据了解，该馆成为全国首批27个中国华侨国际文化交流基地之一。"中国华侨国际文化交流基地"是经侨联组织正式确认的承载中华文化、富有侨的特色、广大侨胞向往、社会广泛好评，专注于弘扬中华优秀文化、促进中外文化交流的各类文化场所，是侨联组织合力开展海内外文化交流活动的重要平台。

康晓萍表示，希望中国文字博物馆充分发挥文化交流基地平台作用和资源优势，以"侨与中国梦"为主题，以中华文化为核心，以民族文化、地域文化为特色，以华侨为纽带，组织开展丰富多彩的文化活动，以文化聚侨心、引侨力、促发展。

21. 6月5日，中国中部国际产能合作论坛暨企业对接洽谈会在武汉成功举办。会上，中部六省与多国签约28个优质产能"走出去"项目，签约金额高达79.33亿美元。大会共有2 000余名中外各界代表参会，其中包括来自72个国家的1 140名企业代表、55名经济组织代表，35名外国机构代表和22个国家的媒体代表等。这批签约项目，涉及新能源、节能环保、生物医药、高新技术、基础设施、物流等领域，部分项目填补了项目落地国的产业空白。随着华中地区大批优势企业加快"走出去"步伐，越来越多的"中国造"贴上中部标签。中国国家发展和改革委员会主任徐绍史表示，华中六省区位优势明显，产业基础雄厚，中国启动实施促进中部地区崛起战略以来，华中地区经济社会发展取得显著成就。中国外交部副部长王超认为，华中六省作为中国重要的粮食生产基地、能源材料基地、装备制造业基地和综合交通枢纽，产业合作空间广阔。

22. 6月20日，国家自主创新示范区再添"新军"。福（州）厦（门）泉（州）及合（肥）芜（湖）蚌（埠）国家高新区建设国家自主创新示范区，正式获国务院批复同意。至此，国家自主创新示范区规模已扩大到了 16 个。专家指出，近来，我国加快了国家自主创新示范区的建设，这契合了当前我国经济转型升级对于创新的强烈需求，在这一过程中，东中西部的全面布局及区别发展，将有助于推动我国经济中创新元素的更快发展。同时，我们应充分把握这样的机遇，利用创新不断提高我国经济"含金量"。

中国人民大学财政金融学院副院长赵锡军在接受本报记者采访时说："国家自主创新示范区对推动市场主体及体制机制创新有着显著的作用，这正好契合了我国经济对于创新的强烈需求。当前，我国经济正处于结构调整和发展模式转变时期，很多市场主体及不同区域都有着转型升级的需求，在这样的背景下，我国加快布局国家自主创新示范区是顺势而为，既可以实现体制机制的创新，又可以为市场主体的创新提供引导。"

数据显示，相比于 2009~2014 年的 6 年内设立 5 个示范区，去年至今，不到两年时间里，已经有 11 个示范区获得批复同意设立，包括 2015 年的长株潭、天津、成都、西安、杭州、珠三角 6 个示范区，还有今年的郑洛新、山东半岛、辽宁沈大、福厦泉及合芜蚌 5 个示范区。打造区域创新示范引领高地已成为重要方向，而中西部区域的创新发展则不容忽视。科技部副部长阴和俊表示，推进国家自主创新示范区建设要注重把握突出"东转西进"布局设想，既促进东部地区率先转型升级，又推进中西部地区创新发展。

23. 6 月 22~24 日，中共中央政治局委员、中央统战部部长孙春兰到湖北调研。她强调要重视加强基层统战工作，抓好党外知识分子工作，确保党中央关于统一战线一系列重大决策部署在基层落到实处、见到实效。

孙春兰考察了柏斯音乐集团、南玻显示器件有限公司、光谷展示中心、武汉高德红外股份有限公司、人福医药集团股份公司，了解企业创新创造情况；深入武汉大学、百步亭社区、武汉市委统战部驻东湖高新区联络站，调研基层统战工作开展情况。其间，召开两场座谈会，分别听取加强基层统战工作和党外知识分子统战工作的意见建议。

孙春兰充分肯定了湖北在加强基层统战工作方面取得的成绩。她指出，区县统战部门是贯彻中央大政方针的"终端"，要抓好中央关于统一战线重要会议和文件精神的再学习再领会，分领域、分专题集中研究，吃透精神实质，领会政策要求，把握原则方法。要坚持有所为、有所不为，抓好基层统战工作的重点任务，着力做好非公有制经济领域"两个健康"工作和民族、宗教工作。她强调，基层统战部门要在党委统一领导下，继承发扬调查研究优良传统，切实改进工作作风，完善体制机制，加强干部队伍建设，更好地发挥在大统战工作格局中的牵头协调作用，推动形成工作合力。

在听取湖北有关部门和党外代表人士对加强党外知识分子工作的意见后，孙春兰指出，党外知识分子是建设中国特色社会主义事业不可或缺的重要力量，要按照强教育、抓队伍、起作用的工作思路，了解思想动态，加强正面引导，支持他们发挥专长立足本职岗位成就事业、服务社会，引导他们在社会实践和调研考察等活动中增长才干、增进共识，努力培养一支政治坚定、素质优良、作用突出的代表人士队伍。她强调，新的社会阶层人士是随着社会主义市场经济发展而不断成长起来的充满活力的群体，在促进经济社会发展中发挥着日益重要的作用，是统战工作新的着力点。要利用和搭建有效平台载体，将他们"组织起来"，有针对性地做好工作，使他们紧密团结在党的周围。

24. 6月23日，第三届世界华文教育论坛在武汉华中师范大学举行，来自马来西亚、新加坡、泰国、韩国等150余名海内外专家学者，围绕华文教育"与所在国国情相适应的华文教材、教法标准化、正规化、专业化发展道路"等话题展开研讨。华文教育被誉为中华文化在海外的"希望工程"、中华民族在海外的"留根工程"，世界各地有各类华文学校2万多所。第三届世界华文教育论坛由国务院侨务办公室、湖北省政府、武汉市政府主办，湖北省外侨办、华中师范大学承办，是2016年华创会重要活动。

25. 7月4日，国家发改委在其官方网站公布《江西赣江新区总体方案》。赣江新区位于南昌市北部的赣江之滨，包括南昌市青山湖区、新建区和共青城市、永修县的部分区域，规划面积465平方公里，2015年常住人口约65万、地区生产总值570亿元。赣江新区区位优势明显、交通条件优越、产业特色鲜明、创新能力较强、生态环境良好，具备加快新型工业化和新型城镇化融合发展的优越条件。

设立并建设好赣江新区，是实施国家区域发展总体战略、推动长江经济带发展的重要举措，对带动江西经济社会发展、促进中部地区崛起、加快内陆地区开放开发具有重要意义。新区瞄准5方面建设重点任务：推动产业集群发展和转型升级，建设现代滨湖临江生态新城，加快生态文明建设先行示范，提升基础设施支撑保障能力，探索新区科学发展体制机制。

26. 7月5～6日，中共中央政治局常委、国务院总理李克强连续到安徽阜阳、湖南岳阳、湖北武汉考察长江、淮河流域防汛抗洪和抢险救灾工作。

今年入汛早，大范围强降雨集中且持续时间长，保障大江大河大湖安全度汛、确保人民群众生命安全至关重要。党中央、国务院高度重视，习近平总书记等中央领导同志多次作出重要指示和批示，各地各有关部门扎实有效推进防汛抗洪工作。淮河历来是灾害多发区域。李克强来到"千里淮河第一闸"安徽阜阳王家坝闸，察看上游来水，了解汛情变化，并嘱咐工作人员当好"耳目尖兵"，确保监测预报精准及时。他还听取淮河水利委员会负责人汇报。李克强说，七八月是防汛关键期，防汛抗洪的攻坚还在后面，要始终紧绷安全这根弦，上下游统筹协作，做好各种应急准备，把握抗洪抢险主动权。

在蒙洼蓄洪区的郑台子庄台，李克强向群众了解生产生活和抗洪的食品药品准备情况，询问庄台坚固性是否有保障。他对当地负责人说，你们处在淮河防汛的关键地带，一定要以人民群众生命财产安全为重，工作前移、保障到位，让群众对战胜洪水更有信心、挺起脊梁。党和政府会继续加大扶持力度，绝不让蓄洪洼地变成民生洼地。

27. 7月6～7日，第四届中国（中部）现代农业科技展览会在郑州国际会展中心举行。邀请和组织国内外知名企业参展，全面展示农业生产中应用的新技术、新产品、新设备，加强行业间的沟通合作。召开农业生产新技术交流会，将邀请省内外知名学者围绕国家农业政策，目前形势、未来趋势和存在问题，进行高水平的学术交流会。

本届展会继续以服务于中部地区现代农业、特色农业为宗旨，促进行业间的技术交流与合作、加快科技成果向生产力转化、提高农业生产技术水平、展示农业企业形象、拓展产品销售渠道，为中部地区农业生产提供最佳交流平台。

28. 7月16日，国务院副总理、国家防汛抗旱总指挥部总指挥汪洋在江西考察指导长江及鄱阳湖流域防汛救灾工作，他强调，要认真贯彻落实习近平总书记关于防汛救灾工作的重要指示和李克强总理在岳阳防汛工作会议上的重要讲话精神，进一步动员和行动起来，加强薄弱环节防范，切实强化措施、落实责任，毫不松懈地做好防汛救灾各项工作，确保人民群众生命安全，确保重要堤防和重要设施安全，为促进经济社会健康发展提供有力保障。

6月下旬以来，长江干流监利以下河段及洞庭湖、鄱阳湖水位全线超警，尤其是鄱阳湖区和九江干堤等超警时间长，防守抢险压力大。汪洋深入鄱阳湖九合联圩、长江干堤永安段实地察看汛情险情、堤坝防守情况，慰问参加抗洪抢险的基层干部群众和部队官兵。他指出，当前长江流域防汛抗洪工作仍处关键阶段，预计近期还将有较强降雨过程，防汛抗洪抢险救灾任务十分艰巨。沿江各省市和有关部门要进一步加强雨情水情预报预测，精准开展洪水调度，最大限度发挥水利工程防灾减灾效益。要针对江湖圩堤洪水浸泡时间长、险情增加的情况，落实防汛巡查制度，加大查险排险力度。要加强对薄弱地段、险工险段的重点防守，坚决避免发生溃口性重大险情。

汪洋强调，随着"七下八上"防汛关键期和台风多发期的到来，我国防汛抗洪防台形势更加复杂严峻。要高度重视江河防汛和台风、城市洪涝、山洪泥石流等灾害防范。要充分发挥基层党组织的战斗堡垒作用和共产党员的先锋模范作用，加强军地联系、军民合作，完善应急预案，把防汛抗洪抢险救灾工作落实落细。要着眼长远，进一步加强防汛基础设施建设，提高防汛科技水平，增加防灾减灾能力。

29. 7月17日，在土耳其伊斯坦布尔举行的联合国教科文组织世界遗产委员会第四十届大会上，湖北神农架被正式列入《世界遗产名录》，荣膺"世界自然遗产地"称号。神农架也成为我国第一个被联合国教科文组织人和生物圈保护区、世界地质公园、世界遗产三大保护制度共同录入的"三冠王"名录遗产地。

30. 8月18日，2016中国中部区域经济发展论坛在九江市举行。全国政协常委、经济委员会副主任，中国工业经济联合会会长李毅中作主旨报告。

据悉，本次论坛的主题是推动长江经济带绿色生态发展，推进供给侧结构性改革，促进中部地区崛起。李毅中在报告中指出，加强供给侧结构性改革是新形势、新常态下的主动选择和必然趋势，改革是长期战略任务；实施供给侧结构性改革，工业是主战场，"十三五"要打几个攻坚战，要支持传统产业改造升级，加快培育发展新兴产业，认真落实供给侧改革攻坚"五大任务"；要高度重视有效投资拉动内需、提升供给的关键作用。

31. 8 月 22～24 日，中共中央政治局常委、国务院总理李克强在江西省委书记鹿心社、代省长刘奇陪同下，在赣州、南昌就推动经济社会发展进行考察。

考察中，李克强与干部群众深入交流。他强调，要牢牢把住发展第一要务，更好调动各级、各方积极性，使广大干部群众在苦干、实干中有更多成就感、获得感，增强谋发展的动力。李克强充分肯定江西经济社会发展取得的成绩，希望在以习近平同志为总书记的党中央领导下，江西深入贯彻党中央、国务院部署，落实新发展理念，在中部崛起、长江经济带建设、扶贫攻坚、经济升级发展中取得更大成绩。

32. 8 月 27 日，长沙晚报携手中建信和地产主办的 2016 中部城市经济发展峰会在长沙万达文华酒店举行。中国著名经济学家、国民经济研究所所长樊纲论发表大会演讲。这场城市经济发展的思想盛宴，吸引了湖南政商学界人士共聚一堂，只能容纳 300 人的大厅涌入了 500 多名听众。长沙市人民政府副市长李蔚、长沙市政协副主席钟新莲出席了本次峰会。

"经济发展和现代化的重要内容是工业化与城市化"峰会上，樊纲带来了题为《城市化与中国经济发展》的主题演讲，就经济发展的重要内容、城市化的本质、中国经济未来发展方向等内容做了深入阐述。他认为，大城市、大城市群、城市带的形成，是中国经济下一阶段发展的重要环节。中国经济能否实现发展的潜力主要取决于：体制改革、社会稳定、发展教育、吸取国际经验；宏观经济稳定，不过热不危机；城市化、农民工市民化；经济结构调整，提升产业结构；减少污染，生态平衡等。

33. 9 月 25 日，共同纪念汤显祖、莎士比亚、塞万提斯逝世 400 周年活动开幕式在"汤翁故里"江西省抚州市举行。来自智利、西班牙、英国、美国、泰国、厄瓜多尔、吉布提等国驻华使领馆官员、专家、学者以及当地民众等 6 000 余人在此共同纪念 3 位世界级文学巨匠。

24 日至 26 日，当地先后举办了汤显祖纪念馆新馆开馆、莎士比亚和塞万提斯展区开展、第三届中国（抚州）汤显祖艺术节、"第三届 2016 中国抚州汤显祖剧目展演暨国际高峰学术论坛"、"中国文化行"座谈会等十几项活动。

据中共抚州市委书记肖毅介绍，三方共同举办纪念汤显祖、莎士比亚、塞万提斯 3 位巨匠逝世 400 周年活动，旨在于回望历史、重温经典，传承优秀传统文化、促进中外文化交流互鉴。

34. 10月10~11日，全国社会治安综合治理创新工作会议在江西南昌召开。中共中央政治局委员、中央政法委书记孟建柱在会上传达了习近平重要指示并讲话。

会议强调，政法综治战线要认真学习领会习近平总书记重要指示精神，全面贯彻党的十八大和十八届三中、四中、五中全会精神，紧紧围绕"五位一体"总体布局和"四个全面"战略布局，牢牢把握推进国家治理体系和治理能力现代化的总要求，主动适应新形势，切实增强工作前瞻性，坚持立足当前与着眼长远相结合，积极推动理念、制度、机制、方法创新，为全面建成小康社会创造安全稳定的社会环境。

国务委员、公安部部长郭声琨，最高人民法院院长周强，最高人民检察院检察长曹建明等出席会议。

35. 10月12日，国务院副总理、国务院扶贫开发领导小组组长汪洋在湖北调研扶贫工作并出席在黄冈召开的"万企帮万村"精准扶贫行动现场会。他强调，民营企业开展"万企帮万村"精准扶贫行动是先富帮后富、实现共同富裕的生动实践，要深入贯彻中央扶贫开发工作会议精神，紧紧围绕精准扶贫、精准脱贫，坚持市场导向，创新利益联结机制，确保"万企帮万村"行动落到实处、取得实效。

2015年以来，全国工商联、国务院扶贫办和中国光彩会在全国开展了"万企帮万村"行动，已有22 000多家民营企业通过投资项目、安置就业等多种形式，与21 000多个贫困村建立结对帮扶关系，促进了贫困群众脱贫，实现了脱贫与企业发展双赢。13日，汪洋先后到罗田县燕窝垸村、胡家河村了解民营企业帮扶贫困村情况，与企业家、合作社牵头人、贫困群众共同探讨脱贫致富路子。

汪洋充分肯定"万企帮万村"行动取得的显著成绩。他强调，"万企帮万村"行动是脱贫攻坚战的重要举措，也是民营企业拓展发展空间的重要途径。村企结对帮扶要因地制宜，尊重企业自主权，因村因户因人施策，注重调动贫困群众积极性，激发内生发展动力。要发挥民营企业在促进产业发展、解决就业上的独特优势，培育特色产业，提供就业机会和技能培训，确保贫困群众在解决"两不愁、三保障"的基础上实现稳定脱贫，逐步走上富裕道路。

汪洋强调，地方各级政府要切实将"万企帮万村"行动与专项扶贫、行业扶贫同部署、同落实，形成脱贫攻坚合力。要落细落实税收优惠政策，引导金融机构加大对民营企业带动贫困人口脱贫的支持力度，解决好融资难融资贵问题，及时总结提炼可复制可推广的经验，不断将"万企帮万村"行动推向深入。

36. 10月15～17日，第十四届"赣台会"，在江西南昌举行。本届"赣台会"的主题是"两岸一家亲、携手同打拼"。

此次"赣台会"着眼江西全面融入"一带一路"和长江经济带发展战略，围绕江西省战略性新兴产业，如电子信息产业、南昌"光谷"、VR产业和现代农业的发展，进一步深化和拓展赣台经济合作新领域，提升赣台产业合作层次，推动赣台经贸合作再上新台阶。

本届"赣台会"还邀请了台湾工业总会、台湾商业总会等行业协会负责人，以及台湾知名企业负责人。大会上，两岸签订61项合作意向，合同金额达36.6亿美元，涵盖新兴产业、现代服务业、先进制造业、旅游产业和现代农业等领域。

"赣台会"期间，还将围绕电子信息产业、南昌"光谷"、VR产业和现代农业等领域举办商贸洽谈活动，进一步深化和拓展赣台经济合作新领域，提升赣台产业合作层次。

自2003年开始，"赣台会"已连续成功举办十三届，促成一大批台资企业落户江西，赣台经贸合作进一步加强。截至2016年9月，江西省累计引进台资项目3 330个，实际进资116.2亿美元，在中部地区名列前茅。

37. 10月17～19日，以"中国制造2025与中部地区摩擦学发展"为主题的第四届江西省科协学术年会第十三分会场暨2016年第九届中部地区摩擦学论坛在江西理工大学举办。来自中部六省以及北京、重庆、四川、甘肃、上海、浙江、江苏等高等院校、研究院所和生产企业的代表近140人参加了本次论坛。

中国科学院院士、清华大学教授温诗铸为论坛题词"面向学科前沿，立足国家需求，开拓进取，求实创新，做出实际成果"；中国科学院院士、清华大学摩擦学国家重点实验室主任雒建斌，中国工程院院士、中国机械工程学会摩擦学分会前任理事长刘维民，中国机械工程学会摩擦学分会理事长、中国矿业大学校长葛世荣分别为论坛发来祝贺。

论坛开幕式由江西省机械工程学会摩擦学分会理事长、江西理工大学机电工程学院党委书记刘政教授主持。江西理工大学副校长伍自强教授致欢迎词，省机械工程学会荣誉理事长李立德教授、原中国石油大学校长张嗣伟教授出席并讲话。

　　论坛期间，湖北省代表武汉理工大学严新平教授、安徽省代表合肥工业大学刘琨教授、湖南省代表湘潭大学刘金刚教授、江西省代表江西理工大学周升国副教授、河南省代表河南大学张晟卯教授和山西省代表太原科技大学张学良教授分别做了题为"船舶推进系统的摩擦研究"、"飞行器制造中的摩擦学"、"无级变速器滑摩传动可靠性分析及补偿控制"、"低摩擦碳基薄膜的结构设计及应用研究"、"纳米添加剂的规模化生产与应用"、"机械结合面静动态特性参数建模与应用技术"主题报告。

　　论坛举行期间，来自上海交通大学教育部现代设计中心、杭州轴承试验研究中心、爱思邦德（无锡）技术有限公司成都分公司的代表，就企业在摩擦学原理及技术应用过程中的认识与体会以及需要解决的现实问题与参会代表进行了交流和讨论。

　　本次中部地区摩擦学论坛在江西省召开，进一步促进了江西省高校和研究院所摩擦学及机械相关学科的建设与发展，加强了与其他省市高校院所的交流、联系，还促进了摩擦学理论和技术在我省工业领域里的应用，为提高产品质量、降低能耗、实现绿色生产，推动江西省"主攻工业"的发展战略，做出了积极的贡献。

　　38. 10 月 18 日，由商务部、中国国际贸易促进委员会、中国轻工业联合会和江西省人民政府共同主办的"2016 第十三届中国景德镇国际陶瓷博览会"在江西省景德镇国际会展中心盛大开幕。景德镇再次为中国陶瓷与世界陶瓷互相交流与合作、互相促进与发展搭建起一座桥梁，文化在这里交融，经贸在这里合作，商机在这里交织，这一年一度举世瞩目的国际陶瓷盛会又将给中国和世界带来不一样的精彩。

　　据悉，此次瓷博会为期 5 天，共设 2 000 个国际标准展位，参展企业达 900 多家，汇聚了德国麦森陶瓷、荷兰代尔夫特陶瓷、西班牙雅致、日本香兰社等 13 个国家和地区的 30 多家品牌，展品涵盖艺术陶瓷、日用陶瓷、高技术陶瓷等。作为景德镇市一年一度的盛事，瓷博会集陶瓷商品展示、经贸洽谈、文化交流、旅游观光为一体，已经成为瓷都的新名片。

　　据瓷博会组委会统计，今年瓷博会期间引入市场化运作模式，全面布局客商登记、数据分析、观众对接和电子商务等工作。主动邀请全国150 家五星级宾馆酒店的采购部门负责人、1 000 多名境内外采购商到会采购，并举办参展商与采购商供需见面会、新产品发布会、高技术陶瓷成果对接会以及多场经贸投资推介会，通过多方面的努力，今年瓷博会的贸易成交在往年基础上将有较好的提升和增长。

2016年瓷博会的配套活动也很丰富多彩，有以"互联网＋陶瓷产业"为主题的第二届中国陶瓷电商峰会；也有策应国家"一带一路"战略的景德镇与"一带一路"的国际学术研讨交流活动；还有以陶瓷手工技艺展示和竞技为主要内容的第二届全国陶瓷职业技能竞赛等活动。在瓷博会期间，来自世界各地美轮美奂艺术陶瓷、极具个性的创意陶瓷，将让客商和游客大饱眼福。

39. 10月26日，国家发改委日前批复同意长三角地区创建国家社会信用体系建设区域合作示范区，这是全国首个社会信用体系建设区域合作示范创建区。根据创建方案，沪、苏、浙、皖三省一市将坚持信息共享、监管共为、市场共育、规制共建、品牌共铸的原则，深入推进"信用长三角"建设，为区域经济社会发展营造良好信用环境。

据悉，沪、苏、浙、皖三省一市将进一步完善协同工作机制，着力加强跨地区信用信息共建共享，实现各省市信用信息共享平台之间、各省市信用信息共享平台与全国信用信息共享平台之间的互联互通；以食品药品、产品质量、环境保护、旅游等领域为重点，着力推动跨地区守信联合激励和失信联合惩戒，构建以信用为核心的新型市场监管体制；着力联合推广应用第三方信用产品和服务，推动区域信用服务市场一体化建设；着力联合推动区域信用体系建设和法规制度建设，加强专业人才培养和诚信宣传教育，共同开展信用体系建设重大问题研究等，为区域经济社会发展营造良好信用环境，为全国社会信用体系建设区域合作探索路径、作出示范。

40. 10月26日，2016年中国图书馆年会在安徽省铜陵市隆重开幕。"2016年中国图书馆年会——中国图书馆学会年会中国图书馆展览会"由文化部指导，中国图书馆学会与安徽省铜陵市人民政府共同主办，于10月25～28日在安徽省铜陵市举办。

本次年会以"创新中国：技术、社会与图书馆"为主题，分为工作会议、学术会议和展览会三大板块，其中，学术会议专注于文化事业及图书馆事业发展的重点问题，搭建多层次、多维度的学习交流体系；展览会分为国际展区、公共展区、文化事业展区以及各省市、乡镇文化、图书馆阅读事业相关成果展区和图书馆相关企业展区等。此次中国图书馆年会首次在中部省份的地级城市举办，体现了促进图书馆事业创新、协调、绿色、开放、共享的发展理念，有助于带动中部地区图书馆事业的快速发展。此次会议是全国图书馆界的年度盛会，也是图书馆事业和相关产业交流合作的平台。

41. 11 月 10～13 日，由联合国环境规划署等机构指导，中国绿色发展高层论坛组委会、中国绿色画报和岳阳市政府联合举办的"第七届中国绿色发展高层论坛"在湖南省岳阳市举行。

本届论坛以"生态文明·绿色城市"为主题，以贯彻落实《巴黎协定》和"绿色发展新突破"精神为宗旨，邀请海内外绿色发展领域各界人士出席并进行对话，共同为促进绿色转型、践行绿色承诺、传播绿色价值发声，进而为推动中国绿色发展鼓与呼。

论坛期间，与会专家围绕"紧凑型城市与循环性城市的思考""绿色发展从责任到机遇"等主题发表主题演讲。大会联合主席、第十一届全国政协人口与资源环境委员会副主任、中国环境科学学会理事长王玉庆发表演讲时表示，解决城市环境问题，除了污染治理，更要变废为宝，走循环发展之路。

论坛发布了《2016 中国城市绿色发展报告》，以专业、科学的绿色发展评价体系，全面分析总结了当前中国城市绿色发展的状况；同时颁发2016 年度中国十佳绿色新闻人物奖、中国十佳绿色责任企业奖及中国十佳绿色城市奖，全国政协原副主席宋健、全国政协人口资源环境委员会副主任解振华等获十佳绿色新闻人物奖。

42. 11 月 16～19 日，中共中央政治局委员、中央书记处书记、中宣部部长刘奇葆在湖北调研时强调，要深入学习宣传贯彻党的十八届六中全会精神，推动全会精神深入基层、深入群众、深入人心，鼓舞干部群众更加紧密地团结在以习近平同志为核心的党中央周围，为实现"两个一百年"奋斗目标、实现中华民族伟大复兴的中国梦而不懈奋斗。

调研期间，刘奇葆来到武汉、襄阳、荆州等地，深入企业、村社和宣传文化单位，考察经济社会发展、核心价值观建设、基层文化服务、历史文化保护、新闻出版等工作，与基层干部群众座谈交流。

刘奇葆指出，学习宣传贯彻好党的十八届六中全会精神，是当前和今后一个时期全党全国的重要政治任务。各级党委中心组要带头学习、带头研讨、带头贯彻，深刻领会全会研究全面从严治党的重大意义，深刻领会全会明确习近平总书记核心地位的重大意义，深刻领会全会提出的全面从严治党的重大观点和重大举措。要全方位、多角度宣传解读全会精神，在城乡基层开展对象化、分众化、互动化的宣传宣讲，引导干部群众把思想和行动统一到全会精神上来。

刘奇葆指出，要按照贯穿结合融入、落细落小落实的要求，扎实推进社会主义核心价值观建设。要把核心价值观要求融入法律法规，推动相关法律法规的立改废释。要以核心价值观引领知识教育，作为知识教育之魂融入教育教学、校风学风；引领文艺创作，用生动的故事、鲜活的形象弘扬真善美、传递正能量；引领精神文明创建，体现到创建活动全过程和各方面，使核心价值观融入百姓的生产生活。

刘奇葆强调，要推动文艺创作由"高原"向"高峰"迈进。要提升原创能力，重视在文学、剧本、词曲等艺术创作初始阶段加强扶持。要聚焦现实题材，推出更多讴歌党、讴歌祖国、讴歌人民、讴歌英雄的标志性作品。要注重人才和团队培养，完善落实扶持政策，为文艺繁荣发展提供更加坚实有力的保障。要抓好戏曲传承发展工作，在继承的基础上推进创新发展，出人出戏出精品，推动戏曲活起来、传下去。

43. 11月17日，"民族魂·中山情"纪念孙中山诞辰150周年活动收官仪式在湖北省武汉市举行，两岸暨港澳100多位青年代表齐聚辛亥革命首义之地，追忆孙中山先生为民族独立、社会进步、人民幸福所建立的历史功勋。

"民族魂·中山情"纪念孙中山诞辰150周年活动，由国务院台湾事务办公室、海峡两岸关系协会、中华文化发展促进会指导，中国华艺广播公司与台湾《旺报》联合主办，并得到了中华妇女党、中华两岸交流促进会等两岸10多个单位大力协助。活动引起了两岸青年的强烈共鸣，吸引了两岸青年热情参与。自2016年6月29日活动启动以来，两岸媒体携手合作，辗转中山、广州、武汉、南京、上海等地，综合运用电视、广播、报纸、新媒体等手段，推出了一批聚焦孙中山思想、带有两岸烙印的作品和成果。

收官仪式举办当天，展示了两集纪录片《中山台湾情》、大型网络宣传《回眸孙中山》，以及"台湾高校社团干部中山思想研修行"成果、《孙中山与两岸》系列评论、《黄埔军校那些人——抗战·军人·民族魂》图书等。还为"中山两岸情"两岸网友随手拍活动获奖者颁奖。

44. 11月22～23日，第九届中国中部（湖北）创业投资大会在武汉召开。22日当天，湖北省创业投资引导基金参股的4只子基金与企业进行了项目签约，投资总额超7 000万元。

据了解，此次大会的主题是"服务实体经济，回归价值投资"。湖北省人民政府副省长郭生练、科技部火炬高技术产业开发中心副主任安道昌出席开幕式并致辞，湖北省政协副主席郭跃进出席会议。来自中国创业投资委员会、清科集团、盛世集团、TCL集团、上海钢联、广州创新谷等政府部门领导、全国知名创业投资机构专家进行演讲，对国家促进创业投资发展政策进行解读，并深入探讨科技金融创新和创业投资服务实体经济等热点问题。

本次大会还举办了湖北省创业投资引导基金参股子基金投资项目签约仪式。湖北省创业投资引导基金参股的4只子基金与企业进行了项目签约，投资总额超7 000万元。据介绍，在2015年度中国政府引导基金年度排名榜单中，湖北省创业投资引导基金列居全国第20强。截至目前，共参股子基金20只，参股子基金已完成项目投资204项，投资总额达22.32亿元，其中投资于湖北省地区的企业165项，投资金额15.8亿元，占比72%；投资于初创期及中早期创新型项目总数达172项，投资金额17.29亿元，占比77%。已投企业中已有11家企业成功上市，23家企业在"新三板"挂牌，15家企业在区域股权交易所挂牌。其中，2016年成功上市企业3家，占全省上市企业的1/3。根据拟新设的3只子基金储备项目预计，全年湖北省创投引导基金参股子基金投资的企业总数可逾300家。

湖北已连续九年主办创业投资大会，每年都吸引国内外大批知名创投机构与中部地区科技型企业进行对接，已成为了近年来中部地区举办的规模最大、最具影响力的创业投资大会。

45. 11月29日，2016中国中部（湖南）农业博览会于在长沙国际会展中心拉开帷幕。本届农博会以"立足中部、面向全国、融入世界、打造云农博"为办会思路，围绕"绿色与品牌、交流与合作"的主题，在"互联网＋"背景下全力构建一个"线上线下"全方位的智慧型农博生态系统，打造一个专业化、市场化、品牌化、信息化、国际化的现代农业高端平台和品牌联盟。

农博会期间，在省贸促会的高效运作下，有来自美国、俄罗斯等10余个国家的使领馆、商协会和机构的嘉宾受邀来长。不仅有印度驻华公使林凡先生、驻广州总领事唐施恩先生率20余人的商务团组专程来长参会，并出席印中商务理事会长沙办事处揭牌仪式。更有美国驻华使馆农业贸易处主任马克先生、新西兰对外投资促进会驻北京首席代表麦考邸先生出席相关活动，还有西班牙、巴基斯坦、希腊、吉尔吉斯、埃塞俄比亚等国驻广州总领馆官员来长沙观摩农博会，寻求合作商机。力求将本届农博会打造成为一个极富感召力、影响力的国际化农业品牌盛会。

46. 12 月 2 日，2016 中国（中部）国际酒业博览会在武汉国际博览中心开幕，包括香港展团在内的 300 多家参展商亮相这场酒类行业的专业盛会。

在中部崛起，长三角经济带大发展的背景下，中部 3.61 亿人口的巨大需求下，湖北、湖南、江西、安徽四省酒业协会紧抓机遇，结合自身优势和特点，成立了中国中部四省（鄂湘赣皖）酒业协作联盟，并打造出四省区域内酒业专业的交易和展示平台。开幕典礼上，中国酒类流通各协会副会长兼秘书长刘员说："四省区域内众多品牌在全国酒类行业都有很强的地位和声誉，为发展地方经济做出了积极的贡献。中部区域酒业还将保持相当一段时间的增长状态。中部国际酒业博览会的召开，将为推动中部酒业健康、有序、快速的发展做出积极的贡献。"

中部四省酒业协作联盟代表、湖北省酒类流通行业协会秘书长顾虎在欢迎词中谈道："这是中部区域酒业的发展里程中的重要一步，本博览会将努力打造成中部最具专业化、品牌化、国际化的 B2B 平台。"同时，北展股份李琼董事长也表达了展览公司持续为酒类企业提供专业优质服务的决心和信心。

47. 12 月 11 日，2016 中国中部发展论坛在湖北武汉召开。国家以及中部六省的发改部门、专家学者，共话未来十年促进中部地区崛起的思路与对策。

新《规划》提出了"一中心、四区"的新战略定位，这与上一个十年对中部提出的"三基地一枢纽"相比，既一脉相承，也更加适应新形势新任务和新要求。

新《规划》把建设"全国重要先进制造业中心"作为首要任务，充分说明中部崛起的战略重点，已经从农业向制造业转变。十年崛起路，中部地区不仅制造业门类齐全，传统产业的转型和新兴产业的培育都在加速。从发展态势和科教优势来看，未来湖北在新经济的发展上，也大有可为。

新《规划》提出，要建设"全国新型城镇化重点区"。目前，我国东部地区城镇化率已经超过 60%，提升空间不大；西部地广人稀，不适合大规模全面推进城镇化建设；中部，自然成为未来十年中国新型城镇化最合适的选择。

新《规划》提出，建设"全国现代农业发展核心区"。这不仅因为中部是全国的粮食主产区，关系到国家粮食安全，也因为中部的农产品加工、综合利用等现代农业发展方面，在过去十年有了长足发展。未来十年，现代农业对湖北提出更高要求。

新《规划》提出建设"全国生态文明建设示范区"，这不仅考虑到中部水域生态安全在全国的举足轻重，因为中部在绿色发展上作出的突出贡献，比如湖北在全国率先出台的一系列生态建设法规规章。生态文明建设示范区，给湖北带来的，不仅是生态的向好，还有相关产业的机遇。

在新《规划》中，中部地区的区位定位，也从过去的交通枢纽，上升到"全方位开放重要支撑区"。这是因为中部的开放程度，很大程度上决定了全国开放的总体水平。构建开放新格局，中部迎来陆海内外联动、东西双向开放上的新机遇。

中部地区经济发展研究文献索引
(2010 ~ 2016)

[1] 李颖. 跨区域产业转移的路径和影响因素：基于中部地区的分类实证研究 [J]. 产经评论，2015，06：24 - 34.

[2] 刘瀑. 中部地区承接产业转移推进集群升级的机理分析 [J]. 求实，2016，01：46 - 52.

[3] 黄小勇，陈运平，肖征山. 区域经济共生发展理论及实证研究——以中部地区为例 [J]. 江西社会科学，2015，12：38 - 42.

[4] 王冉，马丁. 产业转移背景下中部地区绿色创新效率研究 [J]. 企业经济，2016，03：144 - 150.

[5] 任晓聪，苏墨. 中部地区城镇化对经济增长的影响研究 [J]. 工业技术经济，2016，04：134 - 144.

[6] 王圣云，张新芝. 民生福祉导向的中部地区社会发展进程评估 [J]. 南昌大学学报（人文社会科学版），2016，02：70 - 78.

[7] 沈琼. 新常态下中部地区增长率分化与发展现代农业的思考 [J]. 社会科学家，2016，04：72 - 76.

[8] 魏博通，王圣云. 中部地区城乡一体化的省区差异及推进策略——基于 2000 ~ 2013 年的面板数据 [J]. 湖北社会科学，2016，05：58 - 63.

[9] 戴志敏，罗燕. 产业结构升级、城镇化水平与经济增长——来自中部地区的经验证据 [J]. 工业技术经济，2016，06：3 - 9.

[10] 宋映铉，李顺成. 中部地区区域创新力量的时空变化研究 [J]. 工业技术经济，2016，09：12 - 19.

[11] 王然. 中部地区农业产业结构软化的度量与分析 [J]. 统计与决策，2013，01：99 - 101.

[12] 刘俊英. 中部地区公共支出调整的三维经济发展效应——基于六省面板数据的实证研究 [J]. 经济经纬，2013，02：7 - 12.

[13] 王丽. 中部地区绿色经济转型研究 [J]. 宏观经济管理，2013，

02: 43 –44.

　　[14] 刘爱萍. 中部地区经济增长评价模型与实证 [J]. 统计与决策, 2013, 06: 60 –62.

　　[15] 郑享清, 金珍. 中部地区专利产出比较分析 [J]. 科技管理研究, 2013, 07: 56 –59.

　　[16] 丁子静. 推进中部地区产业结构优化升级的对策研究 [J]. 经济研究参考, 2013, 38: 51 –55.

　　[17] 黄新建, 陈文喆. 中部地区工业产业竞争力的比较研究 [J]. 求实, 2013, 10: 47 –50.

　　[18] 彭迪云, 温舒甜. 基于主体功能区视角的产业集群转型发展——以中部地区为例 [J]. 江西社会科学, 2013, 10: 48 –53.

　　[19] 江洪. 进一步深化中部地区开放与合作 [J]. 宏观经济管理, 2013, 11: 31 –33.

　　[20] 赵园. 中部地区承接沿海产业转移思考与建议 [J]. 金融与经济, 2013, 09: 19 –21 +62.

　　[21] 江洪. "十二五" 时期推进中部地区新型工业化的对策研究 [J]. 中国经贸导刊, 2011, 01: 48 –49.

　　[22] 邓柏盛, 欧阳峣. 论中部地区生态环境保护的体制机制 [J]. 求索, 2011, 02: 81 –82 +92.

　　[23] 李红旗. 资本市场功能视阈下的中部地区产业结构调整 [J]. 中州学刊, 2011, 02: 45 –47.

　　[24] 张登国. 产业结构调整下的区域金融发展——基于中部地区的实证分析 [J]. 华南农业大学学报 (社会科学版), 2011, 02: 93 –100.

　　[25] 文军. 中部地区产业结构优化的战略选择 [J]. 中国经贸导刊, 2011, 06: 58 –59.

　　[26] 林寿富. 中部地区县域经济增长的趋同分析 [J]. 统计与决策, 2011, 07: 128 –131.

　　[27] 朱东国, 谢炳庚. 中部地区土地管理机制创新研究——基于中部地区承接产业转移背景 [J]. 求索, 2011, 05: 86 –87.

　　[28] 梁满艳, 吴湘玲, 曾平. 论中部地区县级政府在县域经济发展中的角色定位 [J]. 改革与战略, 2011, 05: 60 –62.

　　[29] 吴爱军. 中部地区经济发展的战略模式研究 [J]. 安徽农业科学, 2011, 18: 11231 –11232.

[30] 余许友. 中部地区金融发展研究——基于地方政府行为的视角 [J]. 经济问题, 2011, 07: 109 – 112.

[31] 吴松岭. 中部地区产业集中度与规模结构效率的实证研究——基于河南省产业的实证分析 [J]. 生产力研究, 2011, 06: 157 – 159.

[32] 廖才茂. 在产业结构转型升级中构建核心竞争力——中部地区转变经济发展方式的思考 [J]. 湖北行政学院学报, 2011, 04: 70 – 74.

[33] 杨阳. 工业化进程下的金融发展——以中部地区为例 [J]. 经济问题, 2011, 08: 104 – 107.

[34] 李雪苑. 在"中部崛起"背景下中部地区城市群发展思路分析 [J]. 理论月刊, 2011, 09: 85 – 87.

[35] 张亨明, 朱剑峰. 城镇化的推进与中部地区的崛起 [J]. 求索, 2011, 07: 86 – 88.

[36] 吴信平. 中部地区经济增长的影响因素分析 [J]. 统计与决策, 2011, 17: 128 – 132.

[37] 陶良虎, 陈薇. 基于产业转移的中部地区物流业发展研究 [J]. 学习与实践, 2011, 09: 52 – 59.

[38] 洪世勤, 黄向梅. 中部地区外贸结构优化的个案研究 [J]. 经济纵横, 2011, 09: 63 – 66.

[39] 周杰文. 中部地区经济差异的多尺度分析 [J]. 广西社会科学, 2011, 10: 57 – 60.

[40] 赵婷婷, 冯德连. 中部地区城市群利用外资态势及其困境摆脱 [J]. 改革, 2011, 10: 67 – 78.

[41] 苏娜. 湖北建设中部地区开放型经济高地的战略思考 [J]. 湖北社会科学, 2011, 11: 66 – 68.

[42] 王光栋, 左家玲. 中部地区经济增长的制度因素及省际差异 [J]. 科技管理研究, 2011, 24: 70 – 73.

[43] 卢晓勇, 金艳清. 中国中部地区 FDI 吸收能力的因素分析与评价 [J]. 南昌大学学报 (人文社会科学版), 2011, 06: 58 – 63.

[44] 张亨明. 中部地区"十二五"加快推进新型工业化的基本思路与对策 [J]. 经济问题探索, 2011, 12: 30 – 34.

[45] 赵西三, 龚绍东. 中部地区发展新格局的空间形态及其演进研究 [J]. 地域研究与开发, 2011, 06: 160 – 163.

[46] 邓泽宏, 杜姮. 我国中部地区中小企业社会责任的现状与对策

研究——基于对河南、湖北两地中小企业的调查 [J]. 湖北社会科学，2014，03：56 – 59.

[47] 梅诗晔，刘分龙. 中部地区中小企业经营绩效评价实证研究 [J]. 财会通讯，2014，08：29 – 31.

[48] 熊珍琴，邓宏亮. FDI 对中部地区产业结构升级的实证分析 [J]. 企业经济，2014，01：153 – 156.

[49] 余鑫，傅春. 中部地区人力资本、技术进步与经济增长的实证分析 [J]. 价格月刊，2014，07：72 – 75.

[50] 伯娜，殷李松，贾敬全. 中部地区内外就业格局演变研究 [J]. 华东经济管理，2014，09：66 – 70 + 98.

[51] 孙元元，杨刚强，江洪. 中部地区小城镇建设的城乡统筹发展 [J]. 宏观经济管理，2014，10：33 – 36.

[52] 曾国安，曹文文. 中国中部地区虚拟经济与实体经济行业收入分配格局的变化及影响 [J]. 黑龙江社会科学，2014，05：52 – 57.

[53] 黄昱然. 粤港澳与中部地区产业联动发展的实证研究——基于湘南承接产业转移视角 [J]. 湖南社会科学，2013，04：175 – 178.

[54] 罗海平. 中部地区与东部沿海区域合作牵引及衰变研究 [J]. 云南财经大学学报，2013，05：142 – 150.

[55] 徐声星，袁永友，杨天中. 中部地区服务外包园区实施"双向联动"发展模式探讨 [J]. 经济纵横，2013，11：71 – 73.

[56] 熊珍琴，肖新成. 中部地区 FDI、技术溢出与区域创新能力——基于结构方程模型的实证研究 [J]. 福建论坛（人文社会科学版），2013，12：108 – 113.

[57] 岳文海，张晓红. 推进中部地区产业结构调整的思考 [J]. 郑州大学学报（哲学社会科学版），2013，06：90 – 94.

[58] 潘平，韩峰. 金融危机背景下中部地区经济稳定性分析 [J]. 统计与决策，2012，01：143 – 146.

[59] 靖学青. 中部地区服务业的经济增长效应及其区域差异性 [J]. 学习与实践，2012，03：24 – 29 + 2.

[60] 冯春林，卢福财. 中部地区战略性新兴产业发展的制度障碍研究 [J]. 学习与实践，2012，03：30 – 35.

[61] 董新平，叶彩鸿，林承亮. 我国中部地区粮食生产基地建设绩效评价 [J]. 统计与决策，2012，05：106 – 108.

［62］周宏亮．中部地区综合交通运输枢纽绩效评价研究——基于 AHP 模型分析［J］．物流技术，2012，07：51－53.

［63］高霞．中部地区省会城市科技水平的统计对比分析［J］．科学管理研究，2012，03：36－38.

［64］周宏亮．中部地区城乡发展统筹度评价研究［J］．科技进步与对策，2012，20：58－61.

［65］吴信平．中部地区经济增长方式及其收敛性分析［J］．统计与决策，2012，18：126－130.

［66］刘守义．扩大内需背景下的中部地区崛起路径［J］．江西社会科学，2012，10：74－78.

［67］傅春，詹莉群．中部地区经济增长与自然资源的关系研究［J］．理论月刊，2012，11：5－10＋1.

［68］王玉燕，林汉川．中部地区工业结构：集中、同构及其专业化［J］．湖南社会科学，2012，06：103－105.

［69］赵宁．中部地区生态型城镇化发展战略研究——基于城镇化与生态环境的实证分析［J］．理论月刊，2014，11：117－120.

［70］舒小林，杨贵琼．城乡统筹发展与中部地区人口城镇化的路径探索［J］．经济研究参考，2014，53：24－27.

［71］叶云，聂虹，袁丰，李一霏．城市化背景下中部地区城市边缘区聚落阶层权力转变［J］．湖北社会科学，2014，12：47－51.

［72］赵曦，吴通宜，李磊，马慧敏．中部地区六大城市群对外开放度比较分析［J］．四川师范大学学报（自然科学版），2015，01：142－147.

［73］田俊芳，王菲．中部地区服务业的效率测度——基于 DEA 模型的实证检验［J］．江汉论坛，2015，03：23－27.

［74］崔建华，牛旻昱．中部地区制造业地理集聚水平影响因素［J］．安徽师范大学学报（人文社会科学版），2015，02：235－242.

［75］冯超．中部地区在"新一轮开放"中构建产业支撑体系的策略研究［J］．经济纵横，2015，03：93－97.

［76］任晓怡．中部地区金融发展与产业发展互动关系的实证研究——基于空间计量经济学的分析方法［J］．金融与经济，2015，05：18－23＋56.

［77］甘筱青，高阔．物流政策对区域经济影响的系统动态仿真及对

策分析——以中部地区为例 [J]. 求索，2015，05：27 – 32.

[78] 李倩，秦尊文. 中部地区流动人口对经济增长的影响研究 [J]. 湖北社会科学，2015，05：61 – 68.

[79] 宋德勇，吴婵丹，王雪峰. GVC 视角下中部地区产业外向型发展路径研究 [J]. 改革与战略，2015，05：108 – 113.

[80] 王圣云，罗玉婷，许双喜. 发展型福祉视域下中部地区经济社会协调发展度动态演化 [J]. 经济问题探索，2015，07：134 – 141.

[81] 龚惠文，季青原，金平斌. 基于空间计量模型的中国东中部地区 FDI 时空演变格局研究 [J]. 浙江大学学报（理学版），2015，05：595 – 604 + 620.

[82] 任晓怡. 中国中部地区第三产业发展影响因素研究——基于中国中部 80 个城市的空间面板数据分析 [J]. 技术经济与管理研究，2015，10：114 – 118.

[83] 常静，赵凌云. 中部地区承接产业转移的环境效应的实证检验 [J]. 统计与决策，2015，18：139 – 141.

[84] 马晔晔. 中部地区对外贸易发展与就业效应的实证分析 [J]. 统计与决策，2015，19：141 – 144.

[85] 钟无涯，傅春. 中部地区制造业竞争力差序测度与评价：2009 ~ 2013 [J]. 工业技术经济，2015，11：19 – 28.

[86] 陈伟良，黄新建. 基于因子分析法的中部地区文化传媒业竞争力分析 [J]. 企业经济，2016，09：164 – 168.

[87] 范海洲. 中部地区产业承接经济风险的 TOPSIS 评价 [J]. 江淮论坛，2016，05：42 – 46.

[88] 范斐，于海潮，肖泽磊. 中部地区城乡统筹的测度与时空差异分析 [J]. 统计与决策，2016，18：121 – 124.

[89] 韩东林，袁茜，李春影. 我国中部地区文化制造业科技创新效率评价 [J]. 科技进步与对策，2016，17：43 – 48.

[90] 王志国. 后金融危机时期中部地区承接产业转移的态势与对策 [J]. 求实，2011，01：42 – 46.

[91] 陶广华，丁冬，武立波. 中部地区物流人才的现状分析与对策 [J]. 企业经济，2011，01：89 – 91.

[92] 阮陆宁，邹美凤. 中部地区服务业对工业化进程影响的实证分析 [J]. 企业经济，2011，01：120 – 123.

［93］肖雁飞，廖双红，刘友金．资源和环境约束下中部地区经济可持续能力研究：理论与指标——基于承接沿海产业转移的角度［J］．湖南科技大学学报（自然科学版），2011，01：119－124．

［94］张可云．中部地区经济"V"型反转的可持续性分析［J］．中国人民大学学报，2011，02：72－80．

［95］陈栋生，罗序斌．实施主体功能区战略：中部地区科学崛起的新引擎［J］．江西社会科学，2011，01：193－197．

［96］陈立龙，胡振华．中部地区工业主导产业选择与实证研究——基于新型工业化条件下的探讨［J］．生产力研究，2011，03：139－141．

［97］戴振华．中部地区公共支出结构与经济增长——基于 VAR 模型的实证分析［J］．经济问题，2011，05：122－125．

［98］任赟．中部地区人口对生态环境的影响分析［J］．人口学刊，2011，02：31－33．

［99］何恩良，刘文．金融资本、地方政府干预与产业结构——基于中部地区的实证分析［J］．经济问题，2011，05：37－40．

［100］王圣云．中部地区人文发展的生态效率评价［J］．经济地理，2011，05：827－832．

［101］宋伟．中部地区县域经济"三化"协调发展问题研究［J］．农村经济，2011，05：58－62．

［102］彭迪云，李林．中部地区生产性服务业发展的分工协作机制初探［J］．江西社会科学，2011，05：221－226．

［103］杨坚，常远．外商直接投资与经济增长——基于我国中部地区的实证分析［J］．经济问题，2011，06：19－22．

［104］王鹏，李健，张亮．中部地区自主创新能力评价及提升路径分析［J］．中国工业经济，2011，05：37－46．

［105］李明贤，向忠德．我国中部地区农村金融资源配置效率实证分析［J］．农业技术经济，2011，07：75－81．

［106］刘耀彬，宋文君，万力．中部地区典型煤炭城市接续产业响应模式分析及比较［J］．人文地理，2011，03：56－59．

［107］童中贤．中部地区城市群空间范围界定［J］．城市问题，2011，07：20－25．

［108］胡飞．产业结构升级、对外贸易与环境污染的关系研究——以我国东部和中部地区为例［J］．经济问题探索，2011，07：113－118．

[109] 闫梅，黄金川，彭实铖．中部地区建设用地扩张对耕地及粮食生产的影响 [J]．经济地理，2011，07：1157－1164．

[110] 姚成胜，汪莹．我国中部地区粮食生产波动性的成因及其政策建议 [J]．农业现代化研究，2011，04：400－404．

[111] 王建增．金融发展对FDI区位分布的影响——基于中部地区的实证研究 [J]．经济问题，2011，08：91－94．

[112] 刘耀彬，杨新梅，周瑞辉，段玉芳，姚成胜．中部地区经济增长中的水土资源"增长尾效"对比研究 [J]．资源科学，2011，09：1781－1787．

[113] 程遥，杨博，赵民．我国中部地区城镇化发展中的若干特征与趋势——基于皖北案例的初步探讨 [J]．城市规划学刊，2011，02：67－76．

[114] 李晖，陈漫涛．珠三角与中部地区的产业联动机理研究——基于湘南地区开发开放背景下的产业承接转移视角 [J]．城市发展研究，2011，09：29－36．

[115] 龚花萍，邓硕．我国中部地区城镇居民信息消费调研 [J]．现代情报，2011，11：54－56＋74．

[116] 方爱平，李虹．产业结构升级对金融发展的影响——来自中部地区的证据 [J]．经济问题，2011，11：97－100．

[117] 苏娜．中部地区开放型经济发展现状、定位及路径选择 [J]．江苏商论，2011，11：82－84．

[118] 李小玉，郭文．基于面板数据的中部地区产业结构与城乡收入差距关系的实证研究 [J]．企业经济，2011，12：136－141．

[119] 阮陆宁，刘珍．中部地区金融发展与产业结构升级关联性实证研究——基于中部地区与上海经验数据对比 [J]．金融与经济，2011，11：50－53＋58．

[120] 吴小翠，周兵兵，朱继业．我国中部地区能源消费省域差异的多层次分析 [J]．中国人口·资源与环境，2011，S2：357－361．

[121] 张琰飞，朱海英．中部地区"两型"技术创新目标要素协同发展的实证研究 [J]．软科学，2013，10：101－106．

[122] 傅春，陈炜，谢珍珍．中部地区生态足迹的比较研究 [J]．长江流域资源与环境，2013，11：1397－1404．

[123] 乔海曙，王静．中部地区"两型"城市发展水平研究 [J]．

中国管理科学，2013，S2：790 - 797.

[124] 朱媛媛，曾菊新. 中国中部地区六个中心城市功能优化研究 [J]. 地理与地理信息科学，2013，06：73 - 77 + 94.

[125] 程开明，庄燕杰. 中国中部地区城市体系规模分布及演进机制探析 [J]. 地理科学，2013，12：1421 - 1427.

[126] 吕连生. 中部地区城乡一体化特色和发展新对策 [J]. 江淮论坛，2013，06：55 - 60.

[127] 戴志敏，郭露，何宜庆. 中部地区物流产业集聚及演进分析 [J]. 经济经纬，2013，06：83 - 88.

[128] 郭庆然. 中部地区城镇化、农业现代化与农民收入增长的实证分析 [J]. 统计与决策，2013，23：141 - 144.

[129] 洪开荣，浣晓旭，孙倩. 中部地区资源—环境—经济—社会协调发展的定量评价与比较分析 [J]. 经济地理，2013，12：16 - 23.

[130] 王鹏，郭永芹. 环境规制对我国中部地区技术创新能力影响的实证研究 [J]. 经济问题探索，2013，01：72 - 76.

[131] 范恒山. 大力促进中部地区崛起若干重大问题的思考 [J]. 宏观经济管理，2013，01：13 - 16.

[132] 仇怡，文红艳. 基于 AHP 的中部地区承接沿海产业转移优势行业选择研究 [J]. 湖南科技大学学报（社会科学版），2013，01：121 - 127.

[133] 孙宏立. 我国中部地区城市群综合竞争力提升研究 [J]. 河南社会科学，2013，02：38 - 40 + 107.

[134] 张改素，丁志伟，王发曾. 我国中部地区经济密度的时空分异研究 [J]. 经济地理，2013，05：15 - 23.

[135] 王雄，岳意定，刘贯春. 基于 SFA 模型的科技环境对中部地区能源效率的影响研究 [J]. 经济地理，2013，05：37 - 42.

[136] 王玉燕，林汉川，王建秀. 中部地区工业结构转换能力：测度、趋同及影响因素 [J]. 山西财经大学学报，2013，06：60 - 69.

[137] 吴海兵，李华. FDI 对我国中部地区技术进步影响的实证研究 [J]. 经济地理，2013，06：36 - 41.

[138] 邓羽，刘盛和，蔡建明，兰肖雄. 中国中部地区城市影响范围划分方法的比较 [J]. 地理研究，2013，07：1220 - 1230.

[139] 吴海兵，李华，王建平. FDI 对我国中部地区经济增长影响研

究——基于 VAR 模型的实证分析 [J]. 湖南科技大学学报（社会科学版），2013，04：72 - 76.

[140] 陈志刚. 制度、开放与中部地区金融发展：1996 - 2010 [J]. 中南民族大学学报（人文社会科学版），2013，04：116 - 123.

[141] 丁静秋，赵公民. 中部地区生产性服务业集聚发展的影响因素——基于 81 个地级市数据的实证研究 [J]. 科技管理研究，2013，10：166 - 170.

[142] 黄小勇，陈运平. 精神资本对经济增长影响的理论与实证研究——以中部地区为例 [J]. 宏观经济研究，2013，08：100 - 105 + 111.

[143] 裴新生. 我国中部地区城镇化进程的特征及成因初探 [J]. 城市规划，2013，09：22 - 27 + 45.

[144] 宣超，陈甬军. 中部地区新型城镇化发展模式研究——以河南省鄢陵县为例 [J]. 理论与改革，2013，05：201 - 204.

[145] 杨剩富，胡守庚，叶菁，童陆亿. 中部地区新型城镇化发展协调度时空变化及形成机制 [J]. 经济地理，2014，11：23 - 29.

[146] 豆建民，沈艳兵. 产业转移对中国中部地区的环境影响研究 [J]. 中国人口·资源与环境，2014，11：96 - 102.

[147] 杨刚强，江洪. 中部地区新型城镇化建设思路创新 [J]. 宏观经济管理，2015，01：36 - 40.

[148] 王圣云，廖纯韬，许双喜，黄敏. 民生福祉导向下的中国中部地区低碳发展竞争力评价——基于 AHP - TOPSIS 模型的实证 [J]. 地域研究与开发，2014，06：153 - 158.

[149] 范海洲，邵春燕. 我国中部地区承接产业转移的特征与趋势 [J]. 南通大学学报（社会科学版），2015，01：9 - 15.

[150] 胡文海. 中部地区粮食生产比较优势分析与基地建设 [J]. 地理科学，2015，03：293 - 298.

[151] 李建新，钟业喜，徐羽. 中部地区城市体系空间结构特征研究 [J]. 世界地理研究，2015，02：78 - 87.

[152] 何宜庆，吕弦. 我国东中部地区城市群金融集聚辐射分析 [J]. 生态经济，2015，05：45 - 48 + 145.

[153] 钱士茹，袁友龙. 风险投资视角下中部地区高新技术产业发展路径研究 [J]. 科技进步与对策，2015，22：46 - 51.

[154] 杨烨军，宋马林，廖信林. 中部地区新型工业化与新型城市

化关系实证研究 [J]. 统计与决策, 2012, 02: 129 - 132.

[155] 邹海荣, 詹磊, 章刚勇. 中部地区城乡差距及成因分析 [J]. 江西社会科学, 2012, 01: 241 - 245.

[156] 于锦荣, 黄蕾. 中部地区科技资源配置路径的优化研究 [J]. 科学管理研究, 2012, 01: 47 - 50.

[157] 沈江, 张婷. 物流业发展对中部地区产业结构状况的影响分析 [J]. 统计与决策, 2012, 05: 147 - 150.

[158] 王鑫磊, 陈斐, 王海萍. 中部地区经济格局动态演变的空间分析 [J]. 华东经济管理, 2012, 07: 39 - 43.

[159] 张纪录. 区域碳排放因素分解及最优低碳发展情景分析——以中部地区为例 [J]. 经济问题, 2012, 07: 126 - 129.

[160] 张司飞. 我国中部地区发展产业集群品牌的可行性与对策 [J]. 科技进步与对策, 2012, 14: 33 - 37.

[161] 曹广忠, 陈昊宇, 边雪. 2000 年以来中部地区城镇化的空间特征与影响因素 [J]. 城市发展研究, 2012, 07: 22 - 28.

[162] 王志国. 关于构建中部地区国家主体功能区绩效分类考核体系的设想 [J]. 江西社会科学, 2012, 07: 65 - 71.

[163] 张颖, 陈艳. 中部地区生物质资源潜力与减排效应估算 [J]. 长江流域资源与环境, 2012, 10: 1185 - 1190.

[164] 傅春, 詹莉群, 卢艺分. 基于 TFP 的中部地区经济增长中自然资源贡献分析 [J]. 长江流域资源与环境, 2012, 11: 1301 - 1307.

[165] 陈斐, 俞彤晖, 王海萍. 中部地区城乡收入两极分化程度分析及其时空特征变化 [J]. 人文地理, 2012, 05: 104 - 109.

[166] 吕江林, 王新龙, 宋高堂. 中部地区与东部发达省市科技与金融结合效率的比较研究——基于 DEA 模型的分析 [J]. 金融与经济, 2012, 10: 7 - 11.

[167] 王鑫磊, 王圣云. 中部地区"轴—辐"物流网络构建——基于公路和铁路运输成本的分析视角 [J]. 地理科学进展, 2012, 12: 1583 - 1590.

[168] 肖雁飞, 张琼, 廖双红, 刘友金. 基于 ARIMA 模型的中部地区经济人口承载力研究——兼论承接沿海产业转移能力 [J]. 湖南科技大学学报 (社会科学版), 2012, 06: 81 - 84.

[169] 胡继亮, 袁园. 中部地区三大城市群经济发展差异的实证研

究 [J]. 湖北大学学报 (哲学社会科学版), 2012, 06: 40 - 45.

[170] 王晰, 聂掌珠. 我国中部地区 6 省出口增长的驱动因素研究 [J]. 国际商务 (对外经济贸易大学学报), 2012, 06: 98 - 105.

[171] 邓水兰, 刘雪斌. 加速中部地区城市群经济圈整合的研究 [J]. 企业经济, 2012, 12: 131 - 136.

[172] 陶良虎. 国内外产业转移与中部地区产业承接问题研究 [J]. 理论月刊, 2010, 01: 5 - 11.

[173] 闫笑非, 杜秀芳. 我国中部地区大中型工业企业技术创新能力实证研究 [J]. 科技进步与对策, 2010, 01: 92 - 96.

[174] 程宝山, 陈谦. 中部地区经济一体化进程中的法制协调 [J]. 河南社会科学, 2010, 01: 202 - 206.

[175] 刘耀彬, 张安军. 中部地区煤炭城市产业结构效益动态比较分析 [J]. 地域研究与开发, 2010, 01: 11 - 16.

[176] 喻婷. 中部地区主要城市投资环境评价与分析 [J]. 工业技术经济, 2010, 03: 26 - 31.

[177] 罗序斌, 周绍森, 郝宇. 中部地区经济增长因素贡献的定量研究 [J]. 晋阳学刊, 2010, 02: 54 - 58.

[178] 汪永太. 现代服务业兴起与中部地区发展研究 [J]. 江西财经大学学报, 2010, 02: 10 - 15.

[179] 王晓东, 谢莉娟. 论流通产业结构调整与就业增长——基于中部地区流通业对就业吸纳的贡献分析 [J]. 财贸经济, 2010, 02: 98 - 103.

[180] 倪冰莉, 张红岩. 我国中部地区农业技术进步、生产效率的构成分析 [J]. 云南财经大学学报, 2010, 02: 140 - 146.

[181] 杨艳琳, 许淑嫦. 中国中部地区资源环境约束与产业转型研究 [J]. 学习与探索, 2010, 03: 154 - 157.

[182] 任静. 中部地区承接产业转移的现状、问题和对策 [J]. 武汉理工大学学报 (社会科学版), 2010, 03: 323 - 327.

[183] 张健. 中部地区承接产业转移的优势分析 [J]. 武汉理工大学学报 (社会科学版), 2010, 03: 328 - 333.

[184] 钱良信. 中部地区金融发展与经济增长效率的实证研究 [J]. 江淮论坛, 2010, 03: 41 - 44 + 57.

[185] 何天祥. 中部地区创新型城市群创新能力评价 [J]. 统计与决

策，2010，12：31－33.

[186] 王海萍，陈斐，王圣云. 中部地区城市群经济发展与生态环境协调性定量分析 [J]. 南昌大学学报（人文社会科学版），2010，04：95－100.

[187] 朱俊成，杨益明，黄继发. 中部地区省域中心城市竞争力差异与协调发展研究 [J]. 地域研究与开发，2010，03：52－57.

[188] 贺清云，蒋菁，何海兵. 中国中部地区承接产业转移的行业选择 [J]. 经济地理，2010，06：960－964＋997.

[189] 刘玫，高睿，黄蕙萍. 基于主成分分析的中部地区优势产业的评价与选择 [J]. 武汉理工大学学报，2010，14：192－196.

[190] 牛树海. 中部地区城市群发展布局——战略支点网络模式研究 [J]. 云南财经大学学报，2010，04：98－102.

[191] 游达明，陈国藩. 中部地区新型工业化评价指标体系研究与实证分析 [J]. 湖南社会科学，2010，05：116－119.

[192] 李梅. 外商直接投资对中部地区技术创新能力影响的实证检验 [J]. 国际商务（对外经济贸易大学学报），2010，05：78－85.

[193] 周五七. 中部地区承接沿海产业转移中的制度距离与制度创新 [J]. 经济与管理，2010，10：19－23.

[194] 傅春，巫锡金. 中部地区能源效率影响因素的分析模型与案例研究 [J]. 长江流域资源与环境，2010，10：1107－1110.

[195] 周五七，曹治将. 中部地区承接东部产业梯度转移的壁垒与对策 [J]. 改革与战略，2010，10：103－105＋132.

[196] 李武军，黄炳南. 基于偏离—份额分析法的中部地区产业结构研究 [J]. 经济经纬，2010，06：25－29.

[197] 陈栋生. 对中部地区城镇化的思考——以河南等省为例 [J]. 当代财经，2010，12：93－95.

[198] 胡凯，甘筱青，高阔. 中部地区物流基础设施投资对经济发展作用的协整分析 [J]. 科技进步与对策，2010，24：56－59.

[199] 陈世香. 大部制视角下中部地区政府文化管理体制改革战略思考 [J]. 中南大学学报（社会科学版），2010，06：19－23.

[200] 童中贤. 我国中部地区城市群的空间整合 [J]. 城市发展研究，2010，08：12－18.

[201] 彭长生，杨国才. 区际产业转移背景下中部地区劳动力跨省

流动趋势及代际差异——基于安徽省的调查数据 [J]. 农业经济问题,
2014, 03: 48 – 55 + 111.

[202] 陈昭玖, 谢秦华. 产业转型背景下中部地区农民工就业流动
研究——以江西省为例 [J]. 农业经济问题, 2014, 03: 56 – 61.

[203] 杜鹏程, 李敏, 洪艳. 我国中部地区技术创新效率差异性研
究 [J]. 科技进步与对策, 2014, 04: 36 – 39.

[204] 肖雁飞, 万子捷, 廖双红. 中部地区承接沿海产业转移现状
及综合能力测度 [J]. 经济问题探索, 2014, 01: 46 – 51.

[205] 靖学青. 城镇化进程与中部地区经济增长——基于 1978 ~
2011 年省级面板数据的实证分析 [J]. 财贸研究, 2014, 01: 1 – 6.

[206] 牛昃昱, 钟坚, 钟无涯. 行政垄断、市场配置与中部地区制
造业地理集聚 [J]. 当代财经, 2014, 03: 99 – 110.

[207] 朱翔, 范翘, 赵先超. 中部地区低碳经济发展潜力比较研究
[J]. 西北农林科技大学学报 (社会科学版), 2014, 03: 128 – 136.

[208] 汤勇, 汤腊梅. 区域创业资本与经济增长关系——基于中部
地区面板数据的研究 [J]. 经济地理, 2014, 04: 33 – 39.

[209] 赵凌云, 苏娜. 中部地区的新地位、新定位与政策创新 [J].
华东经济管理, 2014, 06: 76 – 79.

[210] 徐冉. 基于 VAR 的对外开放度与经济增长关系研究——以中
国中部地区为例 [J]. 地域研究与开发, 2014, 03: 16 – 20.

[211] 肖雁飞, 廖双红, 张琼. 中部地区承接沿海产业转移经济承
载规模预测 [J]. 系统工程, 2014, 05: 144 – 149.

[212] 汤明, 周德志, 高培军, 张蔚平. 环境伦理视阈下的中部地
区政府关于承接产业转移政策的缺失分析 [J]. 经济地理, 2014, 09:
118 – 123.

[213] 王圣云, 史利江, 许双喜. 基于人类福祉视角的中部地区碳
排放绩效与效应分解 [J]. 世界地理研究, 2014, 03: 169 – 176.

[214] 田杰, 何丹. 中部地区长江沿线城市群空间结构与经济发展
研究 [J]. 世界地理研究, 2014, 02: 85 – 93.

[215] 潘鑫, 魏旭红, 王颖. 中部地区县域城镇化统计口径优化思
考——半城镇化现象的视角 [J]. 城市规划, 2015, 11: 48 – 54.

[216] 王小艳. 中部地区地方政府低碳治理效率评价 [J]. 系统工
程, 2016, 01: 41 – 47.

[217] 周慧. 城镇化、空间溢出与经济增长——基于我国中部地区地级市面板数据的经验证据 [J]. 上海经济研究, 2016, 02: 93–102.

[218] 周慧. 中部地区城镇化对经济增长的空间溢出效应——基于地级市面板数据分析 [J]. 经济问题探索, 2016, 04: 79–87.

[219] 戴志敏, 罗燕. 中国中部地区金融发展、产业结构优化与城镇化 [J]. 技术经济, 2016, 05: 118–123.

[220] 孙威, 李文会, 张文忠, 唐志鹏. 节能和就业导向下中国中部地区产业结构优化 [J]. 地理学报, 2016, 06: 984–997.

[221] 周慧. 中部地区城镇化影响因素的空间溢出效应分析 [J]. 财贸研究, 2016, 04: 16–23.

[222] 郭方. 金融支持中部地区新型城镇化实证研究 [J]. 现代管理科学, 2016, 11: 90–92.

[223] 王恕立, 王许亮. 双向 FDI 的生产率效应研究——基于中部地区的省际面板数据 [J]. 武汉理工大学学报 (社会科学版), 2016, 05: 883–890.

[224] 王萍. 风险监管理念在中部地区反洗钱工作中的应用探索 [J]. 金融理论与实践, 2010, 07: 112–115.

[225] 中部地区崛起规划配套措施得到明确 [J]. 城市问题, 2010, 09: 102.

[226] 刘志雄, 张凌生. 我国中部地区能源效率影响因素的实证研究 [J]. 生态经济, 2016, 09: 82–85.

[227] 秦宇. FDI 对中部地区产业结构优化影响研究 [J]. 管理现代化, 2016, 06: 30–34.